KLEINE HOTELS
MIT CHARME

FRANKREICH

KLEINE HOTELS
MIT CHARME

Herausgegeben von Fiona Duncan und Leonie Glass

FRANKREICH

Aus dem Englischen übersetzt
von Ulrike Kretschmer und Christine E. Gangl

Christian Verlag
München

Herausgeber *Andrew Duncan*

Design *Don Macpherson*
in Erinnerung an Mel Petersen (1946–2002), Gründer und
Art Director von Duncan Petersen Publishing.

Übersetzung *Ulrike Kretschmer, Christine E. Gangl*

Titelfoto: *Mas des Carrassins, St-Rémy-de-Provence, Seite 318*

2., revidierte und erweiterte Auflage 2005
© 2003 der deutschsprachigen Ausgabe
by Christian Verlag, München
www.christian-verlag.de

Die Originalausgabe mit dem Titel
»Charming Small Hotel Guides: France«
erschien 2002 im Verlag
Duncan Petersen Publishing Ltd.
© 2002 Duncan Petersen Publishing Ltd., London

Projektleitung: *Dr. Alex Klubertanz*
Redaktion und Korrektur: *Christine E. Gangl*
Umschlaggestaltung: *Agentur ZERO, München, nach einer
Reihengestaltung von Nele Schütz Design*
Layout und Satzarbeiten: *Dr. Alex Klubertanz*
Druck: *Polygraf, Presov*
Printed in Slovakia

I N 3-88472-544-0

Hinweis

Besuchen Sie unsere website
www.kleinehotels.de

Inhalt

Einleitung

In diesem Einführungsteil

Willkommen zur zweiten, erweiterten Auflage von »Kleine Hotels mit Charme – Frankreich«. Auch für diesen Band gilt, was die Bücher dieser Reihe so benutzerfreundlich macht:
• Alle Hotels werden mit einem Farbfoto und der Großteil mit einem ganzseitigen Beitrag vorgestellt. Halbseitige Einträge ohne Foto gibt es nicht mehr.

• Das Layout wurde verändert, damit Sie die für eine Buchung wichtigen Informationen schneller finden können.
• Die Register wurden grundlegend überarbeitet und verbessert.
• Soweit vorhanden, sollen Ihnen die Angaben der e-mail-Adresse und der Website den Zugang zu Informationen und die Buchung erleichtern.

Wir hoffen, dass Ihnen diese Neuerungen eine wirkliche Hilfe sind. In jeder anderen Hinsicht bleibt der Hotelführer seinen Kriterien und seiner Qualität treu, die ihn so einzigartig machen (siehe S. 7), wie uns so viele begeisterte Leser immer wieder bestätigen. Seit seinem ersten Erscheinen im Jahr 1986 wurde dieser Führer elfmal in Folge auf den neuesten Stand gebracht. Seine Gesamtauflage in den USA, Großbritannien und in fünf weiteren europäischen Ländern beträgt mehrere Hunderttausend Exemplare.

Warum sind wir einzigartig?

Dieser Führer ist der einzige völlig unabhängige Hotelführer (kein Hotel bezahlt in irgendeiner Weise für die Aufnahme) über Frankreich, der

• besonderen Wert auf eine überschaubare Größe der Hotels legt. Die meisten verfügen über weniger als 20 Zimmer. Sind es mehr, erscheint das Hotel kleiner als es ist. Wir sind der Meinung, dass ein wirklich herzlicher Empfang viel eher in einem kleinen Hotel gewährleistet ist;

• jedes Hotel im Farbbild vorstellt,

• nur Häuser berücksichtigt, die wirklich Charme und Charakter besitzen,

• hohen Wert auf die ausführliche Beschreibung der Hotels legt, anstatt störende oder unverständliche Symbole zu verwenden;

• von einem kleinen, unbürokratischen Verlag mit einem Team gleich gesinnter Tester herausgegeben wird.

Umfangreich und wählerisch

Um für jeden Eintrag eine ganze Seite Text und ein Farbfoto zur Verfügung zu stellen, mussten wir ein paar Seiten mehr drucken. Wir beschränken uns jedoch unverändert auf eine Auswahl von etwa 300 Unterkünften. Wir glauben nicht, dass es in Frankreich gegenwärtig wesentlich mehr als 350 Hotels gibt, die unseren Auswahlkriterien genügen. Nähmen wir mehr Unterkünfte in unseren Führer auf, würden

wir unserem Prinzip untreu, ausschließlich die Hotels zu erwähnen, die mehr zu bieten haben als lediglich ein Bett für die Nacht.

Die verschiedenen Übernachtungsmöglichkeiten

Trotz seines Titels beschränkt sich dieser Hotelführer nicht auf Unterkünfte, die mit Hotel bezeichnet sind, oder auf hotelähnliche

Unsere Auswahlkriterien

• Eine ruhige und attraktive Lage. Wenn das Hotel in einer Stadt liegt, müssen wir bezüglich der Ruhe natürlich manchmal Konzessionen machen.

• Ein Gebäude, das besonders schön, interessant oder historisch bedeutend ist – oder wenigstens besonders viel Charakter hat.

• Ausreichend Platz in einem familiären Rahmen. Wir schätzen keine Hotels, die durch ihre Vornehmheit oder falsche Ambitioniertheit einschüchtern.

• Guter Geschmack und Fantasie in der Inneneinrichtung. Wir lehnen standardisierte Einrichtungsgegenstände und Einheitsdekorationen wie bei Hotelketten ab.

• Zimmer, die wie wirkliche Schlafzimmer wirken und individuell eingerichtet sind – nicht wie unpersönliche Hotelzimmer.

• Möbel und andere Teile der Einrichtung, die bequem sind und gut gepflegt werden. Wir freuen uns über interessante antike Möbelstücke, die zum Gebrauch, nicht zum Bestaunen da sind.

• Eigentümer und Personal, die engagiert und planvoll zu Werke gehen. Ein persönlicher Empfang, der weder unterkühlt noch aufdringlich ist. Der Gast sollte sich als Individuum behandelt fühlen.

• Gute und interessante Küche. In Frankreich liegt die Qualität des Essens gemeinhin über dem Standard. Es gibt nur wenige Hotels in diesem Führer, deren Küche nicht überdurchschnittlich gut ist.

• Eine angenehme Atmosphäre. Es sollten weder aufdringliche Menschen mit ihrem Geld angeben, noch sollte das Hotel einen exklusiven und elitären Charakter aufweisen.

Unterkünfte. Im Gegenteil: Wir suchen nach Orten, die ein Zuhause fern von zu Hause bieten (siehe unten). Wir nehmen kleinere und Hotels mittlerer Größe auf; viele der traditionellen französischen Gästehäuser *(pensions)* und ländlichen *auberges*, von denen einige nur Bed & Breakfast, andere auch Mittag- und Abendessen anbieten; Restaurants mit Gästezimmern; und auch einige private Unterkünfte, vorausgesetzt, sie sind etwas Besonderes. Die meisten Hotels fallen in unsere zweite Preiskategorie (siehe S. 11) und verlangen zwischen 100 und 170 Euro für ein Doppelzimmer mit Frühstück.

Kein Sponsoring!

Wir gehören zur Minderheit der unabhängigen Hotelführer, denn wir meinen, dass es fatal ist, wenn sich der Verlag für die Aufnahme eines Hotels bezahlen lässt. Führer, die gegen Bezahlung arbeiten, sind weder bei der Auswahl noch bei der Beschreibung der Hotels objektiv, obwohl sie die Illusion ihrer Unabhängigkeit angestrengt aufrecht erhalten wollen. Fast keiner gibt auf dem Buchumschlag zu, Geld für den Abdruck von Hotelempfehlungen zu bekommen – die meisten verstecken diese Information vielmehr diskret im Inneren.

»Zuhause fern von zu Hause«

Am schwierigsten heraufzubeschwören ist das Gefühl, sich in einem Privathaus zu befinden, ohne sich um den täglichen Kleinkram kümmern zu müssen. Um dieses Geheimrezept herauszufinden, bedarf es einer besonderen Professionalität: Der Eigentümer muss die Balance zwischen unbefangener Atmosphäre und aufmerksamem Service wahren. Wer dieses Gefühl einmal erlebt hat, wird andere Unterkünfte tunlichst meiden – und mögen sie noch so luxuriös sein!

Die französische Hotelszene

Als wir uns bei der Vorbereitung dieses Führers ausführlich mit den Hotels in Frankreich beschäftigten, wurde uns wieder einmal klar, wie sehr wir sie mögen und wie gerne wir uns in französischen Hotels aufhalten. Abgesehen davon, dass viele sich in wundervollen Gebäuden und in wunderschöner Lage befinden, sind auch Emp-

fang, Ambiente, Sauberkeit und die Küche überdurchschnittlich gut. Nach den echten Juwelen – den Hotels, bei denen alle genannten Punkte zusammentreffen – muss man natürlich trotzdem suchen, und wir haben Ihnen diese Suche abgenommen. So stießen wir bei unserer Suche auf hübsche Hotels mit wunderschöner alter Innenausstattung, deren Atmosphäre jedoch von einer gewissen Kälte verdorben wurde; anderen wiederum fehlte sowohl das Know-how als auch das gewisse Etwas. In wieder anderen wird es mit dem gewissen Etwas leider übertrieben – so z. B. in manchen südfranzösischen Hotels, deren Zimmer wie aus einem Werbeprospekt entsprungen wirken und bei denen man das Kalkül des Innenarchitekten hinter jedem arrangierten Bastkörbchen und jedem absichtlich platzierten Lavendelpotpourri spüren kann.

Leider sind in Frankreich nicht so viele Hotels seit Generationen in Familienbesitz, wie dies z. B. in Italien der Fall ist. Es war traurig mitanzusehen, wie einige unserer alten Favoriten sich völlig (und nicht immer zu ihrem Besten) wandelten, sobald der alte Besitzer das Geschäft aufgab. In wenigen Jahren wird man kaum noch eine der altmodischen, familiengeführten *auberges* finden, die uns so ans Herz gewachsen sind. Dennoch geben auch neu entstandene Unternehmen Anlass zu vorsichtigem Optimismus.

Die Küche gehört zu den unschlagbaren Vorteilen französischer Hotels. Natürlich kann man in Frankreich auch schlecht essen – die Fast-Food-Mentalität hat auch hier Einzug gehalten. Aber wenn man weiß wo, kann man in Frankreich exzellent speisen – und zwar auch in den meisten der hier vorgestellten Hotels.

Wie Sie einen Eintrag finden

Die Einträge in diesem Führer sind geographischen Gruppen zugeordnet. Der Führer beginnt mit dem nördlichen Frankreich, schreitet zum mittleren Frankreich fort und endet schließlich mit dem südlichen Frankreich, inklusive Korsika. Innerhalb dieser Gebiete sind die Einträge verschiedenen Regionen zugeordnet.

Hier finden Sie als Erstes eine Einleitung in das betreffende Gebiet. Sie bietet einen generellen Überblick über die Übernachtungsmöglichkeiten der Gegend. Es folgen die ganzseitigen Einträge, die alphabetisch nach Stadt, Ort oder nächstgelegenem Dorf geordnet sind. Wenn mehrere Empfehlungen in der gleichen Stadt oder ihrer Umgebung liegen, werden sie alphabetisch nach dem Namen des Hotels aufgelistet. Schließlich folgen die halbseitigen Einträge, ebenfalls in alphabetischer Reihenfolge.

Um ein Hotel in einem bestimmten Gebiet zu finden, benutzen Sie am besten die Karten im Anschluss an diese Einleitung. Um ein bestimmtes Hotel zu finden, empfehlen sich die Indizes im Anhang.

Vergleichen Sie die Preise

Die angegebenen Preisspannen beziehen sich auf ein Standard-Doppelzimmer in der Hauptsaison mit Frühstück für zwei Personen. Sie bedeuten:

€	unter 100 Euro
€€	100–170 Euro
€€€	170–250 Euro
€€€€	250–340 Euro
€€€€€	über 340 Euro

Um unangenehme Überraschungen zu vermeiden, sollten Sie bereits bei der Buchung nachfragen, was in diesem Preis enthalten ist (z. B. Mehrwertsteuer, Bedienung, Frühstück).Viele Hotels haben gute Angebote außerhalb der Saison; in einigen gilt ein Mindestaufenthalt von mehr als einer Nacht. In manchen – vor allem in ländlichen Gasthöfen – ist Halbpension obligatorisch.

Buchungsservice

Wenn Sie die Hotels in diesem Buch schnell und einfach buchen oder sich eine individuelle Reise zusammenstellen lassen möchten, können Sie sich an das Reisebüro am Patentamt in München wenden. Dort wird man Ihnen gerne weiterhelfen.

Reisebüro am Patentamt
Frau Helga Henning
Kennwort: Kleine Hotels mit Charme
Tel.: 089 / 22 79 63
Fax: 089 / 228 34 06
rsb.patentamt@startpartner.net
Besuchen Sie unsere website
www.kleinehotels.de

**Wie Sie einen
Eintrag richtig
lesen**

Name des Hotels

Art der Unterkunft

Ausführliche
Beschreibung von Lage
und Gebäude des Hotels

Sehenswürdigkeiten in
der Umgebung

Ungefähre
Beschreibung, wo
das Hotel liegt.
Fragen Sie sicher-
heitshalber bei der
Reservierung im
Hotel nach der be-
sten Anfahrts-
möglichkeit.

Ein Zimmer, das nach
unserer Beschreibung ein
Bad hat, kann außerdem
noch eine Dusche besit-
zen; Zimmer, die nach
der Beschreibung eine
Dusche haben, besitzen
nur diese Dusche.

Diese Information bezieht
sich nur auf Rollstuhl-
benutzer oder gebrechliche
Menschen. Fragen Sie lie-
ber beim Hotel nach, ob
passende Räume zur
Verfügung stehen.

Bezieht sich die Angabe
»geschlossen« auf Monate,
erstreckt sie sich vom Beginn des ersten Monats bis
zum Ende des letzten. Er-
scheinen Wochentage, be-
ziehen sie sich meist auf
das Restaurant.

Südfrankreich 181

DER SÜDWESTEN

AGNAC

Château de Pechalbet

~ Hotel im Landhausstil ~

47800 Agnac (Lot-et-Garonne)
Tel und **Fax** 05 53 83 04 70
e-mail pechalbet@caramail.com **website** www.eymet-en-perigord.com

Henri Peyre und seine Frau Françoise wollten 1995 zuerst nur ein kleines Hotel eröffnen, mit Gästezimmern und Frühstück. Dann wurde ihnen jedoch klar, dass ihre Gäste sich nur schwer von dem wunderschönen, geschichtsträchtigen Schloss aus dem 17. Jh. trennen wollten, um in einem Restaurant essen zu gehen, und deshalb gibt es im Château de Pechalbet seit etwa einem Jahr auch Abendessen. »Es ist sehr hübsch«, erzählt uns M. Peyre. »Wir treffen uns alle auf der Terrasse, um den Sonnenuntergang zu genießen, und essen und plaudern dann bei Kerzenlicht. Manchmal haben wir das Gefühl, dass unsere Gäste überhaupt nicht mehr schlafen gehen wollen.« Die Preise sind mit Bedacht niedrig gehalten, damit man sich auch einen mehrtägigen oder sogar mehrwöchigen Aufenthalt leisten kann. Es gibt jede Menge Platz – die mit hübschen Antiquitäten eingerichteten Zimmer sind riesig und gehen alle zur Terrasse hinaus. Im Park grasen Schafe, und wenn es kälter wird, prasselt in dem massiven Steinkamin ein angenehmes Feuer. Zudem kann man im Herbst in den umgebenden Wäldern auch Pilze suchen. Für seine Gäste hält M. Peyre eine Liste bereit, auf der seine Geheimtipps der Sehenswürdigkeiten in der Umgebung stehen. Alles in allem kann man sich im Château de Pechalbet bei Mme und M. Peyre so richtig wohl fühlen. Berichte sind uns herzlich willkommen.

~

Umgebung: Eymet (4 km); Bergerac (25 km) • **Lage:** auf einem 40 Hektar großen Landsitz, ausgeschildert südlich von Eymet an der D933 nach Miramont; mit großem Parkplatz und Garage • **Mahlzeiten:** Frühstück, Abendessen • **Preise:** € • **Zimmer:** 5 Doppel- und Zweibettzimmer, alle mit Bad oder Dusche • **Anlage:** 2 Aufenthaltsräume, Billardzimmer, Bar, Speiseraum, Terrasse, Gärten, Swimmingpool • **Kreditkarten:** keine • **Kinder:** willkommen • **Behinderte:** keine entsprechenden Einrichtungen • **Tiere:** erlaubt • **Geschlossen:** Dezember bis April **Besitzer:** Henri Peyre

Stadt oder Dorf, in der das Hotel liegt

Um von Deutschland aus nach Frankreich zu telefonieren, wählen Sie die Länderkennung 0033 und dann die Ortsvorwahl ohne die 0.

Postanschrift und sonstige Kontaktmöglichkeiten

Eine wachsende Zahl von Hotels verbietet das Rauchen in einigen oder allen Gemeinschaftsräumen oder sogar in den Schlafzimmern. Raucher sollten vor der Buchung beim Hotel nachfragen, wie die Regeln dort sind.

Wo Kinder willkommen sind, gibt es häufig besondere Einrichtungen für sie, z.B. Kinderstühle, Kinderbetten, Babyphone oder vorgezogenes Abendessen. Fragen Sie immer nach, ob Kinder im Speisezimmer geduldet werden.

Das Frühstück – ob üppig oder frugal – sollte im Zimmerpreis inbegriffen sein. Die Preise für Mittag- und Abendessen haben wir nicht kategorisiert. Möglicherweise gibt es noch weitere Mahlzeiten wie den Nachmittagstee. »Zimmerservice« bedeutet, dass Getränke und Mahlzeiten, sowohl mehrgängige Menüs als auch Snacks, aufs Zimmer gebracht werden können.

Die Abkürzungen für die Kreditkarten bedeuten:

AE American Express
DC Diners Club
MC Mastercard
V Visa

Teilen Sie dem Hotel immer im Voraus mit, wenn Sie ein Haustier mitbringen wollen. Selbst dort, wo Tiere gestattet sind, kann es eine Reihe von Auflagen geben, und möglicherweise wird eine kleine Gebühr verlangt.

Wir kategorisieren nach Preisspannen, statt exakte Preise zu nennen. Diese beziehen sich auf ein übliches Doppelzimmer in der Hauptsaison mit Frühstück für zwei Personen. Andere Tarife, z. B. für andere Zimmertypen, Nebensaison, Wochenenden, Langzeitaufenthalt etc., können eventuell nachgefragt bzw. ausgehandelt werden. In einigen Hotels, vor allem den abgelegenen, oder Restaurants mit Zimmern ist Halbpension obligatorisch. Fragen Sie bei der Reservierung nach.

Trinkgelder

In größeren Hotels sind 1,50 Euro für den Gepäckträger sowie ein kleines Trinkgeld für das Zimmermädchen Standard. Steht auf Ihrer Restaurantrechnung »service compris«, bedeutet dies, dass die Steuer sowie 15 Prozent Trinkgeld bereits enthalten sind. Wenn Sie sehr zufrieden waren, ist es jedoch üblich, ein Extratrinkgeld zu geben.

€	unter 100 Euro
€€	100–170 Euro
€€€	170–250 Euro
€€€€	250–340 Euro
€€€€€	über 340 Euro

Leserkommentare

Bitte schreiben und berichten Sie uns von Ihren Erfahrungen mit kleinen Hotels, Gästehäusern und Gasthöfen – egal, ob diese gut oder schlecht waren, ob die Häuser hier aufgeführt sind oder nicht. Dies gilt auch für Hotels in Italien, Spanien, Österreich, Deutschland, in der Schweiz, den USA und in Griechenland.

Die Namen von Gästen, die uns interessante Beiträge liefern, können – nach Ermessen der Herausgeber – im Führer genannt und gewürdigt werden.

Leser, deren Berichte besonders hilfreich waren, werden möglicherweise eingeladen, unser Team an Testern zu verstärken. Als Mitglied dieser Gruppe teilen Sie uns Ihre Reisepläne mit; wir schlagen Hotels vor, die Sie besuchen könnten, und beteiligen uns an den Kosten.

Unsere Adresse lautet:
Editor, Charming Small Hotel Guides,
Duncan Petersen Publishing Limited,
31 Ceylon Road,
London W14 0PY.

Checkliste
Bitte benutzen Sie für jeden Beitrag ein eigenes Blatt Papier, und schreiben Sie Ihren Namen, die Adresse und Telefonnummer auf jedes Blatt. Wir freuen uns besonders, wenn Ihr Bericht mit Computer oder Schreibmaschine geschrieben wurde und die folgende Gliederung übernommen wird:

- Name des Hotels
- Stadt oder Dorf, in dem es steht oder zu dem es gehört
- Vollständige Anschrift, nach Möglichkeit mit Postleitzahl
- Telefonnummer
- Datum und Dauer Ihres Aufenthalts
- Beschreibung von Lage und Gebäude
- Gemeinschaftszimmer
- Gästezimmer und Bäder
- Komfort (Möbel, Betten, Klimaanlage)
- Zustand und Pflege
- Atmosphäre, Empfang und Service
- Essen und Trinken
- Preis-Leistungs-Verhältnis

Karten der Hotelstandorte

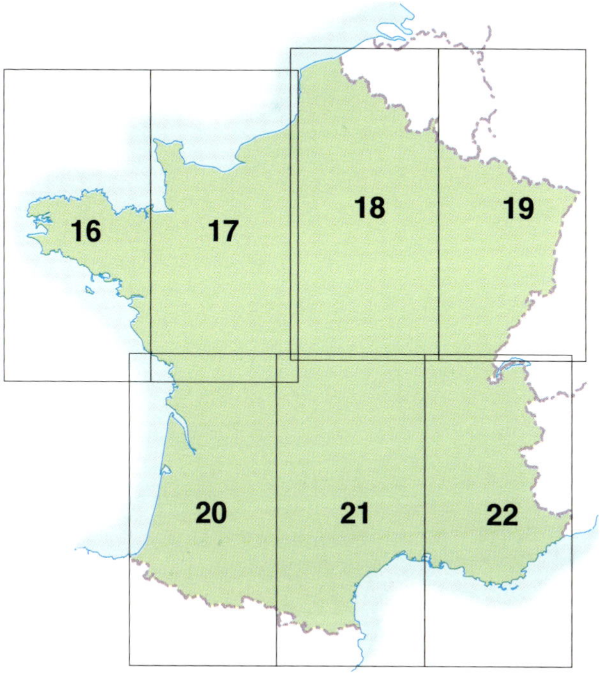

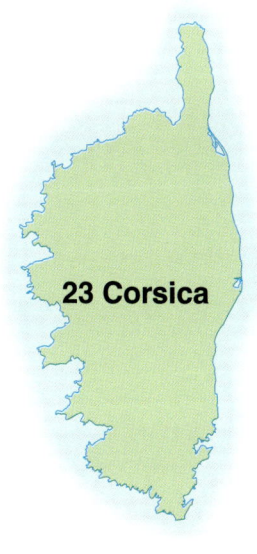

16 17 18 19 20 21 22

23 Corsica

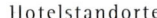

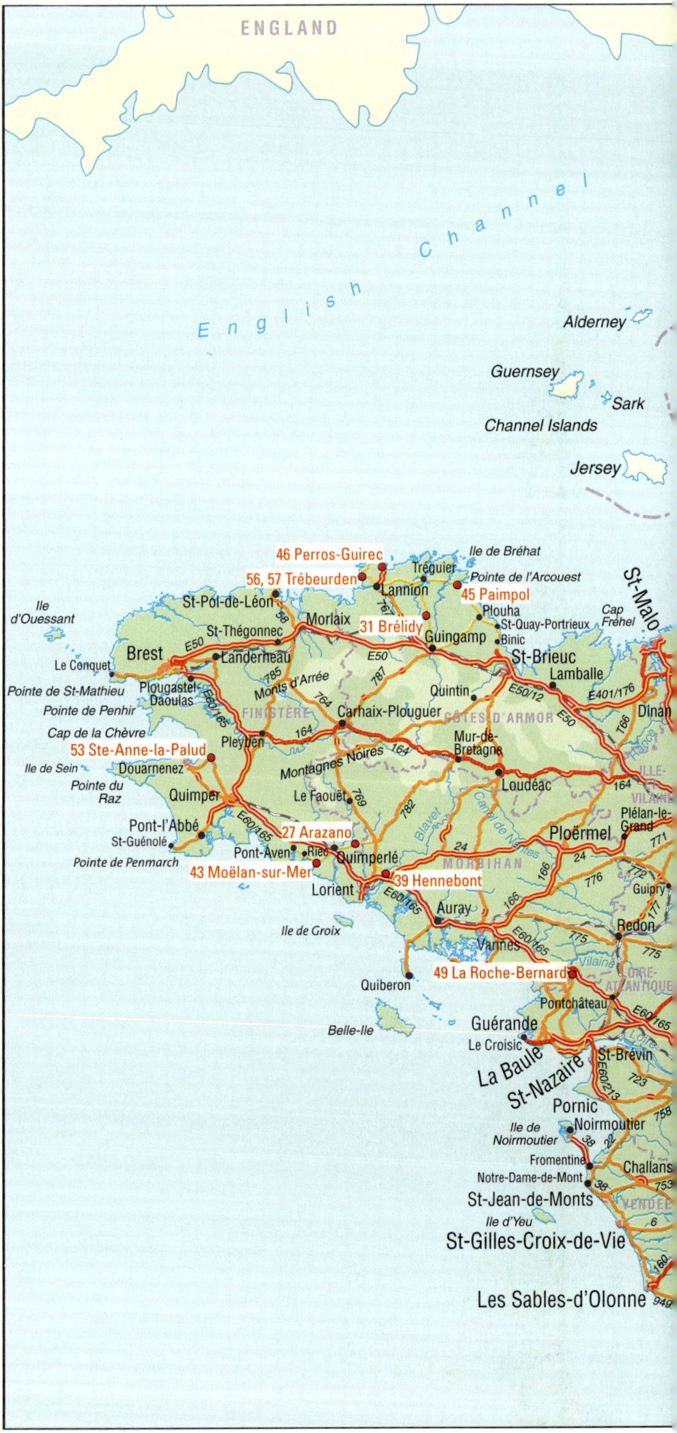
ENGLAND
English Channel
Alderney
Guernsey
Sark
Channel Islands
Jersey
St-Malo
46 Perros-Guirec
56, 57 Trébeurden
Ile de Bréhat
Tréguier
Pointe de l'Arcouest
Lannion
45 Paimpol
Ile d'Ouessant
St-Pol-de-Léon
Morlaix
31 Brélidy
Plouha
St-Quay-Portrieux
Cap Fréhel
Binic
St-Thégonnec
Guingamp
St-Brieuc
Brest
Landerneau
Lamballe
Le Conquet
Pointe de St-Mathieu
Plougastel-Daoulas
Monts d'Arrée
Quintin
Dinan
Pointe de Penhir
FINISTÈRE
Carhaix-Plouguer
CÔTES-D'ARMOR
Cap de la Chèvre
53 Ste-Anne-la-Palud
Pleyben
Mur-de-Bretagne
Ile de Sein
Douarnenez
Montagnes Noires
Loudéac
Pointe du Raz
Quimper
Le Faouët
ILLE-VILAINE
Plélan-le-Grand
Pont-l'Abbé
St-Guénolé
27 Arazano
Blavet
Canal de Nantes
Ploërmel
Pointe de Penmarch
Pont-Aven
Riec
Quimperlé
MORBIHAN
43 Moëlan-sur-Mer
39 Hennebont
Lorient
Guipry
Auray
Redon
Ile de Groix
Vannes
Vilaine
49 La Roche-Bernard
LOIRE-ATLANTIQUE
Quiberon
Pontchâteau
Belle-Ile
Guérande
Le Croisic
La Baule
St-Nazaire
Loire
St-Brévin
Pornic
Ile de Noirmoutier
Noirmoutier
Fromentine
Challans
Notre-Dame-de-Mont
St-Jean-de-Monts
Ile d'Yeu
VENDÉE
St-Gilles-Croix-de-Vie
Les Sables-d'Olonne
E50
E60/165
E50/12
E401/176
E60/213
164
785
787
764
769
782
767
58
24
166
776
772
771
177
775
723
758
753
38
22
6
160
949
T66

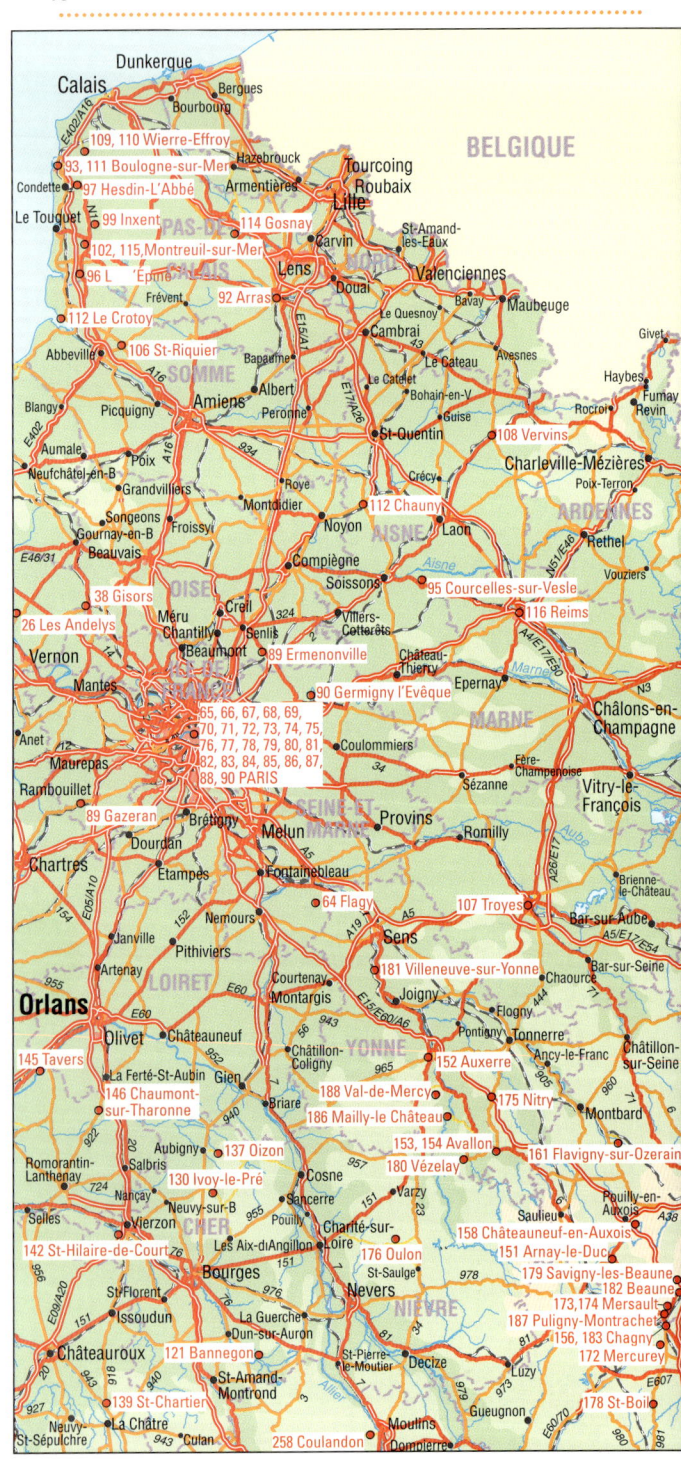

LUXEMBOURG

DEUTSCHLAND

Sedan
Mouzon
Longwy
Montmédy
Stenay
Sierck
Buzancy
Thionville
Hayange
Etain
Briey
Forbach
Verdun
N3
Metz
N3
St-Avold
Sarreguemines
Wissembourg
113 Futeau
Thiaucourt-
Regniéville
MOSELLE
Soufflenheim
MEUSE
N74
Haguenau
St-Mihiel
PONT-à-Mousson
104 La Petite Pierre
BAS-
Bar-le-Duc
Commercy
MEURTHE-
ET-MOSELLE
Sarrebourg
Saverne
RHIN
St-Dizier
N4
Toul
NANCY
Marne
114 Marlenheim
Strasbourg
Vaucouleurs
A33
Lunéville
Molsheim
4
Joinville
Domrémy
Baccarat
N59
115 Ottrott
Obernai
103 Osthouse
Vignory
Neufchâteau
Rambervillers
100 Itterswiller
HAUTE-MARNE
Mirecourt
St-Dié
111 Bergheim
Andelot
Vittel
Epinal
105 Ribeauvillé
98 Illhaeusern
Chaumont
164
101 Lapoutroie
94 Colmar
A5
VOSGES
116 Turckheim
E21/A31
Bains-les-Bains
Remiremont
Rouffach
Neuf-Brisach
417
113 Girmont Val d' Ajol
HAUT-RHIN
Langres
Luxeuil
Thann
E54/19
HAUTE-SAÔNE
Ronchamp
TRE-DE-
BELFORT
54
Vesoul
E54
Belfort
A36
Mulhouse
Altkirch
E23
Montbéliard
419
419
474
A36
Baume-les-
Dames
Sochaux
Audincourt
Gemeaux
70
Dijon
Pesmes
155 Besan on
St-Hippolyte
164 Goumois
160 Curtil-Vergey
163 Gevry-Chambertin
A36
Maîche
437
Nuits-St-Georges
E23/57
DOUBS
182 Aloxe-Corton
Dole
Quingey
57
Morteau
167 Levernois
472
Port-Lesney
Montbenoît
Arbois
Salins
Pontarlier
Chalon-sur-
Saône
Poligny
Les Hôpitaux-Neufs
JURA
471
Champagnole
Courlans
Lons-le-Saunier
Tournus
Louhans
Clairvaux-les-Lacs
78
Sermoise
Morez

184 Cluny
166 Igé
162 Fleurville
Macon
La Chapelle
Bourg-en-Bresse
185 Echenevex
149 Anthy-sur-Léman
Geneva
HAUTE-SAVOIE
150 Argentiere
159 Combloux
188 Veyrie-du-Lac
170 Manigod
157 Chamonix
187 St-Gervais
171 Megève
168, 169, 186 Lyon
185 Faverges
165 Montailleur
SAVOIE
Chambéry
Grenoble
ISÈRE
331 Valence
Serre Chevalier
HAUTES-ALPES
305 Le Poët-Laval
293 Malataverne
326 Serignan-du-Comtat
340 Séguret
330 Vaison-la-Romaine
280 Entrechaux
304 Piolenc
269 Beaumont-du-Ventooux
287 Gigondas
329 Vacqueyras
279 Crillon-le-Brave
306 Le Pontet
VAUCLUSE
340 Le Thor
313 Roussillon
291 Lagnes
314 Saignon
294 Ménerbes
270, 271 Bonnieux
281, 282 Eygalières
336 Lourmarin
266, 267 Les Baux-de-Provence
338 St-Laurent-du-Verdon
325 Seillans
285 Fox-Amphoux
324 Le Sambuc
260, 261, 262 Aix-en-Provence
MARSEILLE
286 Gémenos
289 Coteau Fleuri
273 Cassis
276 Château-Arnoux
297 Moustiers-Ste-Marie
328 Trigance
ALPES-DE-HAUT-PROVENCE
ALPES-MARITIMES
311 Roquebrune
303 Peillon
332, 333 Vence
283 Eze
296 Mougins
272 Cap d'Antibes
337 Pégomas
337 Plan-de-la-Tour
320, 321 St-Tropez
309, 310 Ramatuelle
308 Ile de Port-Cros
307 Ile de Porquerolles

DER NORDWESTEN

Die Hotels im Nordwesten

Der Nordwesten Frankreichs dient für manchen Reisenden als Zwischenstation auf dem Weg nach bzw. von Großbritannien. Zu diesem Zweck bieten sich als Übernachtungsmöglichkeiten besonders die traditionelle *Auberge du Clos Normand* in Martin-Eglise in der Nähe von Dieppe an (Seite 42) sowie die etwas gehobeneren *La Chaumière* und *Le Manoir du Butin,* beide in Honfleur in der Nähe von Le Havre (Seite 40 und 41), außerdem das *Le Dauphin* im Zentrum von Caen (Seite 32) und einer unserer ganz alten Favoriten, das *Hôtel de France et des Fuchsias* (Seite 52), das sich ganz in der Nähe von Cherbourg in St-Vaast-la-Hougue auf der Halbinsel Cotentin befindet. Ebenfalls interessant sind das *Hôtel Vent d'Ouest* in Le Havre (Tel. 02 35 / 42 50 69), das *La Maison de Lucie* (Tel . 02 31 / 14 40 40) und das *Hôtel des Loges* (Tel. 02 31 / 89 38 26), beide in Honfleur, sowie das *La Marine* (Tel. 02 33 7 53 83 31), ein Restaurant mit Gästezimmern in Barneville-Carteret bei Cherbourg. Unsere Empfehlungen in dieser Ausgabe erstrecken sich von den Kalksteinfelsen der Côte d'Albâtre *(Domaine St Claire – Le Donjon* in Etretat, Seite 37) und den wunderschönen Ufern der Seine *(La Chaîne d'Or* in Les Andelys, Seite 26, und *Le Moulin de Connelles,* Seite 34) über die fruchtbare Heimat des Calvados (unsere beiden Neuentdeckungen *Ferme de la Ranconnière* in Crépon, Seite 35, und das liebenswert-schrullige *Au Repos des Chineurs* in Notre-Dame-d'Estrées, Seite 44) bis zu dem Teil der Normandie rund um das Orne-Tal, der als Suisse Normande bekannt ist *(Bois Joli* und *Manoir du Lys,* beide in Bagnoles-de-l'Orne, Seite 28/29).

In der Region Perche haben wir das *Hôtel du Tribunal* in Mortagne aufgenommen (Seite 61), in der Hauptstadt der Normandie das *Hôtel des Carmes* (Seite 50). In Rouen ebenfalls empfehlenswert: das *Hôtel de la Cathédrale* (Tel. 02 35 / 71 57 95) und das *Le Vieux Carré* (Tel. 02 35 / 71 67 70), beide mit hübschen Gärten im Innenhof.

Zwischen der Normandie und der Bretagne liegt der Mont-St-Michel, eine der größten Touristenattraktionen Frankreich. Eines unserer Hotels, die *Auberge St-Pierre,* befindet sich direkt auf dem Mont-St-Michel (Seite 61); einige andere in unmittelbarer Nähe *(Le Gué du Holme* in St-Quentin-sur-le-Homme, Seite 51, sowie die *Auberge du Terroir* in Servon, Seite 54). wenn hier voll ist, weichen Sie auf das *Le Montgomery* in Ponterson aus (Tel. 02 33 / 60 00 09).

An der zerklüfteten Nordküste, die von Austernfarmen und Sandstränden geprägt ist, haben wir in dem alten Fischerhafen Paimpol das bodenständige *Repaire de Kerroc'h* (siehe Seite 45) und in dem Ferienort Perros-Guirec das anspruchsvolle *Manoir du Sphinx* (Seite 46) gefunden. In der Nähe der Landspitze können wir außerdem zwei weitere Hotels in Trébeurden (Seite 56 und 57) sowie landeinwärts in Brélidy das *Château de Brélidy* (Seite 31) empfehlen. An der windigen Westküste, in Ste-Anne-la-Palud, befindet sich das beliebte, wenn auch etwas teure Familienhotel *Hôtel de la Plage* (siehe Seite 53), landeinwärts das *Manoir de Moëllien* (Tel. 02 98 / 92 50 40) in Plovenez-Porzay. An der Südküste sind Landschaft und Klima milder; hier umfassen unsere Empfehlungen ein Schloss *(Château de Locquénolé* in Hennebont, Seite 39), eine Mühle *(Les Moulins du Duc* in Moëlan-sur-Mer, Seite 43) sowie eines der besten Restaurants der Gegend *(Auberge Bretonne* in La Roche-Bernard, Seite 49).

DER NORDWESTEN

AGNEAUX

Château d'Agneaux
∽ Burghotel ∽

Avenue Ste-Marie, 50180 Agneaux (Manche)
Tel 02 33 57 65 88 **Fax** 02 33 56 59 21
e-mail chateau.agneaux@wanadon.fr **website** www.chateau-agneaux.com

Wenn Sie sich dem Château d'Agneaux auf einer vorstädtischen, wenn auch baumgesäumten Straße am Stadtrand von St-Lô nähern, erwartet Sie ein wahres Juwel: Das Château aus dem 13. Jh. ist klein, perfekt geschnitten und nimmt eine geradezu märchenhafte Lage auf einem fast ausschließlich baumbewachsenen Felsvorsprung ein, von dem aus man einen kleinen, ländlichen Teil des Vire-Tals überblicken kann. Der frühere Besitzer ließ den neueren, aus dem 16. Jh. stammenden Flügel des Gebäudes niederreißen, als er sich im Château niederließ. Das einzig Moderne, was sich aus dem 21. Jh. manchmal blicken (aber nie hören) lässt, ist der kleine Dieselzug mit seinen beiden Waggons auf der gegenüberliegenden Seite des Tals. »Der normannische TGV!«, witzelt M. Groult, der jetzige glückliche Besitzer des Château.

Die Zimmer, von denen einige separat liegen, sind so luxuriös, dass Himmelbetten schon zum Standard gehören. Die Innenausstattung, die Qualität der Möbel und die wunderschönen Badezimmer sollten sogar den anspruchsvollsten Burgkennern genügen. Wenn Sie ein größeres Budget und keine Höhenangst haben, sollten Sie unbedingt Zimmer Nr. 4 buchen – es ist das größte und verfügt über eine sagenhafte Aussicht über das ganze Tal. Das mit Deckenbalken und schönen Fliesen ausgestattete Speisezimmer bietet gute regionale Küche und eine mehr als passende Weinkarte.

Umgebung: Bayeux (38 km); Strände der Normandie; Golfplatz • **Lage:** 1,5 km westlich von St-Lô, in Agneaux rechts abbiegen und der Ausschilderung »Château« folgen; mit eigenem Parkplatz • **Mahlzeiten:** Frühstück, Abendessen • **Preise:** €€ • **Zimmer:** 12; 7 Doppel-, 3 Zweibettzimmer, 1 Suite, 1 Familienzimmer, alle mit Bad; alle Zimmer mit Telefon, TV, Minibar • **Anlage:** Aufenthaltsraum, Speiseraum, Konferenzraum, Terrasse, Garten, Tennisplatz • **Kreditkarten:** AE, DC, MC, V **Kinder:** erlaubt • **Behinderte:** 1 Zimmer im Erdgeschoss geeignet • **Tiere:** erlaubt **Geschlossen:** nie • **Besitzer:** M. und Mme Groult

DER NORDWESTEN

LES ANDELYS

La Chaîne d'Or
◦ Hotel an einem Fluss ◦

25-27, Grande rue, Le Petit Andely, 27700 Les Andelys (Eure)
Tel 02 32 54 00 31 **Fax** 02 32 54 05 68
e-mail chaineor@wanadoo.fr **website** www.lachainedor.com

Der Gasthof aus dem 18. Jh. liegt nur eine knappe Stunde von Paris entfernt an einer sanften Biegung der Seine ganz in der Nähe des Château Gaillard, der Ruine der aus dem 12. Jh. stammenden Festung des Richard Löwenherz. Sobald man den Kiesweg des friedvollen Innenhofes betritt, fallen alle Sorgen plötzlich von einem ab. Das La Chaîne d'Or befindet sich seit 15 Jahren im Besitz Mme Foucaults; 2003 wechselte der Besitzer, übernahm aber das alte, professionelle und freundliche Personal. Das Hotel liegt im Zentrum des kleinen Städtchens am Ufer der Seine. Sechs der zehn attraktiv eingerichteten Zimmer gehen auf den Fluss hinaus, eins zum Innenhof und die restlichen zur Kirche des Ortes. Die Einrichtung ist zwar keine Antiquitätensammlung, aber dennoch schon über 100 Jahre alt; die Bäder allerdings sind moderner.

Auch vom Restaurant aus hat man einen Blick auf die Seine. Die Tische stehen auf einem schwarz-weiß gefliesten Fußboden und sind von unverputzten Deckenbalken, in hellem Verputz gehaltenen Wänden, frischen Blumen und einem massiven Kamin aus Stein umgeben. Das Essen ist ausgezeichnet, vom Salat angefangen bis hin zum Käse und zu den zahlreichen Puddingvariationen. Die lange, aber keinesfalls übeteuerte Weinkarte sollte auch die wählerischsten Gäste zufrieden stellen.

Umgebung: Giverny (45 km); Lyons-la-Forêt (21 km); Rouen (38 km) • **Lage:** in Le Petit Andely an der Seine; mit eigenem Parkplatz • **Mahlzeiten:** Frühstück, Mittag- und Abendessen • **Preise:** €€ • **Zimmer:** 10; 7 Doppel-, 3 Zweibettzimmer, alle mit Bad oder Dusche; alle Zimmer mit Telefon, TV, 5 mit Fön • **Anlage:** Aufenthaltsraum, Frühstücksraum, Restaurant, Konferenzraum, Terrasse, Garten im Innenhof **Kreditkarten:** AE, MC, V • **Kinder:** erlaubt • **Behinderte:** Zugang schwierig **Tiere:** erlaubt • **Geschlossen:** Januar bis Ende Februar; Restaurant Sonntagabend sowie Montag- und Dienstagmittag (in der Nebensaison) • **Besitzerinnen:** Sylvia und Gérard Millet

Der Nordwesten

Arzano

Château de Kerlarec
∾ Schlosshotel ∾

29300 Arzano (Finistère)
Tel 02 98 71 75 06 **Fax** 02 98 71 74 55 **e-mail** chateau-de-kerlarec@wanadoo.fr
website www.chateaux-france.com/kerlarec

Das Château de Kerlarec ist 1830 von den Dandilos, einer von den venezianischen Dogen abstammenden Familie, erbaut worden. Zwischen 1989 und 1995 stand das inzwischen recht baufällige Gebäude leer, bis Monique und Michel Bellin es kauften – vermutlich um ihre beeindruckende Sammlung an Silber, Porzellan, Glas, Möbeln, Gemälden und anderen Kunstgegenständen darin unterzubringen. Dadurch ähnelt das Château heute eher Ali Babas Höhle denn einem Schloss, abgesehen davon, dass die Einrichtung sehr kunstvoll gestaltet ist und einen Sinn sowohl für Humor als auch für Geschichte verrät. Das Gebäude wurde außen und innen weitgehend im Originalzustand belassen; sogar die Tapete im Salon stammt noch aus dem 19. Jh.
Die Bellins treiben die Wiederbelebung des Château eifrig voran; eine kühle weiße Galerie sowie ein Aufenthaltsbereich neben der alten Einfahrt sind bereits fertiggestellt. Im zweiten Stock gibt es vier wunderbar theatralische Zimmer: Ein jedes ist mit einem Vorzimmer ausgestattet, das gleichzeitig als Wohnzimmer dient und – an Dachsparren vorbei – zu einem Schlafzimmer in einem der Türme führt. Alle Zimmer sind individuell eingerichtet; eines ähnelt einem Ort aus 1001 Nacht, ein anderes ist ganz in Weiß und Gold gehalten. Wenn Sie Mme Bellin darum bitten, bereitet sie Ihnen Crêpes oder eine riesige Platte mit Meeresfrüchten zum Abendessen.

Umgebung: Lorient (20 km); Quimper (40 km); Iles de Glénan • **Lage:** 6 km östlich von Quimperlé an der D22; mit eigenem Parkplatz • **Mahlzeiten:** Frühstück, Abendessen nach Vereinbarung • **Preise:** € • **Zimmer:** 6; 1 Doppelzimmer, 5 Suiten, alle mit Bad oder Dusche; alle Zimmer mit Telefon, TV • **Anlage:** Aufenthaltsraum, Speiseraum, Konferenzraum, Terrasse, Garten, Swimmingpool, Tennisplatz **Kreditkarten:** keine • **Kinder:** erlaubt • **Behinderte:** Zugang schwierig • **Tiere:** erlaubt • **Geschlossen:** nie • **Besitzer:** Monique und Michel Bellin

DER NORDWESTEN

BAGNOLES-DE-L'ORNE

Bois Joli
∾ Wellness-Hotel ∾

12, avenue Philippe-du-Rozier, 61140 Bagnoles-de-l'Orne (Orne)
Tel 02 33 37 92 77 **Fax** 02 33 37 07 56
e-mail boisjoli@wanadoo.fr **website** www.hotelboisjoli.com

Die blumengeschmückte Villa im normannischen Stil aus dem späten 19. Jh. liegt zentral im vornehmen Bagnoles, was man inmitten der üppigen Gärten mit altem Baumbestand aber kaum glauben mag. Im Inneren harmonieren sorgfältig ausgewählte alte und moderne Möbel mit den traditionellen Holzbalken. Die Zimmer sind großzügig geschnitten und mit Empire-Stilmöbeln, *toile-de-Jouy* oder Blumenmustern ausgestattet.

Yvette und Daniel Mariette kümmern sich rührend um das Wohl ihrer Gäste, denen Thermalbäder und andere Wellness-Einrichtungen sowie Liegen im Garten zum Entspannen zur Verfügung stehen. Für besonders Aktive besteht die Möglichkeit zum Reiten und Mountainbiken; zwischen Ende September und Ende Oktober finden Pilzsammel-Wochenendexkursionen statt (Details sind telefonisch zu erfragen).

Die hoch geschätzte Küche bietet regionale Spezialitäten kombiniert mit exotischen Gewürzen. Nach dem Abendessen können die Gäste im Casino ihr Glück versuchen.

∾

Umgebung: Casino; Alençon (49 km); Suisse Normande; Golfplatz • **Lage:** im Stadtzentrum; mit eigenem Parkplatz • **Mahlzeiten:** Frühstück, Mittag- und Abendessen • **Preise:** €€ • **Zimmer:** 20 Doppel- und Zweibettzimmer, alle mit Bad oder Dusche; alle Zimmer mit Telefon, TV • **Anlage:** Aufenthaltsraum, Speiseraum, Wellness-Center, Garten • **Kreditkarten:** AE, DC, MC, V • **Kinder:** erlaubt **Behinderte:** keine besonderen Einrichtungen • **Tiere:** erlaubt **Geschlossen:** Mitte Februar bis Ende März • **Besitzer:** Yvette und Daniel Mariette

DER NORDWESTEN

BAGNOLES-DE-L'ORNE

Manoir du Lys
～ Ländliches Hotel ～

La Croix Gauthier, Route de Juvigny, 61140 Bagnoles-de-l'Orne (Orne)
Tel 02 33 37 80 69 **Fax** 02 33 30 05 80
e-mail manoirdulys@lemel.fr **website** www.manoir-du-lys.fr

Dieser typisch normannische Fachwerkjagdsitz wurde 1985 von den Quintons als Hotel wiedereröffnet. In den letzten Jahren ist viel an der Manoir du Lys getan worden. Das neue Gebäude fügt sich harmonisch in seine Umgebung ein, und die Zimmer, darunter auch vier brandneue Suiten und sieben neue Holzpavillons, sind alle sehr geräumig und geschmackvoll mit eleganten Möbeln ausgestattet. Die Zimmer der Kategorie »de luxe« sind alle recht lang und schmal und verfügen über Balkons, die zum Garten hinausgehen.

Marie-France kümmert sich um die hübschen Speisesäle, von denen aus man durch eine große Fensterfront ebenfalls in den Garten blicken kann; ihr Sohn Franck ist für das mit einem Michelinstern ausgezeichnete Essen verantwortlich, das zwar in lokalen Traditionen verwurzelt, aber dennoch aufgeschlossen gegenüber zeitgenössischen Trends ist. Bei schönem Wetter kann man auf der Terrasse essen. Darüber hinaus gibt es eine sehr gepflegte kleine Bar, in der ein großer offener Kamin und ein Flügel stehen, auf dem freitagabends immer gespielt wird. Die Quintons zeichnen sich als warmherzige Gastgeber aus; im Herbst organisieren sie die beliebten »Pilz-Wochenenden«, an denen bis zu 120 verschiedene Pilzarten in den umliegenden Wäldern gesucht werden können. Auf Wunsch finden die Exkursionen auch in englischer Sprache statt.

Umgebung: Alençon (47 km); Suisse Normande; Golfplatz • **Lage:** mitten im Wald von Andaines; mit eigenem Parkplatz • **Mahlzeiten:** Frühstück, Mittag- und Abendessen • **Preise:** €€ • **Zimmer:** 32; 25 Doppel- und Zweibettzimmer, 23 mit Bad, 2 mit Dusche, 7 Suiten mit Bad; alle Zimmer mit Telefon, TV, Minibar **Anlage:** Bar/Aufenthaltsraum, Speiseräume, Billardzimmer, Garten, Swimmingpool, Hallenbad, Tennisplatz • **Kreditkarten:** AE, DC, MC, V • **Kinder:** willkommen **Behinderte:** 1 Zimmer mit entsprechenden Einrichtungen • **Tiere:** erlaubt **Geschlossen:** Anfang Januar bis Mitte Februar; Restaurant Sonntagabend und montags, November bis Ostern • **Besitzer:** Marie-France und Paul Quinton

DER NORDWESTEN

LE BEC-HELLOUIN

Auberge de l'Abbaye
~ Dorfgasthof ~

27800 Le Bec-Hellouin (Eure)
Tel 02 32 44 86 02 **Fax** 02 32 46 32 23 **e-mail** catherine-fabrice.c@wanadoo.fr
website www.auberge-abbaye-bec-hellouin.com

Dieser geraniengeschmückte Gasthof aus dem 18. Jh. steht gegenüber der Grünanlage des Dorfes und der Abtei Notre-Dame du Bec,
der er seinen Namen verdankt. Die gepflegten Gärten der Abtei sind
der Öffentlichkeit zugänglich. Nach 40 Jahren hat die Familie Ser-
gent die *auberge* schweren Herzens verkauft. Ein Trost ist lediglich,
dass sie in die fähigen und tatkräftigen Hände von Cathérine und Fabrice Conroux überging. Sie nahmen bereits eine Grundrenovierung
vor und planen nun auch eine Neugestaltung der Zimmer inklusive
Erneuerung der Teppiche und Bäder. Den charmanten, traditions-
reichen Charakter des Gebäudes mit glänzenden Fliesenböden und
Möbeln wollen die neuen Besitzer jedoch auf alle Fälle erhalten.
Der Speisesaal verfügt über Deckenbalken, Steinwände und die traditionellen rot-weiß-karierten Tischdecken; im Sommer werden die
Tische unter Sonnenschirmen im Innenhof des Gasthofs gedeckt.
Auf der erhöhten Terrasse vor dem Gasthof stehen ebenfalls Tische
und Bänke für Gäste, die ein eher informelles Essen bevorzugen. Die
fünf Zimmer mit ihren niedrigen Decken befinden sich am Ende
einer recht steilen Treppe im ersten Stock; sie sind im Landhausstil
eingerichtet, blitzsauber und mit frischen Blumen geschmückt.

~

Umgebung: Rouen (30 km); Château du Champ-de-Bataille; Golfplatz • **Lage:** im
Dorf, 6 km nördlich von Brionne; mit eigenem Parkplatz • **Mahlzeiten:** Frühstück,
Mittag- und Abendessen • **Preise:** € • **Zimmer:** 10; 5 Doppel-, 5 Zweibettzimmer,
alle mit Bad; alle Zimmer mit Telefon, TV • **Anlage:** Aufenthaltsbereich, Bar/Spei-
seraum, Terrasse, Garten im Innenhof • **Kreditkarten:** MC, V • **Kinder:** erlaubt
Behinderte: Zugang schwierig • **Tiere:** erlaubt • **Geschlossen:** 2 Wochen im Januar, 3. und 4. Novemberwoche; Restaurant Dienstag und Mittwoch von Oktober
bis April • **Besitzer:** Cathérine und Fabrice Conroux

DER NORDWESTEN

BRÉLIDY

Château Hôtel de Brélidy

~ Schlosshotel ~

Brélidy, 22140 Bégard (Côtes d'Armor)
Tel 02 96 95 69 38 **Fax** 02 96 95 18 03
e-mail chateau.brelidy@wordonline.fr **website** www.chateau-brelidy.com

Hinter der strengen Granitfassade dieses bretonischen *château* aus dem 16. Jh., das in der typischen Bauweise der Region errichtet wurde, versteckt sich eine Reihe von komfortablen, gemütlichen Zimmern, die mit Antiquitäten großzügig ausgestattet sind. Das Gebäude wurde drei Jahrzehnte lang mit viel Mühe und Gespür von Pierre und Eliane Yoncourt-Pemezec restauriert, wobei die riesigen Kamine, die originale Steintreppe und die Balkendecken erhalten geblieben sind. 2002 übergaben sie die Leitung des Hotels an William und Carole Langlet, die an seinem ursprünglichen Charakter jedoch nichts verändert haben.

Hinter dem friedvollen, 35 Hektar großen Garten mit seinen Rasenflächen und Hortensien liegt eine der schönsten Landschaften der ganzen Region: Die sanften Hügel, die sich bis zum Horizont erstrecken, werden durch Hecken und wild wachsende Blumen akzentuiert. Die beste Aussicht hat man aus den riesigen Fenstern aus einer der Suiten; sie rechtfertigt den Aufpreis von etwa 50 Euro gegenüber einem der gehobeneren Doppelzimmer allemal. Passenderweise sind die Zimmer nach bestimmten Blumenarten benannt; vier verfügen über eine eigene Terrasse.

Eifrige Sportangler haben die Wahl zwischen verschiedenen Flüssen und Seen der Gegend.

~

Umgebung: Guingamp (15 km); Lannion (30 km) • **Lage:** in der Nähe des Dorfes, von der D15 aus ausgeschildert; mit eigenem Parkplatz • **Mahlzeiten:** Frühstück, Abendessen • **Preise:** €€ • **Zimmer:** 14; 12 Doppel- und Zweibettzimmer, 2 Suiten, alle mit Bad oder Dusche; alle Zimmer mit Telefon, TV, Fön • **Anlage:** Aufenthaltsraum, Speiseraum, Billardzimmer, Whirlpool, Terrasse, Garten, Möglichkeit zum Angeln • **Kreditkarten:** AE, MC, V • **Kinder:** erlaubt • **Behinderte:** Zugang möglich **Tiere:** erlaubt • **Geschlossen:** Januar bis April • **Besitzer:** William und Carole Langlet

Der Nordwesten

Caen

Le Dauphin
~ Restaurant mit Gästezimmern in der Stadt ~

29, rue Gémare, 14000 Caen (Calvados)
Tel 02 31 86 22 26 **Fax** 02 31 86 35 14
e-mail dauphin.caen@wanadoo.fr **website** www.le-dauphin-normandie.com

Jedes Hotel, das über einen eigenen Parkplatz mitten in Caen verfügt, ist an sich schon ein unschätzbares Juwel, aber das Le Dauphin, mittlerweile ein Best Western-Hotel, kann noch mehr aufweisen. Das ehemalige Münster liegt nur einen kurzen, dreiminütigen Spaziergang von der Festung Wilhelms des Eroberers entfernt und offenbart sein wirkliches Alter erst, wenn man das Gebäude betritt. Die unverputzten Steinwände, die Deckenbalken und die steinerne Treppe verraten, dass die Restaurierung glücklicherweise nach Qualitäts- und nicht nach Kostenkriterien durchgeführt wurde.

Sylvie und Stéphane Pugnat (er ist der Küchenchef) sind ein lebhaftes Team und schaffen eine warmherzige Atmosphäre. Die ausgezeichnete Küche ist normannischen Ursprungs; Stéphane sorgt dafür, dass auf seiner Speisekarte immer der Fisch steht, der ihn auf dem Markt am meisten anspricht. Gestärktes weißes Leinen, rote Samtstühle mit hohen Lehnen, frische Blumen und eine durchdachte Weinkarte lenken den Gast im Restaurant ab, während er auf sein Essen wartet. Die Pugnats haben auch das Gebäude neben dem Le Dauphin erworben und 15 neue Zimmer geschmackvoll eingerichtet. Die meisten Zimmer in dem jetzt schon bestehenden Anbau sind größer als die im Hauptgebäude und entsprechend teurer. Sie alle sind mit hübschen Antiquitäten ausgestattet und außerordentlich bequem eingerichtet.

~

Umgebung: Quatrans-Viertel; Château; Kirche St-Pierre • **Lage:** im Stadtzentrum, 2 Straßen westlich der Burg; mit eigenem Parkplatz • **Mahlzeiten:** Frühstück, Mittag- und Abendessen; Zimmerservice • **Preise:** €€ • **Zimmer:** 37; 32 Doppel- und Zweibettzimmer, 5 Suiten, alle mit Bad; alle Zimmer mit Telefon, TV, Minibar, Fön **Anlage:** Aufenthaltsraum/Bar, Restaurant, Lift • **Kreditkarten:** AE, DC, MC, V **Kinder:** erlaubt • **Behinderte:** 1 speziell eingerichtetes Zimer • **Tiere:** erlaubt **Geschlossen:** 1 Woche im Februar, 2 Wochen Ende Oktober bis Anfang November; Restaurant Samstagmittag und sonntags • **Besitzer:** Sylvie und Stéphane Pugnat

DER NORDWESTEN

CAMPIGNY

Le Petit Coq aux Champs
~ Ländliches Hotel ~

La Pommeraie-Sud, Campigny, 27500 Pont-Audemer (Eure)
Tel 02 32 41 04 19 **Fax** 02 32 56 06 25
e-mail le.petit.coq.aux.champs@wanadoo.fr **website** www.lepetitcoqauxchamps.fr

Ein reetgedecktes Haus mit eigenem Hubschrauberlandeplatz – dies klingt zwar ungewöhnlich, aber ungewöhnlich ist alles an diesem hübschen, abgeschiedenen Zufluchtsort inmitten saftiger Wiesen und üppiger Wälder im Risle-Tal. Das Le Petit Coq bietet eine faszinierende Mischung von Ländlichem, Gehobenem und Schrulligem, die vielleicht nicht jedem zusagt.

Das Gebäude, das überwiegend aus dem 19. Jh. stammt, verfügt über zwei Hauptflügel mit einem geräumigen, luftigen und modernen Gebäudeteil dazwischen. Der Einrichtungsstil reicht von modernen Rohrmöbeln im großen Wohnzimmer bis zu Antiquitäten im Restaurant, in dem sich ein großer offener Kamin befindet. Im neuen Teil des Gebäudes ist eine gemütliche kleine Pianobar untergebracht. Jedes der Zimmer ist in einem anderen Stil eingerichtet; einige ausgesprochen bunt, andere etwas zurückhaltender. Keines ist besonders groß.

Der Besitzer, Jean-Marie Huard, kehrte nach einigen Jahren in Paris, in denen er in renommierten Restaurants gearbeitet hat, zu seinen normannischen Wurzeln zurück. Seine überdurchschnittlich gute Küche zeichnet sich durch Liebe zum Detail, zur Art der Präsentation sowie durch den Hang zur lokalen Tradition aus.

~

Umgebung: Pont-Audemer (6 km); Honfleur (30 km); Golfplatz • **Lage:** auf dem Land, 6 km südlich von Pont-Audemer; mit eigenem Parkplatz • **Mahlzeiten:** Frühstück, Mittag- und Abendessen • **Preise:** €€ • **Zimmer:** 12; 6 Doppel-, 4 Zweibett- und 1 Familienzimmer, 1 Suite, alle mit Bad; alle Zimmer mit Telefon, TV, Fön **Anlage:** Aufenthaltsraum, 4 Speiseräume, Bar, Garten, Swimmingpool, Hubschrauberlandeplatz • **Kreditkarten:** AE, DC, MC, V • **Kinder:** willkommen • **Behinderte:** keine speziellen Einrichtungen • **Tiere:** willkommen • **Geschlossen:** Januar, November bis März So abend und Mo • **Besitzer:** Fabienne Desmonts und Jean-Marie Huard

DER NORDWESTEN

CONNELLES

Le Moulin de Connelles
∾ Hotel an einem Fluss ∾

Route d'Amfreville-sous-les-Monts, 27430 Connelles (Eure)
Tel 02 32 59 53 33 **Fax** 02 32 59 21 83 **e-mail** *moulindeconnelles@ moulinde-connelles.com* **website** *www.moulindeconnelles.com*

Das Le Moulin de Connelles liegt nur eine knappe Viertelstunde von Monets Garten in Giverny entfernt und erinnert mit seinen Giebeln, Ecktürmen, Balken und Bögen an ein Märchenschloss. Es verfügt sogar über seine eigene, zwei Hektar große Insel mit beheiztem Swimmingpool und Tennisplatz, die man in den üppigen Gärten allerdings kaum findet. Romantiker können die Gegend auch mit einem Stocherkahn erkunden. Und als wäre das alles nicht schon genug, haben die Petiteaus aus der Mühle ein außerordentlich bequemes und wunderschön hergerichtetes Hotel geschaffen.

Das ausgezeichnete Restaurant erstreckt sich über den Mühlenfluss und scheint gleichsam über dem Wasser zu schweben. Manchmal stehen gedämpfter Lachs, gebackener Meerbarsch und Bohnen in drei verschiedenen Senfsaucen auf der Speisekarte. Wenn man unter der Terrassenmarkise sitzt und auf das Spiegelbild der Mühle und die Lilien in dem ruhigen Wasser blickt, kann man sich kaum vorstellen, wie man einen Sommerabend noch schöner verbringen kann. Die Zimmer sind zurückhaltend und tadellos eingerichtet und verfügen über die Art von Badezimmern, die man am liebsten mit nach Hause nehmen möchte. Wenn Sie es sich leisten können, sollten Sie die Ecksuite buchen: Die Aussicht ist einfach sagenhaft.

Umgebung: Rouen (39 km); Evreux (30 km); Golfplatz; Wassersportmöglichkeiten **Lage:** an der D19, nördlich von Connelles, an der Seine; mit eigenem Parkplatz **Mahlzeiten:** Frühstück, Mittag- und Abendessen • **Preise:** €€–€€€ • **Zimmer:** 13; 7 Doppel- und Zweibettzimmer, 6 Suiten, alle mit Bad; alle Zimmer mit Telefon, TV, Minibar, Fön, Safe • **Anlage:** Aufenthaltsraum, Konferenzraum, Bar, Restaurant, Terrasse, Garten, Swimmingpool, Tennisplatz, Möglichkeit zum Angeln • **Kreditkarten:** AE, DC, MC, V • **Kinder:** erlaubt • **Behinderte:** Zugang schwierig • **Tiere:** erlaubt **Geschlossen:** Hotel und Restaurant Anfang Januar bis Anfang Februar; Oktober bis April: Sonntagabend und montags, Dienstagmittag • **Besitzer:** Hubert und Luce Petiteau

DER NORDWESTEN

CRÉPON

Ferme de la Ranconnière

~ Ländliches Hotel ~

Route d'Arromanches, 14480 Crépon (Calvados)
Tel 02 31 22 21 73 **Fax** 02 31 22 98 39
e-mail hotel@ranconniere.com **website** www.ranconniere.com

Dieses große befestigte Bauernhaus liegt in günstiger Entfernung zu den Stränden, die 1944 Schauplatz der Invasion in der Normandie waren. Das älteste Gebäude stammt aus dem 13. Jh.; seine Baugeschichte erstreckt sich bis in das 15. Jh. hinein. Die Gebäude säumen drei Seiten eines riesigen Innenhofs; die vierte Seite wird zur Straße hin durch eine zinnenbewehrte Mauer abgeschlossen. Damit stellte das Anwesen offenbar einen sicheren Hafen für die Bauern und ihre Familien in unruhigeren Zeiten dar. Wir besuchten das Ferme de la Rançonnière in der Nebensaison, als an einem Sonntagmittag beide Restaurants überfüllt waren, weil französische Familien aufs Land gefahren waren, um die Bürgermeisterwahlen zu feiern. Eine Meinungsumfrage bei einigen der Gäste ergab, dass sie dort waren, weil das Essen gut, reichlich und preiswert war.

Die ursprünglichen 35 Zimmer liegen über die drei Gebäudeteile verteilt und sind von geradezu fürstlicher Größe. Das meiste an Möbeln ist entsprechend massiv. Die Teppiche auf den gefliesten Böden und die Gobelins an den Wänden lassen den Gast das 21. Jh. beinahe vergessen. Obwohl die Wände nicht gerade dünn sind, dringt doch viel Lärm aus dem Speisesaal herüber. Für Gäste, die Ruhe suchen, stehen mittlerweile 13 Zimmer in einem Nebengebäude zur Verfügung. Das Frühstücksbüfett ist mehr als empfehlenswert.

Umgebung: Arromanches (7 km); Bayeux (12 km); Caen (25 km); Strände der Normandie • **Lage:** an der D65 am Rande des Dorfes; mit eigenem Parkplatz
Mahlzeiten: Frühstück, Mittag- und Abendessen • **Preise:** €€ • **Zimmer:** 48 Doppel-, Zweibett- und Dreibettzimmer, alle mit Bad oder Dusche; alle Zimmer mit Telefon, TV, Fön • **Anlage:** Aufenthaltsraum, 2 Restaurants, Konferenzraum, Aufzug, Garten, Tennisplatz • **Kreditkarten:** AE, DC, MC, V • **Kinder:** erlaubt
Behinderte: 1 entsprechend eingerichtetes Zimmer • **Tiere:** erlaubt • **Geschlossen:** nie • **Besitzerinnen:** Mme Vereecke und Mme Sileghem

DER NORDWESTEN

Auberge de la Selune
≈ Dorfhotel ≈

2, rue St-Germain, 50220 Ducey (Manche)
Tel 02 33 48 53 62 **Fax** 02 33 48 90 30
e-mail info@selune.com **website** www.selune.com

Als wir die Auberge de la Selune das letzte Mal besuchten, hatten Renovierungsarbeiten ihren Charakter komplett verändert. Nun ist zumindest das Erdgeschoss modern – aber leider auch etwas seelenlos. Die aus Glas und Metall bestehende Lobby, die die beiden älteren Gebäude miteinander verbindet, passt besser in ein Flughafenhotel, und das Smaragdgrün der Einrichtung ist gewöhnungsbedürftig. Dennoch möchten wir die Auberge wärmstens empfehlen, worin wir vor allem durch die vielen Leserkommentare bestärkt werden. Einer der beiden eher konventionellen Speiseräume ist weniger formell als der andere und geht in eine Terrasse mit Tischen und Stühlen über, von der aus man den Blick auf den Garten und den plätschernden Fluss genießen kann.

Die Zimmer sind alle unterschiedlich eingerichtet, mit hellen Farbkombinationen und hübschen, aber einfachen Möbeln. Von Zimmer Nr. 36 aus hat man eine schöne Aussicht auf den Garten. Die Badezimmer sind funktionell eingerichtet. Das Preis-Leistungsverhältnis stimmt und das Personal ist freundlich und pflichtbewusst. Das Essen ist überdurchschnittlich gut; der Krabbenpastete kann man einfach nicht widerstehen. Auch das Frühstück liegt über dem französischen Standard. Erkundigen Sie sich bei Ihrem Aufenthalt nach Möglichkeiten zum Lachsangeln.

≈

Umgebung: Avranches (11 km); Le Mont-St-Michel (20 km) • **Lage:** am Fluss im Dorf, an der N176 südöstlich von Avranches; mit eigenem Parkplatz • **Mahlzeiten:** Frühstück, Mittag- und Abendessen • **Preise:** € • **Zimmer:** 21; 14 Doppel-, 5 Zweibett-, 1 Einzel- und 1 Familienzimmer, alle mit Bad; alle Zimmer mit Telefon, 16 mit TV • **Anlage:** Aufenthaltsraum, 2 Speiseräume, Bar, Konferenzraum, Terrasse, Garten, Möglichkeit zum Lachsangeln • **Kreditkarten:** DC, MC, V **Kinder:** erlaubt • **Behinderte:** Zugang schwierig • **Tiere:** nicht erlaubt **Geschlossen:** 2 Wochen Anfang Dezember, Restaurant montags (Oktober bis April) **Besitzer:** Jean-Pierre Girres

Der Nordwesten

Domaine Saint Clair – Le Donjon
⤳ Hotel am Meer ⤳

Chemin de Saint Clair, 76790 Etretat (Seine-Maritime)
Tel 02 35 27 08 23 **Fax** 02 35 29 92 24
e-mail info@hoteletretat.com **website** www.hoteletretat.com

Das außergewöhnlich kleine Hotel, das auf einem steilen Hügel nur eine halbe Autostunde von Le Havre entfernt liegt, hieß früher nur Le Donjon und eignete sich gut für einen kurzen Aufenthalt. Nicht nur der Name, sondern auch das Hotel wurde erweitert. Zu dem efeubewachsenen *château* aus dem 19. Jh. kam kürzlich eine Villa am Meer aus der Belle Epoche hinzu.

Das ehemalige Hügelschloss verfügt über eine ehrenwerte Abstammung und einen geheimen unterirdischen Gang zum Meer. Das Innere des Gebäudes ist hell und von Mme Abo-Dib, die das Hotel gemeinsam mit ihrem Sohn führt, im gehobenen Pariser Stil eingerichtet. Der kerzenbeleuchtete und verspiegelte Speisesaal bietet neben einer wundervollen Atmosphäre einen atemberaubenden Blick auf die berühmten Felsen von Etretat. Alle Zimmer, die sich nun auf zwei Gebäude verteilen, sind individuell durchgestylt; einige sind nach berühmten Freunden von Camille de St-Phale, der einstigen *grande dame* des *château*, benannt. Die Bäder, von denen einige in den Ecktürmen untergebracht sind, sind geräumig, elegant und ganz in Weiß gehalten. Den Gästen steht außerdem ein kleiner Swimmingpool, umgeben von Klubsesseln und Sonnenschirmen, zur Verfügung.

Beim »Menu des Pensionnaires« kann man à la carte wählen; das »Menu du Gentleman« besteht aus vier Gängen. Weitere Berichte sind herzlich willkommen.

⤳

Umgebung: Fécamp (17 km); Le Havre (28 km) • **Lage:** an einem Hügel hinter dem Ferienort; mit eigenem Parkplatz • **Mahlzeiten:** Frühstück, Mittag- und Abendessen • **Preise:** €€–€€€; Halbpension obligatorisch • **Zimmer:** 21; 19 Doppelzimmer, 2 Suiten, 19 mit Bad (Jacuzzi), 2 mit Dusche; alle Zimmer mit Telefon, TV, 14 mit CD-Player **Anlage:** Aufenthaltsraum, Speiseraum, Bibliothek, Bar, Garten, Swimmingpool • **Kreditkarten:** AE, MC, V • **Kinder:** erlaubt • **Behinderte:** Zugang schwierig • **Tiere:** erlaubt **Geschlossen:** nie • **Besitzer:** Omar Abo-Dib

Der Nordwesten

Château de la Râpée
~ Schlosshotel ~

Bazincourt-sur-Epte, 27140 Gisors (Eure)
Tel 02 32 55 11 61 **Fax** 02 32 55 95 65

Ein Gast, der diese neugotische Villa aus dem 19. Jh. für uns besuchte, schrieb: »Es war ein angenehmer Aufenthalt, obwohl wir die Einrichtung, vor allem die Teppiche an den Wänden, eher etwas eigenartig fanden.« Nun gut, vielleicht hätten wir den Teppich erwähnen sollen, aber dieser beschränkt sich – ebenso wie die Geweihe – mehr oder weniger auf den Empfangsbereich. Der Rest dieser elegant entworfenen, aber dennoch nicht protzigen Antiquität ist weniger exzentrisch.

Das Château liegt in ruhiger Lage am Ende eines langen holprigen Waldwegs außerhalb von Bazincourt. Die originalen Bauteile im Inneren des Gebäudes wurden sorgfältig konserviert; obwohl die Gemeinschaftsräume eher dunkel sind, ist das Château alles in allem hübsch mit Antiquitäten und neueren Möbeln eingerichtet. Einige der geräumigen, ruhigen Zimmer wirken mit ihren knarzenden Holzfußböden und ihrer Aussicht auf die Umgebung recht herrschaftlich; andere wiederum grenzen – obwohl geweihfrei – doch eher ans Ausgefallene. Ganz in der Nähe des Hauses befindet sich ein kleiner, sehr hübscher Blumengarten. Pascal und Philippe Bergeron nehmen das Kochen ausgesprochen ernst; sie servieren klassische Gerichte mit regionalen Einflüssen und nur gelegentlichen Extravaganzen. Weitere Leserkommentare sind uns willkommen.

Umgebung: Jouy-sous-Thelle (25 km); Beauvais (32 km); Reitmöglichkeit • **Lage:** auf dem Land, 4 km nordwestlich von Gisors; mit eigenem Parkplatz • **Mahlzeiten:** Frühstück, Mittag- und Abendessen • **Preise:** €€ • **Zimmer:** 13; 12 Doppel- und Zweibettzimmer, 1 Appartement, alle mit Bad oder Dusche; alle Zimmer mit Telefon, TV, Safe • **Anlage:** Aufenthaltsraum, 2 Speiseräume, Bar, Bankettsaal, Sauna, Pool, Terrasse • **Kreditkarten:** AE, DC, MC, V • **Kinder:** nach Vereinbarung • **Behinderte:** keine besonderen Einrichtungen • **Tiere:** nicht erlaubt • **Geschlossen:** Februar, die letzten beiden Augustwochen; Restaurant mittwochs • **Besitzer:** Mme und M. Bergeron

DER NORDWESTEN

Château de Locguénolé
‹∾ Schlosshotel ∾›

Route de Port-Louis en Kerivignac, 56700 Hennebont (Morbihan)
Tel 02 97 76 76 76 **Fax** 02 97 76 82 35
e-mail info@chateau-de-locguenole.com **website** www.chateau-de-locguenole.fr

Dieses schöne, 200 Jahre alte Schloss liegt inmitten eines ausgedehnten und baumbestandenen Parks an einem Arm der Blavetmündung. Ein hoteleigener Anlegeplatz ermöglicht direkten Zugang zum Wasser; Angel- und Segelausflüge können vor Ort arrangiert werden. Das Anwesen ist von Rhododendron- und Azaleenbüschen übersät; in den abgeschirmten Gärten kann man sich in aller Ruhe sonnen, und der beheizte Swimmingpool bietet eine attraktive Alternative zum nahe gelegenen Meer.

Das Château de Locguénolé ist in jeder Hinsicht ein »gereiftes« Etablissement. Es ist seit nunmehr 30 Jahren ein Hotel, dem jedoch nach wie vor die Atmosphäre eines gemütlichen, aber dennoch herrschaftlichen Anwesens anhaftet. Die antiken Möbel auf den glänzenden Parkettböden sind äußerst wertvoll. Die Zimmer im ersten Stock sind die elegantesten, aber auch die im zweiten haben ihren ganz eigenen Charme. Eines verfügt sogar über zusätzliche Betten in einem geräumigen und hellen Zwischengeschoss. In der alten Villa neben dem Schloss sind sieben weitere Zimmer untergebracht. Das mit wunderschönen Gobelins behangene Restaurant hat einen guten Ruf, und auch die Weinkarte kann sich sehen lassen.

Umgebung: Lorient (5 km); Ile de Groix; Belle-Ile; Golfplatz; Segelmöglichkeit
Lage: von der D781 von Hennebont nach Port-Louis rechts abbiegen, kurz vor der D194-Kreuzung, an der Blavetmündung; mit eigenem Parkplatz • **Mahlzeiten:** Frühstück, Mittag- und Abendessen, Zimmerservice • **Preise:** €€€
Zimmer: 9; 8 Doppel- und Zweibettzimmer, 1 Suite, alle mit Bad; alle Zimmer mit Telefon, TV, Minibar, Fön • **Anlage:** Aufenthaltsräume, Restaurant, Sauna, Terrasse, Garten, Swimmingpool, Tennisplatz, Möglichkeit zum Angeln • **Kreditkarten:** AE, DC, MC, V • **Kinder:** erlaubt • **Behinderte:** Zugang schwierig • **Tiere:** geduldet
Geschlossen: Anfang Januar bis Anfang Februar, Restaurant Montag- bis Mittwoch- sowie Freitagmittag • **Besitzer:** Familie de la Sablière

DER NORDWESTEN

HONFLEUR

La Chaumière
～ Ländliches Hotel ～

Route du Littoral, Vasouy, 14600 Honfleur (Calvados)
Tel 02 31 81 63 20 **Fax** 02 31 89 59 23
e-mail accueil@hotel-chaumiere.fr **website** www.hotel-chaumiere.fr

Streng genommen, ist eine »chaumière« eine reetgedeckte Hütte; dieses ausgesprochen hübsche Fachwerkhaus ist jedoch mit Schindeln gedeckt worden und liegt inmitten einer akkurat geschnittenen Wiese an der Mündung der Seine, nur einige Minuten westlich von Honfleur. Im Vergleich zum nahe gelegenen Ferme Saint Siméon, das ebenfalls der Familie Boelen gehört, ist das Chaumière kleiner und bietet eine entspanntere Atmosphäre.

Von dem gemütlichen, mit Deckenbalken und gefliesten Böden versehenen Restaurant aus hat man einen wunderschönen Blick über die Flussmündung. Die Küche ist erstklassig; die Meeresfrüchte und frischen Zutaten aus der Region sind ebenso wie die Weinkarte erinnerungswürdig. Im Sommer werden die Tische auf der abgeschirmten, sonnigen Terrasse gedeckt, die von Blumenbeeten und Obstbäumen eingesäumt ist. Die ebenfalls mit Deckenbalken versehenen Zimmer sind in frischen Farben mit Stoffen und den dazu passenden Tapeten sowie mit Möbeln aus Holz eingerichtet. In einem der Zimmer sind Bad und Schlafbereich exzentrischerweise nicht voneinander getrennt – nichts für Gäste mit dem Wunsch nach Privatsphäre. Der Pont du Normandie stellt auf der Reise von Calais nach Honfleur eine nette Unterbrechung dar, was das La Chaumière zu einer geeigneten Übernachtungsmöglichkeit für Reisende nach bzw. von Großbritannien macht.

Umgebung: Deauville (15 km); Pont-l'Evêque (19 km); Golfplatz • **Lage:** westlich von Honfleur an der D513 nach Deauville; mit eigenem Parkplatz • **Mahlzeiten:** Frühstück, Mittag- und Abendessen • **Preise:** €€€–€€€€ • **Zimmer:** 9; 8 Doppel- und Zweibettzimmer, 1 Suite, alle mit Bad; alle Zimmer mit Telefon, TV, Minibar, Fön • **Anlage:** Aufenthaltsbereich, Restaurant, Terrasse, Garten • **Kreditkarten:** AE, MC, V • **Kinder:** erlaubt • **Behinderte:** Zugang schwierig • **Tiere:** erlaubt • **Geschlossen:** 2 Wochen im Januar, 2 Wochen Anfang Dezember, Restaurant dienstags, Mittwoch- und Donnerstagmittag • **Besitzer:** Familie Boelen

Der Nordwesten

Le Manoir du Butin

～ Hotel am Meer ～

Phare du Butin, 14600 Honfleur (Calvados)
Tel 02 31 81 63 00 **Fax** 02 31 89 59 23
e-mail accueil@hotel-lemanoir.fr **website** www.hotel-lemanoir.fr

In dieser normannischen Fachwerkvilla aus dem 19. Jh. gewinnt man den sicheren Eindruck, dass die Uhren hier etwas langsamer gehen. Das Manoir du Butin liegt an einem bewaldeten Hang versteckt ganz in der Nähe von Honfleur. Neben dem Blick auf die Seinemündung wird den Gästen auch Ruhe und Frieden und die Art einladender Atmosphäre geboten, in der niemand stutzen würde, wenn ein Gast sich eine Matte und ein Buch mit nach draußen nehmen würde, um auf dem sonnenüberfluteten, sanft abfallenden Rasen ein Mittagsschläfchen zu halten. Veronique Heulot begrüßt alle Gäste selbst und zeigt ihnen eines der zehn ausgesprochen bequemen Zimmer persönlich. Alle Zimmer sind individuell eingerichtet, und jedes ist mit einem anderen Farbton und einem exzellenten Badezimmer versehen. Das Zimmer im Erdgeschoss hat zwar leider keine Aussicht, dafür aber eine besonders große eingelassene Badewanne.

In dem relativ kleinen Salon befindet sich außer den Deckenbalken auch ein geradezu fürstlicher Kamin, über dem sich ein Fresko mit Jagdmotiv von der einen Ecke des Raumes bis zur anderen erstreckt. Gegenüber der Empfangshalle befindet sich das attraktive Restaurant, das in hellen Gelbtönen gehalten ist und auf kurzen und wechselnden Speisekarten ausgezeichnete regionale Küche sowie eine bemerkenswerte Auswahl an altem Calvados bietet.

～

Umgebung: Deauville (15 km); Pont-l'Evêque (19 km); Golfplatz • **Lage:** westlich von Honfleur an der D513 nach Deauville; mit eigenem Parkplatz • **Mahlzeiten:** Frühstück, Mittag- und Abendessen • **Preise:** €€–€€€€ • **Zimmer:** 10 Doppel- und Zweibettzimmer, alle mit Bad; alle Zimmer mit Telefon, TV, Minibar, Fön **Anlage:** Aufenthaltsraum, Restaurant, Terrasse, Garten • **Kreditkarten:** AE, MC, V **Kinder:** erlaubt • **Behinderte:** Zugang schwierig • **Tiere:** erlaubt • **Geschlossen:** 2 Wochen im Januar, 3 Wochen im November, Restaurant mittwochs, Donnerstag- und Freitagmittag • **Geschäftsführerin:** Veronique Heulot

DER NORDWESTEN

Auberge du Clos Normand
~ Dorfgasthof ~

22, rue Henri IV, 76370 Martin-Eglise (Seine-Maritime)
Tel 02 35 04 40 34 **Fax** 02 35 04 48 49

Dieser bezaubernde Landgasthof liegt überraschenderweise nur einige Minuten mit dem Auto von den Außenbezirken von Dieppe entfernt. Die einzige Unwägbarkeit an diesem Ort ist die Frage, ob sich der Speiseraum in der Küche befindet oder umgekehrt. Wie dem auch sei: Die Speiseküche ist jedenfalls sehr gemütlich.

M. Lucas stellt seine gastronomischen Fähigkeiten zum ersten Mal öffentlich unter Beweis, was seine temperamentvolle Frau als »cuisine ouverte« bezeichnet. Das Ehepaar kaufte die *auberge* 2003 und schloss sie ein paar Monate für eine umfassende Restaurierung. Die Vorbesitzer hatten sie 23 Jahre lang geführt; und obwohl der traditionelle Stil der Hauptanziehungspunkt war, waren speziell die Zimmer sichtbar in die Jahre gekommen. Nach der »Verjüngungskur« sind sie hell und freundlich, wobei der ursprüngliche Charakter des Gebäudes erhalten geblieben ist.

An dem Gebäude fließt die Eaulne zwischen dem großen Garten und den Weiden dahinter vorbei. Genau diese Aussicht bietet sich von allen Zimmern in dem separaten Nebengebäude, das vor 100 Jahren errichtet wurde. Im Erdgeschoss steht den dort untergebrachten Gästen ein großer Aufenthaltsraum zur Verfügung.

M. Lucas hat den ausgezeichneten Ruf der *auberge* für regionale Spezialitäten erhalten, und Mme Lucas ist eine reizende Gastgeberin, die sichtlich Freude an ihrer Arbeit hat.

Umgebung: Wald von Arques; Côte d'Albâtre; Rouen (50 km) • **Lage:** im Dorf, 5 km südöstlich von Dieppe; mit eigenem Parkplatz • **Mahlzeiten:** Frühstück, Mittag- und Abendessen • **Preise:** € • **Zimmer:** 9 Doppel- und Zweibettzimmer, alle mit Bad oder Dusche; alle Zimmer mit Telefon, TV • **Anlage:** Aufenthaltsraum, Speiseraum, Terrasse, Garten • **Kreditkarten:** AE, MC, V • **Kinder:** erlaubt • **Behinderte:** Zugang schwierig • **Tiere:** erlaubt • **Geschlossen:** Mitte Dezember bis Mitte Januar; Restaurant Montag bis Mittwoch • **Besitzer:** Mme und M. Lucas

DER NORDWESTEN

MOËLAN-SUR-MER

Les Moulins du Duc

~ Umgebaute Mühle ~

29350 Moëlan-sur-Mer (Finistère)
Tel 02 98 96 52 52 **Fax** 02 98 96 52 53
e-mail tqad29@aol.com **website** www.hotel-moulins-du-duc.com

Das Les Moulins du Duc liegt in den bewaldeten Hügeln von Finistère, ganz in der Nähe der Ufer des Belon. Seit Thierry Quilfen, einst Küchenchef, jetzt Besitzer des Les Moulins, die alte Mühle zu einem anspruchsvollen Restaurant gemacht hat, ist ihr Wert erheblich gestiegen. Bei Ihrer Ankunft erwarten Sie ein akkurat geschnittener Rasen und Gärten, die um einen kleinen See herum angeordnet sind. Die Mühle befindet sich unterhalb des kleinen Damms, der das Wasser staut, das früher die Räder der Mühle betrieben hat. Dort gelangt man durch einen kleinen hüttenähnlichen Eingang auch in die überraschend proportionierten Räumlichkeiten des Hotels.

Bloße Steine, Deckenbalken und gefliese oder Holzfußböden führen durch die Bar in das Restaurant, das sich auf Flussniveau befindet und in dem man im Sommer wunderbar an weiß gedeckten Tischen speisen kann. M. Quilfen hat sich auf Meeresfrüchte spezialisiert, was bei der Nähe der Küste auch nicht weiter überrascht. Wenn Sie sich fürs Abendessen erst Appetit holen wollen, bieten sich ein Spaziergang am See oder ein paar Runden im Pool im Inneren des Hotels an. Die insgesamt 27 Zimmer befinden sich in zweistöckigen Hütten, die über das ganze Grundstück verteilt sind. Sie sind alle dezent eingerichtet und mit überdurchschnittlich guten Bädern ausgestattet.

~

Umgebung: Lorient (23 km); Quimper (45 km) • **Lage:** von Quimperlé aus die D783 nach Baye nehmen und der Ausschilderung nach 1,2 km links folgen; mit eigenem Parkplatz • **Mahlzeiten:** Frühstück, Mittag- und Abendessen, Zimmerservice **Preise:** € • **Zimmer:** 24 Doppel-, Zweibett- und Familienzimmer, alle mit Bad oder Dusche; alle Zimmer mit Telefon, TV; einige mit Minibar • **Anlage:** Aufenthaltsraum, Speiseraum, Frühstücksraum, Konferenzraum, Bar, Sauna, Hallenbad, Terrasse, Garten • **Kreditkarten:** AE, DC, MC, V • **Kinder:** erlaubt • **Behinderte:** 2 Zimmer mit entsprechenden Einrichtungen • **Tiere:** nicht erlaubt • **Geschlossen:** Dezember bis März • **Besitzer:** Thierry Quilfen

DER NORDWESTEN

Au Repos des Chineurs
～ Ländliches Gästehaus ～

D50, Chemin de l'Eglise, 14340 Notre-Dame-d'Estrées (Calvados)
Tel 02 31 63 72 51 **Fax** 02 31 63 62 38 **e-mail** hotel.aureposdeschineurs@liberty-surf.fr **website** www.au-repos-des-chineurs.com

Das Au Repos des Chineurs liegt auf dem Land zwischen Cambremer und Moult. Der Teesalon in diesem Posthaus aus dem 17. und 18. Jh. fungiert mit seinen Teppichen, dem Porzellan, dem Silber, den Gemälden, Spiegeln und Möbeln auch als offizieller Flohmarkt. Aber freuen Sie sich nicht zu früh, wenn Sie den Flohmarkt glücklich hinter sich zu lassen glauben und die geräumige gefliese Halle entlanggehen, die sich beinahe über die gesamte Länge des Gebäudes erstreckt: Auch alles Übrige steht hier zum Verkauf, ausgenommen die fünf Katzen, der riesige Hund und das Bett, in dem Sie schlafen. Mme Steffen, die Besitzerin des Au Repos und aller anderen verkäuflichen und unverkäuflichen Gegenstände darin, bereitet Ihnen nicht nur Tee und Frühstück, sondern jederzeit auch eine andere kleine Mahlzeit. Wenn Sie ausgiebiger speisen wollen, stehen Ihnen einige Restaurants zur Verfügung, die Sie mit dem Auto in ein paar Minuten erreichen können. Mme Steffen spricht übrigens ausgezeichnet Englisch – sie hat einige Zeit in Dallas gelebt.
Die Zimmer, alle mit Bad, sind gemütlich und unauffällig. Die Zimmer im oberen Stock sind mit getönten Fußböden ausgestattet, die zum Rest der Einrichtung passen; die Fußböden der Zimmer im Erdgeschoss sind gefliest. Aus einigen haben Sie eine Aussicht auf eine hübsche Kirche aus dem 16. Jh., die auf einem Hügel des Dorfes steht. Außerdem steht Ihnen ein kleiner Aufenthaltsraum zum Entspannen zur Verfügung.

～

Umgebung: Caen (26 km); Pont-l'Evêque (25 km); Strände der Normandie • **Lage:** am Rande des Dorfes an der D50; Parkplatz an der Straße • **Mahlzeiten:** Frühstück, kleinere Mahlzeiten zwischen 12 und 19 Uhr • **Preise:** €-€€ • **Zimmer:** 10; 7 Doppel-, 3 Zweibettzimmer, alle mit Bad oder Dusche; alle Zimmer mit Telefon **Anlage:** Teezimmer, Garten • **Kreditkarten:** MC, V • **Kinder:** erlaubt • **Behinderte:** nicht geeignet • **Tiere:** erlaubt • **Geschlossen:** Januar bis März (Samstag und Sonntag auf Anfrage geöffnet) • **Besitzerin:** Mme Claudine Steffen

DER NORDWESTEN

PAIMPOL

Le Repaire de Kerroc'h
∼ Hotel am Hafen ∼

29, quai Morand, 22500 Paimpol (Côtes d'Armor)
Tel 02 96 20 50 13 **Fax** 02 96 22 07 46
e-mail repaire2kerroch@wanadoo.fr

Paimpol liegt an der Nordküste der Bretagne, die für ihre wunderschönen rosafarbenen Granitfelsen bekannt ist. Die blühende Hafenstadt verfügt sowohl über eine Fischerflotte als auch über einen geschäftigen Yachthafen. Das attraktive und praktische Le Repaire de Kerroc'h ist gegen Ende des 18. Jhs. von Corouge Kersau erbaut worden, einem berühmten Piraten der Gegend. Vom Hotel aus blickt man direkt auf den Yachthafen. Das gefliese Erdgeschoss ist hauptsächlich dem Essen und Trinken vorbehalten. Das hübsche und gemütliche Restaurant öffnet seine Türen im Sommer zum Hafen hin. Auf der Speisekarte erscheinen Austern, Hummer, Muscheln und Lachs ebenso wie Schweine- und Kalbfleisch; alles wird in Yann Trebaols Küche deftig zubereitet und von dem freundlichen Personal professionell serviert. Die ausgiebige Weinkarte enthält vernünftigerweise auch einige moderat teure Weine, darunter auch Rotweine aus Graves und von der Loire. Zudem gibt es im Hotel ein neu eingerichtetes kleines Bistro mit kleiner Speisekarte, in dem man mittags und abends auch ausgezeichnet essen kann.
Die Zimmer sind unterschiedlich groß und reichen von gerade groß genug bis annehmbar geräumig. Ideal für befreundete Paare, die zusammen verreisen, ist die Suite, die über zwei Schlaf- und zwei Badezimmer verfügt. Alle Bäder sind sehr gut ausgestattet. Im Januar 2004 hat der neue Besitzer, Hubert Gehan, sein Amt angetreten.

Umgebung: Guingamp (31 km); St Brieuc (47 km); Golfplatz • **Lage:** in der Stadt, gegenüber dem Yachthafen; mit eigenem Parkplatz • **Mahlzeiten:** Frühstück, Mittag- und Abendessen • **Preise:** €€ • **Zimmer:** 13; 11 Doppel- und Zweibettzimmer, 2 Suiten, alle mit Bad; alle Zimmer mit Telefon, TV, Minibar • **Anlage:** Aufenthaltsbereich, Bar, 2 Restaurants, Konferenzraum, Aufzug, Terrasse • **Kreditkarten:** MC, V • **Kinder:** erlaubt • **Behinderte:** Zugang möglich • **Tiere:** erlaubt **Geschlossen:** nie • **Besitzer:** Hubert Gehan

Der Nordwesten

Perros-Guirec

Le Manoir du Sphinx
⟅ Villa am Meer ⟆

Chemin de la Messe, 22700 Perros-Guirec (Côtes d'Armor)
Tel 02 96 23 25 42 **Fax** 02 96 91 26 13
e-mail lemanoirdusphinx@wanadoo.fr **website** www.perros-guirec.com

Das Le Manoir du Sphinx schmiegt sich an eine steile Landzunge, die das Meer von dem kleinen Ort Perros-Guirec trennt. Man erreicht das Hotel, von dem aus man eine Aussicht über die Bucht von Tristrignel zu einer Kette von kleinen Inselchen hat, über eine schmale Küstenstraße. Alle Zimmer – inklusive Bar und Restaurant – verfügen über Meerblick. Die steilen, hortensienübersäten Gärten erstrecken sich bis hinunter zu den niedrigsten Klippen und der Hochwassermarkierung bzw. bis zum Rand der mondlandschaftartigen Felsen, die nur bei Ebbe sichtbar werden.

Das Sphinx hat nichts Altmodisches an sich. Die Einrichtung ist modern – es gibt sogar einen Aufzug zu den Zimmern –, und alles funktioniert gleich auf den ersten Knopfdruck. Jedes Zimmer ist mit einer kleinen Sitzgruppe am Fenster ausgestattet, in der man gemütlich sitzen und lesen kann. Die stoffbezogenen Wände passen zu den Stühlen, und die Badezimmer sind erstklassig. Das urgemütliche Restaurant ist in hellem Blau gehalten und stellt das Aushängeschild für M. Le Verges exzellente Küche dar, in der vorwiegend auf Zutaten aus dem Meer gesetzt wird. Die Le Verges (mittlerweile arbeiten auch die Kinder mit) haben ein gepflegtes, hübsch eingerichtetes und gastfreundliches Hotel geschaffen, in dem man Ruhe und Frieden findet. Ein Sandstrand ist nur wenige Minuten zu Fuß entfernt.

Umgebung: Lannion (11 km); Guingamp (43 km); St Brieuc (75 km) • **Lage:** am Meer außerhalb des Stadtzentrums an der D788; mit eigenem Parkplatz
Mahlzeiten: Frühstück, Mittag- und Abendessen • **Preise:** €€ • **Zimmer:** 20;
14 Doppel-, 6 Zweibettzimmer, alle mit Bad oder Dusche; alle Zimmer mit Telefon, TV, Fön, Safe • **Anlage:** Aufenthaltsraum, Restaurant, Aufzug, Garten • **Kreditkarten:** AE, MC, V • **Kinder:** erlaubt • **Behinderte:** einige Zimmer im Erdgeschoss geeignet • **Tiere:** erlaubt • **Geschlossen:** Anfang Januar bis Ende Februar, Restaurant montags und Freitagmittag sowie Sonntagabend in der Nebensaison
Besitzer: Familie Le Verge

DER NORDWESTEN

PONT-AUDEMER

Belle Ile sur Risle

~ *Schlosshotel* ~

112, route de Rouen, 27500 Pont-Audemer (Eure)
Tel 02 32 56 96 22 **Fax** 02 32 42 88 96
e-mail hotel@bellile.com **website** www.bellile.com

Die Anfahrt zum Belle Ile über die wenig einladende Vorstadtstraße mag manchen Besucher deprimieren, doch das ändert sich, sobald man die kleine Brücke zu der romantischen bewaldeten Privatinsel überquert und das elegante Innere des Hauses betritt. Die Villa aus dem 19. Jh. ist vor dem Verfall gerettet und zu einem gut ausgestatteten Hotel umgewandelt worden. Antike Möbel mischen sich mit asiatischen Einrichtungsgegenständen und Sofas, die in erster Linie bequem sind.

Zum Entspannen hat der Gast die Wahl zwischen drei Salons und der Bar im Wintergarten, der gleichzeitig als sonniger Frühstücksraum dient. Die Zimmer sind alle groß und tadellos eingerichtet. Der neue Küchenchef machte einen vielversprechenden Eindruck; das erste Abendessen, das er in der Küche des Belle Ile zubereitete, haben wir im Wintergarten mit wundervollem Blick auf den Fluss bei Sonnenuntergang sehr genossen. Die umfangreiche Weinkarte weist nicht nur seltene Jahrgänge zu den entsprechenden Preisen, sondern auch etwas günstigere Weine auf. Wenn Sie das gute Abendessen wieder abtrainieren möchten, stehen Ihnen ein Swimmingpool, ein Hallenbad, ein Fitnessraum mit Stepper, Ergometer und Laufband sowie ein Tennisplatz zur Verfügung. Für Wellnessfreunde gibt es eine Sauna und ein Solarium.

Umgebung: Honfleur (25 km); Rouen (47 km); Pont-l'Evêque (26 km) • **Lage:** östlich der Stadt auf einer Insel im Fluss Risle; mit eigenem Parkplatz • **Mahlzeiten:** Frühstück, Mittag- und Abendessen • **Preise:** €€–€€€, Halbpension nur in der Hauptsaison und am Wochenende • **Zimmer:** 20; 13 Doppel-, 7 Zweibettzimmer, alle mit Bad; alle Zimmer mit Telefon, TV, Minibar; die meisten mit Fön • **Anlage:** Aufenthaltsräume, Speiseraum, Wintergarten, Bar, Fitnessraum, Terrasse, Garten, Hallenbad, Swimmingpool, Tennisplatz • **Kreditkarten:** AE, DC, MC, V • **Kinder:** erlaubt • **Behinderte:** Zugang schwierig • **Tiere:** erlaubt • **Geschlossen:** Januar bis Mitte März • **Besitzerin:** Mme Marcelle Yazbeck

DER NORDWESTEN

QUINEVILLE-PLAGE

Château de Quineville
⸻ Schlosshotel ⸻

50310 Quineville-Plage (Manche)
Tel 02 33 21 42 67 **Fax** 02 33 21 05 79
e-mail chateau.quineville@wanadoo.fr **website** www.chateau-de-quineville.com

Das Château de Quineville liegt in einem eher tristen Ferienort am nördlichen Ende des Utah-Strandes; es hat jedoch alles, was ein hübsches Relais-et-Château-Hotel braucht: ein schönes, klassisch proportioniertes Hauptgebäude aus dem 18. Jh., ein 12 Hektar großes Grundstück, einen mittelalterlichen Turm, einen Taubenschlag, einen einladenden Swimmingpool und einen Burggraben mit einer Brücke.

Das liebenswerte Hotel wird von einer Familie geführt, die in ihrem Château den Charme eines französischen Provinzhotels bewahrt hat: durchschnittlicher Komfort, altmodische Tapeten, großzügig verteilter dunkelroter Samt auf den Zimmern.

Die eleganten Speiseräume erstrecken sich über die Breite des ganzen Hauses und werden von hohen Fenstern auf beiden Seiten eingesäumt. In ihnen ist die originale Wandtäfelung noch erhalten geblieben. Hier kann man die traditionelle normannische Küche genießen.

Der Gast sollte von den Mängeln in Service und Haushaltsführung absehen und sich stattdessen an der Urtümlichkeit des Hotels erfreuen. Ein Hahn und Gänse ganz in der Nähe sorgen für einen frühen Start in den Tag. Unweit des Château gibt es einen Golf- und einen Tennisplatz sowie Gelegenheit zum Reiten und Segeln.

Umgebung: Ile de Tatihou; Les Iles St-Marcouf; Barfleur (22 km); Strände der Normandie • **Lage:** 1 km vom Meer entfernt, im Dorf, in der Nähe der Kirche und des Rathauses; mit eigenem Parkplatz • **Mahlzeiten:** Frühstück, Mittag- und Abendessen • **Preise:** €€ • **Zimmer:** 26; 24 Doppel- und Zweibettzimmer, 19 mit Bad, 5 mit Dusche, 2 Suiten mit Bad; alle Zimmer mit Telefon • **Anlage:** 2 Aufenthaltsräume, Speiseräume, Bar, Billardraum, Garten, Swimmingpool, See zum Angeln
Kreditkarten: AE, MC, V • **Kinder:** erlaubt • **Behinderte:** 1 Zimmer geeignet
Tiere: erlaubt • **Geschlossen:** Anfang Januar bis Mitte März • **Geschäftsführerin:** Mme Ledanois

Der Nordwesten

Auberge Bretonne
≈ Restaurant mit Gästezimmern in der Stadt ≈

2, place Duguesclin, 56130 La Roche-Bernard (Morbihan)
Tel 02 99 90 60 28 **Fax** 02 99 90 85 00
e-mail jacques.thorel@wanadoo.fr **website** www.auberge-bretonne.com

Wenn Sie sich La-Roche-Bernard von Westen her nähern, gelangen Sie über eine schwindelerregend hohe Brücke, die die Mündung der Brière überspannt, in die teilweise mittelalterliche Stadt. Die Auberge Bretonne befindet sich im Zentrum des Ortes an dem relativ großen Marktplatz. Die Auberge wird seit 1980 von Solange und Jacques Thorel geführt. Ihr Motto ist ganz einfach: nur die besten und seltensten Weine, dazu das bestmögliche Essen und dann ein wirklich bequemes Bett für die Nacht. So kann es kaum überraschen, dass sich die Auberge inzwischen einer großen und treuen Stammkundschaft rühmen kann.

Der Speiseraum ist in hellem Gelb gehalten und mit einem kühlen gefliesten Boden versehen; er ist um einen kleinen Gemüsegarten herum angeordnet, in dem Blattsalate, Kohl und Zwiebeln auf ihre Bestimmung in der Küche warten. Jacques Thorel ist ein ausgezeichneter Koch (mit zwei Michelin-Sternen): Makrele mit Ingwer, ein federleichtes »Mousse au Rote Bete«, Jakobsmuscheln mit Trüffeln und frischer Spargelcreme, Meerbarsch, Perlhuhn mit Foie gras und Maroni gefüllt und Erdbeeren mit Sahne – wobei sich die Sahne als Holunderblütenschaum entpuppt. Auch die Weinkarte ist außergewöhnlich, und obwohl die Preise einem im ersten Moment den Atem verschlagen, zeigt sich bald, dass die meisten der angebotenen Jahrgänge auf dem Markt gar nicht mehr erhältlich sind.

≈

Umgebung: Redon (32 km); Château de Rochefort-en-Terre • **Lage:** im Stadtzentrum; mit eigenem Parkplatz • **Mahlzeiten:** Frühstück, Mittag- und Abendessen **Preise:** €€€ • **Zimmer:** 8 Doppel- und Zweibettzimmer mit Bad; alle Zimmer mit Telefon, TV • **Anlage:** Aufenthaltsbereich, Bar, Restaurant, Lift • **Kreditkarten:** AE, DC, MC, V • **Kinder:** erlaubt • **Behinderte:** 1 Zimmer mit entsprechenden Einrichtungen • **Tiere:** erlaubt • **Geschlossen:** Mitte November bis Mitte Januar, Restaurant dienstags sowie Montag-, Dienstag- und Freitagmittag • **Besitzer:** Solange und Jacques Thorel

Der Nordwesten

Rouen

Hôtel des Carmes
~ Bed-&-Breakfast in der Stadt ~

33, place des Carmes, 76000 Rouen (Seine-Maritime)
Tel 02 35 71 92 31 **Fax** 02 35 71 76 96
e-mail hcarm@mcom.fr **website** www.hoteldescarmes.fr.st

Wenn möglich, sollten Sie Ihren Besuch in Rouen in die Zeit der Kirschblüte legen, deren Pracht sich vor den meisten Zimmern dieser liebens- und preiswerten Bed-&-Breakfast-Unterkunft aus dem 19. Jh. entfaltet. Sie liegt nahe einem ruhigen Platz und nur wenige Minuten von den Sehenswürdigkeiten, Restaurants und Läden der Altstadt entfernt.

Marie Dorin, die Frau des Eigentümers, ist Künstlerin, und ihre Gemälde und Skulpturen schmücken das Erdgeschoss, das mit seinen Korbmöbeln als Rezeption, Aufenthalts- und Speiseraum fungiert. Die Wände zieren Farbstreifen und die Frühstückstische orange Tischdecken.

Die Zimmer sind schlicht, aber geschmackvoll mit schmalen Tischen und Stühlen sowie Patchwork-Tagesdecken eingerichtet und in hellen Farben gestaltet, die gut mit den Wandfresken von Marie harmonieren. Versuchen Sie, eines der Zimmer zur Straßenseite hin zu bekommen, von deren raumhohen Fenstern und dekorativen Balkonen sich ein guter Blick auf die belebte Straße bietet.

In der Rezeption liegen zahlreiche Führer und Prospekte über Rouen und Umgebung aus.

~

Umgebung: Kathedrale, Musée des Beaux Arts, Place du Vieux Marché • **Lage:** in der historischen Altstadt; Parkplätze auf der Place du Vieux Marché • **Mahlzeiten:** Frühstück • **Preise:** € • **Zimmer:** 12; 5 Doppel-, 2 Zweibett-, 5 Dreibettzimmer, 8 mit Bad, 4 mit Dusche; alle Zimmer mit Telefon, TV • **Anlage:** Rezeption/Aufenthalts- und Frühstücksraum • **Kreditkarten:** AE, DC, MC, V • **Kinder:** willkommen **Behinderte:** nicht geeignet • **Tiere:** erlaubt • **Geschlossen:** nie • **Besitzer:** Hervé und Marie Dorin

DER NORDWESTEN

St-Quentin-sur-le-Homme

Le Gué du Holme

~ Restaurant mit Gästezimmern auf dem Land ~

14, rue des Estuaires, 50220 St-Quentin-sur-le-Homme (Manche)
Tel 02 33 60 63 76 **Fax** 02 33 60 06 77
e-mail gue.holme@wanadoo.fr **website** www.le-gue-du-holme.com

Wenn Sie eine gemütliche Übernachtungsmöglichkeit in der Nähe des Mont-St-Michel suchen, den Touristenmassen aus dem Weg gehen und die typisch normannische Küchen kennen lernen wollen, sind Sie hier genau richtig. Michel und Annie Leroux (er ist gleichzeitig Küchenchef) sind die Besitzer und Geschäftsführer dieses blitzsauberen Restaurants mit Gästezimmern, das sich gegenüber der Dorfkirche des kleinen Ortes St-Quentin befindet. Annie ist stolz darauf, dass sie morgens immer die Erste ist, die die Türen des Restaurants öffnet, und abends immer die letzte, die sie wieder schließt. Michel ist berechtigterweise stolz darauf, in seiner Küche nur einheimische Zutaten vom Feld, vom Fluss oder – vor allem – vom Meer zu verwenden. Auf der Speisekarte stehen u. a. Hummer, Steinbutt und Barsch; sie werden so schonend zubereitet, dass sie ihren natürlichen Eigengeschmack nicht verlieren. Die Weinkarte liest sich ebenso angenehm wie die Speisekarte.
Im Restaurant selbst erwarten Sie weiche und warme Farben, eine sanfte Beleuchtung, gestärktes weißes Leinen und frische Blumen. Die meisten Zimmer sind in einem neueren Flügel untergebracht; sie sind relativ groß und modern eingerichtet. Sie liegen abseits der Straße und gehen auf einen hübschen, ruhigen Garten voller Rosen hinaus, in dem im Sommer das Frühstück serviert wird.

Umgebung: Mont-St-Michel (22 km); Avranches (5 km) • **Lage:** im Dorf; mit eigenem Parkplatz • **Mahlzeiten:** Frühstück, Mittag- und Abendessen • **Preise:** €–€€ **Zimmer:** 10; 6 Doppel-, 3 Zweibettzimmer, alle mit Bad, 1 Dreibettzimmer mit Dusche; alle Zimmer mit Telefon, TV, Fön • **Anlage:** Aufenthaltsraum, Bar, Restaurant, Garten • **Kreditkarten:** AE, DC, MC, V • **Kinder:** erlaubt • **Behinderte:** 1 entsprechend eingerichtetes Zimmer • **Tiere:** erlaubt • **Geschlossen:** sonntags von Oktober bis Mitte April; Restaurant samstagmittags und Montag • **Besitzer:** Annie und Michel Leroux

DER NORDWESTEN

ST-VAAST-LA-HOUGUE

Hôtel de France et des Fuchsias
≈ Stadthotel am Meer ≈

20, rue Maréchal Foch, 50550 St-Vaast-la-Hougue (Manche)
Tel 02 33 54 42 26 **Fax** 02 33 43 46 79
e-mail france-fuchsias@wanadoo.fr **website** www.france-fuchsias.com

»Der Garten ist immer noch sehr gepflegt, ebenso wie die Fuchsien und der Wintergarten, in dem wir unvergesslich gut speisten; das Personal ist freundlich und fleißig.« So schreibt uns ein Leser und bestätigt uns damit, dass die wesentlichen Vorzüge dieses bei Fährgästen seit jeher beliebten Hotels auf dem Weg nach Cherbourg unverändert geblieben sind.

Das Restaurant steht zweifelsohne im Mittelpunkt. Die Gäste sind sehr zufrieden mit den ausgezeichneten Meeresfrüchten und den Gerichten, die mit Zutaten aus eigener Produktion zubereitet werden; lediglich ein besonders weit gereistes und hyperkritisches Paar fand das Essen gut, aber nicht außergewöhnlich. Auf der Weinkarte finden sich zahlreiche gute offene und preiswerte Weine, das Personal ist in der Tat freundlich und zuvorkommend und die Atmosphäre ist ganz besonders herzlich – egal, ob im gemütlichen Speiseraum oder im Wintergarten, der von einem Innenarchitekten der Gegend eingerichtet wurde.

Am hinteren Ende des hübschen englischen Gartens, in dem in der letzten Augustwoche kostenlose Kammerkonzerte gegeben werden, befindet sich das Nebengebäude des Hotels. In diesem sind die Zimmer etwas geräumiger und eleganter eingerichtet als die recht einfachen im Haupthaus. Mittlerweile gibt es auch eine Suite für zwei bis drei Personen und ein Zimmer im Erdgeschoss.

Umgebung: Strände der Normandie; Barfleur (12 km); Cherbourg (29 km) • **Lage:** in einer ruhigen Straße in der Nähe des Fischer- und des Yachthafens; Privatparkplatz • **Mahlzeiten:** Frühstück, Mittag- und Abendessen • **Preise:** €-€€ • **Zimmer:** 33; 32 Doppel- und Zweibettzimmer, 1 Suite, alle mit Bad oder Dusche; alle Zimmer mit Telefon, TV • **Anlage:** Aufenthaltsraum, Restaurant, Garten • **Kreditkarten:** AE, DC, MC, V • **Kinder:** willkommen • **Behinderte:** Zugang möglich • **Tiere:** toleriert • **Geschlossen:** Anfang Januar bis Ende Februar; von Mitte April bis Oktober dienstags; November, Dezember, März Di abend • **Besitzerin:** Mme Brix

DER NORDWESTEN

STE-ANNE-LA-PALUD

Hôtel de la Plage
～ Hotel am Meer ～

Boulevard Ste-Barbe, Ste-Anne-la-Palud, 29127 Plonévez-Porzay (Finistère)
Tel 02 98 92 50 12 **Fax** 02 98 92 56 54
e-mail info@plage.com **website** www.plage.com

Das Hôtel de la Plage liegt nur wenige Meter von einem breiten, hellen Sandstrand entfernt. Dennoch ist es kein billiges und durchschnittliches Ferienhotel. Die Preise sind zwar nicht ganz so hoch wie die einiger anderer Relais-et-Château-Hotels; trotzdem sind sie in letzter Zeit erheblich gestiegen, und das Hôtel de la Plage rangiert nun in unserer obersten Preiskategorie – und damit außerhalb der meisten Familienurlaubsbudgets.

Wir haben das Hotel vor allem deswegen in unseren Führer aufgenommen, weil es sich gut für entspannende Aufenthalte eignet, bei denen man sich so richtig verwöhnen lassen kann. In ihm vereinigen sich eine großartige, ruhige Lage am Meer (inklusive Swimmingpool und Tennisplatz) mit einer der besten Küchen der ganzen Bretagne, die sich selbstverständlich auf Meeresfrüchte spezialisiert hat und mit einem Michelinstern ausgezeichnet worden ist. In einem Nebengebäude des äußerst gepflegten Anwesens befindet sich eine Bar. Mme Le Coz und ihr Personal sorgen immer für eine einladende Atmosphäre, und obwohl der Service etwas langsam ist, ist er doch alles in allem gut. Die Zimmer sind gemütlich und im traditionellen französischen Stil eingerichtet. Einige verfügen über eine fantastische Aussicht, die man – wenn möglich – unbedingt vorher buchen sollte.

～

Umgebung: Locronant (10 km); Quimper (25 km) • **Lage:** auf dem Land, 4 km westlich von Plonévez; mit eigenem Parkplatz • **Mahlzeiten:** Frühstück, Mittag- und Abendessen • **Preise:** €€€-€€€€ • **Zimmer:** 26; 10 Doppel-, 10 Zweibett-, 2 Einzel- und 4 Familienzimmer, alle mit Bad; alle Zimmer mit Telefon, TV, Minibar **Anlage:** Aufenthaltsraum, Speiseraum, Bar, Konferenzraum, Aufzug, Sauna, Garten, Swimmingpool, Tennisplatz • **Kreditkarten:** AE, DC, MC, V • **Kinder:** willkommen • **Behinderte:** Zugang möglich • **Tiere:** erlaubt • **Geschlossen:** Mitte November bis April; Restaurant dienstagmittags von September bis Juni **Besitzer:** M. Le Coz

DER NORDWESTEN

Auberge du Terroir
◁ Landgasthof ▷

Le Bourg, 50170 Servon (Manche)
Tel 02 33 60 17 92 **Fax** 02 33 60 35 26
e-mail aubergeduterroir@wanadoo.fr

Wenn Sie eine Übernachtungsmöglichkeit in der Nähe des Mont-St-Michel suchen, die ruhig und einfach ist und sich von den hässlichen, schachtelförmigen Hotels abhebt, die in letzter Zeit überall in der Gegend wie Pilze aus dem Boden geschossen sind, sollten Sie die N175 östlich von Pontorson verlassen und nach Servon fahren. Dort finden Sie die Auberge du Terroir, die uns von Annie Leroux empfohlen worden ist, der Geschäftsführerin des Le Gué du Holme (siehe Seite 51). In der Auberge werden Sie von Annie und Thierry Lefort auf das Herzlichste empfangen.
In Servon sind die Fassaden der Häuser alle zum Ort hin ausgerichtet, während die kleinen Gärten an der Rückseite der Häuser sich zur Landschaft hin öffnen. Die Auberge ist auf zwei Gebäude verteilt: auf die alte Schule, in der sich drei sehr schöne Zimmer und ein Leseraum befinden, und auf ein eher »unnormannisch« anmutendes Haus, in dem ein bezauberndes kleines Restaurant sowie drei weitere Zimmer untergebracht sind. Ein Zimmer im Erdgeschoss des ehemaligen Schulgebäudes ist für behinderte Gäste ausgestattet, und die kleine Bibliothek wirbt damit, sich gut auf »normannische Verhältnisse« eingestellt zu haben – d. h. auf Regen. Die Speisekarte weist herrliche Gerichte aus dem Périgord auf.
Der Garten (mit Tennisplatz) ist groß genug, um auch den größten an Kindern genügend Platz zum Toben zu bieten.

Umgebung: Mont-St-Michel (8 km); Avranches (15 km) • **Lage:** im Dorf, 1 km nördlich der N175 zwischen Pontorson und Précey; mit eigenem Parkplatz
Mahlzeiten: Frühstück, Mittag- und Abendessen • **Preise:** € • **Zimmer:** 6; 5 Doppel-, 1 Zweibettzimmer, alle mit Bad oder Dusche; alle Zimmer mit Telefon, TV
Anlage: Aufenthaltsraum, Restaurant, Terrasse, Garten, Tennisplatz
Kreditkarten: MC, V • **Kinder:** erlaubt • **Behinderte:** 1 Zimmer mit entsprechenden Einrichtungen • **Tiere:** erlaubt • **Geschlossen:** Februar, Ende November bis Anfang Dezember, Restaurant mittwochs, Sa abend • **Besitzer:** Thierry und Annie Lefort

DER NORDWESTEN

THURY-HARCOURT

Relais de la Poste

≈ Landgasthof mit Gästezimmern ≈

2, rue de Caen, 14220 Thury-Harcourt (Calvados)
Tel 02 31 79 72 12 **Fax** 02 31 39 53 55
e-mail lerelais@nol.fr

Das im Herzen der Suisse Normande, einer hügeligen, bewaldeten Region, gelegene Thury-Harcourt bildet eine perfekte Kulisse für diesen efeubewachsenen alten Landgasthof.

Seine 12 komfortablen Zimmer wurden von der früheren Eigentümerin Nathalie Frémond im Louis-XV- und Louis-XVI-Stil eingerichtet; der wahre Anziehungsgrund ist jedoch das Restaurant, das seit April 2004 unter der Leitung von Jean-Marc Harau steht. Der längliche Raum mit Holzdecke und einem großen Panoramafenster strahlt eine formelle Atmosphäre aus, wozu auch die Polsterstühle und die mit bodenlangen weißen und pinken Decken schön dekorierten Tische beitragen. Jean-Marc Harau will den von seinem Vorgänger Jean-François Frémond vorgegebenen hohen Standard in der Küche mit seinen traditionellen normannischen Gerichten halten, die sorgfältig und geschmackvoll zubereitet werden. Im Sommer werden die Speisen im Freien unter Sonnenschirmen in einem bezaubernden Innenhof serviert.

Nach dem Essen empfiehlt sich ein Spaziergang zu den Ruinen eines nahe gelegenen, 1944 zerstörten *château* und hinab zum Fluss Orne.

≈

Umgebung: Caen (28 km); Falaise (28 km) • **Lage:** im Dorf; mit eigenem Parkplatz **Mahlzeiten:** Frühstück, Mittag- und Abendessen • **Preise:** € • **Zimmer:** 12 Doppel- und Zweibettzimmer, alle mit Bad oder Dusche; alle Zimmer mit Telefon, TV **Anlage:** Bar, Speiseraum, Aufenthaltsraum, Innenhof, Sauna • **Kreditkarten:** AE, MC, V • **Kinder:** erlaubt • **Behinderte:** keine speziellen Einrichtungen • **Tiere:** erlaubt • **Geschlossen:** nie; Restaurant Sonntag mittags und Montag von Oktober bis April • **Besitzer:** Jean-Marc und Françoise Harau

DER NORDWESTEN

Manoir de Lan Kerellec
❧ Villenhotel ❧

22560 Trébeurden (Côtes d'Armor)
Tel 02 96 15 47 47 **Fax** 02 96 23 66 88
e-mail lankerellec@relaischateaux.fr **website** www.lankerellec.com

Das Lan Kerellec ist ein wahres Juwel. Mit seiner ruhigen Lage auf einem bewaldeten Felsvorsprung westlich von Lannion wird es vor dem offenen Meer durch sein eigenes Archipel aus Sandbänken, Felsen und Inselchen geschützt. Abgesehen von seiner großartigen Lage, die aus wirklich jedem Zimmer ein »Zimmer mit Aussicht« macht, verfügt das Hotel außerdem über Stil und Eleganz. Gilles und Luce Daubé haben das Lan Kerellec 1981 mit sieben Zimmern eröffnet. Seitdem wurde es allmählich mit viel Umsicht erweitert. Orientteppiche zieren die Gemeinschaftsräume; im Wintergarten stehen perfekt gepolsterte Stühle. Die Fachwerkdecke des Restaurants sieht wie ein auf dem Kopf stehendes Boot aus; hier können Sie im Winter am offenen Kamin speisen. Auch im Salon, in dem Sie nach dem Essen den Kaffee nehmen können, brennt ein anheimelndes Feuer. Aber egal ob Winter oder Sommer: Im Lan Kerellec werden Sie in puncto Essen mehr als verwöhnt, und auch die Weinkarte lässt kaum etwas zu wünschen übrig.
Die elegant eingerichteten Zimmer, deren Größe mit dem Preis steigt, verfügen alle über einige hübsche Antiquitäten. Falls Sie die Renovierung Ihres eigenen Badezimmers planen, können Sie sich von den erstklassigen Bädern im Lan Kerellec inspirieren lassen. In einem Badezimmer können Sie die Aussicht sogar von der Badewanne aus genießen.

❧

Umgebung: Perros-Guirec (15 km); Tréguier (30 km) • **Lage:** auf einem Felsvorsprung südlich des Ferienortes am Meer; mit eigenem Parkplatz • **Mahlzeiten:** Frühstück, Mittag- und Abendessen • **Preise:** €€€-€€€€ • **Zimmer:** 19; 8 Doppel-, 11 Zweibettzimmer, alle mit Bad; alle Zimmer mit Telefon, TV, Minibar, Safe, einige mit CD-Spieler • **Anlage:** Aufenthaltsräume, Wintergarten, Speiseraum, Bar, Terrasse, Garten • **Kreditkarten:** AE, DC, MC, V • **Kinder:** willkommen • **Behinderte:** einige Zimmer geeignet • **Tiere:** erlaubt, nicht im Restaurant • **Geschlossen:** Mitte November bis Mitte März • **Besitzer:** Gilles und Luce Daubé

DER NORDWESTEN

TRÉBEURDEN

Ti Al-Lannec
❧ Hotel am Meer ❧

Allée de Mezo-Guen, BP 3, 22560 Trébeurden (Côtes d'Armor)
Tel 02 96 15 01 01 **Fax** 02 96 23 62 14
e-mail resa@tiallannec.com **website** www.tiallannec.com

Die zufriedenen Leserkommentare, die uns über dieses hübsche Haus an der rosafarbenen Granitküste der Bretagne erreichen, lassen vermuten, dass es dem Ti Al-Lannec gelingt, gleichzeitig eine exklusive Unterkunft und ein Ferienhotel für Familien zu sein.

Das Hotel steht an einem Hang weit oberhalb der Küste, und ein Pfad führt direkt hinunter zum Strand; von der Südterrasse aus hat man eine atemberaubende Aussicht auf die Bucht von Lannion. Es ist ein außerordentlich gemütliches Hotel mit privater Atmosphäre. Die hellen und gemütlichen Zimmer sind mit viel Sorgfalt eingerichtet: frische Blumen und Bücher, kleine Tischchen und Tischlampen. Einige verfügen über Terrassen oder Veranden. Auch vom Speiseraum, dessen alte Steinwände reich mit Stoffen dekoriert sind, hat man einen Ausblick auf das Meer. In dem ebenfalls gemütlichen und mit vielen Topfpflanzen geschmückten Aufenthaltsraum mischen sich moderne Möbel mit Antiquitäten.

Das Gebäude ist komplett renoviert und 1978 von Gérard und Danielle Jouanny als Hotel eröffnet worden; seitdem wird es von ihnen mit viel Charme, Geschmack und Effizienz geführt. Danielles Essen ist »durchgehend köstlich« und der Service »fünf Sterne wert«; Kinder sind im Ti Al-Lannec wirklich herzlich willkommen, was man an der Schaukel und der Wippe auf dem Rasen erkennen kann.

Umgebung: Perros-Guirec (15 km); Tréguier (30 km) • **Lage:** in einem Waldstück oberhalb des Ferienortes, 10 km nordwestlich von Lannion; mit eigenem Parkplatz **Mahlzeiten:** Frühstück, Mittag- und Abendessen • **Preise:** €€€ • **Zimmer:** 30; 22 Doppel- und Zweibettzimmer, 8 Appartements, alle mit Bad; alle Zimmer mit Telefon, TV, Minibar, Fön, Safe • **Anlage:** 4 Aufenthaltsräume, Speiseraum, Bar, Billardzimmer, Spieleraum, Schönheits- und Fitnesscenter, Aufzug, Garten • **Kreditkarten:** DC, MC, V • **Kinder:** willkommen • **Behinderte:** 2 Zimmer geeignet • **Tiere:** erlaubt • **Geschlossen:** Mitte November bis März • **Besitzer:** Gérard und Danielle Jouanny

DER NORDWESTEN

VERNEUIL-SUR-AVRE

Le Clos
~ Villenhotel ~

98, rue de la Ferté-Vidame, 27130 Verneuil-sur-Avre (Eure)
Tel 02 32 32 21 81 **Fax** 02 32 32 21 36
e-mail leclos@relaischateaux.fr **website** www.relaischateaux.fr/leclos

Das Le Clos ist und bleibt eines unserer beliebtesten anspruchsvollen französischen Hotels – teilweise deshalb, weil »Normalsterbliche« es sich gerade noch leisten können, aber auch, weil es so herrlich unprätentiös und unaffektiert ist, was bei derlei schlossähnlichen Hotels sonst kaum vorkommt. Dies bestätigte uns auch unser letzter Leserkommentar.

Das Hotel liegt am Rande des hübschen kleinen Dorfes Verneuil in einer ruhigen Gegend, obwohl eine recht stark befahrene Umgehungsstraße vom Hotel aus gerade noch sicht- und leider auch hörbar ist. Das aus der Zeit um 1900 stammende Gebäude wirkt mit seinem auffällig gemusterten Mauerwerk und dem mittelalterlichen Türmchen eher komisch; die Anlage insgesamt, mit ihren Rasenflächen und den Weiden, die von der großen Terrasse aus sichtbar sind, ist sehr gepflegt. Auch im Inneren des Gebäudes ist der Standard hoch: hübsche, auf alt getrimmte Rohrstühle, schwere Tischdecken aus Leinen, riesige Blumensträuße im Speisesaal, schöne, Antiquitäten nachempfundene Sessel im Salon, Chintzbezüge in den Zimmern und überall tiefe, flauschige Teppiche – sogar in den luxuriösen Badezimmern. Die Zimmer sind hell und individuell eingerichtet. Die Küche ist zwar nur durchschnittlich gut, kann aber dennoch mit einer Reihe klassischer Gerichte aufwarten, die es an professioneller Zubereitung und Finesse nicht fehlen lassen.

~

Umgebung: Château de Pin au Haras; Evreux (39 km); Chartres (56 km) • **Lage:** am südlichen Rand der Stadt; mit eigenem Parkplatz • **Mahlzeiten:** Frühstück, Mittag- und Abendessen • **Preise:** €€€ • **Zimmer:** 10; 4 Doppel- und Zweibettzimmer, 5 Suiten, 1 Appartement, alle mit Bad; alle Zimmer mit Telefon, TV • **Anlage:** Aufenthaltsraum, 2 Speiseräume, Bar, Garten, Tennisplatz • **Kreditkarten:** AE, DC, MC, V • **Kinder:** willkommen • **Behinderte:** keine entsprechenden Einrichtungen **Tiere:** erlaubt • **Geschlossen:** Mitte Dezember bis Mitte Januar; Restaurant montags, Di mittag • **Besitzer:** Patrick und Colette Simon

DER NORDWESTEN

Auberge du Val au Cesne
∽ Landgasthof ∽

Le Val au Cesne, 76190 Yvetôt (Seine-Maritime)
Tel 02 35 56 63 06 **Fax** 02 35 56 92 78 **e-mail** val-au-cesne@aol.com
e-mail valaucesne@hotmail.com **website** www.valaucesne.fr

Dieser Fachwerkgasthof liegt in einem ruhigen bewaldeten Tal und wirkt, als ob sein normannischer Erbauer Anleihen bei den Schweizern gemacht hätte. Die Auberge begann ihr Dasein als Restaurant; mit ihrer zunehmenden Beliebtheit fügte Jérôme Carel nach und nach fünf äußerst kühn eingerichtete Zimmer hinzu. Das Zimmermädchen, das uns die Zimmer zeigte, war besonders angetan von den wechselnden Farbkombinationen in den Badezimmern, die die jeweilige Einrichtung der Zimmer widerspiegeln. Die Zimmer sind alle in einem anderen Gebäude als das Restaurant untergebracht, drei davon im Erdgeschoss – ein nettes Zugeständnis an die Gäste, die nach dem Abendessen möglicherweise Schwierigkeiten haben könnten, die Treppen zu bewältigen ... Das größte und hellste Zimmer verfügt über eine eigene Außentreppe zum ersten Stock.

In dem blumenübersäten Garten streiten sich Katzen, Hunde, Enten, Sittiche und preisgekrönte Hühner über den am weitesten zurückreichenden Stammbaum; das Innere des Gebäudes ist mit Deckenbalken, winterlichen Kaminfeuern und Hunderten von Familienfotos ausgestattet. Die Küche des Hotels ist regional und saisonal ausgerichtet. Es ist jedoch immer auch ein relativ preiswertes »Logis-de-France«-Menü erhältlich. Der urgemütliche Speisesaal erstreckt sich mit seinem Kaminvorsprung aus Stein über zwei Räume; zudem stehen den Gästen des Restaurants seit kurzem nun auch Tische im ersten Stock zur Verfügung.

Umgebung: Rouen (30 km); Honfleur (67 km); Côte d'Albâtre • **Lage:** 3 km südöstlich von Yvetôt an der D5 nach Fréville; mit eigenem Parkplatz • **Mahlzeiten:** Frühstück, Mittag- und Abendessen • **Preise:** € • **Zimmer:** 5 Zweibettzimmer mit Bad; alle Zimmer mit Telefon, TV, Fön • **Anlage:** Bar, Restaurant, Terrasse, Garten **Kreditkarten:** AE, DC, MC, V • **Kinder:** erlaubt • **Behinderte:** 1 Zimmer im Erdgeschoss • **Tiere:** erlaubt • **Geschlossen:** Mitte Januar bis Februar, Ende August/Anfang September; Restaurant montags und dienstags • **Besitzer:** Jérôme Carel

DER NORDWESTEN

Hôtel d'Argouges
Stadtvilla

21, rue St-Patrice, 14400 Bayeux
(Calvados) • **Tel** 02 31 92 88 86
Fax 02 31 92 69 16 • **e-mail**
dargouges@aol.com
Mahlzeiten: Frühstück
Preise: € • **Zimmer:** 28
Geschlossen: nie

Das Argouges ist ein klassisch proportioniertes Stadthaus, das etwas abseits der Straße – und vom Tumult der Touristen –, aber in Laufdistanz zu den Sehenswürdigkeiten in einem eigenen kleinen Hof liegt. Die Zimmer – einige im Anbau – dieses effizient geführten Bed-&-Breakfast-Hotels sind unterschiedlich groß, aber alle mit demselben guten Geschmack eingerichtet; die Bäder sind in der Regel überdurchschnittlich groß. Die Gäste des Hauses können auch das hübsche, helle Wohnzimmer sowie den kleinen, aber hübschen Garten nutzen. In dieser wahren Oase kann man sich nach einem anstrengenden Tag ausruhen oder den kommenden Tag beim Frühstück planen. Gästen, die mit dem Auto anreisen, steht der Parkplatz des Hotels in einer ruhigen Nebenstraße zur Verfügung.

Hostellerie du Moulin du Vey
Umgebaute Mühle

Le Vey, 14570 Clécy (Calvados)
Tel 02 31 69 71 08 **Fax** 02 31
69 14 14 **e-mail** reservations@
moulinduvey.com • **website**
www.moulinduvey.com
Mahlzeiten Frühstück, Mittag-
und Abendessen • **Preise:** €–€€
Zimmer 25 • **Geschlossen** Dezember bis Februar; Restaurant
Sonntag mittags im Winter

Leider hat dieses einstmals reizende efeubewachsene Hotel in idyllischer Lage am Fluss Orne, wo nur das Rauschen eines nahe gelegenen Wasserfalls zu hören ist, wahrlich schon bessere Tage gesehen, sodass eine umfassende Renovierung dringend notwendig wäre. Im Inneren fallen die in die Jahre gekommenen Möbel und Dekorationen sowie die dunkle, abgenutzte Treppe zu den Zimmern negativ auf. Ein Besucher bestätigte uns diesen Eindruck, berichtete aber, dass zumindestens am Service und am Abendessen nichts auszusetzen gewesen wäre.

DER NORDWESTEN

LE MONT-ST-MICHEL

Auberge Saint-Pierre
Stadthotel

BP16, Grande Rue, 50116 Le
Mont-St-Michel (Manche)
Tel 02 33 60 14 03
Fax 02 33 48 59 82 • **e-mail**
aubergesaintpierre@ wanadoo.fr
website
www.auberge-saint-pierre.fr
Mahlzeiten: Frühstück, Mittag-
und Abendessen • **Preise:** €€
Zimmer: 21 • **Geschlossen:** nie

Da der Mont-St-Michel morgens und abends etwas weniger von den
Touristenmassen heimgesucht wird, ist es durchaus sinnvoll, hier zu
übernachten. Die Auberge St-Pierre aus dem 15. Jh. zählt zu den wenigen Hotels, die sich am Fuß des Berges befinden. Sie hat außerdem eine gute Verkehrsanbindung, was sinnvoll ist, weil Autos auf
dem Mont-St-Michel verboten sind – und man seine Koffer zu Fuß
zum Hotel schleppen muss. Gleich an der Straße gibt es ein großes
und geschäftiges Restaurant, in dem das Frühstück serviert wird; im
ersten Stock des Hotels herrscht jedoch eine angenehme Ruhe. Bitte
beachten Sie, dass Sie bei den Zimmern im Nebengebäude wesentlich mehr Treppen bewältigen müssen als im Hauptgebäude.

MORTAGNE-AU-PERCHE

Hôtel du Tribunal
Stadthotel

4, place du Palais, 61400 Mor-
tagne-au-Perche (Orne)
Tel 02 33 25 04 77
Fax 02 33 83 60 83 **e-mail**
hotel.du.tribunal@wanadoo.fr
Mahlzeiten Frühstück, Mittag-
und Abendessen • **Preise:** €€
Zimmer 16 • **Geschlossen** nie

Das liebenswürdige, traditionelle Hotel liegt an einem ruhigen Platz in dieser
ansonsten recht lebhaften Marktstadt. Da es keine Empfangshalle
gibt, führt der Weg vom Eingang direkt in den gemütlichen, sym-
pathisch altmodischen Aufenthaltsraum, wo sich auch die Rezeption befindet. Im Mittelpunkt steht der offene Kamin mit einem
wärmenden Feuer im Winter, um den sich Tische und gemütliche
Stühle gruppieren. Die im Speiseraum servierten regionalen Gerichte sind hervorragend. Die Zimmer, einige in einem Anbau untergebracht, sind modern und komfortabel, aber wenig spektakulär.

ILE-DE-FRANCE

Die Hotels der Ile-de-France

Im folgenden Abschnitt haben wir Paris und die umliegenden Départements der Ile-de-France zusammengefasst, weil sie für viele Besucher einfach zusammengehören. Wenn Sie sich die Sehenswürdigkeiten von Paris ansehen oder ein romantisches Wochenende verbringen wollen, werden Sie sich vermutlich direkt im Zentrum der Stadt einquartieren, andererseits kann ein Hotel auf dem Land nach einem anstrengenden Tag in der Stadt sehr erholsam sein. Was die Atmosphäre und den Charme eines Pariser Hotels anbelangt, so spielt die Lage eine große Rolle. Es zahlt sich immer wieder aus, sich ein wenig bei den Bezirken (Arrondissements) auszukennen, aus denen die Stadt besteht. Die ein- bzw. zweistellige Zahl am Ende der Pariser Postleitzahlen bezieht sich auf das jeweilige Arrondissement. Bei der Postleitzahl 75006 beispielsweise wäre das das 6. Arrondissement.

Die Arrondissements sind spiralförmig im Uhrzeigersinn angeordnet, beginnend im Zentrum am rechten (d. h. nördlichen) Seineufer. Das erste Arrondissement ist eine gehobenere Gegend und erstreckt sich von der Place de la Concorde am Louvre vorbei zu den Les Halles. Wir haben ein Hotel aus dieser Gegend aufgenommen (das *Relais du Louvre,* Seite 82). Im zweiten Arrondissement haben wir keine Einträge und im dritten lediglich einen (das luxuriöse und sehr teure *Pavillon de la Reine,* Seite 81). Dann jedoch führt die Spirale zur Seine zurück, und im vierten Arrondissement verzeichnen wir mehrere Hotels – darunter das ausgezeichnete *Hôtel de Nice* (Seite 81) im wiederbelebten Viertel Marais, östlich vom Centre Pompidou, das *Caron de Beaumarchais* (Seite 68) und das *Hôtel du Jeu de Paume* (Seite 75) auf der bezaubernden kleinen Ile Saint-Louis.

Auf der anderen Seite des Flusses bilden das fünfte, sechste und siebte Arrondissement das linke Seineufer, dessen Hauptachse der Boulevard St-Germain ist. Zwischen dem Jardin des Plantes im Osten und dem Eiffelturm im Westen gibt es mehr kleine Hotels mit Charme als irgendwo sonst in Paris. Das *Degrés de Notre-Dame* (siehe Seite 70) ist ein traditionelles Hotel-Restaurant mit hübschen Räumen. Im sechsten und siebten Arrondissement reichen unsere Einträge von schicken und teuren Hotels (das *Duc de St-Simon,* Seite 71, und das *L'Hôtel,* Seite 74) zu dem bodenständigeren und preiswerteren St-Paul (siehe Seite 86). Danach führt uns die Spirale erneut über den Fluss zum achten Arrondissement, dem Bezirk der Champs-Elysées und des noblen *Lancaster* (Seite 76).

Außerhalb dieser ersten, zentralen Spirale liegen unsere Einträge eher im Norden: im neunten Arrondissement (das *Chopin,* Seite 69, ein wahres Juwel), im 17. (das hübsche *Hôtel de Banville,* Seite 67) und im 18. (Montmartre), in dem das *Ermitage* (siehe Seite 72) eine erfreuliche, wenn auch ungewöhnliche Wahlmöglichkeit bietet. Wenn Sie sich über weitere Hotels in Paris informieren wollen, empfehlen wir Ihnen unseren Führer »Kleine Hotels mit Charme – Paris«.

Außerhalb von Paris reichen unsere Empfehlungen im Bereich der Ile-de-France von Dampierre im Südwesten über Barbizon und Flagy im Südosten, Ermenonville im Nordosten bis zu Germigny-L'Evêque im Osten.

ILE-DE-FRANCE

Auberge du Château
~ Dorfgasthof ~

1, Grande Rue, 78720 Dampierre (Yvelines)
Tel 01 30 47 56 56 **Fax** 01 30 52 56 95

Die Auberge du Château ist ein traditionelles Gasthaus im Zentrum eines gänzlich aus Steingebäuden bestehenden Dorfes. Das Gebäude stammt aus dem Jahr 1650 und war auch damals schon ein Gasthof; vermutlich waren dort die Besucher des Duc de Luynes untergebracht, einer einflussreichen Persönlichkeit zur Zeit Louis XIII, dessen elegantes Schloss mit Park gleich gegenüber der Straße liegt. Seine Nachfahren leben auch heute noch hier.

Die Anlage der Auberge zeugt von ihrem Alter: unebene Fußböden, niedrige Deckenbalken, und die Zimmer erreicht man über wacklige Holztreppen. Diese sind geräumig und mit aufeinander abgestimmten Blümchentapeten und Vorhängen versehen. Die Zimmer im vorderen Teil des Hauses haben einen Blick auf das Schloss und seinen Park; die hinteren Zimmer gehen auf den kleinen Hotelgarten hinaus. Einige verfügen über Steinfußböden und marmorverkleidete Badezimmer. Ein Teil des mit Deckenbalken ausgestatteten Speiseraums geht in einen wintergartenähnlichen Anbau über, der sich über die gesamte Vorderseite des Gebäudes erstreckt und in eine Terrasse an der Straße mündet.

Dampierre liegt im Herzen des Parc Naturel de la Haute Vallée de Chevreuse, einer wunderschönen ländlichen Gegend, die weit von Paris entfernt zu sein scheint, tatsächlich jedoch nur eine halbe Autostunde weit weg ist. In der Nähe gibt es einige andere sehenswerte Schlösser sowie die Möglichkeiten zum Wandern und Ponyreiten.

~

Umgebung: Versailles; Montfort l'Amaury • **Lage:** gegenüber dem Château de Dampierre, 36 km südwestlich von Paris, 16 km nordöstlich von Rambouillet; mit eigenem Parkplatz • **Mahlzeiten:** Frühstück, Mittag- und Abendessen • **Preise:** € • **Zimmer:** 20 Doppel- und Zweibettzimmer, alle mit Bad; alle Zimmer mit Telefon, TV • **Anlage:** Aufenthaltsraum, Speiseraum, Terrasse, Garten • **Kreditkarten:** AE, MC, V • **Kinder:** erlaubt • **Behinderte:** nicht geeignet • **Tiere:** erlaubt • **Geschlossen:** Hotel nie; Restaurant Sonntagabend, montags • **Geschäftsführer:** M. Blot

ILE-DE-FRANCE

Hostellerie du Moulin
~ Umgebaute Mühle ~

2, rue du Moulin, 77940 Flagy (Seine-et-Marne)
Tel 01 60 96 67 89 **Fax** 01 60 96 69 51
e-mail aumoulin@wanadoo.fr **website** www.aumoulin.fr

Im Laufe der Jahre haben wir viele begeisterte Leserberichte über diese fantasievoll umgebaute Mühle, die nur eine Stunde von Paris entfernt liegt, erhalten.

Die Lage des Hotels, mit seinen Tischen in dem grasbewachsenen Garten neben dem kleinen Fluss, der auch heute noch das Mühlrad bewegt, ist geradezu idyllisch. Jenseits der gepflegten Gärten blickt man auf die Felder, die bis in die 1950er Jahre hinein das Korn für die Mühle lieferten. Die schweren Balken, Räder und Flaschenzüge der Mühle dominieren das Bild des gemütlichen Aufenthaltsraumes, und die Zimmer, nach verschiedenen Getreidearten benannt, sind genauso schrullig anziehend wie man es in einem solchen Gebäude erwartet. Die Deckenbalken sind teilweise so niedrig, dass einige Gäste in permanent gebückter Haltung umherlaufen müssen.

Der Küchenchef hat sich hauptsächlich auf traditionelle Gerichte spezialisiert. Auf der Speisekarte finden sich englische Übersetzungen – ein Zugeständnis an die britischen Gäste, die das Moulin immer wieder besuchen.

Claude Scheidecker, der das Hotel mehr als 20 Jahre geführt hat, hat sich mittlerweile zur Ruhe gesetzt.

Umgebung: Fontainebleau (23 km); Kathedrale von Sens (40 km) • **Lage:** im Dorf 10 km westlich von Montereau; mit eigenem Parkplatz • **Mahlzeiten:** Frühstück, Mittag- und Abendessen • **Preise:** € • **Zimmer:** 10 Doppel-, Zweibett- und Familienzimmer, alle mit Bad; alle Zimmer mit Telefon • **Anlage:** Aufenthaltsraum, Speiseraum, Bar, Garten, Möglichkeit zum Angeln • **Kreditkarten:** AE, DC, MC, V • **Kinder:** erlaubt • **Behinderte:** Zugang schwierig • **Tiere:** erlaubt • **Geschlossen:** nie; Restaurant Sonntagabend, montags (außer an Ostern und Pfingsten: Montagabend, dienstags) • **Besitzer:** Dario Navarro

ILE-DE-FRANCE

PARIS

Hôtel de l'Abbaye
≈ Stadthotel ≈

10, rue Cassette, 75006 Paris
Tel 01 45 44 38 11 **Fax** 01 45 48 07 86
e-mail hotel.abbaye@wanadoo.fr **website** www.hotel-abbaye.com

Wenn wir Punkte zu vergeben hätten, bekäme dieses Haus gewiss die höchste Punktzahl. Es gibt kaum etwas zu bemängeln, wenn man davon absieht, dass die Standardzimmer recht klein sind (und im Vergleich mit den Aufenthaltsräumen noch kleiner wirken). Wer sich's leisten kann, sollte ein größeres Zimmer nehmen. Eines im Erdgeschoss hat eine eigene Terrasse, ebenso die vier Doppelappartements. Neuerdings gibt es drei modern ausgestattete Suiten.
Gleich als wir das geschickt umgestaltete ehemalige Kloster betraten, fühlten wir uns gut aufgehoben. Das Hotel ist bekannt für seinen aufmerksamen, aber unaufdringlichen Service; das höfliche Personal ist sehr um die Gäste bemüht. Die Aufenthaltsräume sind gemütlich und dabei chic: einladende Sitzgruppen, Sofas und Sessel mit hübschen Stoffen bezogen, riesige Tischlampen und viele frische Blumen. Bei kühlem Wetter brennt das Kaminfeuer. Der Frühstücksraum/Bar muss einer der hübschesten von Paris sein. Die Einrichtung ist konservativ, an den Wänden hübsches Gitterwerk, reizende Vorhänge an den französischen Fenstern, durch die man in den großen Innenhofgarten mit Brunnen blickt. Das Haus ist wirklich sein Geld wert.

≈

Umgebung: Jardin de Luxembourg, Saint-Sulpice • **Lage:** unweit der Kreuzung mit der Rue de Méziers; Parken bei Saint-Sulpice; Metro: Saint-Sulpice
Mahlzeiten: Frühstück • **Preise:** €€€€ • **Zimmer:** 44; 37 Doppel-, Einzel- und Zweibettzimmer; 3 Suiten, 4 Doppelappartements; alle Zimmer mit Bad, Telefon, TV, Klimaanlage, Fön • **Anlage:** 2 Salons, Frühstücksraum/Bar, Internetzugang, Innenhofgarten • **Kreditkarten:** AE, MC, V • **Kinder:** erlaubt • **Behinderte:** 2 Zimmer im Erdgeschoss **Tiere:** nicht erlaubt • **Geschlossen:** nie • **Besitzer:** M. und Mme Lafortune

ILE-DE-FRANCE

PARIS

Hôtel d'Aubusson
～ Stadthotel ～

33, rue Dauphine, 75006 Paris
Tel 01 43 29 43 43 **Fax** 01 43 29 12 62 **e-mail** reservationmichael
@hoteldaubusson.com **website** www.hoteldaubusson.com

Wenn Sie in Paris in einem ganz normalen Hotel mit persönlicher Note übernachten möchten, ist das Hôtel d'Aubusson die richtige Wahl. An ungemütlichen Tagen knistert ein offenes Feuer im Kamin im eleganten Aufenthaltsraum; das Personal ist gastfreundlich. Donnerstag bis Samstag Abend finden Livejazzkonzerte statt. Das Preis-Leistungsverhältnis ist für den angebotenen Komfort sehr gut. Das ungefähr 10 Jahre alte Hotel ist in einem honigfarbenen Stadthaus aus dem 17. Jh. untergebracht, das sich um einen großen Innenhof gruppiert. Gewaltige Flügeltüren führen von der Straße in die luftige Eingangshalle. Zu seiner Rechten hat das Café Laurent seit 1690 in zahllosen Reinkarnationen die Leute der Feder wie des Glitters angezogen, von Voltaire bis zu Brigitte Bardot. Heute wird das Publikum von einem Pianisten unterhalten.

Der Salon ist hoch, die Decke mit Balken, der Boden mit Versailler Parkett ausgestattet; hinzu kommen hübsche Möbel, Lampen und Spiegel. Im Frühstückszimmer hängen zwei Gobelins von Aubusson. Hinter den schweren Türen der Schlafzimmer versinkt der Gast in Stille und maßvollem Luxus. Die teuersten Zimmer sind geradezu riesig, auch die kleinsten jedoch sind nach örtlichem Standard noch groß.

Umgebung: Boulevard Saint-Germain; Ile de la Cité; Quartier Latin • **Lage:** Ecke Rue Christine; Metro: St-Michel/Odéon; Parken in Privatgarage • **Mahlzeiten:** Frühstück, Imbiss, Zimmerservice • **Preise:** €€€€ • **Zimmer:** 49 Doppel- und Zweibettzimmer, alle mit Bad; alle Zimmer mit TV, Telefon, Klimaanlage, Minibar, Fön, Safe • **Anlage:** Aufenthaltsraum, Frühstücksraum, Café/Bar, Gartenanlage, Internetzugang, Aufzug • **Kreditkarten:** AE, DC, MC, V • **Kinder:** erlaubt • **Behinderte:** 2 Zimmer mit besonderer Ausstattung • **Tiere:** erlaubt • **Geschlossen:** nie • **Geschäftsführer:** Pascal Gimel

ILE-DE-FRANCE

Hôtel de Banville
~ Stadthotel ~

166, bd Berthier, 75017 Paris
Tel 01 42 67 70 16 **Fax** 01 44 40 42 77
e-mail hotelbanville@wanadoo.fr **website** www.hotelbanville.fr

Das Haus aus den 1930er Jahren bietet eine glückliche Kombination aus Stil, Komfort und Mittelklassepreisen. Auch für Autofahrer liegt es günstig: Vom Périphérique ist der Boulevard Berthier leicht zu finden, und es gibt kaum Parkprobleme.

Die üppigen Blumenkästen und der helle Jugendstilbau – das Werk eines berühmten Architekten – wirken vielversprechend. Und man wird nicht enttäuscht, alles ist geschmackvoll, wenn nicht luxuriös. Die Gemeinschaftsräume wurden komplett neu gestaltet: Die Farben Creme und Beige werden gelegentlich von einem roten Farbtupfer – einem Sofa oder Stühlen – belebt. Der Blickfang in dem elegant möblierten Bar-Aufenthaltsraum ist ein großes Piano, das von Spots, die in den Boden eingelassen sind, effektvoll beleuchtet wird. Ein Pianist spielt hier gelegentlich am Abend. Das neutrale Farbschema setzt sich sowohl in dem renovierten Frühstücksraum fort, einem angenehmen Platz, um den Tag zu beginnen, als auch in einem weiteren Empfangsraum, der für Veranstaltungen separiert werden kann. Die Schallisolierung ist gut, das Personal besonders freundlich. Das Haus wäre links der Seine gewiss viel teurer.

~

Umgebung: Arc de Triomphe, Champs-Elysées, Palais de Congrès • **Lage:** Zubringerstraße vom Bd Berthier, zwischen Rue A. Samain und Rue de Courcelles; Parkmöglichkeit am Bd Berthier, Parkhaus Metro: Porte de Champerret • **Mahlzeiten:** Frühstück • **Preise:** €€€ • **Zimmer:** 42; 39 Doppel- und Zweibettzimmer, 2 Dreibett-, 1 Familienzimmer; alle mit Bad oder Dusche; alle mit Telefon, Klimaanlage, TV, Fön, Safe • **Anlage:** Aufenthaltsraum/Bar, Salon, Speisezimmer, Lift • **Kreditkarten:** AE, MC, V • **Kinder:** erlaubt • **Behinderte:** keine speziellen Einrichtungen • **Tiere:** erlaubt • **Geschlossen:** nie • **Besitzerin:** Mme Moreau

ILE-DE-FRANCE

PARIS

Caron de Beaumarchais
~ Stadthotel ~

12, rue Vieille-du-Temple, 75004 Paris
Tel 01 42 72 34 12 **Fax** 01 42 72 34 63
e-mail hotel@carondebeaumarchais.com **website** www.carondebeaumarchais.com

Die Vorderfront des Hotels wird von großen, blau ummalten Fenstern (die Farbe wird als »Louis XV« bezeichnet) und dem Namen des Hotels dominiert. Der Blick ins Innere offenbart einen geräumigen, in Pink gehaltenen und blau tapezierten Empfangssalon, der mit exquisiten antiken Möbeln, sanfter Beleuchtung und ausladenden Blumenarrangements ausgestattet ist. Die Dekoration mag für manchen Geschmack etwas zu verspielt sein, doch schon beim Betreten des Hotels ist die gastfreundliche Atmosphäre, die *père et fils* Bigeard und das Personal verbreiten, zu spüren.

Leitthema im Hotel ist allgemein das 18. Jh. – ablesbar am Farbschema und den Stoffen mit entsprechenden Mustern –, speziell aber der französische Schriftsteller Pierre Augustin Caron de Beaumarchais (er wohnte in der Nähe); in den kleinen, aber feinen Zimmern hängen gerahmte Seiten alter Ausgaben von »Die Hochzeit des Figaro«, einem seiner berühmtesten Werke. Außerdem sind sie mit Polstermöbeln, Kronleuchtern und einigen kürzlich von den Besitzern erstandenen Antiquitäten aus dem 18. Jh. ausgestattet; einige haben Balkone. Handbemalte Fliesen beleben die strahlend weißen Bäder.

~

Umgebung: Musée Carnavalet, Place des Vosges, Notre-Dame • **Lage:** nahe der Rue de Rivoli • **Mahlzeiten:** Frühstück, Brunch • **Preise:** €€ • **Zimmer:** 19 Doppel- und Zweibettzimmer, 17 mit Bad, 2 mit Dusche; alle Zimmer mit Telefon, Modemanschluss, TV, Klimaanlage, Minibar, Fön • **Anlage:** Aufenthaltsraum, Frühstücksraum • **Kreditkarten:** AE, DC, MC, V • **Kinder:** erlaubt • **Behinderte:** Zugang schwierig, Aufzug • **Tiere:** erlaubt • **Geschlossen:** nie • **Besitzer:** Etienne und Alain Bigeard

ILE-DE-FRANCE

PARIS

Chopin

~ Stadthotel ~

10, boulevard Montmartre (46, passage Jouffroy), 75009 Paris
Tel 01 47 70 58 10 **Fax** 01 42 47 00 70

Am Ende der Passage Jouffroy, einer der typischen Eisen-Stahl-Arkadenkonstruktionen aus dem 19. Jh. mit Läden und Theatern, befindet sich das Chopin mit reizender Fassade und ebensolchem Empfangspersonal, dem man den Spaß an der Arbeit förmlich ansieht.

Der Besitzer Philippe Bidal gestaltete liebe- und geschmackvoll die Innenräume, ablesbar am kleinen Frühstücksraum, den mit Stühlen und Blumenarrangements verschönerten Treppen sowie den Korridoren, die in warmen Farben gehalten und mit vielen geschickt beleuchteten Bildern geschmückt sind.

Die Zimmer sind aufgrund der Lage des Gebäudes insgesamt sehr ruhig. Nr. 412 im Dachgeschoss am Ende eines knarrenden schmalen Korridors ist eines der besten Zimmer: mit korallenfarbigen Wänden, schlichter Möblierung inklusive Schreibtisch, Stühlen und einem dritten Bett sowie einem glänzenden weißen Bad. Es vermittelt den Eindruck einer Künstlerbehausung.

Das Frühstück mit heißer Milch für den Kaffee, Orangensaft und Joghurt ist preiswert und gut; treppabwärts steht für die Gäste auch ein Frühstücksbüfet bereit.

~

Umgebung: Musée Grévin, Grands Boulevards, Opéra Garnier • **Lage:** am Ende der Passage Jouffroy, die vom Boulevard Montmartre wegführt • **Mahlzeiten:** Frühstück • **Preise:** € • **Zimmer:** 36; 32 Doppel-, Zweibett- und Dreibettzimmer, 12 mit Bad, 20 mit Dusche; 4 Einzelzimmer, 1 mit Bad, 3 mit Dusche; alle Zimmer mit Telefon, TV • **Anlage:** Aufenthaltsraum, Frühstücksraum, Lift • **Kreditkarten:** AE, DC, MC, V • **Kinder:** erlaubt • **Behinderte:** Zugang schwierig • **Tiere:** erlaubt **Geschlossen:** nie • **Besitzer:** Philippe Bidal

ILE-DE-FRANCE

Degrés de Notre-Dame
~ Stadthotel und Restaurant ~

10, rue des Grands Degrés, 75005 Paris
Tel 01 55 42 88 88 **Fax** 01 40 46 95 34

Die meisten kleinen Hotels in Paris haben keinen Speiseraum; dieses macht eine Ausnahme. Es ist ein Familienbetrieb, wie man ihn in der französischen Provinz, aber kaum in der Stadt findet, ein Restaurant mit Zimmern. Das Restaurant wirkt wie eine schlichte Auberge, und entsprechend einfache Gerichte werden angeboten. Man kann hier auch jederzeit das Frühstück einnehmen: ganz frisches Brot, frisch gepressten Orangensaft und guten Kaffee.

Das hölzerne Treppenhaus (Koffer werden vom Personal hinaufgetragen) ist mit Wandbildern verziert und führt zu den Zimmern mit Balkendecken, hübschen Holzmöbeln und Spiegeln, die preiswert, aber gut ausgestattet sind. Von einigen genießt man den Blick auf Notre-Dame; die Zimmer nach vorn sind die größten, haben Dreifachfenster (außer dem im 1. Stock). Einige der Zimmer sind recht klein; die 15 Euro Aufpreis für die größeren lohnen sich durchaus. Besonders hübsch ist Nr. 24 mit einem großen Schreibtisch in der Mitte. Ganz anders das ausgebaute Dachgeschoss, das Japaner am liebsten mögen. Hier gibt es modernes Dekor, eine private Bar und ein riesiges Bad.

~

Umgebung: Notre-Dame, Musée de Cluny, Ile St-Louis • **Lage:** winziger Platz an der Kreuzung mit der Rue Frédéric-Sauton; Parkplatz: an der Place Maubert; Metro: Saint-Michel • **Mahlzeiten:** Frühstück, Mittag- und Abendessen **Preise:** €€ • **Zimmer:** 10 Doppel- und Zweibettzimmer mit Bad; alle mit Telefon, TV, Fön, manche Zimmer mit Minibar • **Anlage:** Restaurant, Bar **Kreditkarten:** MC, V • **Kinder:** erlaubt • **Behinderte:** nicht geeignet (kein Aufzug) **Tiere:** erlaubt **Geschlossen:** nie • **Besitzer:** M. Tahir

ILE-DE-FRANCE

Duc de Saint-Simon

~ Stadthotel ~

14, rue de St-Simon, 75007 Paris
Tel 01 44 39 20 20 **Fax** 01 45 48 68 25
e-mail duc.de.saint.simon@wanadoo.fr **website** www.hotelducdessaintsimon.com

Das luxuriöse Hotel liegt in einer eleganten Straße, etwas abseits vom Boulevard St-Germain. Es gibt einen hübschen Hof, einen schön möblierten, wohnlichen Salon mit privater Atmosphäre, auf die der schwedische Besitzer Wert legt, und elegante, behagliche, individuell gestaltete Zimmer ohne jeden Schönheitsfehler. Die Zimmer mit Einzelbetten sind größer als die mit Doppelbetten. Überall sieht man prachtvolle Stoffe, prächtige Möbel, alte Spiegel und wohl durchdachte Farben. Besonders originell ist der mit Kelims ausgekleidete Lift.

Das weiß getünchte Haus aus dem 19. Jh. grenzt rückseitig an ein Gebäude des 18. Jh., das auch zum Hotel gehört; zwischen beiden liegt ein winziger versteckter Garten, wo man auch frühstücken kann (oder in einer intimen Kellerbar). Das Personal ist nett und höflich. Der Hausprospekt weist darauf hin, dass es ganz in der Nähe zwei berühmte Cafés gibt (das »Deux Magots« und das »Flore«). Die Preise sind hoch, aber doch angemessen, vor allem im Vergleich mit anderen Hotels dieser Kategorie; Gun Karin Lalisse leitet das Haus mit viel Charme und Schwung.

~

Umgebung: Hôtel des Invalides, Musée d'Orsay, Musée Rodin • **Lage:** zwischen Rue P.L. Courier und Rue de Grenelle; Parkplatz: Bd Raspail; Metro: Rue du Bac/- Solférino • **Mahlzeiten:** Frühstück, leichte Gerichte • **Preise:** €€€€ • **Zimmer:** 34; 29 Doppel- und Zweibettzimmer, 28 mit Bad, 1 mit Dusche; 5 Suiten mit Bad; alle Zimmer mit Telefon, Fön, Safe; TV auf Anfrage; Klimaanlage in manchen Zimmern • **Anlage:** 2 Salons, Bar, Lift • **Kreditkarten:** AE, DC, MC, V • **Kinder:** erlaubt **Behinderte:** keine speziellen Einrichtungen • **Tiere:** nicht erlaubt • **Geschlossen:** nie • **Besitzer:** M. Lindqvist

ILE-DE-FRANCE

Ermitage
~ Stadthotel ~

24, rue Lamarck, 75018 Paris
Tel 01 42 64 79 22 **Fax** 01 42 64 10 33

Nur eine nüchterne Tafel an der Wand weist darauf hin, dass sich hier ein Hotel befindet. Zuerst kommt man in einen kleinen Empfangsraum in Gold und Creme, an den sich eine dunkelblaue Halle mit rotem Teppichboden und vielen Teppichen darauf anschließt. Von der Rezeption aus sieht man eine reizende Küche mit lothringischem Fayence-Ofen, dahinter eine kleine Terrasse. Im Erdgeschoss gibt es auch noch ein altmodisches Gesellschaftszimmer mit grünen Samtvorhängen, vielen Antiquitäten und Fotos. Das Hotel hat aber noch weitere Überraschungen zu bieten; sie beginnen in der Halle und setzen sich an den Wänden nach oben fort: in Form der reizvoll schattierten Wandbilder und Malereien des Künstlers Du Buc; die Szenen vom Montmarte in der Rezeption hat er als alter Mann 1986 gemalt.

Das freundliche, nostalgische Ambiente ist eine Schöpfung der Eltern von Sophie Canipel, der reizenden *patronne*, die das Haus vor 30 Jahren übernahmen. Seit sie sich zur Ruhe gesetzt haben, leitet Sophie das Hotel. Die Zimmer mit ihrem altväterlichen Charme sind groß und hell, haben neue Blumentapeten, Spitzengardinen und große *armoires*. Im Erdgeschoss liegt die schattige Terrasse mit Blick auf den Osten von Paris. Die Bäder sind klein, viele haben eine Mini-Wanne mit Dusche.

Umgebung: Sacré-Cœur, Place du Tertre • **Lage:** am Ostende der Rue Lamarck, unweit von Sacrè-Cœur; Parkplatz: in einer nahen Privatgarage; Metro: Lamarck Caulaincourt • **Mahlzeiten:** Frühstück • **Preise:** € • **Zimmer:** 12; 11 Doppel- und Zweibettzimmer, 1 Familienzimmer; 11 Zimmer mit Bad und Dusche; alle mit Telefon, Fön **Anlage:** Salon • **Kreditkarten:** keine • **Kinder:** erlaubt • **Behinderte:** 2 Zimmer im Erdgeschoss • **Tiere:** erlaubt • **Geschlossen:** nie • **Besitzerin:** Maggie Canipel

ILE-DE-FRANCE

Hôtel de Fleurie
~ Stadthotel ~

32, rue Grégoire-de-Tours, 75006 Paris
Tel 01 53 73 70 00 **Fax** 01 53 73 70 20
e-mail bonjour@hotel-de-fleurie.tm.fr **website** www.hotel-de-fleurie.tm.fr

Ein zu Recht beliebtes, geradezu musterhaftes Hotel mit Charme, Schwung und modernem Komfort. Familie Marolleau hat es in den 1980er Jahren renovieren lassen. Es verbindet gepflegtes Aussehen (eine hübsche, abends elegant beleuchtete Fassade mit Statuen in den Nischen) mit viel Behaglichkeit. Genauso wollen es die Besitzer führen; alles ist frisch, sauber und gepflegt.

In der Rezeption mit dem Terrakottaboden fällt sofort ein herrlicher Fayenceofen auf, den Madame Marolleau auf dem Flohmarkt von Saint-Antoine aufgetrieben hat. Im anschließenden Salon mit Balkendecke und Teilen der alten Mauern gibt es eine intime Bar und kleine Tische mit provenzalischen Tischtüchern. Der Frühstücksraum im Untergeschoss, wo ein üppiges Frühstück serviert wird, ist geschickt beleuchtet und genauso gemütlich.

Auch die Zimmer mit ihren hübschen gebauschten Vorhängen, holzgetäfelten Wänden und Grastapeten, Stilmöbeln und bequemen Betten sind sehr freundlich. Überall stehen frische Blumen. Die Bäder in rosa Marmor sind gut ausgestattet, es gibt dicke Handtücher auf geheizten Ständern und Bademäntel.

~

Umgebung: Saint-Sulpice, Jardin du Luxembourg • **Lage:** zwischen Bd Saint-Germain und Rue des Quatre-Vents; Parkplatz: in der Rue de l'Ecole de Médecine; Metro: Mabillon, Odéon • **Mahlzeiten:** Frühstück • **Preise:** €€€€ • **Zimmer:** 29; 19 Doppel- und Zweibettzimmer, 17 mit Bad, 2 mit Dusche; 10 Einzelzimmer, 5 mit Bad, 5 mit Dusche; alle mit Telefon, TV, Klimaanlage, Minibar, Fön, Safe **Anlage:** Salon, Bar, Frühstücksraum, Lift • **Kreditkarten:** AE, DC, MC, V • **Kinder:** erlaubt • **Behinderte:** keine speziellen Einrichtungen • **Tiere:** nicht erlaubt **Geschlossen:** nie • **Besitzer:** Familie Marolleau

ILE-DE-FRANCE

L'Hôtel
~ Stadthotel ~

13, rue des Beaux-Arts, 75006 Paris
Tel 01 44 41 99 00 **Fax** 01 43 25 64 81
e-mail reservation@l-hotel.com **website** www.l-hotel.com

Wenn Sie sich nach Jacques Garcias opulenter Innenraumgestaltung sehnen und trotzdem eine ungezwungene Atmosphäre bevorzugen, sind Sie im L'Hôtel bestens aufgehoben. Es war berühmt für sein erstaunliches sechsstöckiges Atrium sowie seine Verbindung zu Oscar Wilde und in den 1970er- und 1980er-Jahren zu gewissen Pariser Prominenten. Vor zwei Jahren tauchte es dank Garcias Umgestaltung mit einem Flair von luxuriöser Dekadenz wieder aus der Versenkung auf.

Jedem der 30 Zimmer liegt ein anderes Konzept zugrunde. Bemerkenswert sind besonders die türkisch inspirierten Suiten »Pierre Loti« und »Cardinal« mit ihrer schönen Dachterrasse sowie die Suite »Oscar Wilde«; in dem (nun vergrößerten) Zimmer einer damals billigen Pension hauchte der anglo-irische Dramatiker im Jahre 1900 sein Leben aus. Ein weiteres Luxuszimmer enthält die originalen Art-déco-Schlafraum-Möbel der französischen Chansonette Misinguett. Und in den preiswerteren Zimmern schläft man wie in einem mit Samt ausgeschlagenen Schmuckkästchen.

Ein Glanzstück ist auch das sanft beleuchtete Schwimmbecken, das Gäste exklusiv buchen können – mit Champagner und Kerzenlicht geradezu ideal für romantische Stunden.

Umgebung: Boulevard St-Germain, Musée d'Orsay, Ile de la Cité • **Lage:** zwischen Rue Bonaparte und Rue de la Seine • **Mahlzeiten:** Frühstück, Mittag- und Abendessen; Zimmerservice • **Preise:** €€€€€ • **Zimmer:** 30 Doppel-, Zweibettzimmer und Suiten, alle mit Bad; alle Zimmer mit Telefon, TV, Klimaanlage, Minibar, Safe, Fön **Anlage:** Aufenthaltsraum, Bar, Restaurant, Innenhof, Internetzugang, Schwimmbecken, Schönheitssalon, Lift • **Kreditkarten:** AE, DC, MC, V • **Kinder:** erlaubt • **Behinderte:** keine besonderen Einrichtungen • **Tiere:** nicht erlaubt **Geschlossen:** nie • **Geschäftsführerin:** Béatrice Ruggieri

ILE-DE-FRANCE

Hôtel du Jeu de Paume
∾ Stadthotel ∾

54, rue St-Louis-en-l'Île, 75004 Paris
Tel 01 43 26 14 18 **Fax** 01 40 46 02 76
e-mail info@jeudepaumehotel.com **website** www.hoteldujeudepaume.com

Wir stellen nicht weniger als vier Hotels in der wunderschönen Rue Saint-Louis-en-l'Ile vor; während alle anderen gemütlich sind, besticht dieses vor allem durch seine Originalität.

Wie der Name verrät, befand sich auf dem Gelände ein *jeu-de-paume*-Platz aus dem 17. Jh.; damals war das »Palmenspiel«, ein Vorläufer von Tennis, in Mode. Als die Hotelbesitzer es in den 1980er Jahren kauften, war es ein heruntergekommenes Kaufhaus. M. Prache ist Architekt und hat das Geheimnis des Gebäudes gelüftet, indem er seinen Kern von unten bis hinauf zum Dach freilegte. Dabei kamen die alte Fachwerkkonstruktion und die Hängeböden um einen zentralen Brunnen ans Licht. Der Eindruck von Licht und Transparenz wird noch durch den gläsernen Lift und die Glasbalustraden um die oberen Geschosse verstärkt. Die dicken Steinmauern und Balken vermitteln eine rustikale Atmosphäre. Der Sitzbereich gleich beim Eingang mit Ledersofas, gedämpftem Licht und schönem Kamin sieht aus wie eine anspruchsvolle Privatwohnung. An der Rezeption zupft das schicke Personal die Designerschals zurecht und verhandelt kühl und geschäftsmäßig mit den Gästen. Die Zimmer sind recht klein, aber angenehm.

∾

Umgebung: Marais, Notre-Dame, Quartier Latin • **Lage:** auf der Hälfte der Inselhauptstraße, nahe der Kreuzung mit der Rue des Deux Ponts; Parkplatz: Pont Marie; Metro: Pont Marie, Cité • **Mahlzeiten:** Frühstück • **Preise:** €€€€
Zimmer: 32, alle mit Bad, Dusche, Telefon, TV, Minibar, Fön • **Anlage:** Frühstücksraum, Salon, Bar, Innenhofgarten, Sauna, 2 Konferenzräume, Internetzugang, Lift
Kreditkarten: AE, DC, MC, V • **Kinder:** erlaubt • **Behinderte:** Zugang schwierig
Tiere: erlaubt • **Geschlossen:** nie • **Besitzer:** M. und Mme Prache

ILE-DE-FRANCE

Lancaster
~ Stadthotel ~

7, rue de Berri, 75008 Paris
Tel 01 40 76 40 76 **Fax** 01 40 76 40 00
e-mail reservations@hotel-lancaster.fr **website** www.hotel-lancaster.fr

Der Unterschied zwischen den Champs-Elysées und dieser Oase der Ruhe und des zurückhaltenden Luxus könnte größer nicht sein. Das grandiose *ancien-régime*-Stadthaus wurde 1930 von dem legendären Hotelier Emile Wolf gekauft und mit Antiquitäten sowie *objets d'art* verschwenderisch ausgestattet. Es beherbergte so berühmte Gäste wie Marlene Dietrich.

Die jetzige Besitzerin, Grace Leo-Andrieu, stattete das Lancaster im Einklang mit der glamourösen Atmosphäre mit modernem Komfort aus und ergänzte behutsam Wolfs Kunst- und Möbelkollektion, die großenteils von Gästen stammte, die während des Zweiten Weltkriegs ihre Rechnungen mit den kostbaren Stücken bezahlt hatten.

Ganz bezaubernd sind der hellgrüne Salon Berri, der originale, mit rotem Leder ausgekleidete Aufzug und die Zimmer, besonders die Marlene Dietrich gewidmete Suite, die in ihrem Lieblingsfarbton Lila gestaltet ist. Die Preise sind erwartungsgemäß hoch, doch das außergewöhnlich freundliche Personal sorgt für einen tadellosen Service.

Der berühmte Küchenchef Michel Troisgros hat im Frühjahr 2003 die Leitung des intimen Restaurants übernommen.

Umgebung: Arc de Triomphe, Champs-Elysées • **Lage:** nahe den Champs-Elysées
Mahlzeiten: Frühstück, Mittag- und Abendessen; Zimmerservice • **Preise:** €€€€€
Zimmer: 60; 50 Doppel-, Zweibett- und Einzelzimmer, 10 Suiten, alle mit Bad; alle Zimmer mit Telefon, TV, Klimaanlage, Minibar, Fön, Safe • **Anlage:** 2 Aufenthaltsräume, Restaurant, Konferenzraum, Café/Bar, Garten, Gymnastikraum • **Kreditkarten:** AE, DC, MC, V • **Kinder:** erlaubt • **Behinderte:** Aufzug • **Tiere:** nicht erlaubt
Geschlossen: nie • **Besitzer:** Denys Courtier

ILE-DE-FRANCE

PARIS

Langlois

~ Stadthotel ~

63, rue Saint-Lazare, 75009 Paris
Tel 01 48 74 78 24 **Fax** 01 49 95 04 43
e-mail info@hotel-langlois.com **website** www.hotel-langlois.com

Das bemerkenswerte Hotel war unter dem Namen Hôtel des Croisés jahrelang ein Familienbetrieb und blieb – das Geheimnis seines Charmes – großenteils unverändert. Dann wurde es verkauft, behutsam restauriert und war im Jahre 2001 Schauplatz eines Hollywoodfilms, in dem es »Langlois« hieß. Zu Ehren des Films übernahm der Besitzer den Namen. Obwohl die Gäste inzwischen weniger gediegen sind, behielt das Hotel seinen soliden, provinziellen Charakter.

Durch Flügeltüren gelangt man in die prunkvolle Eingangshalle mit Steinwänden und verziertem hölzernem Bogen. Zur Rechten befindet sich der schöne Frühstücksraum mit zart pinken Lloyd-Stühlen. Die großzügig geschnittenen Zimmer erreicht man mit dem originalen Lift mit gardinengerahmten Fenstern. Sie weisen große Betten, Ledersessel, Minibars und nagelneue Badezimmer, einige einen offenen Kamin mit Keramikkacheln auf. Unter dem Dach befindet sich ein Appartement mit zwei Zweibettzimmern, Badezimmer und Küchenzeile, von dem sich bezaubernde Ausblicke auf Montmartre bieten.

~

Umgebung: Gare Saint-Lazare, Boulevard Haussman, Opéra Garnier • **Lage:** zwischen Square de la Trinité und Rue de la Rouchefoucauld • **Mahlzeiten:** Frühstück **Preise:** €€ • **Zimmer:** 27; 26 mit Bad, 1 mit Dusche; alle Zimmer mit Telefon, TV, Minibar • **Anlage:** Frühstücksraum • **Kreditkarten:** AE, MC, V • **Kinder:** erlaubt **Behinderte:** Zugang schwierig, Lift • **Tiere:** erlaubt • **Geschlossen:** nie • **Besitzer:** Ahmet Abut

ILE-DE-FRANCE

Latour Maubourg
~ Stadthotel ~

150, rue de Grenelle, 75007 Paris
Tel *01 47 05 16 14* **Fax** *01 47 05 16 14*
e-mail *info@latourmaubourg.com* **website** *www.latourmaubourg.com*

Das Hotel vermittelt die Atmosphäre eines Privathauses. Um dies zu unterstreichen, haben die Besitzer Victor und Maria Orsenne, die mit ihren Kindern und Hunden in einem Appartement im Hause wohnen, beschlossen, nur Paare und Familien, keine Gruppen aufzunehmen. Die Orsennes übernahmen das Latour Maubourg 1994, vorher war es 150 Jahre im Familienbesitz gewesen. Die notwendigen Renovierungen ließen den ursprünglichen Charakter des Gebäudes unverändert.

Eine reizende Holztreppe mit eleganten Balustraden führt zu den Zimmern. Die besten betritt man durch Flügeltüren, sie sind mit einem offenen Kamin, Balkontüren und zeitgenössischen Gemälden ausgestattet; einige, inklusive der Suite, sind riesig. Sie sind sparsam dekoriert: mit cremefarbenen Wänden und wärmeren Farben für Vorhänge und Tagesdecken. (Sie können zwischen Federbetten und Laken oder Decken wählen, müssen dies nur bei der Anmeldung sagen.)

Marias freundliche, ruhige Art wird von den Gästen genauso geschätzt wie die pensionsähnliche Atmosphäre (für die nächtliche Rückkehr bekommen Sie einen Schlüssel und den Code für die Eingangstür). Einige Zimmer müssten jedoch aufgemöbelt werden.

Umgebung: Invalides, Eiffelturm, Musée d'Orsay, Musée Rodin • **Lage:** nahe Métro-Station La Tour-Maubourg, Ecke Boulevard de la Tour Maubourg • **Mahlzeiten:** Frühstück • **Preise:** €€ • **Zimmer:** 10; 7 Doppel- und Zweibettzimmer, 6 mit Bad, 1 mit Dusche; 2 Einzelzimmer, 1 mit Bad, 1 mit Dusche; 1 Suite/Familienzimmer; alle Zimmer mit Telefon, TV, Minibar, Fön • **Anlage:** Aufenthalts-/Frühstücksraum, Internetzugang • **Kreditkarten:** MC, V • **Kinder:** erlaubt • **Behinderte:** Zugang schwierig • **Tiere:** nicht erlaubt • **Geschlossen:** nie • **Besitzer:** Victor und Maria Orsenne

ILE-DE-FRANCE

Hôtel Du Lys
∽ Stadthotel ∽

23, rue Serpente, 75006 Paris
Tel 01 43 26 97 57 **Fax** 01 44 07 34 90
e-mail hoteldulys@wanadoo.fr **website** www.hoteldulys.com

Das Hôtel Du Lys liegt in einer sehr ruhigen Parallelstraße des belebten Boulevard Saint-Germain und ist seit über 50 Jahren in Familienbesitz. Die jetzige Eigentümerin Marie-Helène Decharne, Tochter der ursprünglichen Besitzer, und ihr Mann möchten das Hotel weiterhin wie ein Privathaus führen, in dem sie ihren Gästen während ihres Aufenthaltes ein Gefühl des Zu-Hause-Seins vermitteln. Manche von ihnen kommen bereits seit 40 Jahren regelmäßig hierher.

Im 17. Jh. war das Gebäude das *hôtel particulier* von Königstreuen, die sich stolz durch die bourbonische Lilie *(fleur de lys)* zu erkennen gaben. Im Lauf der Jahre hat sich wenig verändert. Eine altehrwürdige Holzwendeltreppe führt zu den Zimmern mit Steinwänden, Balken, Holztüren und einfachen Bädern, die alle individuell mit schönen rustikalen Stoffen dekoriert sind. Ein winziges Zimmer in Pink wirkt durch einen riesigen Spiegel hinter dem Bett größer, ein anderes ist ähnlich reizend mit einem Balkengewirr an der Decke.

∽

Umgebung: Boulevard Saint-Germain, Boulevard Saint-Michel, Musée de Cluny
Lage: parallel zum Boulevard Saint-Germain, zwischen Rue Mignon und Rue Hautefeuille • **Mahlzeiten:** Frühstück • **Preise:** €€ • **Zimmer:** 22 Doppel-, Dreibett- und Einzelzimmer, 6 mit Bad, 16 mit Dusche; alle Zimmer mit Telefon, TV
Anlage: Aufenthalts-/Frühstücksraum • **Kreditkarten:** MC, V • **Kinder:** erlaubt
Behinderte: nicht geeignet • **Tiere:** erlaubt • **Geschlossen:** nie • **Besitzerin:** Marie-Helène Decharne

ILE-DE-FRANCE

Hôtel de Nesle
~ Stadthotel ~

7, rue de Nesle, 75006 Paris
Tel 01 43 54 62 41
e-mail contact@hoteldenesle.com **website** www.hoteldenesle.com

In den 1960er-Jahren war das Hotel eine »Absteige« für Aussteiger. Damals nahm Madame Busillet, die imposante Besitzerin, keine Reservierungen an. Die Zeiten und die Gäste haben sich jedoch geändert, und zumindest telefonisch sind nun Buchungen möglich. Es wird kein Frühstück serviert, doch im »Chez Paul« um die Ecke kann man sich preiswert für den Tag rüsten. Der Charme dieses einzigartigen Hotels, das von Madame Busillets Sohn David kurios dekoriert wurde, blieb jedoch unverändert.

Der Empfangsraum, in dem einst das Frühstück serviert wurde, schwelgt nun im Landhausstil mit Trockenblumensträußen an der Decke (zur Weihnachtszeit mit unzähligen farbenfrohen Glaskugeln). Eine weitere Attraktion ist der von der ersten Etage aus zugängliche Geheimgarten mit Rasen, Teich und Palme.

Die fantasievollen Zimmer können Sie bereits vorab im Internet auf der hervorragenden Website des Hotels besichtigen und auswählen. Das »Molière« ist wie ein Theater en miniature gestaltet, das »Sahara« hat seinen eigenen kleinen Hamam, und das »Mélanie« ist einer viktorianischen Puppenstube nachempfunden. Allerdings teilen sich vier Zimmer eine Toilette, was nicht jedermanns Geschmack sein dürfte.

~

Umgebung: Musée d'Orsay, Ile de la Cité, Boulevard Saint-Germain • **Lage:** in einer kleinen, von der Rue Dauphine abzweigenden Straße • **Mahlzeiten:** keine **Preise:** € • **Zimmer:** 20; 12 Doppelzimmer, 5 mit Dusche, 7 mit Waschbecken, keines mit eigenem WC; 8 Einzelzimmer, 7 mit Dusche, 1 mit Waschbecken, keines mit eigenem WC; 4 Gemeinschaftstoiletten • **Anlage:** Empfangsraum • **Kreditkarten:** nicht akzeptiert • **Kinder:** erlaubt • **Behinderte:** nicht geeignet • **Tiere:** erlaubt **Geschlossen:** nie • **Besitzerin:** Renée Busillet

ILE-DE-FRANCE

Hôtel de Nice
∾ Stadthotel ∾

42 bis, rue de Rivoli, 75004 Paris
Tel 01 42 78 55 29 **Fax** 01 42 78 36 07
e-mail contact@hoteldenice.com **website** www.hoteldenice.com

Ein herrlich verschrobenes 2-Sterne-Hotel, das aber genauso komfortabel und zweimal so lustig ist wie andere, teurere 3-Sterne-Häuser. Wir halten es für eine Entdeckung und waren kein bisschen enttäuscht von dem, was hinter der leuchtend türkisblauen Tür und dem engen, gewundenen Treppenhaus liegt.

Das Nice ist der entzückende Einfall von zwei Profis mit ehemals hochfliegenden Plänen, die beide gern sammeln und Spaß haben (mittlerweile haben sie das Management an ihre Tochter übergeben). Das Ergebnis ihrer Hobbys sieht man überall; unzählige Graphiken und Drucke, Spiegel, alte Türen, Postkarten. Der getäfelte Salon, in dem man auch frühstücken kann, erweist sich als ein harmonisches Durcheinander von Farben, Stoffen (die Decke ist mit indischer Baumwolle bespannt) und Möbeln (Antikes, Bemaltes, Modernes und Gartenmobiliar). Die Tapeten mit Dessins des 18. Jhs. lassen die Zimmer nett und frisch erscheinen; dazu kommen die auffallenden Bettdecken aus indischer Baumwolle und die Türen und Fußleisten in Türkis, Orange und Rot. Zwei Dachzimmer mit eigenen kleinen Balkonen sind besonders reizvoll. Von anderen blickt man auf einen netten Platz. Es gibt hier wenig Luxus (kein TV), dafür aber viel Charakter.

∾

Umgebung: Musée Carnavalet, Place des Vosges, Notre-Dame • **Lage:** an der Ecke der Rue de Rivoli und dem kleinen Platz der Rue du Bourg Tibourg; Metro: Hôtel de Ville • **Mahlzeiten:** Frühstück • **Preise:** €€ • **Zimmer:** 18; 17 Doppel- und Zweibettzimmer, 1 Familienzimmer, alle mit Bad oder Dusche; alle mit Telefon, TV, Fön **Anlage:** Salon, Lift • **Kreditkarten:** MC, V • **Kinder:** erlaubt • **Behinderte:** keine speziellen Einrichtungen • **Tiere:** erlaubt • **Geschlossen:** nie • **Besitzer:** M. und Mme Vaudoux

ILE-DE-FRANCE

Pavillon de la Reine
~ Stadthotel ~

28, place des Vosges, 75003 Paris
Tel 01 40 29 19 19 **Fax** 01 40 29 19 20
e-mail contact@pavillon-de-la-reine.com **website** www.pavillon-de-la-reine.com

Dieses Haus, das etwas abseits der großartigen Place des Vosges liegt und das man durch einen stillen Innenhofgarten erreicht, ist für uns die perfekte Unterkunft in Paris. Allerdings fehlt hier die Intimität eines kleinen Hotels (mit 56 Zimmern ist es eines der größten in diesem Führer, aber alles wirkt sehr überschaubar).

Das elegante Anwesen aus dem 17. Jh. war früher die Residenz der Anna von Österreich, Gattin Ludwigs XIII. Vor mehr als 10 Jahren wurde es vor dem Verfall gerettet und wirkt jetzt wie ein aristokratischer Landsitz. Es hat eine eindrucksvolle Eingangshalle, einen schönen tiefroten Aufenthaltsraum mit gestreiften Polstermöbeln, einer einladenden Bar und einem großen steinernen Kamin mit loderndem Feuer bei entsprechendem Wetter, einen Frühstücksraum mit Steingewölbe, in dem jeden Morgen ein köstliches, gesundes Frühstücksbüfett mit exotischen Früchten und frisch gepresstem Orangensaft bereit gestellt wird, und zwei blumenreiche Hofgärten. Mit einem holzvertäfelten Lift gelangt man zu den eleganten, individuell gestalteten, absolut ruhigen Zimmern – die Palette reicht von feminin mit *toile-de-Jouy*-Gardinen ausgestatteten bis zu Designer-Duplex-Suiten in einem barocken Überschwang von purpurnem Samt und mauvefarbener Seide.

~

Umgebung: Musée Carnavalet, Musée Picasso, Notre-Dame • **Lage:** Nordseite der Place des Vosges; kostenlose Privatgarage; Metro: Saint-Paul • **Mahlzeiten:** Frühstück; kleine Mahlzeiten auf dem Zimmer • **Preise:** €€€€€ • **Zimmer:** 56 Doppel- und Zweibettzimmer der Kategorien Standard, de luxe, Suiten, Duplex- und Juniorsuiten, alle mit Bad; alle Zimmer mit Telefon, TV, Klimaanlage, Minibar, Fön **Anlage:** Aufenthaltsraum, Frühstücksraum, Internetzugang, 2 Hofgärten • **Kreditkarten:** AE, DC, MC, V • **Kinder:** • erlaubt • **Behinderte:** Zimmer im Erdgeschoss **Tiere:** erlaubt • **Geschlossen:** nie • **Geschäftsführer:** Yves Monnin

ILE-DE-FRANCE

Le Relais du Louvre
~ Stadthotel ~

19, rue des Prêtres-St-Germain-l'Auxerrois, 75001 Paris
Tel 01 40 41 96 42 **Fax** 01 40 41 96 44
e-mail contact@relaisdulouvre.com **website** www.relaisdulouvre.com

In einer stillen Seitenstraße, nicht weit vom Louvre und von der
Seine, steht dieses anspruchsvolle kleine Hotel und ist ein Beweis
dafür, dass man mit geschickter Hand auch aus Allerweltszimmern
etwas Reizvolles und Einladendes machen kann. Die meisten sind
Standardzimmer von gerade annehmbarer Größe, manche haben allerdings Balkendecken und Fenster bis zum Boden. Von unserem
kleinen, aber besonders gemütlichen Zimmer mit eleganten Schreib-
und Nachttischen und schönen Lampen bot sich der Blick auf die
Dächer und Wasserspeier von Saint-Germain-l'Auxerrois. An den
Wänden Modebilder des 19. Jhs.; das TV-Gerät kann man in dem
Kasten, auf dem es steht, verschwinden lassen. Im Marmorbad
reichlich bemessene Handtücher. Das Frühstück wird im Zimmer
serviert. Unten bestimmt ein eleganter Empfangsraum mit Balkendecke und einem polierten antiken Tisch den Stil des Hauses. Die
Zimmer sind geschickt angeordnet; zwei liegen hinter einer gemeinsamen Eingangstür; von zwei Zimmern unten hat man Zugang
zu einem kleinen Innenhof. Auch eine wunderbare Penthouse-Suite
mit voll eingerichteter Küche gibt es. Die Managerin und ihr ver-
schworenes Personal möchten es den Gästen zu möglichst günsti-
gem Preis so behaglich wie möglich machen.

~

Umgebung: Louvre, Ile de la Cité, Warenhaus Samaritaine • **Lage:** in einer Seitenstraße parallel zum Quai du Louvre; Parkplatz: gegenüber; Metro: Pont Neuf,
Louvre, Rivoli • **Mahlzeiten:** Frühstück • **Preise:** €€ • **Zimmer:** 21; 10 Doppel- und
Zweibettzimmer mit Bad; 8 Einzelzimmer, 3 mit Bad, 5 mit Dusche; 2 Junior-Sui-
ten, 1 Penthouse-Suite; alle mit Telefon, TV, Minibar, Fön, Safe • **Anlage:** Aufenthaltsraum, Internetzugang, Lift • **Kreditkarten:** AE, DC, MC, V • **Kinder:** willkommen • **Behinderte:** 2 Zimmer im Erdgeschoss • **Tiere:** erlaubt • **Geschlossen:** nie
Managerin: Sophie Aulnette

ILE-DE-FRANCE

Le Saint-Gregoire
~ Stadthotel ~

43, rue de l'Abbé-Grégoire, 75006 Paris
Tel 01 45 48 23 23 **Fax** 01 45 48 33 95
e-mail hotel@saintgregoire.com **website** www.hotelsaintgregoire.com

Schickes, aber recht teures kleines Hotel in einem hohen Stadthaus des 18. Jh. Christian Badin von David Hicks hat es ausgestattet: blassrosa Wände, kastanienbraune Teppiche, Pfirsichvorhänge sowie schneeweiße Leinenbettdecken und Sesselbezüge schaffen eine behagliche Atmosphäre. An Winternachmittagen brennt im Salon, der mit Antiquitäten und allerlei Nippes (von Mme Bouvier gesammelt) ausgestattet ist, das Kaminfeuer. Das Dekor reicht vom Korb mit Tannenzapfen bis zu einem Zinntisch mit italienischer Szenerie; doch die Einrichtung wechselt mit dem Angebot von Flohmärkten und Antiquitätenläden. Wandgitter und hohe Fenster, die in den kleinen Innenhofgarten voller Blumen und Farn führen, lassen diesen Teil des Salons wie einen Wintergarten wirken.
Harmonische Farben findet man auch in den hübschen, mit alten Kommoden, Tischen und Spiegeln ausgestatteten Zimmern im oberen Bereich des Hauses vor; zwei Zimmer haben eigene Terrassen. Die Bäder sind weiß, klein, aber sehr schick. Der unumgängliche Frühstücksraum im Keller ist mit dem gewebten Teppich, den geflochtenen Stühlen und allerlei Körben an den Wänden besonders hübsch.

~

Umgebung: Musée Bourdelle, Jardin du Luxembourg, Bd St-Germain • **Lage:** zwischen Rue du Cherche Midi und Rue de Vaugirard; Parkplatz: Rue de l'Abbé-Grégoire (bei Vorbestellung Garage); Metro: St-Placide/Rennes • **Mahlzeiten:** Frühstück • **Preise:** €€€ • **Zimmer:** 20 Doppel- und Zweibettzimmer, alle mit Bad, Telefon, TV, Klimaanlage, Fön • **Anlage:** Salon, Frühstücksraum, Lift • **Kreditkarten:** AE, DC, MC, V • **Kinder:** willkommen • **Behinderte:** keine speziellen Einrichtungen • **Tiere:** erlaubt • **Geschlossen:** nie • **Besitzer:** M. Bouvier

ILE-DE-FRANCE

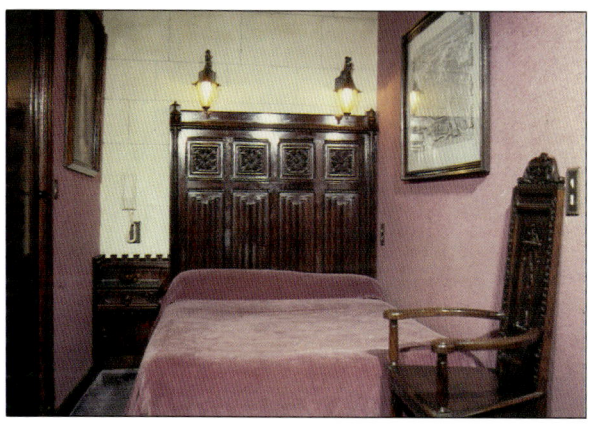

Saint-Merry
~ Stadthotel ~

78, rue de la Verrerie, 75004 Paris
Tel 01 42 78 14 15 **Fax** 01 40 29 06 82
e-mail hotelstmerry@wanadoo.fr **website** www.hotelmarais.com

Zu diesem besonderen kleinen Hotel erreichten uns widersprüchliche Leserkommentare. Einige Gäste waren so begeistert von der mittelalterlichen sakralen Atmosphäre, den schweren Balkendecken, den hellen Steinwänden, den schmiedeeisernen Einbauten und den schön geschnitzten neogotischen Möbeln, dass sie nirgendwo sonst übernachten möchten, andere beklagten die sehr engen Zimmer und die schlechte Bewirtschaftung. Es gibt keine Gemeinschaftsräume; das Frühstück, das in einer winzigen Küche hinter der Rezeption zubereitet wird, bekommen die Gäste somit auf ihren Zimmern serviert, die nur über eine Wendeltreppe zu erreichen sind. Das Hotel wurde kürzlich verkauft. Es ist abzuwarten, wie es sich unter dem neuen Management entwickelt.

Aus dem ehemaligen Presbyterium der benachbarten Kirche St-Merry wurde nach der Revolution von 1789 ein Privathaus, zeitweilig ein Bordell, das der engagierte ehemalige Besitzer Christian Crabbe in den 1960er Jahren vor dem Verfall rettete und zum Hotel umbaute. Berühmt ist Zimmer 9, in das ein mächtiger Strebepfeiler der Kirche ragt und wie ein Baldachin das Bett überspannt. In den Zimmern 12 und 17 stehen bemerkenswerte Betten. Im Dachgeschoss befindet sich noch eine reizende Suite.

~

Umgebung: Notre-Dame, Centre Pompidou, Marais • **Lage:** in einer Fußgängerzone Ecke Rue de la Verrerie und Rue Saint-Martin; Parkplatz: am Hôtel de Ville; Metro: Hôtel de Ville, St-Martin • **Mahlzeiten:** Frühstück • **Preise:** €€€ • **Zimmer:** 12; 11 Doppelzimmer mit Bad oder Dusche; 1 Suite; alle Zimmer mit Telefon, Fön **Anlage:** kleine Sitzgruppe • **Kreditkarten:** MC, V • **Kinder:** erlaubt • **Behinderte:** nicht geeignet; kein Lift • **Tiere:** erlaubt • **Geschlossen:** nie • **Besitzer:** Pierre Juin

ILE-DE-FRANCE

Saint-Paul
~ Stadthotel ~

43, rue Monsieur Le Prince, 75006 Paris
Tel 01 43 26 98 64 **Fax** 01 46 34 58 60
e-mail hotel.saint.paul@wanadoo.fr **website** www.hotelsaintpaulparis.com

Wir mögen dieses Hotel und empfehlen es auch weiter. Die Familie Hawkins ist seit Generationen mit Erfolg in der Gastronomie tätig; mittlerweile hat die liebenswürdige Tochter Marianne Oberlin mit viel Geschick die Fäden in der Hand.

1987 wurde das Haus aus dem 17. Jh. renoviert. Die Aufenthaltsräume wirken unaufdringlich vornehm mit ihren Balkendecken, den steinernen bzw. farbig getünchten Wänden, indischen Teppichen, ländlichen und *haute-époque*-Antiquitäten, gelben und blauen Vorhängen und grünrosa karierten Sesseln. Gegenüber dem Eingang liegt hinter einer Glaswand ein schöner, gepflegter Innenhofgarten. Der Frühstücksraum im Keller ist mit den hochlehnigen Gobelinstühlen und runden Holztischen besonders elegant. Nicht nur der Eingangsbereich, auch die Zimmer wirken ländlich. Alle sind erfrischend dekoriert, die Wände mit Chinaleinen bespannt oder in hellen Farben getüncht; hübsche, gut beleuchtete Bäder in bräunlichem oder rötlichem Marmor. Unser Zimmer ganz oben, mit Blick über die Dächer, war sehr behaglich. Andere haben Himmelbetten oder Messingbettgestelle. Das Haus wird gut geführt; ein Vergnügen, hier zu wohnen.

~

Umgebung: Musée de Cluny, Jardin du Luxembourg • **Lage:** im Bereich zwischen Rue Racine und Rue de Vaugirard; Parkplatz: in der Rue de l'Ecole de Médecine, Rue Soufflot; Metro: Odéon • **Mahlzeiten:** Frühstück • **Preise:** €€€ **Zimmer:** 31; 26 Doppel- und Zweibettzimmer, alle mit Bad, 5 Einzelzimmer; 2 mit Bad, 3 mit Dusche; alle mit Telefon, TV, Minibar, Fön, Safe; 8 Zimmer haben Klimaanlage • **Anlage:** Salon, Frühstücksraum, Lift • **Kreditkarten:** AE, DC, MC, V **Kinder:** • erlaubt • **Behinderte:** 1 Zimmer im Erdgeschoss • **Tiere:** erlaubt • **Geschlossen:** nie • **Besitzer:** Marianne Oberli

ILE-DE-FRANCE

Le Sainte-Beuve
~ Stadthotel ~

9, rue Ste-Beuve, 75006 Paris
Tel 01 45 48 20 07 **Fax** 01 45 48 67 52
e-mail saintebeuve@wanadoo.fr **website** www.paris-hotel-charming.com

Alles wirkt sehr diskret und unaufdringlich in diesem schlichten Hotel mit einem Hauch von Luxus: cremefarbene Wände, kostbare, aber unauffällige Vorhänge, weiß drapierte Betten, modernes Design und ländliche Antiquitäten, hübsche Bilder, perfekt platzierte Blumenarrangements. Im klassisch möblierten *salon* mit offenem Kamin befindet sich auch eine Bar (hier können Sie auf Wunsch frühstücken).

Das Sainte-Beuve pflegte immer seinen eigenen, außergewöhnlichen Stil und bot dem Gast spezielle Dienstleistungen an, was glücklicherweise auch nach dem Verkauf des Hotels an Jean-Pierre Egurreguy fortgeführt wird. Der reizende *salon* wurde inzwischen renoviert. Im Prinzip bräuchten Sie Ihr Zimmer nie zu verlassen, denn das auf einem Servierbrett appetitlich angerichtete exzellente Frühstück – mit Brot vom Meister der Zunft Mulot und Zeitungen – wird immer noch zu fast jeder Tages- und Nachtzeit (bis 22 Uhr abends) serviert, ebenso eine Auswahl an leichten Mahlzeiten, die in einem benachbarten Bistro zubereitet werden.

Das über eine schwindelerregende Holzwendeltreppe erreichbare Obergeschoss bietet ebensolche Ausblicke.

Umgebung: Bd du Montparnasse, Jardin du Luxembourg • **Lage:** abseits vom Bd Raspail, zwischen Place Lafou und Place Picasso; Parken am Bd Montparnasse; Metro: Notre Dame des Champs, Vavin • **Mahlzeiten:** Frühstück; Zimmerservice für leichte Gerichte und Drinks • **Preise:** €€€ • **Zimmer:** 23 Doppel- und Zweibettzimmer; alle mit Bad; alle mit Telefon, TV, Klimaanlage, Minibar, Fön und Safe • **Anlage:** Salon/Frühstücksraum, Bar, Internetzugang, Lift • **Kreditkarten:** AE, MC, V **Kinder:** erlaubt • **Behinderte:** Zugang schwierig • **Tiere:** erlaubt • **Geschlossen:** nie • **Besitzer:** Jean-Pierre Egurreguy

ILE-DE-FRANCE

Thoumieux
≈ Restaurant in der Stadt mit Gästezimmern ≈

79, rue Saint-Dominique, 75007 Paris
Tel 01 47 05 49 75 **Fax** 01 47 05 36 96
e-mail bthoumieux@aol.com **website** www.thoumieux.fr

Der ehemalige Konvent im Schatten des Eiffelturms befindet sich seit den 1930er-Jahren im Besitz der Familie Thomieux und wird jetzt von Françoise Thomieux und ihrem Mann Jean Bassaiert betrieben, mit dem charmanten Franko-Amerikaner Michael an der Rezeption. Außer den verspiegelten Wänden und den modernen Drucken hat sich seit der Eröffnung wenig an dem höhlenartigen Restaurant mit den tiefroten Samtvorhängen und Bänken geändert. Es hat sich auf Spezialitäten der südwestfranzösischen Küche wie *foie gras* und *cassoulet* spezialisiert, dazu werden gute Hausweine serviert. Der Sonntag ist hier traditionell Familientag.

Der Eingang zum Hotel befindet sich links vom Restaurant, die stilvolle Rezeption in der ersten Etage. Die zehn Zimmer sind fast alle überraschend groß, bis auf die modernen Möbel jedoch etwas seelenlos. Aber der herzliche Empfang und der freundliche Service machen das wieder wett.

Das Frühstück ist exzellent; der geräumige Frühstücksraum kann für Veranstaltungen gemietet werden. Wenn Sie eine Unterkunftsart suchen, die sonst eher außerhalb von Paris zu finden ist – Restaurant mit Gästezimmern –, ist das Thomieux eine gute Wahl.

Umgebung: Invalides, Musée Rodin, Boulevard Saint-Germain, Eiffelturm • **Lage:** zwischen Boulevard La Tour-Maubourg und Rue Amélie • **Mahlzeiten:** Frühstück, Mittag- und Abendessen • **Preise:** €€ • **Zimmer:** 10 Doppel- und Zweibettzimmer, alle mit Bad, Telefon, TV • **Anlage:** Restaurant, Frühstücksraum • **Kreditkarten:** AE, MC, V • **Kinder:** • erlaubt • **Behinderte:** nicht geeignet • **Tiere:** erlaubt **Geschlossen:** nie • **Besitzer:** Françoise Thomieux und Jean Bassaiert

ILE-DE-FRANCE

ERMENONVILLE

Le Prieuré
Dorfgasthof

6, place de l'Eglise, 60440 Ermenonville (Oise) • **Tel** 03 44 63 66
70 • **Fax** 03 44 63 95 01
e-mail le.prieure@club-internet.fr
website hotel-leprieure.com
Mahlzeiten: Frühstück • **Preise:** €€
• **Zimmer:** 8
Geschlossen: nie

Das Le Prieuré, das Domizil
eines Edelmanns aus dem 18.
Jh., ist mehr ein Privathaus
als ein Hotel. Es steht neben einer Kirche, deren Turm den attraktiven Garten beschattet. Die jungen, engagierten Besitzer Philippe
und Christine Poulin haben sich spontan in das Gebäude verliebt
und hart für die Restaurierung gearbeitet. Die hübschen Zimmer
haben bemalte Wände; über den Betten drapierte Stoffe und an-
tiquarische Stücke setzen Akzente. Mehr Antiquitäten und Balken
finden sich in den attraktiven Gemeinschaftsräumen, speziell im
Salon, wo auch das Frühstück serviert wird. Den Garten im englischen Stil mit kleiner Terrasse schmücken Rosen und Obstbäume.

GAZERAN

Villa Marinette
Dorfhotel

20, avenue du Général de Gaulle,
78125 Gazeran (Yvelines)
Tel 01 34 83 19 01 • **Fax** 01 30
88 83 65 • **e-mail** villamarinette
@wanadoo.fr • **website**
www.villamarinette.com
Mahlzeiten: Frühstück, Mittag-
und Abendessen • **Preise:** €€
Zimmer: 5 • **Geschlossen:** Sonntag Abend bis Dienstag Abend

Es gibt mindestens drei
Gründe, die für einen Aufenthalt im Villa Mainette sprechen: zum
einen sein junger Besitzer und aufstrebender Küchenchef Sébastien
Bourgeois, der seine Lehre im berühmten Pariser Restaurant »Carré
des Feuillants« absolvierte, zum zweiten die einzigartige Lage des
Hotels inmitten eines herrlichen Gartens, der an den bei Wanderern
und Pilzsuchern beliebten Wald von Rambouillet grenzt, zum dritten die gastfreundliche Atmosphäre, die in dem von Sébastien und
seiner Frau Myriam mit sehr viel Geschmack und Charme restaurierten efeubewachsenen alten Gebäude herrscht.

ILE-DE-FRANCE

Hostellerie Le Gonfalon
Dorfhotel

2, rue de l'Eglise, 77910 Germigny-L'Evêque (Seine-et-Marne) • **e-mail** le-gonfalon@wanadoo.fr • **website** www.hotelgonfalon.com • **Tel** 01 64 33 16 05 • **Fax** 01 64 33 25 59 **Mahlzeiten:** Frühstück, Mittag- und Abendessen • **Preise:** € **Zimmer:** 10 • **Geschlossen:** Mitte Feb – Mitte März

Das Le Gonfalon liegt in einem wunderschönen Wäldchen an einer Flussbiegung der Marne. Auf der von Bäumen überschatteten Terrasse kann der Gast die Speisekarte studieren, die im Sommer hauptsächlich aus Meeresfrüchten und Fischgerichten besteht; bei kühlerem Wetter wird in dem mit Deckenbalken versehenen Speisesaal serviert. Germigny-L'Evêque ist ein ruhiges bewohntes Dorf, liegt aber nur 20 Minuten vom europäischen Disneyland entfernt und stellt damit einen idealen Ausgangspunkt für Ausflüge ins Land der Märchen dar. Die Zimmer sind hübsch und komfortabel ausgestattet, einige haben eine eigene überdachte Terrasse. Jean-Pierre Renaud, ein enthusiastischer Restaurateur, ist der neue Besitzer.

Louis II
Stadthotel

2, rue Saint-Sulpice, 75006 Paris **Tel** 01 46 33 13 80 • **Fax** 01 46 33 17 29 • **e-mail** louis2@club-internet.fr • **website** www.hotel-louis2.com **Mahlzeiten:** Frühstück **Preise:** €€ • **Zimmer:** 22 **Geschlossen:** nie

Für manchen Geschmack mag dieses malerische Hotel mit seinen *mignon*-Zimmern und Badezimmern im Stil der 1970er-Jahre zu antiquiert sein, bei anderen wird es jedoch nostalgische Gefühle hervorrufen. Die Zimmer wurden kürzlich renoviert. Jedes ist individuell mit schönen Stoffen, eleganten Möbeln und handgefertigten Matratzen eingerichtet; die gehäkelten Tagesdecken sind eine Sonderanfertigung aus Le Puy in der Auvergne. Das nicht gerade billige Frühstück besteht aus Brot von Mulot, 17 verschiedene Sorten Marmelade, neun Tee- und zwei Kaffeesorten, exzellenter heißer Schokolade, Fruchtsalat, frisch gepresstem Orangensaft, Käse und vielem mehr.

DER NORDOSTEN

Die Hotels im Nordosten

Mit einiger Mühe ist es uns gelungen, für diese Ausgabe neue Adressen im Nordosten Frankreichs aufzustöbern, da wir das Gefühl hatten, diese Region bisher vernachlässigt zu haben. Natürlich gibt es in dieser Gegend auch einige beliebte Ferienziele, aber alles in allem fährt man durch diesen Teil Frankreichs eher durch als dass man sich länger in ihm aufhält. Zudem suchen unsere Leser meist nach hübschen Hotels für eine Nacht oder für einen kürzeren Aufenthalt. Es gibt leider immer noch Départements, für die wir gar keine Einträge haben; wir haben uns vier Gebiete ausgesucht, die von touristischem Interesse sind und in denen es Hotels gibt, die unseren Auswahlkriterien besonders entgegenkommen.

Das Hinterland der Haupthäfen des Ärmelkanals zeichnet sich durch einige schöne Landschaften aus, und natürlich ist es die Nähe zu diesen Häfen, die beispielsweise das Département Pas-de-Calais inklusive Calais und Boulogne für Kurzurlauber auf dem Weg von oder nach Großbritannien besonders attraktiv macht: In Boulogne-sur-Mer haben wir das *Enclos de l'Evêche* (siehe Seite 93) und das *La Matelote* (siehe Seite 111) neu aufgenommen.

Auch die Départements Oise und Seine-et-Marne, jeweils nördlich und östlich der Ile-de-France gelegen, können Sehenswürdigkeiten aufweisen: Compiègne, Chantilly und Vaux-le-Vicomte. Fast ein Muss östlich von Paris, wo die Autobahn Paris–Straßburg die Autobahn von Calais schneidet, ist die Champagne. Wo immer es Wein gibt, gibt es auch eine angenehm kultivierte Landschaft; aber in der Champagne liegt außerdem das architektonisch spektakuläre Reims, das sich ebenso gut auf Kathedralen wie auf Champagner versteht. Hier haben wir zwei neue Einträge in den Départements Meuse und Marnedas *A l'Orée du Bois* (siehe Seite 113) und das *Boyer les Crayères* in Reims (siehe Seite 116).

Zu nennen wären auch die bewaldeten Hügel der Vogesen und – dahinter – das Elsass, am östlichsten Rand der Region, nahe der deutschen Grenze. Auch das Elsass ist ein Weinanbaugebiet mit vielen Hügeln, wundervoller Landschaft und Dörfern voller hübsch bemalter Fachwerkhäuser, die an der so genannten Weinstraße liegen. Hier im Besonderen haben wir einige wunderbare Neuentdeckungen gemacht, die sich durch ihr Lokalkolorit und ihre hervorragende Küche auszeichnen: Sauerkraut und Presskopf, Würstchen, Puddinggerichte, Gänsestopfleber und flambierte Kuchen – und das alles serviert mit den exzellenten Weißweinen der Region: das *L'Ami Fritz* in Ottrot (siehe Seite 115), *Le Cerf* in Marlenheim (siehe Seite 114) und das *Berçeau de Vigneron* in Turckheim (siehe Seite 116).

DER NORDOSTEN

ARRAS

L'Univers

~ Restaurant mit Gästezimmern auf dem Land ~

3-5, place de la Croix Rouge, 62000 Arras (Pas-de-Calais)
Tel 03 21 71 34 01 **Fax** 03 21 71 41 42
e-mail hotelunivers.arras@nageti.com **website** www.hotelunivers.com

Arras dürfen Sie auf keinen Fall verpassen. Seine berühmten Plätze im Stadtzentrum mit ihren wunderschönen alten, mit Giebeln versehenen Gebäuden sind einfach großartig. Ein anderer Grund für einen Besuch ist das Hôtel L'Univers, das in den Nebenstraßen hinter dem Rathaus zwar etwas schwierig zu finden ist, die Mühe aber durchaus lohnt, was man nicht von allen Provinzhotels im Norden Frankreichs behaupten kann. Das Hotel liegt an einem hübschen kleinen Platz weitab von jeder Hektik; die attraktiven Gebäude sind hinter einem Torbogen rechteckig angeordnet. Das unverputzte Mauerwerk im Inneren hebt sich von den helleren Steinen des Gemäuers ab und erzeugt somit den für die Gegend typischen Streifeneffekt. Die Zimmer, die wir gesehen haben, waren alle geschmackvoll eingerichtet, wenn auch recht spärlich möbliert; eines war gänzlich in Beige und Grau gehalten, ein anderes in Taubenblau. Die Bäder sind nett und modern – alles in allem annehmbar und nichts Besonderes. Mit seinen fünf Konferenzzimmern, die separat am Innenhof untergebracht sind, ist das L'Univers auch für Geschäftsleute und aufgrund seiner Nähe zum Ärmelkanal für Reisende nach und von Großbritannien zu empfehlen. Im Innenhof haben wir außerdem 16 Parkplätze gezählt, was zwar auf den ersten Blick ein Vorteil zu sein scheint, sich jedoch schon bald als Ärgernis entpuppen könnte: Sie sind schnell weg, und reservieren kann man keinen.

~

Umgebung: Sehenswürdigkeiten von Arras • **Lage:** hinter dem Rathaus auf einem eigenen kleinen Platz (fragen Sie nach einer Wegbeschreibung); mit eigenem Parkplatz • **Mahlzeiten:** Frühstück, Mittag- und Abendessen • **Preise:** €€ • **Zimmer:** 38 Doppel- und Zweibettzimmer, alle mit Bad oder Dusche; alle Zimmer mit Telefon, TV • **Anlage:** Aufenthaltsbereiche, Speiseraum, Bar, Aufzug • **Kreditkarten:** AE, MC, V • **Kinder:** erlaubt • **Behinderte:** 2 Zimmer geeignet • **Tiere:** erlaubt **Geschlossen:** Restaurant Sonntagabend • **Geschäftsführer:** M. Lard

DER NORDOSTEN

Enclos de l'Evêché
~ Gästehaus in der Stadt ~

6, rue de Pressy, 62200 Boulogne-sur-Mer (Pas-de-Calais)
Tel 03 91 90 05 90 **Fax** 03 91 90 05 94
e-mail contact@enclosdeleveche.com **website** www.enclosdeleveche.com

Es hat lange gedauert, bis wir eine empfehlenswerte Unterkunft in Boulogne gefunden haben, einer Stadt, die außer ihrem interessanten Nauticaä Centre, exzellenten Restaurants und einer attraktiven Umgebung noch viel mehr zu bieten hat. Jetzt haben wir sogar zwei gefunden: das schmucke La Matelote (siehe Seite 111) und die *chambres d'hôtes* in diesem schönen, kürzlich restaurierten Gebäude in der ummauerten Altstadt nahe der Kathedrale, das schon seit Generationen im Besitz der Familie von Pascaline Humez ist. Ihr Vater übernimmt ab und zu gut gelaunt die Regie in dem Betrieb, wenn die ansonsten sehr um ihre Gäste bemühten Eigentümer gerade nicht anwesend sind.

Pascaline Humez ist verantwortlich für die stil- und geschmackvolle Neugestaltung des Enclos de l'Evêché, die sich in jedem der sieben individuell ausgestatteten und preislich unterschiedlichen Zimmer zeigt (die Palette reicht von einfach maritim bis exotisch ägyptisch). Von einigen Zimmern bietet sich ein schöner Blick auf die Kathedrale.

Es wird kein Mittag- und Abendessen angeboten, aber das dürfte in einer Stadt wie Boulogne-sur-Mer wahrlich kein Problem sein.

~

Umgebung: Nausicaä Centre National de la Mer, Kathedrale • **Lage:** im Zentrum nahe der Kathedrale; öffentlicher Parkplatz in der Nähe • **Mahlzeiten:** Frühstück
Preise: € • **Zimmer:** 7 Doppel- und Zweibettzimmer, alle mit Bad; alle Zimmer mit Telefon, TV, Fön • **Anlage:** Aufenthaltsraum, Frühstücksraum • **Kreditkarten:** MC, V • **Kinder:** willkommen • **Behinderte:** keine speziellen Einrichtungen
Tiere: erlaubt • **Geschlossen:** nie • **Besitzer:** Thierry und Pascaline Humez

DER NORDOSTEN

COLMAR

Le Colombier
~ Stadthotel ~

7, rue de Turenne, 68000 Colmar (Haut-Rhin)
Tel 03 89 23 96 00 **Fax** 03 89 23 97 27
e-mail hotel-le-colombier.com **website** www.hotel-le-colombier.com

Das Colombier, ein ehemaliges Kloster, ist vor sieben Jahren in ein Hotel umgewandelt worden. In den Gemeinschaftsräumen finden sich überall originale Bauteile aus Stein – vor allem die Treppe ist sehenswert –, aber besonders fantasievoll fanden wir die Bar, in der ein nur durch Glas abgeschirmtes offenes Feuer hübsche Schatten an die Wand wirft und mit seinen drei oder vier Holzscheiten eine angenehme Wärme verbreitet. Auch der Frühstücksraum mit seinen Rohr- und Metallstühlen ist sehr originell eingerichtet. Im oberen Stockwerk werden die Sinne durch ätherische Öle verwöhnt, die als Aromatherapie durch das Ventilationssystem geschleust werden. Die Zimmer sind sehr geräumig und gut gepflegt; nur die Vorhänge und Bettbezüge waren ein wenig langweilig. Den Fluren und den Zimmern ist der übliche Stadthotelinnenarchitekt leider nicht erspart geblieben. Wie dem auch sei: Zimmer Nr. 21, mit seinen bemalten Deckenbalken und dem Parkettfußboden, ist sehr schön. In Hotels wie diesem sagt der Preis für das Frühstück oft viel über den Standard und das Preisniveau des gesamten Hotels aus: Im Le Colombier ist er für das Frühstücksbüfett durchaus gerechtfertigt. Abschließend lässt sich sagen, dass das Le Colombier sicher kein schlechtes Hotel ist und einen guten Ausgangspunkt für Ausflüge in und um Colmar mit seinem berühmten Isenheimer Altar von Matthias Grünewald darstellt.

~

Umgebung: Musée d'Unterlinden; elsässische Weinhandlungen • **Lage:** in der Nähe des Stadtzentrums, gut ausgeschildert; Parkplatz auf der Straße • **Mahlzeiten:** Frühstück • **Preise:** €€ • **Zimmer:** 24; 19 Doppel- und Zweibett-, 3 Einzelzimmer, 1 Dreibett-, 1 Familienzimmer, alle mit Bad (8 Jacuzzis) oder Dusche; alle Zimmer mit Telefon, TV, Klimaanlage, Minibar, Fön, Safe • **Anlage:** Aufenthaltsraum, Bar, Frühstücksraum, Innenhof • **Kreditkarten:** AE, DC, MC, V • **Kinder:** willkommen **Behinderte:** 2 entsprechend eingerichtete Zimmer • **Tiere:** erlaubt **Geschlossen:** nie • **Geschäftsführerin:** Anne Sophie Heitzler Gerard

DER NORDOSTEN

COURCELLES-SUR-VESLE

Château de Courcelles

∽ Hotel auf dem Land ∽

8, rue du Château, 02220 Courcelles-sur-Vesle (Aisne)
Tel 03 23 74 13 53 **Fax** 03 23 74 06 41
e-mail reservation@chateau-de-courcelles.fr **website** www.chateau-de-courcelles.fr

In den vergangenen Jahren haben wir dieses teure Relais-et-Château-Hotel nur am Rande erwähnt; und so wäre es wohl auch geblieben, hätten uns nicht immer wieder zahlreiche begeisterte Leserzuschriften erreicht. Sie alle sprechen von einem besonders herzlichen Empfang, wunderschönen Zimmern und eindrucksvollem Essen. Der Reiz mag vielleicht darin liegen, dass es nur elf Zimmer, vier Suiten und drei Appartements gibt. Das elegante, aber nicht einschüchternd große Schloss aus dem 17. Jh. liegt in einem kleinen Park an einem Nebenarm der Vesle zwischen Reims und Soissons. Und natürlich hat es auch eine Geschichte: Es kann Napoleon und Jean-Jacques Rousseau zu seinen Gästen zählen. Der Salon mit seinen troddelbehängten Lampenschirmen und der dunkelroten Tapete ist vielleicht etwas düster, aber die geräumigen Zimmer strahlen eine gewisse Frische aus: Die Wandtäfelung ist hübsch bemalt, und in einem Zimmer findet sich ein ungewöhnlicher Terrakottafußboden. Für zwei oder drei Tage können Sie sich hier aktiv entspannen; es gibt jede Menge Möglichkeiten, in der Nähe etwas zu unternehmen. Durch die drei Speiseräume des Château sollten Sie jedoch auf Gäste, die von außerhalb zum Abendessen kommen, vorbereitet sein.

∽

Umgebung: Reims; Epernay; Abbaye St-Jacques-des-Vignes; Laon • **Lage:** von Reims aus die N31 in Richtung Soissons nehmen, nach etwa 30 km kommt Courcelles-sur-Vesle (nicht mit Courcelles nach etwa 10 km verwechseln!); im Ort ausgeschildert; mit eigenem Parkplatz • **Mahlzeiten:** Frühstück, Mittag- und Abendessen, Zimmerservice • **Preise:** €€€€ • **Zimmer:** 18; 11 Doppel- und Zweibettzimmer, 4 Suiten, 3 Appartements, alle mit Bad; alle Zimmer mit Telefon, TV, Minibar, Fön • **Anlage:** Aufenthaltsraum, 3 Speiseräume, Swimmingpool, Tennisplatz, Sauna, Joggingstrecke, Fahrräder • **Kreditkarten:** AE, DC, MC, V
Kinder: willkommen • **Behinderte:** 1 Zimmer mit entsprechenden Einrichtungen
Tiere: erlaubt • **Geschlossen:** nie • **Geschäftsführer:** Ivan-Paul Cassetari

DER NORDOSTEN

L'EPINE

Aux Armes de Champagne
~ Ländliches Hotel ~

Avenue de Luxembourg, 51460 L'Epine (Marne)
Tel 03 26 69 30 30 **Fax** 03 26 69 30 26 **e-mail** aux.armes.de.champagne@
wanadoo.fr **website** www.auxarmesdechampagne.com

Dieser mit Fensterläden aus Holz und vielen Blumen geschmückte Gasthof, der an einer Straße liegt und sich seit langem in den fähigen Händen von Jean-Paul und Denise Pérardel befindet, ist ein einzigartiges Beispiel seiner Art. Das Gebäude ist recht attraktiv, aber die hübsche Lage gegenüber der eindrucksvollen gotischen Kathedrale von L'Epine wird durch die Straße etwas getrübt. Dennoch ist es ein sehr gutes Hotel, was hauptsächlich an dem hohen Standard im Inneren des Hauses liegt. Obwohl es in den letzten Jahren kontinuierlich renoviert wurde, ist das Hotel erfrischend unprätentiös geblieben. Die Zimmer befinden sich in den Flügeln hinter dem Hauptgebäude und sind entweder ziemlich klein und ländlich eingerichtet oder größer und etwas eleganter. Alle jedoch sind »bequem und in tadellosem Zustand«. In einem modernen Nebengebäude, das 200 Meter entfernt ebenfalls an der Straße liegt, befinden sich 16 weitere, etwas nüchternere Zimmer.

Neben dem herzlichen Empfang, den man im Aux Armes de Champagne bekommt, sind es vor allem die renommierte Küche (ein Michelin-Stern) und der erlesene Weinkeller, die die Gäste des Hotels anziehen. Philippe Zeiger kann den Standard seines Vorgängers Gilles Blandin durchaus halten: Die moderne, mit regionalem Touch gewürzte Küche wird immer wieder gelobt. Das Hotel ist besonders bei Reisenden auf dem Weg ins Elsass beliebt.

Umgebung: Kathedrale; ländliche Champagne • **Lage:** in L'Epine, 8 km östlich von Châlons-sur-Marne an der N3 nach Metz; mit eigenem Parkplatz • **Mahlzeiten:** Frühstück, Mittag- und Abendessen • **Preise:** €€€ • **Zimmer:** 37 Doppel- und Zweibettzimmer, alle mit Bad oder Dusche; alle Zimmer mit Telefon, TV, Minibar, Fön • **Anlage:** Aufenthaltsraum, Bar, Restaurant, Garten, Tennisplatz, Minigol **Kreditkarten:** AE, DC, MC, V • **Kinder:** erlaubt • **Behinderte:** keine entsprechenden Einrichtungen • **Tiere:** erlaubt • **Geschlossen:** Anfang Januar bis Mitte Februar **Besitzer:** Jean-Paul und Denise Pérardel

DER NORDOSTEN

HESDIN-L'ABBÉ

Hôtel Cléry
~ Villa auf dem Land ~

Rue du Château, 62360 Hesdin-l'Abbé (Pas-de-Calais)
Tel 03 21 83 19 83 **Fax** 03 21 87 52 59 **e-mail** chateau-hotel.clery@najeti.com
website www.hotelclery-hesdin-labbaye.com

Der eigentliche Name dieses Gebäudes, dessen würdevolle Fassade
die schöne, baumbestandene Auffahrt dominiert, lautet »Château
d'Hesdin l'Abbaye«, aber das Hotel wirkt überhaupt nicht ange-
staubt. Es verfügt über eine schöne schmiedeeiserne Treppe aus der
Zeit von Louis XV, insgesamt überwiegt aber ein heller, zurückhaltender moderner Stil mit harmonischen Pastelltönen.
Obwohl einige Zimmer recht klein sind, besticht die individuelle
Ausstattung. Die Zimmer in einem cottageartigen Anbau sind
größer und somit für Familien geeignet. Im Haupthaus gibt es eine
attraktive Bar und einen Aufenthaltsraum mit Polstersesseln und
einem offenen Kamin, der an einem kalten, nebeligen Tag wohlige
Wärme spendet. Es gibt insgesamt 3 Speiseräume, der im Wintergarten ist besonders schön. Das Essen ist akzeptabel.
Das Hotel gehört zu einer Hotelkette und bietet alles in allem ein
gutes Preis-Leistungs-Verhältnis.

~

Umgebung: Hardelot; Golfplatz und Strand (9 km); Le Touquet (15 km) • **Lage:** in
winzigem Dorf, 9 km südöstlich von Boulogne, 1 km von der Ausfahrt 28 (A16)
entfernt; mit eigenem großem Parkplatz • **Mahlzeiten:** Frühstück, Abendessen
Preise: €€ • **Zimmer:** 22 Doppel- und Zweibettzimmer, alle mit Bad oder Dusche;
alle Zimmer mit Telefon, TV • **Anlage:** Aufenthaltsraum, Speiseraum, Bar, Garten,
Tennisplatz, Fahrräder • **Kreditkarten:** AE, DC, MC, V • **Kinder:** willkommen
Behinderte: keine entsprechenden Einrichtungen • **Tiere:** nicht erlaubt
Geschlossen: Januar; Restaurant Samstag mittags • **Geschäftsführerin:** Caroline
Lefour

DER NORDOSTEN

Hôtel des Berges

~ Hotel auf dem Land ~

4, rue de Collonges, 68970 Illhaeusern (Haut-Rhin)
Tel 03 89 71 87 87 **Fax** 03 89 71 87 88
e-mail hotel-des-berges@wanadoo.fr **website** www.hotel-des-berges.fr

Das Hôtel des Berges gehört zu der berühmten Auberge de l'Ill, eines der nur drei französischen Restaurants, denen es gelungen ist, ihre drei Michelinsterne über 20 Jahre lang zu behalten. Das Hotel und die Auberge liegen ein wenig abseits in einem Garten in der Nähe des kleinen Flusses Ill am Rande des Dorfes. Wie die meisten Hotels, die wirklich Klasse haben, so lebt auch das Hôtel des Berges vom Understatement. Der Geschäftsführer, Marco Baumann, macht einen sehr ruhigen und entspannten Eindruck und versteht sein Geschäft ausgezeichnet. Die Einrichtung, die überwiegend aus natürlichen Materialien besteht, zeugt von exquisitem Geschmack: viel Holz, kaum etwas Metallisches oder Glänzendes, gut aufeinander abgestimmt. Der Empfang besteht lediglich aus einem Schreibtisch in der Eingangshalle – der Computer wurde in ein Nebenbüro verbannt. Die fünf Doppelzimmer sind alle unterschiedlich mit Stoffen in warmen Farben eingerichtet. Im Sommer wird das Frühstück auf einem Boot auf dem Fluss serviert. Abgesehen vom Stocherkahnfahren gilt es hier, sich zu entspannen; das diskrete Personal behauptet, jeden – nicht nur königliche Hoheiten und Staatspräsidenten – mit der gleichen Aufmerksamkeit zu behandeln. In der Bar wird Flötenmusik gespielt. Das Essen des berühmten Kochs Marc Haeberlin in der Auberge wird uns ewig im Gedächtnis bleiben.

Umgebung: elsässische Weinhandlungen; Riquewihr; Colmar • **Lage:** am Rande des Ortes; mit eigenem Parkplatz • **Mahlzeiten:** Frühstück (Mittag- und Abendessen in der Auberge de L'Ill) • **Preise:** €€€€€ • **Zimmer:** 5 Doppel- und Zweibettzimmer, alle mit Bad, 1 Appartement; umgebaute Fischerhütte; alle Zimmer mit Telefon, TV, Videorekorder, Klimaanlage, Minibar, Fön, Safe • **Anlage:** Aufenthaltsbereiche, Bar, Aufzug, Terrasse, Garten, Stocherkahn • **Kreditkarten:** AE, DC, MC, V **Kinder:** willkommen • **Behinderte:** Appartement mit entsprechenden Einrichtungen • **Tiere:** erlaubt • **Geschlossen:** Hotel und Restaurant montags und dienstags; Hotel auch im Februar • **Geschäftsführer:** Marco Baumann

DER NORDOSTEN

INXENT

Auberge d'Inxent
～ Dorfgasthof ～

318, rue de la Vallée, 62170 Inxent (Pas-de-Calais)
Tel 03 21 90 71 19 **Fax** 03 21 86 31 67
e-mail auberge.inxent@wanadoo.fr

Wenn man der ausgeschilderten Route des Sept Vallées im Umland von Boulogne folgt, erreicht man im Course-Tal nahe dem ruhigen Städtchen Inxent dieses weiß getünchte Gebäude, das mit blauen und weißen Fensterläden verziert ist. Da es direkt an der D127 steht, sind ab und zu Straßengeräusche zu hören. Es ist seit über 100 Jahren ein Gasthaus; und obwohl es von seinen derzeitigen Besitzern Jean-Marc und Laurence Six gründlich renoviert wurde, hat es seinen ursprünglichen Charakter behalten. Monsieur Six war übrigens früher als Sommelier in Lille tätig.

In der Eingangshalle steht ein alter Ofen, umgeben von bunten Kacheln. Daran schließt der schlichte Speiseraum an, dessen offener Kamin an kalten Tagen herrliche Wärme spendet. Die Zimmer sind adrett mit schönen Balkendecken und Bädern.

Die Küche bietet herzhafte regionale Gerichte, die perfekt mit der Umgebung harmonieren: Der attraktive Garten führt hinunter zum Fluss Course, wo Monsieur Six die Forellen angelt, die er dann seinen Gästen im Restaurant serviert.

～

Umgebung: Vallée de la Course; Boulogne-sur-Mer; Le Touquet • **Lage:** an der D127 zwischen Montreuil-sur-Mer und Desvres; mit eigenem Parkplatz • **Mahlzeiten:** Frühstück, Mittag- und Abendessen • **Preise:** € • **Zimmer:** 5 Doppel- und Zweibettzimmer, alle mit Bad; TV auf Anfrage • **Anlage:** Aufenthaltsraum, Restaurant, Frühstücksraum, Garten • **Kreditkarten:** MC, V • **Kinder:** erlaubt • **Behinderte:** keine speziellen Einrichtungen • **Tiere:** erlaubt • **Geschlossen:** Dienstag, Mittwoch und Ende Juni bis Mitte Juli sowie Januar • **Besitzer:** Jean-Marc und Laurence Six

DER NORDOSTEN

Arnold
~ Ländliches Hotel ~

98, route des Vins, 67140 Itterswiller (Bas-Rhin)
Tel 03 88 85 50 58 **Fax** 03 88 85 55 54
e-mail arnold-hotel@wanadoo.fr **website** www.hotel-arnold.com

Das Arnold ist eine clevere Mischung aus Hotel, Restaurant und Geschäft und bietet ein traditionelles Ambiente. Die Zimmer sind in einem hübschen, gelb angestrichenen elsässischen Fachwerkhaus untergebracht, das in seinen eigenen Weingärten liegt. Hier gibt es nur einen kleinen Frühstücksraum. Die Zimmer verfügen über rohverputzte, gelb getünchte Wände, und einige sind mit einer neuen Täfelung und hellen Bettbezügen aus Baumwolle ausgestattet. Die Bäder sind ähnlichen Standards. Die besten verfügen über eine großartige Aussicht über die umliegenden Weinberge und Hügel. Wer es belebter mag, findet nur 50 Schritte die Straße hinauf das zum Hotel gehörende Restaurant, in dem sich Einheimische mit Hotelgästen mischen. Die herzhaften elsässischen Gerichte, die hier serviert werden, sind überdurchschnittlich gut. Alles läuft hier – ebenso wie im Hotel – wie am Schnürchen, ohne dabei jedoch mechanisch zu wirken. Um dies zu erreichen, braucht man einen Sinn fürs Geschäft, ein Auge fürs Detail und die Fähigkeit, auf andere Menschen zuzugehen. All diese Fähigkeiten vereint der freundliche junge Besitzer Bruno Simon in seiner Person. Im Restaurant werden Weine aus eigener Herstellung serviert, darunter auch der sehr gute Oscar Riesling, den man auch im Geschäft des Arnold kaufen kann.

Umgebung: Elsässer Weinstraße; Colmar; Straßburg • **Lage:** am Rande des Ortes, mit Restaurant fast gegenüber; Parkplatz gleich an der Straße • **Mahlzeiten:** Frühstück, Mittag- und Abendessen • **Preise:** €€ • **Zimmer:** 29; 24 Doppel- und Zweibettzimmer, 3 Dreibett-, 1 Familienzimmer, 1 Appartement, alle mit Bad oder Dusche; alle Zimmer mit Telefon, TV, Minibar • **Anlage:** Aufenthaltsraum, Bar, Restaurant, Laden mit Produkten aus eigener Herstellung, Terrasse, kleiner Garten, Weinverkostungen • **Kreditkarten:** AE, MC, V • **Kinder:** willkommen • **Behinderte:** 1 Zimmer mit entsprechenden Einrichtungen • **Tiere:** nach Absprache • **Geschlossen:** Hotel Weihnachten; Restaurant Januar, Mitte bis Ende Februar, 1 Woche Ende Juni • **Besitzer:** Bruno Simon

DER NORDOSTEN

LAPOUTROIE

Les Alisiers
∽ Hotel auf dem Land ∽

5, rue Foudé, 68650 Lapoutroie (Haut-Rhin)
Tel 03 89 47 52 82 **Fax** 03 89 47 22 38
e-mail hotel-restaurant.lesalisiers@wanadoo.fr **website** www.alisiers.com

Ein englisches Paar berichtete uns, dass sie dieses umgebaute Bauernhaus bereits dreimal besucht haben – »was für sich selbst spricht«. Nach der Anfahrt über eine schmale, steile und kurvenreiche Straße erwartet den Gast bei seiner Ankunft im Les Alisiers eine »wunderbare Überraschung«. Das malerische Gebäude verfügt dank seiner Lage über eine großartige Aussicht über das Dorf, das bewaldete Tal und die Hügel der Vogesen.
Die Küche des Hotels ist ausgezeichnet; die gehobene Speisekarte konzentriert sich vornehmlich auf Gerichte aus Zutaten der Region. Der Michelinführer verleiht gutem, aber besonders preiswertem Essen den so genannten Bib Gourmand. Auch aus den riesigen Fenstern im Speiseraum kann man die fantastische Aussicht genießen. Die Zimmer sind einfach, »ländlich-gemütlich« und makellos sauber; einige sind vielleicht etwas klein. Die fünf neuen Zimmer sind größer und bequemer. Die Degouys und das Personal sind sehr aufmerksam, und auch das Preis-Leistungs-Verhältnis stimmt. Wenn Sie eine entspannte, familiäre Atmosphäre bevorzugen und wenn Kinder und Hunde im Speiseraum Sie nicht stören, ist das Les Alisiers genau das Richtige für Sie. Es ist Mitglied der Vereinigung »Hôtels au Naturel«, die auf Umweltfreundlichkeit und das Verwenden heimischer Produkte besonderen Wert legt.

Umgebung: Wanderwege in den Vogesen; Querfeldeinskifahren • **Lage:** in eigener Anlage, von der N415 in Richtung St-Die abfahren, 3 km vom Zentrum Lapoutroies entfernt, von der Kirche aus ausgeschildert; Parkplatz • **Mahlzeiten:** Frühstück, Mittag- und Abendessen • **Preise:** €€ • **Zimmer:** 18; 17 Doppel- und Zweibettzimmer, 1 Einzelzimmer, alle mit Bad; alle Zimmer mit Telefon • **Anlage:** Aufenthaltsraum, Bar, Restaurant, Terrasse, Garten • **Kreditkarten:** MC, V • **Kinder:** willkommen • **Behinderte:** einige entsprechend eingerichtete Zimmer • **Tiere:** nach Absprache • **Geschlossen:** Weihnachten, Januar, 1 Woche Ende Juni • **Besitzer:** Jacques und Ella Degouy

DER NORDOSTEN

MONTREUIL

Château de Montreuil

∾ Schlosshotel ∾

4, chaussée des Capucins, 62170 Montreuil (Pas-de-Calais)
Tel 03 21 81 53 04 Fax 03 21 81 36 43
e-mail chateaudemontreuil@wanadoo.fr **website** www.chateaudemontreuil.com

»Montreuil, Château de: bezaubernder Gastgeber, außergewöhnliches Essen, gute Ratschläge, wo in der Gegend man Feinkost und Wein einkaufen kann. Gemütliche, gut ausgestattete Zimmer. Nicht billig. Frau des Besitzers: Engländerin.« Beinahe etwas militärisch-zackig, der Gast, der das Château de Montreuil für uns besuchte. Andere Leser teilten seine Meinung. Eine typische Zuschrift: »Im Norden Frankreichs findet man kaum ein besseres Hotel.«

Das solide, luxuriöse Landhaus stammt aus den 1930er Jahren. Das Gebäude ist tadellos und mit sehr gutem Geschmack hergerichtet. Neu sind Duschkabinen in den Badezimmern; auch die Küche ist von Grund auf renoviert worden. Die Zimmer sind großartig und mit viel Flair eingerichtet; die im obersten Stock sind zwar sehr geräumig, aber die Zimmer im ersten Stock verfügen über eine bessere Aussicht über die wunderschönen Gärten im englischen Stil. Es gibt eine gemütliche Bar mit Mauerwerk und Deckenbalken, einen luftigen Aufenthaltsraum mit großer Fensterfront und einen eleganten Speiseraum.

Der Standard, den sich Christian Germain in seiner Küche gesetzt hat und den er auch erfüllt, ist sehr hoch; im Restaurant verkehren auch viele einheimische Gäste. Das Frühstück besteht aus überwiegend selbst gemachten Gerichten und ist »köstlich«.

Umgebung: Wall (noch intakt); Zitadelle; Le Touquet (15 km); Golfplatz • **Lage:** in einem ruhigen Teil der Stadt, 38 km südlich von Boulogne an der N1; mit eigenem großen Parkplatz • **Mahlzeiten:** Frühstück, Mittag- und Abendessen; Zimmerservice • **Preise:** €€€ • **Zimmer:** 14; 12 Doppel- und Zweibett-, 2 Familienzimmer, alle mit Bad; alle Zimmer mit Telefon, TV, Klimaanlage, Minibar, Fön, Safe
Anlage: Aufenthaltsraum, Restaurant, Bar, Terrasse, Garten • **Kreditkarten:** AE, DC, MC, V • **Kinder:** willkommen • **Behinderte:** 3 Zimmer im Erdgeschoss geeignet
Tiere: nicht erlaubt • **Geschlossen:** Mitte Dezember bis Ende Januar • **Besitzer:** Christian und Lindsay Germain

DER NORDOSTEN

OSTHOUSE

A La Ferme

～ Ländliches Gästehaus ～

10, rue du Château, 67050 Osthouse (Haut-Rhin)
Tel 03 90 29 92 50 **Fax** 03 90 29 92 51
e-mail hotelalaferme@wanadoo.fr **website** www.hotelalaferme.com

Das A La Ferme erlebte seine erste Saison im Jahr 2001 und ist vielleicht eines der interessantesten neuen Unternehmen im ganzen Elsass. Das ehemalige Bauernhaus aus dem 18. Jh. liegt ganz in der Nähe des Stadtzentrums im eigenen Garten. Es ist in einem leuchtenden Taubenblau, einer modernen Variante der traditionellen Farbe des Elsass, gestrichen. Im Inneren des Gebäudes haben Brigitte und Jean-Philippe Hellmann keine Kosten und Mühen gescheut, um aus dem Haus ihr Ideal einer modern-traditionellen Unterkunft zu machen, dabei aber den Charakter eines Privathauses zu wahren. Die Wände sind getäfelt oder roh verputzt und hell gestrichen. Die Zimmer sind alle sehr groß und mit ihren gestreiften Baumwollstoffen, den kuscheligen Überdecken und den weißen Möbeln einfach bezaubernd. Die Suite ist elegant und geräumig, die Bäder ganz in Marmor gehalten. Aus den Zimmern hat man einen Blick auf die alten Gebäude des Bauernhofes. Das reichhaltige Frühstück – Spezialbrot, Räucherlachs und Presskopfterrine – ist einigermaßen preiswert und wird entweder auf dem Zimmer oder im Erdgeschoss serviert. Die Zimmerpreise sind momentan sehr niedrig. Im Restaurant der Hellmanns, dem »A l'Aigle d'Or«, das nur vier Minuten zu Fuß entfernt ist, gibt es Mittag- und Abendessen. Hier verwöhnt Jean-Philippe, der Küchenchef, seine Gäste mit traditionellen und zeitgenössischen Gerichten.

Umgebung: Straßburg; elsässische Weingärten; Colmar; Golfplatz in Plobsheim (8 km) • **Lage:** im Dorf, fragen Sie nach einer Wegbeschreibung; mit eigenem Parkplatz • **Mahlzeiten:** Frühstück • **Preise:** €€ • **Zimmer:** 7; 6 Doppel-, 1 Einzelzimmer, alle mit Bad oder Dusche; alle Zimmer mit Telefon, TV, Minibar, Safe
Anlage: Aufenthaltsbereich, Frühstücksraum, Terrasse, Garten • **Kreditkarten:** MC, V • **Kinder:** willkommen • **Behinderte:** 2 Zimmer mit entsprechenden Einrichtungen • **Tiere:** erlaubt • **Geschlossen:** nie; Restaurant Montag, Dienstag
Besitzer: Brigitte und Jean-Philippe Hellmann

DER NORDOSTEN

LA PETITE-PIERRE

Aux Trois Roses
~ Ländliches Hotel ~

19, rue Principal, 67290 La Petite-Pierre (Bas-Rhin)
Tel 03 88 89 89 00 **Fax** 03 88 70 41 28
e-mail hotel.3roses@wanadoo.fr **website** www.aux-trois-roses.com

Diese Neuentdeckung liegt versteckt in den nördlichen Vogesen inmitten eines mittelalterlichen Dorfes voller Atmosphäre. Die efeubewachsene und im Sommer geraniengeschmückte Fassade des Gebäudes stammt aus dem 18. Jh. Das Aux Trois Roses ist im wahrsten
Sinne ein kleines Hotel mit Charme; die Rezeption beispielsweise ist
in kleine holzgetäfelte Nischen unterteilt. Die karierten Vorhänge
und die an ein Chalet in den Alpen erinnernde Einrichtung erwecken
einen gemütlichen Eindruck. Es schließen sich einige geräumige
Speisesäle an, und auf der einen Seite gibt es sogar ein Hallenbad mit
einer großen, UV-bestrahlten Liegefläche.
Obwohl die Zimmer im Jahr 2000 renoviert wurde, erhielten wir
einen Bericht von einer Familie, in dem das Zimmer zwar als sauber
und komfortabel, trotzdem in die Jahre gekommen beschrieben
wird. Von dem herzlichen Umgang von Vater und Sohn Geyer mit
den Gästen, speziell mit den Kindern, sei man dagegen begeistert gewesen. Beeindruckt habe auch das hervorragende Essen.

~

Umgebung: Wanderwege in den nördlichen Vogesen; elsässische Weingüter
Lage: an der Hauptstraße des Ortes; Parkplätze im Parkhaus und an der Straße
Mahlzeiten: Frühstück, Mittag- und Abendessen • **Preise:** € • **Zimmer:** 42 Doppel-,
Zweibett- und Familienzimmer, alle mit Bad oder Dusche; alle Zimmer mit Telefon,
TV, Fön • **Anlage:** Aufenthaltsbereiche, Speiseräume, Bar, Aufzug, Hallenbad, Sola-
rium, Terrasse, Tischtennis • **Kreditkarten:** AE, DC, MC, V • **Kinder:** erlaubt
Behinderte: keine entsprechenden Einrichtungen • **Tiere:** erlaubt
Geschlossen: nie • **Besitzer:** Philippe Geyer

DER NORDOSTEN

Seigneurs de Ribeaupierre
⚮ Ländliches Hotel ⚮

11, rue du Château, 68150 Ribeauvillé (Haut-Rhin)
Tel 03 89 73 70 31 **Fax** 03 89 73 71 21

Das Seigneurs de Ribeaupierre liegt am Rande eines malerischen Weindorfes und ist genau das Richtige für Gäste, die es mögen, in einer gemütlichen Umgebung und zurückhaltenden Atmosphäre unterzutauchen, in der alles wie am Schnürchen läuft. Die beiden Schwestern Marie-Madeleine und Marie-Cécile Barth haben das unverputzte Mauerwerk und die knorrigen Deckenbalken mit eleganten Stoffen (an den Fenstern), hübschen Tischdecken (im gewölbten Frühstücksraum) und Sesseln (im gemütlichen kleinen Salon) aufgehellt. Die Zimmer sind alle unterschiedlich groß und tragen sehr zur Atmosphäre eines privaten Hauses bei. Hier und da gibt es Antiquitäten, Tagesdecken aus hübschen Stoffen und wohlplatzierte Tischlampen, die ein angenehm warmes Licht verbreiten. Im Aufenthaltsbereich der einen Suite stehen zwei Sofas, auf denen riesige Kissen in aufeinander abgestimmten Farben Akzente setzen. Das Seigneurs de Ribeaupierre eignet sich nicht gerade für eine Junggesellenparty; in einigen Zimmern ist Rauchen verboten, und auch Tiere sind nicht erlaubt. Da das Frühstück im Zimmerpreis enthalten ist, stimmt das Preis-Leistungs-Verhältnis insgesamt. Es gibt kein Restaurant; die empfohlenen Speiselokale in Ribeauvillé sind die »Winstub zum Pfifferhuis« (gutes Essen, Rauchen verboten) und die »Auberge Zahnacker«. Auch das »Chambard« in Kaysersberg hat einen guten Ruf.

Umgebung: Elsässische Weinstraße; Hunawihr; Colmar (19 km) • **Lage:** von der Grand'Rue aus gehen Sie zur Place de la Sinne und halten sich rechts; das Hotel liegt an einer Ecke in der Nähe der Kirche St Grégoire; mit eigenem Parkplatz **Mahlzeiten:** Frühstück • **Preise:** €€ • **Zimmer:** 10; 7 Doppel- und Zweibettzimmer, 3 Suiten, alle mit Bad oder Dusche; alle Zimmer mit Telefon • **Anlage:** Frühstücksraum • **Kreditkarten:** AE, DC, MC, V • **Kinder:** willkommen • **Behinderte:** Zugang schwierig • **Tiere:** nicht erlaubt • **Geschlossen:** Weihnachten bis März **Besitzerinnen:** Marie-Madeleine und Marie-Cécile Barth

DER NORDOSTEN

ST-RIQUIER

Jean de Bruges
~ Hotel auf dem Land ~

18, place de l'Eglise, 80135 St-Riquier (Somme)
Tel 03 22 28 30 30 **Fax** 03 22 28 00 69 **e-mail** jeandebruges@wanadoo.fr
website www.hotel-jean-de-bruges.com

Das Jean de Bruges ist genau das, was man sich unter einem guten französischen Hotel vorstellt. Es liegt an einem großen Platz neben einer mittelalterlichen Abtei und verfügt über eine erstaunliche Fassade. Das klein wirkende hübsche Gebäude aus dem 17. Jh. ist in hellem Mauerwerk gehalten. Die Gemeinschaftsräume sind gänzlich unprätentiös. Die Zimmer sind mit weißen Wänden, schmiedeeisernen Bettgestellen und gemütlichen bemalten Nachttischen ausgestattet. Auch die kleinsten Zimmer verfügen über eine Toilette, die von dem glänzenden Badezimmer getrennt ist. Die Preise sind zwar gerechtfertigt, bewegen sich aber am oberen Ende unserer Skala.

Die engagierte und clevere Besitzerin des Hotels, Bernadette Stubbe-Martens, kam mit ihrem Ehemann, einem Rechtsanwalt, 1995 aus Brügge hierher und rettete das Haus vor dem Verfall. Auch wenn Sie nicht im Jean de Bruges übernachten, sollten Sie in dem wunderschönen Salon de Thé, der gleichzeitig als Speisesaal und Frühstücksraum dient, wenigstens etwas trinken. Englische Gäste wird besonders die alte Standuhr dort erfreuen, die die Zeit in London anzeigt. Wenn es warm ist, sollten Sie auf der Terrasse den Blick auf die Fassade der Abtei genießen oder einen Stadtrundgang machen, bei dem Sie viele interessante Läden entdecken können.

Umgebung: Côte d'Opale; Forêt de Crécy; Schlachtfelder an der Somme • **Lage:** am Kirchplatz, 10 km nordöstlich von Abbeville; mit eigenem Parkplatz • **Mahlzeiten:** Frühstück • **Preise:** €€ • **Zimmer:** 11; 10 Doppel- und Zweibettzimmer, 1 Appartement, alle mit Bad oder Dusche; alle Zimmer mit Telefon, TV, Minibar, Fön; 2 mit Klimaanlage • **Anlage:** Aufenthaltsraum, Bar, Teeraum/Speiseraum, Aufzug, Terrasse • **Kreditkarten:** AE, DC, MC, V • **Kinder:** willkommen • **Behinderte:** keine entsprechenden Einrichtungen • **Tiere:** erlaubt • **Geschlossen:** Weihnachten, Januar, Montag • **Besitzerin:** Bernadette Stubbe-Martens

DER NORDOSTEN

TROYES

Le Champ des Oiseaux
◡ Stadthotel ◡

20, rue Linard Gonthier, 10000 Troyes (Aube)
Tel 03 25 80 58 50 **Fax** 03 25 80 98 34
e-mail message@champdesoiseaux.com **website** www.champdesoiseaux.com

Das historische Zentrum von Troyes ist eine wahre Sinfonie an großartigen Fachwerkhäusern aus dem Mittelalter, und das Le Champ des Oiseaux liegt mittendrin. Die Restaurierung der beiden Gebäude aus dem 15. und 16. Jh., die sich in einer ruhigen, kopfsteingepflasterten Nebenstraße befinden, ist mit viel Umsicht und unter Verwendung traditioneller Techniken vorgenommen worden. Im Sommer wird das Essen im Innenhof serviert, einem der hübschesten Bauelemente im Inneren des Hauses. Die aufgrund des Grundrisses alle schief geschnittenen Zimmer gehen zu diesem Innenhof hinaus. Der unregelmäßige Grundriss bringt einige Kuriositäten mit sich: ein Bett auf einer Anhöhe hier, ein Badezimmer unter außergewöhnlich niedrigen Deckenbalken dort oder eine Toilette, die dramatisch am Ende einer Treppe thront. Einige der Zimmer sind recht klein und hellhörig, wie uns Gäste des Hotels berichtet haben. Doch alle sind schlicht, aber geschmackvoll und im Kontrast zu den schweren Holzbalken eingerichtet: einfache weiße Bettdecken, weiß gestrichene Tische und gut ausgewählte gemusterte oder einfarbige Stoffe. Im Keller gibt es einen Aufenthalts- und einen kunstvoll geschmückten Frühstücksraum. Ein Restaurant gibt es nicht, aber Mme Boisseau empfiehlt Ihnen gerne einheimische Lokalitäten.

◡

Umgebung: Kathedrale; Erzbischöflicher Palast mit Museum moderner Kunst
Lage: im Zentrum der Stadt; Parkhaus • **Mahlzeiten:** Frühstück • **Preise:** €€
Zimmer: 12; 9 Doppel- und Zweibettzimmer, 3 Suiten, 10 mit Bad, 2 mit Dusche;
alle Zimmer mit Telefon, TV • **Anlage:** 2 Aufenthaltsräume, Bar, Frühstücksraum,
Innenhof • **Kreditkarten:** AE, DC, MC, V • **Kinder:** erlaubt • **Behinderte:** 1 Zimmer
mit entsprechenden Einrichtungen • **Tiere:** erlaubt • **Geschlossen:** nie
Besitzerin: Monique Boisseau

DER NORDOSTEN

La Tour du Roy
~ Stadthotel ~

45, rue Général Leclerc, 02140 Vervins en Thierache (Aisne)
Tel 03 23 98 00 11 **Fax** 03 23 98 00 72
e-mail chatotel@chatotel.com **website** www.chateauxethotels.com

Orte wie dieser neigen dazu zu enttäuschen, ganz besonders in
Frankreich: das imposante Äußere einer Villa (in diesem Fall auf den
alten Befestigungsanlagen der Stadt), das historische Ambiente, ein
romantischer befestigter Turm – und dies alles kaschiert möglicherweise nur eine prätentiöse Küche und Zimmer von zweifelhafter
Qualität. Einige der Zimmer im La Tour sind mit ihren grellen Farbkombinationen gewöhnungsbedürftig, aber dennoch verfügt es
über einen gewissen schrulligen Charme, der vor allem von den
polygonalen Zimmern in dem Turm aus dem 11. Jh. herrührt; in
eines gelangt man nur durch das Badezimmer mit Doppelbade-
wanne. Aber auch die geblümten Waschbecken, das Hummer-
becken, das so gar nicht zur übrigen Einrichtung der Lobby passen
will, die riesigen Fenster aus buntem Glas, das befestigte Gemäuer,
das im Speiseraum sichtbar wird, und hier und da ein Jugendstil-
stuhl, der sich ebenfalls seltsam zwischen dem Parkett, den Gobelins, der Täfelung und den provinziellen Antiquitäten ausmacht, tragen zweifelsohne dazu bei.
Die Desvignes führen ihr Hotel mit Begeisterung und Sorgfalt. Der
anglophile Geschäftsführer Eric de Robaulx, der die Familie bei
ihrer Arbeit unterstützt, ist ein Original. Ein etwas exzentrisches,
aber höchst liebenswertes Hotel.

~

Umgebung: Laon (36 km); St-Quentin (50 km) • **Lage:** 36 km nordöstlich von
Laon, an der N2 zwischen Paris und Brüssel; Parkhaus • **Mahlzeiten:** Frühstück,
Mittag- und Abendessen • **Preise:** €€ • **Zimmer:** 22; 13 Doppel-, Zweibett- und
Dreibettzimmer, 8 Suiten, 1 Appartement, alle mit Bad; alle Zimmer mit Telefon,
TV, Klimaanlage, Minibar • **Anlage:** Aufenthaltsraum, Speiseraum, Swimmingpool
Kreditkarten: AE, DC, MC, V • **Kinder:** willkommen • **Behinderte:** 2 Zimmer mit
entsprechenden Einrichtungen • **Tiere:** erlaubt • **Geschlossen:** nie
Besitzer: Familie Desvignes

DER NORDOSTEN

WIERRE-EFFROY

Le Beaucamp
~ Ländliches Gästehaus ~

62720 Wierre-Effroy (Pas-de-Calais)
Tel 03 21 30 56 13 **Fax** 03 21 32 17 95
e-mail contact@lebeaucamp.com **website** www.lebeaucamp.com

Das vornehm zurückhaltende Beaucamp bezeichnet sich selbst, völlig zu Recht, als eine »demeure de charme«. Mit seinem Schieferdach und den hellblauen Fensterläden liegt es etwas abseits der Straße im eigenen kleinen Park. Im den Gästen vorbehaltenen Hauptgebäude finden sich ein eleganter, lichtdurchfluteter Salon mit weißem Mobiliar im skandinavischen Stil, ein gemütlicher Frühstücksraum, eine weiträumige Küche, in der die Gäste einen Drink oder kleine Mahlzeiten einnehmen können, und fünf schöne Zimmer.

Die Besitzer, Mme und M. Bernard, leiteten früher das Ferme du Vert (siehe rechts); nachdem dort inzwischen ihr Sohn und ihre Schwiegertochter das Sagen haben, zogen sie in den Seitenflügel des Geburtshauses von Anny Bernard-Martinet und erweckten es mit der Umgestaltung der Räume in ansprechende Gästezimmer zu neuem Leben. Zur hellen, freundlichen Atmosphäre tragen neben den weißen Möbeln die frisch gestrichenen, glänzenden Holzfußböden und die rosafarbenen *toile-de-Jouy*-Gardinen bei.

Das ausgezeichnete Frühstück besteht aus Produkten vom nahe gelegenen Bauernhof. Das Abendessen kann im Ferme du Vert eingenommen werden.

~

Umgebung: Côte d'Opale; Boulogne (18 km); Calais (26 km) • **Lage:** A16 Ausfahrt Marquise-Rixent, folgen Sie der Ausschilderung nach Wierre-Effroy; von der D232 Wierre-Effroy nach Boulogne zweigt eine Privatstraße zum Le Beaucamp ab; mit eigenem Parkplatz • **Mahlzeiten:** Frühstück • **Preise:** € • **Zimmer:** 5 Doppel- und Zweibettzimmer, alle mit Bad • **Anlage:** Aufenthaltsraum, Frühstücksraum, Küche, Garten • **Kreditkarten:** MC, V • **Kinder:** erlaubt • **Behinderte:** keine speziellen Einrichtungen • **Tiere:** nicht erlaubt • **Geschlossen:** nie • **Besitzer:** Anny und Jo Bernard

DER NORDOSTEN

Ferme du Vert
~ Bauernhof mit Gästezimmern ~

62720 Wierre-Effroy (Pas-de-Calais)
Tel 03 21 87 67 00 **Fax** 03 21 83 22 62
e-mail ferme.du.vert@wanadoo.fr **website** www.fermeduvert.com

In Wierre-Effroy gibt es zwei Bauernhöfe mit Gästezimmern: das Ferme du Vert und das Ferme Auberge de la Raterie. Sie sind um einen hübschen Innenhof herum angeordnet, der vom Hauptgebäude selbst dominiert wird, in beiden Fällen ein schönes, langgestrecktes, niedriges Haus mit Fensterläden. Auf dem Anwesen laufen überall Tiere frei herum. Wir haben uns schließlich für das außerordentlich ruhige Ferme du Vert entschieden, weil die Zimmer zwar einfach, aber sehr geschmackvoll eingerichtet sind: weiße Wände, Deckenbalken, gemütliche Möbel, dezente Farben. Zimmer Nr. 16 ist besonders hübsch und sehr geräumig. Es gibt einen gemütlichen Salon. M. und Mme Bernard, die freundlichen Besitzer, verstehen ihr Geschäft ausgezeichnet. Es gibt einen gemütlichen Salon und auf der gegenüberliegenden Seite des Hofes ein einfaches, kürzlich renoviertes Restaurant mit einem großen, offenen Kamin und rustikalem Dekor. Hier wird gute Hausmannskost wie in Bier gekochte Ente und selbst gemachter Käse serviert. Das Ferme du Vert wird nun von Sohn und Schwiegertochter der Eigentümer geführt, denn Mme und M. Bernard sind in das nahe gelegene Elternhaus von Madame gezogen, in dem Gästen fünf Zimmer zur Verfügung stehen (siehe links).

~

Umgebung: Côte d'Opale; Boulogne (18 km); Calais (26 km) • **Lage:** A16 Ausfahrt Marquise-Rinxent, folgen Sie der Ausschilderung nach Wierre-Effroy; das Hotel ist gut ausgeschildert; mit eigenem Parkplatz • **Mahlzeiten:** Frühstück, Mittag- und Abendessen • **Preise:** € • **Zimmer:** 16; 11 Doppel- und 1 Einzelzimmer, 4 Dreibett-/Familienzimmer, alle mit Bad oder Dusche; alle Zimmer mit Telefon, TV; einige mit Minibar • **Anlage:** Aufenthaltsraum, Bar, Frühstücksraum, Speiseraum, Tischtennis, Golfplatz, kleiner Tennisplatz, Fahrräder • **Kreditkarten:** MC, V • **Kinder:** willkommen • **Behinderte:** 3 Zimmer im Erdgeschoss geeignet • **Tiere:** erlaubt • **Geschlossen:** Mitte Dezember bis Mitte Januar • **Besitzer:** M. und Mme Bernard

DER NORDOSTEN

BERGHEIM

Chez Norbert
Stadthotel

9, Grand'Rue, 68750 Bergheim
(Haut-Rhin) • **Tel** 03 89 73 31 15
Fax 03 89 73 60 65 • **e-mail**
labacchante@wanadoo.fr
Mahlzeiten: Frühstück, sonntags
Mittagessen, Abendessen
Preise: € • **Zimmer:** 12
Geschlossen: März, 1 Woche im
November

Hinter den großen Toren
aus Holz, im wunderschö-
nen Innenhof des Hotels, bekommt man vom Verkehr draußen – die
Hauptstraße von Bergheim führt direkt am Hotel vorbei – kaum
noch etwas mit; stattdessen erwarten den Gast Unmengen von Blumen und Pflanzen sowie Tische und Stühle in sonnigen Ecken. Im
Inneren des Hauses dominiert ein Restaurant mit Atmosphäre und
niedrigen Deckenbalken, auf denen eine ganze Reihe gewölbter
Aquavitflaschen stehen. Die elsässische Küche des Restaurants hat
einen guten Ruf in der Gegend, und Norbert, der Besitzer, wacht
über einen erstaunlichen Weinkeller. Die Zimmer sind sehr bequem.
Das Chez Norbert ist ein einfacher Gasthof, von dem aus man Bergheim und seine Umgebung bestens erkunden kann.

BOULOGNE-SUR-MER

La Matelote
Stadthotel

70/80, blvd Ste-Beuve, Boulogne-sur-Mer (Pas-de-Calais)
Tel 03 21 30 33 33 • **Fax** 03 21
30 87 40 • **e-mail** tolestienne@
nordnet.fr • **website** www.
la-matelote.com • **Mahlzeiten:**
Frühstück, Sonntag Mittag- und
Abendessen • **Preise:** €€ • **Zimmer:** 29 • **Geschlossen:** Hotel
nie; Restaurant Weihnachten,
1. Januar, Sonntag abends, Montag mittags

Rot und Gold sind die bestimmenden, allgegenwärtigen Farben im
Le Matelote: angefangen von der dem Nausicaä Centre zugewand-
ten Fassade bis zu den Gästezimmern. Das Hotel hat sich in den
letzten fünf Jahren um Tony Lestiennes renommiertes Restaurant
»La Matelote« entwickelt. Seine tadellose, einheitliche Ausstattung
und seine zweckmäßigen Mahagonimöbel und Einbauten erhalten
durch das konsequent durchgehaltene Farbschema eine gewisse
Wärme. Die Zimmerkategorien »Standard« und »Prestige« unter-
scheiden sich kaum, sodass Sie das mit einem unwesentlich kleineren Standardzimmer gesparte Geld in Lestiennes großartige und
wunderschön präsentierte Gerichte investieren können.

DER NORDOSTEN

La Toque Blanche
Restaurant mit Gästezimmern

24, ave Victor Hugo, 02300 Chauny (Aisne) • **Tel** 03 23 39 98 98 **Fax** 03 23 52 32 79 • **e-mail** info@toque-blanche.fr **website** www.toque-blanche.fr **Mahlzeiten:** Frühstück, Sonntag Mittag- und Abendessen **Preise:** €€ • **Zimmer:** 7 **Geschlossen:** Restaurant Samstag mittags, Sonntag abend und Montag

In der Gegend um St-Quentin, in der es an kleinen Hotels mit Charme mangelt, ist das La Toque Blanche ein guter Aufenthaltsort, um in einem schmucken Speiseraum raffiniert zubereitete und stilvoll servierte Gerichte wie *escalopes de foie gras au vinaigre de framboise etuvée de homard au Sauternes* zu genießen. Die Zimmer und Bäder sind komfortabel und neu ausgestaltet, wobei sich über Farben und Stil streiten ließe. Es gibt einen schönen großen Garten, der allerdings an einige Industriebauten angrenzt. Véronique und Vincent Lequeux, der Küchenchef, sind freundliche Gastgeber.

Les Tourelles
Hotel am Meer

2-4, rue Pierre Guerlain, 80550 Le Crotoy (Somme) • **Tel** 03 22 27 16 33 • **Fax** 03 22 27 11 45 **e-mail** lestourelles@nhgroupe.com • **website** www.lestourelles.com • **Mahlzeiten:** Frühstück, Sonntag Mittag- und Abendessen • **Preise:** € **Zimmer:** 27 • **Geschlossen:** 3 Wochen im Januar

Das Les Tourelles steht an der Mündung des Flusses Somme ins Meer, die für ihr perlmuttfarbenes Licht berühmt ist. Hier residierte früher der Parfumier Pierre Guerlain (worauf der Straßennamen hinweist). Von außen wirkt das Hotel mit seinem dunkelroten Anstrich und den beiden raketenartigen, blauspitzigen Türmchen eher kurios, doch im Inneren wird die Eleganz eines *nouvelle vague*-Hotels am Meer kombiniert mit Holzfußböden, Treibholzskulpturen und natürlichen Materialien in den geräumigen Zimmern. Für Familien besteht die Möglichkeit, dass die Kinder gemeinsam in einem speziellen Schlafsaal übernachten. Das Essen wird mit Sorgfalt zubereitet und serviert.

Der Nordosten

Futeau

A l'Orée du Bois
Restaurant mit Gästezimmern

Courupt, 55120 Futeau (Meuse)
Tel 03 29 88 28 41 • **Fax** 03 29
88 24 52 • **e-mail** oreedubois@
free.fr • **website** www.
oreedubois.fr • **Mahlzeiten:**
Frühstück, Mittag- und Abendessen • **Preise:** €€ • **Zimmer:** 14
Geschlossen: Januar

Das ländliche Restaurant
mit Gästezimmern, in der
Region Argonne an der Grenze zwischen Champagne und Lo-
thringen gelegen, wurde uns von einem begeisterten Gast empfohlen. Es ist ein friedlicher, ruhiger Ort (Relais de Silence) und wird
mit viel Umsicht von seinen Besitzern Paul und Roselyne Agnesse
geführt. Der Hauptanziehungspunkt sind Pauls Gerichte, die in
einem elegant-rustikalen Speiseraum mit Balkendecke serviert werden, von wo sich besonders bei Sonnenuntergang schöne Ausblicke
auf die Umgebung bieten. Die Zimmer fallen dagegen ab. Die neueren sind noch die besten.

Girmont Val d'Ajol

Auberge de la Vigotte
Umgebautes Bauernhaus

Girmont Val d'Ajol, 88340
Gerardmer (Vosges) • **Tel** 03 29
61 06 32 • **Fax** 03 29 61 07 88
e-mail courrier@lavigotte.com
website www.lavigotte.com
Mahlzeiten: Frühstück, Mittag-
und Abendessen • **Preise:** €
Zimmer: 19 • **Geschlossen:** November bis Mitte Dezember; Restaurant Dienstag und Mittwoch

Diese freundliche ländliche Herberge liegt in der wenig besuchten,
reizvollen Region der Vogesen mit dichten Nadelwäldern, Wiesen,
Bächen und Weihern. Ein überraschend junges Paar, die Bou-
guerne-Arnoulds, haben das abgeschiedene alte Bauernhaus zu
neuem Leben erweckt. Die schlichten, aber reizenden Zimmer weisen pastellfarbene Wände und ansprechendes, teils altes, teils modernes Mobiliar auf. Von der Terrasse bieten sich wunderschöne
Ausblicke auf die Umgebung. Zum Abendessen gibt es Gerichte wie
Ravioles de St-Jacques sauce corail au gingembre oder *Pieds de
cochon aux morilles.*

Der Nordosten

Gosnay

Chartreuse du Val St-Esprit
Schlosshotel

1, rue de Fourquières, 62199 Gosnay (Pas-de-Calais) • **Tel** 03 21 62 80 00 • **Fax** 03 21 62 42 50
e-mail levalsaintesprit@ lachartreuse.com • **website** www.lachartreuse.com
Mahlzeiten: Frühstück, Mittag- und Abendessen • **Preise:** €€
Zimmer: 63 • **Geschlossen:** nie

Normalerweise sind in einem Hotel primär nicht die Korridore bemerkenswert, doch in diesem kürzlich restaurierten *château* aus dem 18. Jh. sind sie überraschend geschmackvoll und sorgfältig gestaltet, besonders im Erdgeschoss, aber auch in den zwei Nebengebäuden. Die Rezeption und die Zimmer sind in ländlich-elegantem Stil gestaltet. Obwohl sich das Chartreuse du Val St-Esprit in Privatbesitz befindet, herrscht eine liebenswerte, gastfreundliche Atmosphäre. Den Hotelgästen stehen drei Restaurants zur Verfügung, die überdurchschnittlich gutes Essen anbieten. Die Preise für

Marlenheim

Le Cerf
Dorfgasthof

30, rue du Général-de-Gaulle, 67520 Marlenheim (Bas-Rhin)
Tel 03 88 87 73 73
Fax 03 88 87 68 08
e-mail info@lecerf.com
website www.lecerf.com
Mahlzeiten: Frühstück, Mittag- und Abendessen • **Preise:** €€€
Zimmer: 13 • **Geschlossen:** nie; Restaurant dienstags und mittwochs

Das Le Cerf zieht nach wie vor diejenigen Gäste am meisten an, denen die elsässische Küche ebenso am Herzen liegt wie die elsässischen Weine. Michel Husser folgt den gastronomischen Fußstapfen seines Vaters Robert; die Spezialitäten des Hauses, darunter *Presskopf de tête de veau en croustille, Sauce gribiche* und *Choucroute au cochon de lait et foie gras fumé,* sind mit zwei Michelinsternen ausgezeichnet worden. Die Zimmer sind zwar nicht besonders luxuriös, aber gut ausgestattet und durch und durch gemütlich. Auf dem gepflasterten Hof kann man sowohl Getränke als auch das Frühstück einnehmen.

DER NORDOSTEN

MONTREUIL-SUR-MER

Auberge la Genouillère
Restaurant mit Gästezimmern

La Madelaine-sous-Montreuil,
62170 Montreuil (Pas-de-Calais)
Tel 03 21 06 07 22 • **Fax** 03 21
86 36 36 • **e-mail** Auberge.de.la.
Grenouillere@wanadoo.fr
website www.lagrenouillere.fr
Mahlzeiten: Frühstück, Mittag-
und Abendessen • **Preise:** €€
Zimmer: 4 • **Geschlossen:** Januar,
Di, Mi (außer Juli/August)

Obwohl Patron Roland Gauthier und sein Sohn Alexandre, der nun
der Küchenchef ist, der Michelin-Stern aberkannt wurde, ist die
klassische Küche in diesem für die Picardie typischen Bauernhaus
noch immer empfehlenswert. Bei schönem Wetter ist das Mittagessen auf der Terrasse am Fluss ein besonderes Erlebnis, doch auch
das Restaurant mit seinen in den 1930er Jahren komplett bemalten
Wänden ist bemerkenswert. Dort wird nämlich auf anschauliche
Weise Jean de La Fontaines Fabel vom Frosch, der so viel aß, bis er
platzte, dargestellt. Die Zimmer und Bäder, eines ein kleines rusti-
kales Cottage, sind exzellent.

OTTROT

L'Ami Fritz
Dorfhotel

8, rue des Châteaux, Le Haut,
67530 Ottrot (Haut-Rhin)
Tel 03 88 95 80 81 • **Fax** 03 88
95 84 85 • **e-mail** ami-fritz@
wanadoo.fr • **website** www.
amifritz.com • **Mahlzeiten:** Frühstück, Mittag- und Abendessen
Preise: €€ • **Zimmer:** 22 • **Geschlossen:** nie

Am Mont Odile in dem rei-
zenden Städtchen Ottrot
an der Route du Vin steht das Hotel des Hoteliers und Küchenchefs
Patrick Fritz. Seine beige Bilderbuchfassade zieren Fensterläden
und Blumenkästen mit wahren Geranienkaskaden. Im Inneren
herrscht eine romantische, aber auch etwas übertrieben formelle Atmosphäre. Das Essen kann in dem eleganten Restaurant, bei schönem Wetter auf der Terrasse oder treppabwärts in der *wienstube*
(bei dementsprechendem Wetter vor einem wärmenden offenen
Kamin) eingenommen werden. Es werden hauptsächlich elsässische
Spezialitäten serviert, bestens ergänzt durch den lokalen Rotwein.
Die Zimmer sind schmuck und komfortabel. Gutes Preis-Leistungsverhältnis.

DER NORDOSTEN

TURCKHEIM

Berçeau de Vigneron
Stadthotel

10, place Turenne, 68230 Turckheim (Haut-Rhin) • **Tel** 03 89 27 23 55 • **Fax** 03 89 27 41 21 **e-mail** hotel-berceau-du-vigneron@wanadoo.fr • **website** www.berceau-du-vigneron.com **Mahlzeiten:** Frühstück • **Preise:** € **Zimmer:** 16 • **Geschlossen:** Januar bis Mitte Februar

Das Hotel mit den hübschen Fensterläden passt gut in das Ambiente des von einem Wall mit beeindruckenden Toren umgebenen mittelalterlichen Bilderbuchstädtchens Turckheim. Das traditionelle elsässische Gebäude wurde komplett restauriert, um ihm einen elegant-rustikalen Stil zu verleihen: mit Balken, Holzpfeilern, rustikalem Mobiliar und Karotischdecken im Frühstücksraum. Die Zimmer sind mit Sorgfalt ausgestattet worden, die besten mit bodenlangen Vorhängen und dazu passenden Stoffen. Das Berçeau de Vigneron ist eine gute Wahl an der Route du Vin. Es wird nur Frühstück serviert, doch es gibt ein gutes Restaurant, das »Auberge du Veilleur«, in der Nähe.

REIMS

Boyer les Crayères
Schlosshotel

64, boulevard Henry Vasnier, 51100 Reims (Marne) • **Tel** 03 26 82 80 80 • **Fax** 03 26 82 65 52 **e-mail** crayeres@relaischateaux. com • **website** www. gerardboyer.com • **Mahlzeiten:** Frühstück, Mittag- und Abendessen; Zimmerservice • **Preise:** €€€€€ • **Zimmer:** 16 • **Geschlossen:** Weihnachten bis Mitte Januar

Gerard Boyer (einer der besten französischen Küchenchefs im Ruhestand) fand einen passenden Standort für sein berühmtes Restaurant: eine herrschaftliche Villa in einem riesigen Park im Herzen von Reims, umgeben von den *caves* der besten Champagnermarken. Beeindruckend sind das große Treppenhaus, die riesigen Fenster, die Marmorsäulen und die Tapisserien, der holzverkleidete, kerzenbeleuchtete Speiseraum und natürlich auch die prächtigen, individuell ausgestatteten Zimmer. Unter Chefkoch Thierry Voisin mit drei Michelin-Sternen ausgezeichnet, gilt es nun die Entwicklung unter dem neuen *chef de la cuisine* Xavier Gardinier abzuwarten.

DER WESTEN

Die Hotels im Westen

Unsere westfranzösische Region verfügt über drei Attraktionen, die sie für Besucher interessant macht: zunächst das Loiretal und seine unmittelbare Umgebung, darunter auch das wunderschöne Sologne, südlich von Orléans, sowie die Täler der beiden wichtigsten Nebenflüsse der Loire, Cher und Indre. In einer Gegend, die so reich an Geschichte, großartiger Architektur, perfekt kultivierter Landschaft, bedeutender Weine und ausgezeichneter Küche ist, überrascht es wenig, dass sich der Großteil unserer kleinen Hotels mit Charme hier befindet. Die zweite, ebenfalls ausgesprochen attraktive Gegend ist das hügelige Limousin, das um Angoulême und Limoges an den nördlichen Rand des Périgord stößt. Ebenfalls besuchenswert ist das Hinterland der Atlantikküste.

Die Loire verbindet die wichtigen Städte Angers, Tours und Orléans miteinander; Letztere war im Mittelalter eine bedeutende Künstler- und Intellektuellenstadt. Dazwischen liegen die berühmten königlichen Schlösser, darunter auch die Renaissancejuwelen von Chambord und Chenonceaux. Einige unserer Hotels in der Gegend sind in Schlössern untergebracht, die denen an der Loire nachempfunden sind: das *Château de Pray* in Amboise (siehe Seite 119), das *Château des Briottières* in Champigné (siehe Seite 126), das *Château de Rochecotte* in St-Patrice (siehe Seite 144) und das *Domaine de la Tortinière* in Montbazon-en-Touraine (siehe Seite 133). Ebenfalls empfehlenswert: das *Château de Chissay* (Tel. 02 54 32 32 01). Im Loiretal gibt es aber auch jede Menge kleiner Hotels mit Charme: die familiengeführte *Manoir de Clénord* in Mont-près-Chambord (siehe Seite 132), das *Le Bon Laboureur* in Chenonceaux (siehe Seite 127), das *La Tonnellerie,* ein solider Dorfgasthof mit ländlicher Atmosphäre in Tavers in der Nähe von Beaugency (siehe Seite 142), das nette *L'Auberge de Combreux* (Tel. 02 38 46 89 89), das *Moulin Fleuri* in Montbazon, eine Mühle aus dem 16. Jahrhundert (Tel. 02 47 26 01 12), oder, etwas weiter südlich an der Indre in St-Jean-St-Germain in der Nähe von Loches, eine weitere umgebaute Mühle, das *Le Moulin L'Etang* (siehe Seite 131).

Es gibt einige großartige Schlosshotels wie z.B. das *La Verrerie* (in Oizon in der Nähe von Aubigny-sur-Nère, Seite 137) und sein kleinerer Nachbar, das *D'Ivoy* (in Ivoy-le-Pré, Seite 130) im Osten, an den Ausläufern des Massif Central. Im Süden gibt es weitere schöne Hotels um Châteauroux herum, darunter auch das bezaubernde, an einem Fluss gelegene *L'Hermitage* in Buzançais (siehe Seite 124), das für sein ausgezeichnetes Essen bekannt ist.

Noch weiter südlich, im Limousin, können wir zwei weitere Schlosshotels empfehlen. Das *De Nieuil* (siehe Seite 136) und das *Ste-Cathérine* in Montbron (siehe Seite 134), das einst der Kaiserin Joséphine gehörte. Im Westen schließlich, wo sich die großen Wellen des windgepeitschten Atlantik an den langen Sandstränden der Küste brechen, haben wir weitere Einträge: vom einfachen Gasthof in Pons *(Auberge Pontoise,* Seite 147) bis zu einem luxuriösen *chambres d'hôte, Domaine de Rennebourg* in St-Denis-du-Pin (Seite 140). Weiter empfehlenswert: die ländliche *Auberge de la Rivière* in Fontenay-le Comte (Tel. 02 51 52 32 15), die *Hostellerie de l'Abbaye* in Celles-sur-Belle (Tel. 05 49 32 93 32) sowie, weiter nördlich, das *Château de la Gressière* (Tel. 02 51 74 60 06).

DER WESTEN

AMBOISE

Manoir les Minimes

∼ Schlosshotel am Fluss ∼

34, Quai Charles Guinot, 37400 Amboise (Indre-et-Loire)
Tel 02 47 30 40 40 **Fax** 02 47 30 40 77
e-mail manoir-les-minimes@wanadoo.fr **website** www.manoirlesminimes.com

Die Umgebung dieses *château* aus dem 18. Jh. mit Blick auf einen der breitesten Flussarme der Loire ist bezaubernd und friedvoll.
Die außergewöhnlich eleganten, individuell gestalteten Zimmer haben glänzende weiße Bäder mit großen Handtüchern. Die Einrichtung besteht aus einer wundervollen Mischung von antiquarischen Mahagonischränken (in denen es vielleicht noch manches Geheimfach zu entdecken gäbe), chinesischen Vasen und Landschaftsgemälden aus dem 18. Jh. Die Zimmer im 3. Stock sind mit ihren dunklen Eichenbalken, kunstvoll gearbeiteten Holzschränken und cremefarbenen Teppichen besonders gemütlich. Die exklusive Ecksuite (Nr. 10) bietet Blicke über das *château* und den Fluss. Außergewöhnliche Einzelstücke wie eine Harfe im Salon runden das Bild ab.
Der Besitzer Eric Deforges ist ein aufmerksamer Gastgeber; und mit seinen 14 Zimmern bewahrt das Hotel seinen intimen, aber auch glanzvollen Charakter. Es gibt kein Restaurant, doch Amboise ist problemlos zu Fuß zu erreichen. Das Frühstück kann auch auf der Terrasse eingenommen werden.
Das Manoir les Minimes ist ein Nichtraucherhotel.

∼

Umgebung: Tours (25 km); Blois (34 km); Loireschlösser; Golfplatz • **Lage:** an der Loire und der D751; mit eigenem Parkplatz • **Mahlzeiten:** Frühstück • **Preise:** €€ **Zimmer:** 14; 13 Doppel- und Zweibettzimmer, eine Suite, alle mit Bad oder Dusche; alle Zimmer mit Telefon, TV, Klimaanlage, Fön • **Anlage:** Aufenthaltsraum, Frühstücksraum, Terrasse • **Kreditkarten:** AE, DC, MC, V • **Kinder:** erlaubt • **Behinderte:** 1 Zimmer • **Tiere:** erlaubt • **Geschlossen:** Februar, manchmal November **Besitzer:** Eric Deforges

Der Westen

Amboise

Château de Pray
∼ Schlosshotel ∼

Route de Chargé, 37400 Amboise (Indre-et-Loire)
Tel 02 47 57 23 67 **Fax** 02 47 57 32 50
e-mail chateau.depray@wanadoo.fr **website** www.praycastel.online.fr

Wenn Sie die Loireweine mögen und Spaziergänge in der Ebene bevorzugen, ist die Hauptstraße zwischen Amboise und Chargé genau das Richtige für Sie. Alle paar Meter befinden sich Höhlen im weichen Gestein der Felsvorsprünge, die den Lauf des Flusses säumen. Ein wenig abseits und höher gelegen, sieht die Renaissancefassade des Château de Pray, eingerahmt von zwei gedrungenen Ecktürmen aus dem 13. Jh., auf den Fluss hinunter. Das Ensemble wirkt ein wenig wie Aschenputtel auf dem Ball zwischen böser Stiefmutter rechts und hässlicher Stiefschwester links. Das Hotel wird von Küchenchef Ludovic Laurenty und seiner Frau geführt, die aus dem Château einen angenehmen Ort in überraschend ländlicher Umgebung gemacht haben. M. Laurentys köstliche saisonabhängige Menüs werden in einem Speisesaal mit imposantem Kamin serviert. Sie ziehen nicht nur die Einheimischen, sondern auch die Gäste des Nachbarhotels an, das kein eigenes Restaurant hat.
Die hübschen und attraktiven Zimmer verfügen alle über exzellente Badezimmer. Obwohl in zwei oder drei Zimmern Himmelbetten stehen, sind sie dennoch nicht im pompösen Stil eingerichtet: hier und da einige Antiquitäten und qualitätvolle Gemälde. Der makellose Innenhof ist meist sonnenüberflutet, und der Rasen vor dem Château eignet sich hervorragend für einen Aperitif.

Umgebung: Tours (25 km); Blois (34 km); weitere Schlösser der Loire; Golfplatz
Lage: 3 km östlich von Amboise an der D751 nach der Kreuzung mit der N10; mit eigenem Parkplatz • **Mahlzeiten:** Frühstück, Mittag- und Abendessen
Preise: €€-€€€ • **Zimmer:** 19; 13 Doppel-, 3 Zweibett-, 2 Dreibett- und 1 Familienzimmer, alle mit Bad oder Dusche; alle Zimmer mit Telefon, TV, Fön • **Anlage:** Aufenthaltsraum, Speiseraum, Bar, Terrasse, Garten, Swimmingpool • **Kreditkarten:** AE, DC, MC, V • **Kinder:** erlaubt • **Behinderte:** Zugang schwierig • **Tiere:** nicht erlaubt • **Geschlossen:** Anfang Januar bis Mitte Februar; Restaurant Dienstagabend, mittwochs • **Geschäftsführer:** Ludovic Laurenty

Der Westen

Angles sur l'Anglin

Le Relais du Lyon d'Or
∽ Dorfgasthof ∽

4, rue d'Enfer, 86260 Angles sur l'Anglin (Vienne)
Tel 05 49 48 32 53 **Fax** 05 49 84 02 28
e-mail thoreau@lyondor.com **website** www.lyondor.com

Angles sur l'Anglin ist ein sehr hübsches Dorf. Es thront auf einem
Hügel, und seine mittelalterlichen Häuser liegen oberhalb von Burg-
und Abteiruinen. Höhlenmalereien, die man vor kurzem in der
Nähe des Flusses entdeckt hat, beweisen, dass das Gebiet schon seit
etwa 15000 Jahren besiedelt ist. Guillaume und Heather Thoreau
sind im Jahr 1994 nach Angles sur l'Anglin gekommen. Sie kauften
das halb verfallene Posthaus und wandelten es in ein sehr hübsches
Hotel mit ausgesprochen erfolgreichem Restaurant um, das mit der
Frische und Qualität seiner (lokalen) Zutaten sowie mit dem zuvor-
kommenden Service überzeugt. Das Restaurant besteht aus einem
großen Raum mit hohen Decken und Deckenbalken und einem
Kamin von geradezu fürstlichen Ausmaßen; dennoch strahlt es eine
intime Atmosphäre aus. Die Weine der Region sind auf der kleinen,
aber ausgesuchten Weinkarte gut vertreten; zudem können die Gäste
zwischen einer großen Anzahl guter offener Weine wählen.
Die Inneneinrichtung fällt in Heathers Resort; sie zeigt ihre Kunst
in jedem der Zimmer, in denen die originalen Bauelemente mit
großer Sorgfalt erhalten wurden. Sie sind alle unterschiedlich eingerichtet und mit warmen Farben und schönen Stoffen ausgestattet.
Auch die Badezimmer sind kleine Kunstwerke für sich. Heather gibt
übrigens auch Malkurse.

∽

Umgebung: La Roche-Posay (12 km); Jardin des Rosiers; Poitiers (51 km) • **Lage:**
im Zentrum des Ortes; mit eigenem Parkplatz • **Mahlzeiten:** Frühstück, Mittag-
und Abendessen • **Preise:** €–€€ • **Zimmer:** 12; 8 Doppel- und Zweibettzimmer,
1 Dreibettzimmer, 3 Familiensuiten, 5 mit Bad, 6 mit Dusche; alle Zimmer mit Telefon, TV • **Anlage:** Aufenthaltsraum, Restaurant, Fitnesscenter • **Kreditkarten:** AE,
MC, V • **Kinder:** erlaubt • **Behinderte:** 1 Suite mit entsprechenden Einrichtungen
Tiere: erlaubt • **Geschlossen:** Januar bis März • **Besitzer:** Heather und Guillaume
Thoreau

DER WESTEN

Auberge du Moulin de Chameron
～ Umgebaute Mühle ～

Bannegon, 18210 Charenton-du-Cher (Cher)
Tel 02 48 61 83 80 **Fax** 02 48 61 84 92　**e-mail** moulindechameron@wanadoo.fr
website www.moulindechameron.free.fr.st

Das Moulin de Chaméron ist etwas seltsam und schwierig zu kategorisieren. In seinem Herzen liegt die originale Wassermühle aus
dem 18. Jh., die heute eine Mischung aus ländlichem Museum mit
einer Ausstellung alter Werkzeuge und gemütlich-traditionellem
Restaurant ist, in dessen Zentrum ein alter Kamin steht. Die Zimmer hingegen sind jenseits des Gartens in einigen modernen Gebäuden untergebracht, die eher nach Stadt als nach Land aussehen –
bequem, aber etwas unpersönlich. Ist die Auberge du Moulin de
Chaméron also ein Restaurant mit Gästezimmern? Nein – denn sie
eignet sich auch für einen längeren Aufenthalt, obwohl ein Gast sich
vor kurzem über den Abreiselärm am frühen Morgen beschwerte.
Im Sommer sind der Garten mit seinen Bäumen, der hübsche Pool,
die romantische, mit einem Zelt überdachte Terrasse des Restaurants und der Fluss, der früher die Mühlräder antrieb, besonders
schön. Jean Merilleaus Kochkünste sind hervorragend. Außerdem
soll es einen gut gefüllten Keller mit Weinen von ausgesuchter Qualität geben.
Versuchen Sie, ein Zimmer mit eigener kleiner Terrasse zu buchen;
dort können Sie im Sommer bei Vogelgezwitscher frühstücken.

～

Umgebung: Schloss Meillant (25 km); Abtei von Noirlac (30 km) • **Lage:** auf dem
Land zwischen Bannegon und Neuilly, 40 km südöstlich von Bourges; mit eigenem
Parkplatz • **Mahlzeiten:** Frühstück, Mittag- und Abendessen • **Preise:** €-€€
Zimmer: 14; 8 Doppel-, 5 Zweibettzimmer, 8 mit Bad, 5 mit Dusche, 1 Familien-
zimmer mit Bad; alle Zimmer mit Telefon, TV • **Anlage:** 2 Aufenthaltsräume, Bar,
2 Speiseräume, Garten, Swimmingpool, Tischtennis, Möglichkeit zum Angeln
Kreditkarten: AE, MC, V • **Kinder:** willkommen • **Behinderte:** keine entsprechen-
den Einrichtungen • **Tiere:** erlaubt • **Geschlossen:** Mitte November bis Anfang
März; Restaurant in der Nebensaison montags und Dienstagmittag
Besitzer: M. Rommel und M. Merilleau

DER WESTEN

LE BLANC

Domaine de l'Etape
∾ Villenhotel ∾

Route de Bélâbre, 36300 Le Blanc (Indre)
Tel 02 54 37 18 02 **Fax** 02 54 37 75 59
e-mail domainetape@wanadoo.fr **website** www.domaineetape.com

Das Domaine de L'Etape liegt buchstäblich am Ende der Straße und so einsam auf dem Land, dass es auch das größte Bedürfnis nach Ruhe und Abgeschiedenheit stillen dürfte. Die Villa aus dem 19. Jh. befindet sich auf einem 250 Hektar großen Anwesen voller Wälder und Felder und mit einem großen See, in dem man auch angeln kann. Einen kurzen Spaziergang entfernt liegen außerdem die Gebäude eines Bauernhofs, wo man auch Pferde und Hühner finden kann. Das ganze Anwesen gehört Mme Seiller, die ihr Geschäft mit der Art von Ruhe führt, die nur eine lange Praxis hervorrufen kann (in ihrem Fall sind das immerhin 30 Jahre). Das Haus gehört seit 125 Jahren ihrer Familie, und als Mme Seiller das Hotel eröffnete, hatte es nicht mehr als sieben Zimmer. Heute gibt es 35 Zimmer in drei unterschiedlichen Kategorien. Die im Hauptgebäude sind zweifelsohne die besten; sie sind bequem und wenig formell eingerichtet. Die Zimmer im Erdgeschoss des hübschen zweistöckigen modernen Nebengebäudes gehen direkt zum Garten hinaus. Die sehr ländlichen Zimmer im Bauernhof schließlich haben zwar viel Charakter, aber wenig Komfort. Sie sind recht preiswert und werden gerne von Familien gebucht. Im Hauptgebäude gibt es noch einen getäfelten Speisesaal mit Terrasse und einen hübschen kleinen Salon. Ein familienfreundliches Hotel.

∾

Umgebung: La Roche-Posay (30 km); Jardin des Rosiers; Poitiers (60 km); Golfplatz; Kanustrecke • **Lage:** 5 km südöstlich von Le Blanc an der D10 nach Bélâbre; mit eigenem Parkplatz • **Mahlzeiten:** Frühstück, Mittag- und Abendessen
Preise: €-€€ • **Zimmer:** 35; 14 Doppel-, 17 Zweibett-, 3 Dreibett- und 1 Familienzimmer, 30 mit Bad, 5 mit Dusche; alle Zimmer mit Telefon, TV, Minibar, Fön
Anlage: Aufenthaltsraum, 2 Speiseräume, Bar, Terrasse, Garten, Möglichkeit zum Angeln und Reiten • **Kreditkarten:** AE, DC, MC, V • **Kinder:** erlaubt • **Behinderte:** Zugang möglich • **Tiere:** erlaubt • **Geschlossen:** nie • **Besitzerin:** Mme Seiller

DER WESTEN

BRIOLLAY

Château de Noirieux
∼ Villenhotel ∼

26, route du Moulin, 49125 Briollay (Maine-et-Loire)
Tel 02 41 42 50 05 **Fax** 02 41 37 91 00
e-mail noirieux@relaischateaux.fr **website** www.chateaudenoirieux.com

»Ein wahres Juwel von einem Hotel, am westlichen Ende der Reihe der Loireschlösser gelegen; im Gegensatz zu den meisten Hotels der touristisch stark frequentierten Gegend der Loire ist das Château de Noirieux nicht zu teuer, sehr schön und der Service überaus professionell.« So der Kommentar eines unserer Leser, der offenbar mit der größten Sorgfalt abgefasst wurde. Da er so schön angefangen hat, wollen wir ihn auch weiter zitieren.

»Das Schloss stammt aus dem 17. Jh; einige Art-déco-Elemente wurden 1927 hinzugefügt, und 1991 ist es als Hotel eröffnet worden. Es liegt in einem wunderschönen Anwesen mit Blick auf die Loire. Es ist überaus gemütlich; den Härtetest – drei Tage Regen – hat es mühelos bestanden. Die Salons sind sehr ansprechend eingerichtet und bequem, der Speisesaal hell und luftig; bei schönem Wetter kann man auf der Terrasse essen. Die Zimmer sind auf das Haupt- und zwei Nebengebäude verteilt – alle gut ausgestattet, einige sogar opulent.

Die Küche ist einfallsreich und von hohem Standard. Die Weinkarte ist vorbildlich und die Preise bezahlbar. Wir wurden sehr herzlich empfangen, und das Personal war immer sehr freundlich und hilfsbereit. Das Château de Noirieux ist zwar nicht billig, aber in jeder Hinsicht sein Geld wert.«

∼

Umgebung: Angers (12 km); Schlösser der Loire; Golfplatz • **Lage:** auf dem Land an der D52 (Kreuzung 14 an der A11); mit eigenem Parkplatz • **Mahlzeiten:** Frühstück, Mittag- und Abendessen • **Preise:** €€€–€€€€ • **Zimmer:** 19 Doppelzimmer mit Bad; einige Zimmer mit Telefon, TV, Minibar, Fön • **Anlage:** Aufenthaltsraum/ Bar, Speiseraum, Jacuzzi, Garten, Swimmingpool, Tennisplatz • **Kreditkarten:** AE, DC, MC, V • **Kinder:** erlaubt • **Behinderte:** 2 Zimmer im Erdgeschoss geeignet **Tiere:** erlaubt • **Geschlossen:** Februar, November; Restaurant Sonntagabend, Montagabend Oktober bis Mai • **Besitzer:** Gérard und Anja Côme

DER WESTEN

BUZANÇAIS

L'Hermitage
~ Hotel an einem Fluss ~

Route d'Argy, 36500 Buzançais (Indre)
Tel 02 54 84 03 90 **Fax** 02 54 02 13 19

Dieses kleine, bezaubernde, mit Efeu bewachsene Hotel liegt an dem ansonsten wenig erinnerungswürdigen Ostrand von Buzançais. Nachdem man den Hof des Hotels überquert hat, wo abschließbare Garagen zur Verfügung stehen, gelangt man über eine kurze Landbrücke auf ein sehr hübsches und unerwartet großes Anwesen, auf dem Pfaue umherstolzieren. Rasenflächen fallen sanft zu den Trauerweiden am Ufer des Flusses Indre ab; die Gäste des Hotels können hier ihr Glück beim Angeln versuchen.

Das Hotel, jahrelang von Chefkoch Claude Sureau und seiner Frau vorbildlich geführt, wurde im Jahre 2004 verkauft. Es ist abzuwarten, ob die neue Besitzerin, Mme Sainson, in die Fußstapfen ihres Vorgängers tritt, dessen ausgezeichnete Küche die Gäste und Einheimischen gleichermaßen begeisterte. Zum Hotel gehören zwei Speiseräume, einer für den Sommer und einer für den Winter. Der Sommerspeiseraum mit seinem hübschen (klimatisierten) Gartenpavillon ist über die Landbrücke vom Hauptgebäude aus erreichbar. Er verfügt auch über eine kleine Terrasse für diejenigen Gäste, die lieber im Freien essen. Die Zimmer sind zwar relativ klein, aber hell und mit Blick auf den Garten.

~

Umgebung: Châteauroux (27 km); Loches (45 km); Golfplatz; Möglichkeit zum Reiten • **Lage:** am Rande der Stadt an der D11 nach Argy, an der Indre; mit eigenem Parkplatz • **Mahlzeiten:** Frühstück, Mittag- und Abendessen • **Preise:** € **Zimmer:** 14; 6 Doppel- und 6 Zweibettzimmer, 6 mit Bad, 6 mit Dusche, 2 Einzelzimmer mit Dusche; alle Zimmer mit Telefon, TV, Fön • **Anlage:** Aufenthaltsbereich, 2 Speiseräume, Terrasse, Garten, Möglichkeit zum Angeln • **Kreditkarten:** MC, V **Kinder:** erlaubt • **Behinderte:** nicht geeignet • **Tiere:** erlaubt • **Geschlossen:** 2 Wochen Mitte September • **Besitzer:** Alice Sainson

DER WESTEN

Le Fleuray
~ *Villenhotel* ~

Cangey, 37530 Amboise (Indre-et-Loire)
Tel 02 47 56 09 25 **Fax** 02 47 56 93 97
e-mail lefleurayhotel@wanadoo.fr **website** www.lefleurayhotel.com

Das Le Fleuray haben wir bereits mehrmals besucht, und jedes Mal wieder genießen wir den herzlichen Empfang und die entspannte Atmosphäre, die hauptsächlich den Newingtons, den lebhaften und engagierten englischen Besitzern, zu verdanken ist, und die abgeschiedene Lage zwischen offenen Feldern. (Vertrauen Sie der Ausschilderung von Cangey aus – das Hotel liegt mehr als 6 Kilometer außerhalb des Ortes.) Trotzdem liegen die größten Sehenswürdigkeiten und Weinberge nur etwa 30 Minuten vom Hotel entfernt; dies und die fairen Preise für hübsch eingerichtete Zimmer mit Aussicht (die besten verfügen über kleine Sitzbereiche im Freien) erklären die Beliebtheit des Le Fleuray. Das Abendessen wird im Sommer auf der ausnehmend schönen Terrasse serviert; als wir das Hotel das letzte Mal in der Hauptsaison besuchten, war im Speiseraum das Gemurmel vieler Nationalitäten zu hören. Das Personal, englische Studenten im Freisemester, war überaus beschäftigt. Erwarten Sie jedoch keine original französische Küche. Obwohl uns auch einige positive Leserkommentare bezüglich des Essens erreichten, fanden wir doch, dass die Speisekarte wenig abwechslungsreich und das Essen etwas einfallslos war.
Manchmal ist Halbpension obligatorisch – erkundigen Sie sich danach, bevor Sie fest buchen.

~

Umgebung: Schlösser: Amboise, Chaumont, Chenonceaux, Tours; Vouvray (Weingärten) • **Lage:** an der D74, 12 km nordöstlich von Amboise, 7 km von der A10 entfernt (Ausfahrt 18); mit eigenem Parkplatz • **Mahlzeiten:** Frühstück, Abendessen • **Preise:** €€ • **Zimmer:** 15 Doppel- und Familienzimmer, alle mit Bad oder Dusche; alle Zimmer mit Telefon, Fön • **Anlage:** Aufenthaltsraum, Restaurant, Terrasse, Garten • **Kreditkarten:** MC, V • **Kinder:** willkommen • **Behinderte:** entsprechend eingerichtete Zimmer stehen zur Verfügung • **Tiere:** erlaubt • **Geschlossen:** Ende Februar, Ende Oktober bis Anfang November, Weihnachten und Neujahr **Besitzer:** Familie Newington

DER WESTEN

Château des Briottières
‿ Schlosshotel ‿

49330 Champigné (Maine-et-Loire)
Tel 02 41 42 00 02 **Fax** 02 41 42 01 55
e-mail briottieres@wanadoo.fr **website** www.briottieres.com

Die Hektik des Alltags bleibt vor den Toren dieses heiteren Schlosses, das seit 200 Jahre in den Händen der gleichen Familie ist. François de Valbray, der jetzige Besitzer, hat an alles gedacht. Wenn Sie den Charme und die Eleganz des Schlosses ungetrübt genießen wollen, sollten Sie dort übernachten, unter den Blicken der Ahnen speisen (nach Absprache), sich im großen Salon entspannen und das Haus überhaupt als Ihr Zuhause betrachten (wenn Sie mögen, können Sie nach dem Essen beispielsweise auch eine Partie Billard spielen). Die Zimmer und Bäder sind unterschiedlich groß, aber alle elegant und komfortabel.

Wenn Sie mit Ihrer Familie reisen und sich Gedanken darüber machen, ob sich Ihre Kinder in einer solchen antiquitätenbeladenen Atmosphäre auch wohl fühlen, sollten Sie ein oder mehrere Zimmer im alten Obstgarten nehmen; das durch und durch gemütliche Gebäude liegt in der Nähe des Haupthauses und verfügt über einen eigenen, praktischeren Aufenthaltsraum. Das 40 Hektar große Anwesen besteht aus Wäldern, Rasenflächen und einem See, der es gegen das dahinterliegende Farmland abgrenzt. Wenn Sie im Château des Briottières heiraten wollen, können Sie die alten Stallungen anmieten, die Sie über die hintere Auffahrt erreichen – und auch wieder verlassen, um die übrigen Gäste nicht zu stören. Ein wahres Juwel.

Umgebung: Angers (24 km); Abteien von Solesmes und Fontevrault; Schlösser der Loire; Golfplatz • **Lage:** 3,5 km nördlich von Champigné an der D190; mit eigenem Parkplatz • **Mahlzeiten:** Frühstück, Abendessen (nach Absprache) • **Preise:** €€€-€€€€ • **Zimmer:** 15; 10 Doppel- und Zweibettzimmer mit Bad, 5 Doppel- und Zweibettzimmer mit gemeinsamem Bad; 10 Zimmer mit Telefon • **Anlage:** Aufenthaltsräume, Billardzimmer/Bibliothek, Speiseraum, Terrasse, Garten, Swimmingpool **Kreditkarten:** AE, DC, MC, V • **Kinder:** erlaubt • **Behinderte:** Zugang schwierig **Tiere:** erlaubt • **Geschlossen:** Neujahr, Februar • **Besitzer:** François und Hedwige de Valbray

DER WESTEN

Le Bon Laboureur
〜 Ländliches Hotel 〜

6, rue du Docteur-Bretonneau, 37150 Chenonceaux (Indre-et-Loire)
Tel 02 47 23 90 02 **Fax** 02 47 23 82 01
e-mail laboureur@wanadoo.fr **website** www.bonlaboureur.com

Die Familie Jeudi lebt seit etwa 200 Jahren in enger Nachbarschaft zum Château de Chenonceaux und hat sich in dieser Zeit einiges darüber abgeguckt, wie man Gäste empfängt. Erste Priorität hat – natürlich – der Ort, an dem man die Gäste unterbringen kann. Als also die Beliebtheit dieser Kutschenstation aus dem 18. Jh. wuchs (die Schlösser Amboise, Chambord und Chaumont liegen alle in unmittelbarer Nähe), wurden nach und nach einige andere Gebäude in das Anwesen integriert. Der Swimmingpool in dem hübschen Garten und die baumgesäumte Terrasse, auf der man bei schönem Wetter speisen kann, haben ihren Teil zur Attraktivität des Hotels beigetragen. Im Inneren des Hauses bieten zwei Aufenthaltsräume und eine geräumige Bar jede Menge Platz. Die Gäste können zwischen zwei Speiseräumen wählen: einem eleganter, der mit Antiquitäten ausgestattet ist, und einem mit etwas entspannterem Ambiente. Dies gibt zudem Kindern die Gelegenheit, sich ein wenig »auszutoben«. Das frische Gemüse, das in der Küche des Hotels verwendet wird, kommt aus dem hoteleigenen Garten nebenan. Einige der generell hellen und attraktiven Zimmer sind als Familienzimmer angelegt; die Zimmer in der »Villa« liegen am weitesten vom geschäftigen Treiben des Haupthauses entfernt. Ein liebenswerter Ort.

〜

Umgebung: Tours (35 km); Amboise (14 km); weitere Schlösser der Loire; Golfplatz **Lage:** im Zentrum des Dorfes, 200 Meter vom Schloss entfernt; mit eigenem Parkplatz • **Mahlzeiten:** Frühstück, Mittag- und Abendessen • **Preise:** €€ • **Zimmer:** 28; 24 Doppel- und Zweibettzimmer, 4 Appartements, alle mit Bad oder Dusche; alle Zimmer mit Telefon, TV, einige mit Klimaanlage • **Anlage:** Aufenthaltsraum, 2 Speiseräume, Bar, Terrasse, Garten, Swimmingpool • **Kreditkarten:** AE, DC, MC, V **Kinder:** willkommen • **Behinderte:** 2 Zimmer mit entsprechenden Einrichtungen **Tiere:** erlaubt • **Geschlossen:** Mitte November bis Mitte Dezember, Anfang Januar bis Mitte Februar; Restaurant Mitte Oktober bis April Mittwochmittag und dienstags • **Besitzer:** M. und Mme Jeudi

DER WESTEN

CHINON

Hôtel Diderot
〜 Stadtvilla 〜

4, rue Buffon, 37500 Chinon (Indre-et-Loire)
Tel 02 47 93 18 87 **Fax** 02 47 93 37 10
e-mail hoteldiderot@wanadoo.fr **website** www.hoteldiderot.com

Obwohl der beliebte Theo Kazamias das Hotel im April 2003 an
Laurent und Françoise Dutheil verkauft hat, scheint sich wenig verändert zu haben, auch nicht die moderaten Preise und die herzliche
Gastfreundschaft. Laurent hatte unter M. Kazamias sieben Jahre
lang gearbeitet, und Françoise war *chef de réception* im Château de
Marcay in der Nähe. Sie haben einige Renovierungen vorgenommen, den Charakter des Gebäudes jedoch nicht verändert.
Das attraktive Stadthaus, das über und über mit Efeu bewachsen und
mit weißen Fensterläden versehen ist, liegt in einem Hof, der den zu-
sätzlichen Vorteil eines hoteleigenen Parkplatzes bietet. Die Ansammlung exotischer Bäume, darunter auch Feigen und Bananen,
sowie die vielen Tische und Stühle laden den Gast dazu ein, es sich
im Hof gemütlich zu machen.
Das ausgezeichnete Frühstück wird auf der schattigen Terrasse oder
im ländlichen Frühstücksraum mit gefliestem Boden und massiven
Deckenbalken serviert; die von Laurent selbst zubereiteten Marmeladen (über 50 verschiedene Sorten) können die Gäste auch kaufen
und mit nach Hause nehmen. Die Zimmer sind einfach eingerichtet,
aber makellos sauber und mit hübscher Aussicht. Einige verfügen
mittlerweile auch über schöne neue Badezimmer.

〜

Umgebung: Schlösser; Azay-le-Rideau (20 km); Langeais (30 km) • **Lage:** im
Stadtzentrum; beschränkte Parkmöglichkeiten • **Mahlzeiten:** Frühstück • **Preise:** €
Zimmer: 28; 26 Doppel- und Zweibettzimmer, 2 Familienzimmer, alle mit Bad oder
Dusche; alle Zimmer mit Telefon • **Anlage:** Bar, Frühstücksraum, Innenhof
Kreditkarten: AE, DC, MC, V • **Kinder:** willkommen • **Behinderte:** einige Zimmer
im Erdgeschoss geeignet • **Tiere:** nicht erlaubt • **Geschlossen:** 1 Woche an Weih-
nachten, Mitte Januar bis Mitte Februar • **Besitzer:** Laurent und Françoise Dutheil

Der Westen

Le Château des Reaux

~ Schlosshotel ~

Chouzé-sur-Loire, 37140 Bourgueil (Indre-et-Loire)
Tel 02 47 95 14 40 **Fax** 02 47 95 18 34
e-mail reaux@club-internet.fr **website** www.chateaureaux.net

Das Château des Reaux war das erste Renaissanceschloss, das am nördlichen Ufer der Loire erbaut wurde, und zwar an der Stelle, an der sich die Indre und die Vienne mit der Loire vereinigen. Es steht auf den Fundamenten eines tausendjährigen Bergfrieds und ist von einem Wassergraben umgeben; sein Äußeres mit dem roten Gemäuer und den weißen Steinen von Touraine ist auffällig geometrisch gemustert.

Jean-Luc und Florence de Bouillé schätzen dieses nationale Denkmal offenbar sehr (man betrachte nur einmal die Sorgfalt, mit der die großartigen Salons eingerichtet sind) und verfügen über ein geradezu enzyklopädisches Wissen seiner Geschichte. Die Zimmer sind zwar unterschiedlich groß, aber alle ausgesprochen authentisch; die alte Einrichtung mit ihren Deckenbalken wird durch die modernen Elemente eher akzentuiert als verdeckt. Was auch immer Sie unternehmen, Sie sollten auf jeden Fall die wunderschöne Treppe in einem der Türme erklimmen und sich damit gleichzeitig auch Appetit für ein Abendessen holen, das aus dem Besten besteht, was die Gegend zu bieten hat. Leider muss das Abendessen im Voraus gebucht werden; zudem wird es nur für eine Gruppe von mindestens zehn Leuten zubereitet. In einem Nebengebäude befinden sich vier weitere, bescheidenere – und preiswertere – Zimmer.

~

Umgebung: Chinon (13 km); Tours (38 km); Saumur (26 km); Schlösser der Loire; Golfplatz; Reitmöglichkeit; Kanustrecke • **Lage:** östlich von Chouzé-sur-Loire an der N152, 4 km südlich von Bourgueil; mit eigenem Parkplatz • **Mahlzeiten:** Frühstück; Mittag- und Abendessen für Gruppen (nach Absprache) • **Preise:** €€-€€€ **Zimmer:** 16; 12 Doppel- und Zweibettzimmer, 4 Suiten, alle mit Bad; alle Zimmer mit Telefon, TV, Fön • **Anlage:** Aufenthaltsraum, Speiseraum, Bar, Konferenzraum, Garten, Tennisplatz • **Kreditkarten:** AE, DC, MC, V • **Kinder:** erlaubt • **Behinderte:** Zugang schwierig • **Tiere:** nicht erlaubt • **Geschlossen:** Weihnachten • **Besitzer:** Jean-Luc und Florence de Bouillé

Der Westen

Château d'Ivoy

~ Schlosshotel ~

18380 Ivoy-le-Pré (Cher)
Tel 02 48 58 85 01 **Fax** 02 48 58 85 02
e-mail chateau.divoy@wanadoo.fr **website** http://perso.wanadoo.fr/chateau.divoy

In dem über 400 Jahre alten Château d'Ivoy kümmert sich Mme Gouëffon-de Vaivre aufmerksam um das Wohl ihrer Gäste. Das Schloss wurde von Lord Drummond, Maria Stuarts Schatzmeister, erbaut, dessen Familie klugerweise hier eingezogen ist, nachdem die Schlacht von Culloden Schottland den wenig sanften und barmherzigen Händen der Engländer überlassen hat. Alle Zimmer sind groß und gehen ebenso wie die wunderschönen Badezimmer auf den Rasen und den Park hinter dem Schloss hinaus. Im Inneren des Hauses beweist Mme Gouëffon-de Vaivre ihre Kunst einmal mehr: Sie ist eine professionelle Innenarchitektin und hat es sich als Erstes zur Aufgabe gemacht, den Speiseraum zu retten, den der vorherige Besitzer zu einem Biotop für seine geliebten Insekten umfunktioniert hatte. Statt Farnen und Getier gibt es hier jetzt ein herzhaftes Frühstück.
Jedes Zimmer ist nach einem anderen Thema gestaltet und benannt. Das »Kipling« beispielsweise ist im Kolonialstil mit einem viktorianischen, anglo-indischen Bett und dazugehörigem Moskitonetz eingerichtet. Im »Lord Drummond« mit seinem zimmerhohen Himmelbett vermeint man, Dudelsackklänge zu hören. Im Erdgeschoss stehen den Hotelgästen ein großer Salon und eine Bibliothek zur Verfügung.

~

Umgebung: Aubigny-sur-Nère (19 km); Bourges (47 km); Gien (48 km); Golfplatz; Kanustrecke • **Lage:** an der D12, 5 km östlich von La Chapelle d'Angillon, durch einen Park, nach etwa 300 m auf der rechten Seite, nach der Kirche; mit eigenem Parkplatz • **Mahlzeiten:** Frühstück • **Preise:** €€€ • **Zimmer:** 6; 5 Doppelzimmer, 4 mit Bad, 1 mit Dusche, 1 Zweibettzimmer mit Bad; alle Zimmer mit Telefon, TV, Minibar • **Anlage:** Aufenthaltsraum, Bar, Bibliothek, Frühstücksraum, Terrasse, Garten, Swimmingpool, Krocketplatz • **Kreditkarten:** MC, V • **Kinder:** erlaubt, wenn über 14 Jahre alt • **Behinderte:** Zugang schwierig • **Tiere:** nicht erlaubt **Geschlossen:** nie • **Besitzer:** M. und Mme Gouëffon-de Vaivre

DER WESTEN

LOCHES

Le Moulin L'Etang
~ Umgebaute Mühle ~

Chanceaux-près-Loches, 37600 Loches (Indre-et-Loire)
Tel 02 47 59 15 10
e-mail moulinletang37@aol.com **website** www.moulinetang.com

Sue Hutton und Andrew Page haben Erfahrung mit Mühlen: Sie
verliebten sich spontan in diese Wassermühle aus dem 16. Jh., die sie
zufällig entdeckt hatten, und gaben dafür das Le Moulin (siehe Seite
147) auf.
Die Moulin L'Etang steht auf einem drei Hektar großen Garten-
grundstück mit großem See, Wasserfall und dem originalen
Mühlenteich, der in einen natürlichen Swimmingpool umgewandelt
wurde.
Im Inneren hat sich Sue mit Tatkraft an die Umgestaltung der Gemeinschaftsräume und Zimmer gemacht. Sie stattete sie mit antiken
Möbeln, Teppichen und Gemälden aus, wobei gedeckte Farben dominieren. Und Andrew bereitet weiterhin seine Gerichte mit Geschick und Sorgfalt zu.
Sue und Andrew behandeln ihre Gäste wie Schiffbrüchige, die bei
ihnen gelandet sind und nun dringend, aber in keiner festgelegten
Reihenfolge etwas zu trinken und zu essen, ein Bad, Landkarten,
den Wetterbericht und jede Menge Tipps benötigen. Danach suchen
sie unter den zur Verfügung stehenden vier Zimmern das zu den jeweiligen Gästen passende aus.

~

Umgebung: Loches (2 km); Tours (45 km); Poitiers (74 km) • **Lage:** 2 km nördlich
von Loches nahe der N143; mit eigenem Parkplatz • **Mahlzeiten:** Frühstück,
Abendessen • **Preise:** € • **Zimmer:** 4 Doppelzimmer mit Bad • **Anlage:** Aufenthaltsraum, Speiseraum, Terrasse, Garten, Swimmingpool • **Kreditkarten:** nicht
akzeptiert • **Kinder:** erlaubt • **Behinderte:** nicht geeignet • **Tiere:** erlaubt
Geschlossen: Dezember bis Februar • **Besitzer:** Andrew Page und Sue Hutton

Der Westen

Mont-près-Chambord

Manoir de Clénord
∼ Bed-&-Breakfast auf dem Land ∼

Route de Clénord, 41250 Mont-près-Chambord (Loire-et-Cher)
Tel 02 54 70 41 62 **Fax** 02 54 70 33 99
e-mail info@clenord.com **website** www.clenord.com

Die ruhige und familienfreundliche Villa aus dem 18. Jh. ist von 25 Hektar Wald und einem kleinen Fluss umgeben. Aufgrund seines attraktiven Swimmingpools ist das Manoir de Clénord sehr beliebt bei Leuten, die das Formelle der meisten Hotels der Region scheuen. Der Fluss, Le Beuvron, ist ein Nebenfluss der Loire und verdankt seinen Namen den dort immer noch heimischen Bibern.
Christiane Clément-d'Armont ist kürzlich nach Südfrankreich gezogen und hat die Geschäfte ihrer Nichte Jacqueline Denormandie und deren Mann Pascal übergeben, die im Sinne von Christiane bestrebt sind, es den Gästen so angenehm als möglich zu machen. Die Gäste des Hotels können das ganze Haus nutzen, darunter auch ein großes Wohnzimmer mit offenem Kamin, dessen Einrichtung eher auf Komfort als auf Eindruckschinderei ausgelegt ist. Letzteres trifft im Grunde genommen auf die gesamte Inneneinrichtung zu. Die Zimmer sind meist recht groß und mit schönen, alten, soliden Möbeln ausgestattet, die man sich auch im Gästezimmer der eigenen Großeltern vorstellen könnte. Nirgends findet man Stücke fragiler Eleganz, die kindlichem Ungestüm zum Opfer fallen könnten.
Wenn Sie im Manoir de Clénord übernachten wollen, sollten Sie möglichst früh buchen, da es eine große Stammkundschaft gibt.

Umgebung: Blois (9 km); Schlösser der Loire; Tours (69 km) • **Lage:** in einem Wald 4 km südwestlich von Mont-près-Chambord an der Straße nach Clénord; mit eigenem Parkplatz • **Mahlzeiten:** Frühstück • **Preise:** €€ • **Zimmer:** 8; 5 Doppel- und Zweibettzimmer, 3 Suiten, alle mit Bad oder Dusche • **Anlage:** Aufenthaltsraum, Frühstücksraum, Terrasse, Garten • **Kreditkarten:** AE, MC, V • **Kinder:** erlaubt **Behinderte:** Zugang schwierig • **Tiere:** erlaubt • **Geschlossen:** Mitte November bis Mitte März • **Besitzerin:** Christiane Clément-d'Armont

DER WESTEN

Domaine de la Tortinière
~ *Schlosshotel* ~

37250 Montbazon-en-Touraine (Indre-et-Loire)
Tel 02 47 34 35 00 **Fax** 02 47 65 95 70 **e-mail** domaine.tortiniere@wanadoo.fr
e-mail contact@tortiniere.com **website** www.tortiniere.com

Hoch über der Indre liegt dieses attraktive Schloss mit seinen Ecktürmen und dem Blick über die abfallenden Wiesen und den Fluss
zum Turm von Montbazon. Das Gebäude ist 1866 von Armand Dalloz' Witwe erbaut worden – Armand Dalloz schuf Frankreichs bür-
gerliches Gesetzbuch. 1955 wurde es in ein Hotel umgewandelt. Es
wird mit viel Charme und Energie von Xavier Olivereau und seiner
Frau Anne geführt, die viel Liebe zum Detail und Bemühen um den
Komfort ihrer Gäste an den Tag legen.
Die Halle und der Salon im Erdgeschoss sind getäfelt und verputzt
und mit Parkettfußböden, Orientteppichen, Stühlen aus der Zeit des
Empire und üppig gepolsterten, bequemen Sofas ausgestattet. Im
selben Stockwerk liegt das Winterrestaurant, das auch einen Teil der
beiden Ecktürme des Gebäudes einnimmt. In dem anderen Turm befindet sich eine Wendeltreppe und ein unterirdischer Durchgang
zum kühleren Sommerrestaurant in der alten Orangerie. Wenn es
nicht regnet, werden die Tische draußen unter einer Markise aufgestellt, damit die Gäste in den vollen Genuss der zauberhaften Lage
des Hotels kommen. Die bequemen Zimmer stellen eine befriedigende Mischung aus Geschmack und teurer Eleganz dar. Einige befinden sich zwar nicht direkt im Schloss, sind vom Standard her aber
eher noch höher einzuschätzen.

~

Umgebung: Tours (9 km); Chenonceaux (33 km); Amboise (38 km) • **Lage:** 2 km
nördlich von Montbazon an der N10 nach Tours, links an der D287; mit eigenem
Parkplatz • **Mahlzeiten:** Frühstück, Mittag- und Abendessen • **Preise:** €€
Zimmer: 29; 22 Doppel- und Zweibettzimmer, 7 Suiten, alle mit Bad; alle Zimmer
mit Telefon, TV, Fön; einige mit Klimaanlage • **Anlage:** Aufenthaltsraum, 2 Speiseräume, Terrasse, Garten, Swimmingpool, Tennisplatz, Möglichkeit zum Angeln
Kreditkarten: DC, MC, V • **Kinder:** erlaubt • **Behinderte:** 2 Zimmer mit entsprechenden Einrichtungen • **Tiere:** erlaubt • **Geschlossen:** Ende Dezember bis März
Besitzer: Familie Olivereau

Der Westen

Château Sainte-Cathérine
~ Schlosshotel ~

Route de Marthon, 16220 Montbron (Charente)
Tel 05 45 23 60 03 **Fax** 05 45 70 72 00
e-mail chateau.st.catherine@free.fr **website** www.chateausaintecatherine.com

Die Gegend um Montbron, östlich von Angoulême, liegt abseits der ausgetretenen Touristenpfade, weshalb wir wahrscheinlich so wenige Leserkommentare zu diesem wunderschönen alten Gebäude bekommen, das einst der Kaiserin Joséphine gehörte.

Die lange, gewundene Auffahrt, die sich durch ein großartiges baumbestandenes Anwesen schlängelt, führt zu dem streng wirkenden Haus mit seinem hellen, unregelmäßigen Mauerwerk. Im Inneren des Gebäudes herrscht trotz der eleganten Einrichtung und der tadellosen Haushaltsführung eine entspannte, informelle Atmosphäre vor.

Die Zimmer sind sowohl stilvoll als auch komfortabel eingerichtet; die Speiseräume gehen ineinander über und sind mit Wandgobelins und einem geschnitzten hölzernen Kamin ausgestattet. Die beiden Aufenthaltsräume laden zum Entspannen ein. Die meisten der individuell eingerichteten und durch und durch bequemen Zimmer haben eine Aussicht über die umgebende Parklandschaft; sie sind zwar unterschiedlich groß, aber dies spiegelt sich auch in den Preisen wider. Im Restaurant gibt es neben einem festen Menü auch eine interessante Speisekarte; die Mehrzahl der Gerichte stammt aus dem nahe gelegenen Périgord. Da es seit unserem letzten Besuch im Sainte-Cathérine einen Besitzerwechsel gegeben hat, sind uns Leserkommentare besonders willkommen.

~

Umgebung: Angoulême (30 km); Brie (40 km); Rochechouart (40 km) • **Lage:** in einem Park an der D16, 4 km südwestlich von Montbron, östlich von Angoulême; mit eigenem Parkplatz • **Mahlzeiten:** Frühstück, Mittag- und Abendessen **Preise:** €€ • **Zimmer:** 14; 10 Doppel- und Zweibettzimmer, 4 Suiten. alle mit Bad oder Dusche; alle Zimmer mit Telefon, TV • **Anlage:** 2 Aufenthaltsräume, 2 Speiseräume, Bar, Garten, Swimmingpool • **Kreditkarten:** AE, DC, MC, V • **Kinder:** erlaubt • **Behinderte:** keine entsprechenden Einrichtungen • **Tiere:** erlaubt **Geschlossen:** nie • **Besitzerin:** Mme Crocquet

DER WESTEN

MONTRICHARD

Château de la Menaudière
～ Schlosshotel ～

BP15-Chissay-en-Touraine, 41401 Montrichard (Loire-et-Cher)
Tel 02 54 71 23 45 **Fax** 02 54 71 34 58
e-mail chat-menaudiere@wanadoo.fr **website** www.chateaumenaudiere.com

Das Château de la Menaudière inmitten der Loire-Schlossgegend –
Chenonceaux, Amboise, Chambord und Chaumont liegen in der
Nähe – ist 1443 auf einer steinigen Felsnase, bekannt als La Kaërie,
erbaut worden; ihr verdankt der erste Bau auch seinen Namen. Später wurde er durch eine Villa ersetzt, die sich bis 1624 im Besitz der
Familie Briçonnet befand. Das Gebäude hatte seine Höhen und Tiefen oder, um es architektonisch auszudrücken, zahlreiche Umbau-
ten und Umgestaltungen erfahren. Ein Element, das überlebt hat
und heute viel zum Charme des Hauses beiträgt, ist der gedrungene,
runde Turm, der schon lange vom Hauptgebäude getrennt ist. In
diesem Turm befinden sich drei Zimmer, die man über eine Wendeltreppe aus Stein erreicht.
Leider haben die recht häufigen Besitzerwechsel im Laufe der Zeit
auch dazu geführt, dass kaum noch ein originales Ausstattungsele-
ment im Schloss zu finden ist: Von den historischen Wänden blicken
nur wenige Ahnen auf den Besucher hinunter, und die modernen
Möbel scheinen sich in ihrer jahrhundertealten Umgebung auch nicht
recht wohl zu fühlen. Wie dem auch sei: Das Personal ist freundlich
und fleißig, die Zimmer sind geräumig und gut ausgestattet, und die
beiden inhäusigen Restaurants bieten dem hungrigen Reisenden eine
große Auswahl an ausgezeichneten Speisen und Weinen.

Umgebung: Chenonceaux (11 km); weitere Schlösser der Loire; Golfplatz • **Lage:**
rechts an der D115, 2 km von Montrichard entfernt in Richtung Amboise; mit eige-
nem Parkplatz • **Mahlzeiten:** Frühstück, Mittag- und Abendessen • **Preise:** €€
Zimmer: 27 Doppel-, Zweibett- und Dreibettzimmer, 20 mit Bad, 7 mit Dusche;
alle Zimmer mit Telefon, TV, Minibar • **Anlage:** Aufenthaltsraum, 2 Speiseräume,
Konferenzraum, Bar, Terrasse, Garten, Swimmingpool, Tennisplatz • **Kreditkarten:**
AE, DC, MC, V • **Kinder:** erlaubt • **Behinderte:** nicht geeignet • **Tiere:** erlaubt
Geschlossen: Mitte November bis März, Restaurant Sonntagabend und montags in
der Nebensaison • **Geschäftsführerin:** Geneviève Segui

DER WESTEN

NIEUIL

Château de Nieuil
~ Schlosshotel ~

Route de Fontafie, 16270 Nieuil (Charente)
Tel 05 45 71 36 38 **Fax** 05 05 45 71 46 45
e-mail chateaunieuilhotel@wanadoo.fr **website** www.chateaunieuilhotel.com

»Unser Zimmer war außerordentlich bequem, obwohl es sogar eines der kleineren im Hotel war. Es hatte das beste Preis-Leistungs-Verhältnis unseres ganzen Urlaubs.« So ein Leserkommentar zu diesem Märchenschloss aus der Renaissance. Das Château de Nieuil ist ein Bild an Eleganz: steile Dächer, Ecktürme und eine Parklandschaft, die sich über den formal gestalteten Garten und den Zierrasen erstreckt. Das Innere des Gebäudes ist ebenso elegant mit exquisiten Antiquitäten, Porzellan und Goblins eingerichtet. Einige der Zimmer sind ausgesprochen großartig.

Das Château de Nieuil könnte peinlich prätentiös sein, ist es aber nicht – ebenso wenig wie es auf seine Gäste einschüchternd wirkt. Das Schloss gehört seit über 100 Jahren der Familie Bodinaud; das Hotel zu führen, ist eine Familienangelegenheit. Mme Bodinaud lehrt Außenarchitektur und kümmert sich auch um die Innenarchitektur des Hotels. Sie steht der Küche vor und ist für ihr fantasievolles Essen bereits mit einem Michelinstern ausgezeichnet worden. Ihr Ehemann regiert über eine Sammlung 300 wertvoller Cognacs. Im Winter wärmt ein Kaminfeuer das Restaurant »La Grange aux Oies«, das sich in den umgebauten Stallungen befindet, im Sommer stehen Tische auf der hübschen Terrasse. Aufgrund ihres Kunstinteresses haben die Bodinauds auch eine Galerie eingerichtet.

~

Umgebung: Angoulême (40 km); Limoges (65 km) • **Lage:** in einem bewaldeten Park, 2 km östlich von Nieuil; mit eigenem Parkplatz • **Mahlzeiten:** Frühstück, Mittag- und Abendessen • **Preise:** €€€ • **Zimmer:** 14; 11 Doppelzimmer, 3 Suiten, alle mit Bad; alle Zimmer mit Telefon, TV, Minibar, Klimaanlage, Fön • **Anlage:** Aufenthaltsraum, 2 Restaurants, Bar, Konferenzraum, Garten, Swimmingpool, Tennisplatz, Möglichkeit zum Angeln • **Kreditkarten:** AE, DC, MC, V • **Kinder:** willkommen • **Behinderte:** Zugang möglich zu 1 Zimmer und 1 Suite • **Tiere:** erlaubt **Geschlossen:** November bis Ende April; Restaurant »La Granges aux Oies« sonntags, Montagabend • **Besitzer:** Jean-Michel und Luce Bodinaud

DER WESTEN

OIZON

Château de La Verrerie
～ Schlosshotel ～

Oizon, 18700 Aubigny-sur-Nère (Cher)
Tel 02 48 81 51 60 **Fax** 02 48 58 21 25
e-mail laverrerie@wanadoo.fr **website** www.chateau-france.com/-verrerie.fr

Wenn Sie von Bourges aus 45 Kilometer gen Norden fahren, kommen Sie nach Aubigny-sur-Nère. Dorthin kam im Jahre 1422 John Stuart, Count of Darley, dem ein dankbarer Karl VII. von Frankreich die Güter von Aubigny als Belohnung für seinen Beistand gegen die Engländer im Hundertjährigen Krieg überlassen hatte. Stuarts Enkel ordnete den Bau dieses hübschen Schlosses an. Dreieinhalb Jahrhunderte danach wurde es an einen Vorfahren des jetzigen Besitzers, den Grafen Béraud de Vogüé, verkauft. Hier lebt seine Familie auch heute noch.

Der Empfang ist so herzlich wie die Umgebung bezaubernd: Rasenflächen, ein See und Wälder schotten den Besucher vom Rest der Welt ab, der ungestört jagen, angeln, reiten, rudern, Bogen schießen oder mit einem Buch unter einem Baum sitzen kann. Die Zimmer sind angenehm groß, die Möbel antik und die Einrichtung frisch. Die Badezimmer haben geradezu fürstliche Ausmaße, und den Gästen steht ein eigenes Wohnzimmer zur Verfügung. Das Frühstück wird auf dem Zimmer serviert. Die anderen Mahlzeiten werden in dem ausgezeichneten Restaurant eingenommen, das in einem Nebengebäude aus dem 17. Jh. untergebracht ist. Die Weinkarte erinnert den Gast auf das Angenehmste daran, dass er sich in dem Gebiet zwischen Sancerre und Loire befindet.

～

Umgebung: Gien (29 km); Bourges (45 km) • **Lage:** 11 km südöstlich von Aubigny (folgen Sie der Ausschilderung) an der D89; mit eigenem Parkplatz • **Mahlzeiten:** Frühstück, Mittag- und Abendessen • **Preise:** €€€ • **Zimmer:** 12; 11 Doppel- und Zweibettzimmer, 1 Suite, alle mit Bad; alle Zimmer mit Telefon, Fön • **Anlage:** Aufenthaltsräume, Bibliothek, Billardzimmer, Konferenzräume, Restaurant, Bar, Terrasse, Garten, Swimmingpool, Möglichkeiten zum Angeln, Reiten, Bootfahren, Jagen und Schießen • **Kreditkarten:** AE, MC, V • **Kinder:** erlaubt • **Behinderte:** nicht geeignet • **Tiere:** erlaubt • **Geschlossen:** Mitte Dezember bis Mitte Februar; Restaurant dienstags und Mittwochmittag • **Besitzer:** Comte Béraud de Vogüé

DER WESTEN

ONZAIN-EN-TOURAINE

Domaine des Hauts de Loire
~ Villenhotel ~

41150 Onzain (Loire-et-Cher)
Tel 02 54 20 72 57/02 54 20 83 41 **Fax** 02 54 20 77 32
e-mail hauts.de.loire@wanadoo.fr **website** www.domainehautsloire.com

Das Knirschen frisch geharkter Kiesel begleitet den Besucher bis zur Eingangstür des Domaine des Hauts de Loire – und selbst die Gäste, die mit dem Hubschrauber ankommen (einige tun dies in der Tat), müssen den letzten Rest des Weges laufen wie alle anderen auch. Im Inneren dieser ehemaligen Jagdhütte, die 1860 erbaut worden ist, hat die Familie Bonnigal ein sehr elegantes und luxuriöses Hotel geschaffen. Nirgends glänzen die Fußböden so wie im Domaine des Hauts de Loire, nirgends sind die Teppiche dicker und nirgendwo gibt es mehr Orientteppiche. Ein Regiment fleißigen, jungen Personals hält alles in Schuss unter den wachsamen Augen Mme Bonnigals – dies schließt auch die Schilder im Wald mit ein, die den Gästen dabei helfen, den richtigen Weg zu finden. Überall im Haus stehen frische Blumen, auf jedem gelb gedeckten Tisch in dem mit Deckenbalken versehenen Speiseraum eine Rose. Bei schönem Wetter werden die französischen Fenster weit geöffnet, um die gute Landluft hereinzulassen.

Das Essen könnte besser nicht sein, ebenso wie die Weinkarte. Die hübsch geschmückten und mit Antiquitäten gefüllten Zimmer sind auf das Hauptgebäude und einige Nebengebäude verteilt. Das spektakulärste ist ein ebenfalls mit Deckenbalken versehenen Loft mit riesigen Fenstern und wunderschönem Badezimmer.

Umgebung: Blois (20 km); Amboise (20 km); weitere Schlösser der Loire • **Lage:** 2 km von Onzain entfernt an der D1 vor Mesland; mit eigenem Parkplatz • **Mahlzeiten:** Frühstück, Mittag- und Abendessen • **Preise:** €€€ • **Zimmer:** 33; 19 Doppel- und 14 Zweibettzimmer, alle mit Bad; alle Zimmer mit Telefon, TV, Minibar, Fön; einige mit Klimaanlage • **Anlage:** Aufenthaltsraum, Speiseraum, Frühstücksraum, Terrasse, Garten, Swimmingpool, Tennisplatz • **Kreditkarten:** AE, DC, MC, V **Kinder:** erlaubt • **Behinderte:** Zugang möglich • **Tiere:** nicht erlaubt • **Geschlossen:** Dezember bis Mitte Februar; Restaurant montags und dienstags • **Besitzer:** M. und Mme Bonnigal

DER WESTEN

Château de la Vallée Bleue

~ Schlosshotel ~

Route de Verneuil, St-Chartier, 36400 La Châtre (Indre)
Tel 02 54 31 01 91 **Fax** 02 54 31 04 48
e-mail valleebleue@aol.com **website** www.valleebleue.com

Die jungen Gasquets haben dieses Schloss 1985 übernommen und es äußerst gewissenhaft umgebaut: Eine Scheune und die Stallungen sind renoviert worden, um neuen Raum zu schaffen; jüngst kam noch eine neue Suite hinzu. Der Kommentar einer in Frankreich wohnenden Britin mit drei kleinen Kindern fasst das Vallée Bleu sehr treffend zusammen: »Hier begegnet man außergewöhnlichem Engagement. Das Personal ist freundlich und diskret, meine Kinder wurden wie junge Erwachsene behandelt. Das Restaurant war eines der besten, in denen wir je gegessen haben.« Ein anderer Gast lobt die »großen und luftigen« Zimmer und hält das Vallée Bleu für »eines der schönsten Hotels überhaupt«.

Die Atmosphäre im Inneren des Hauses ist von Wärme und Unkompliziertheit geprägt. Frische Blumen und ein gemütliches Kaminfeuer in der geräumigen Eingangshalle geben den Ton an, und der persönliche Touch wird in jedem Zimmer sichtbar – beispielsweise durch Andenken an Georges Sand und Chopin, dessen Arzt das Schloss erbaute. Um das Schloss sind Gärten angelegt, die man von allen Zimmern aus sehen kann. Die Zimmer selbst sind groß und bequem und wie die eleganten Gemeinschaftsräume mit soliden Antiquitäten ausgestattet; auch sie gehen zu den Gärten hinaus. Die Küche basiert auf Regionalem, ist aber Nouvelle-Cuisine-angehaucht und überdurchschnittlich gut.

Umgebung: Tour de la Prison; Sarzay (10 km); Nohant (5 km) • **Lage:** ganz in der Nähe des Dorfes, an der D69 9 km nördlich von La Châtre; mit eigenem Parkplatz **Mahlzeiten:** Frühstück, Mittag- und Abendessen • **Preise:** €€ • **Zimmer:** 15; 13 Doppel- und Zweibettzimmer, 2 Suiten, alle mit Bad oder Dusche; alle Zimmer mit Telefon, TV, Minibar, Fön • **Anlage:** Aufenthaltsraum, 2 Speiseräume, Konferenzraum, Fitnessraum, Garten, Swimmingpool, Bowling • **Kreditkarten:** MC, V **Kinder:** willkommen • **Behinderte:** 3 Zimmer im Erdgeschoss geeignet **Tiere:** nicht erlaubt • **Geschlossen:** Mitte November bis Anfang März **Besitzer:** Gérard Gasquet

DER WESTEN

ST-DENIS-DU-PIN

Domaine de Rennebourg

~ Gästehaus auf dem Land ~

17400 St-Denis-du-Pin (Charente-Maritime)
Tel 05 46 32 16 07 **Fax** 05 46 59 77 38

Das in ländlicher Umgebung liegende Domaine de Rennebourg ist ein erfolgreiches Mutter-und-Tochter-Unternehmen, das wie so viele andere aus dem Wunsch heraus entstanden ist, dem Untergang durch zahlreiche Aufteilungen zu entgehen, die das napoleonische Erbrecht über Familiengüter verhängt. Das langgestreckte Steingebäude liegt an einer Seite des klassischen, großen, grasbewachsenen Hofes, der so charakteristisch für die Bauernhöfe der Gegend ist. Hinter dem Haus befindet sich ein riesiger Garten. Die Zimmer im Inneren des Gebäudes sind sehr einladend und zeichnen sich durch zahllose kleine Geistesblitze in der Einrichtung aus, die teils künstlerisch und teils humorvoll gemeint sind.

Im Inneren eines der Nebengebäude, die auf der anderen Seite des Hofes stehen, befindet sich Florences erstaunliche Sammlung alter Kleider, Accessoires und anderer Schmuckstücke aus über 40 Jahren des 19. Jhs., die wie eine Mischung aus Wachsfigurenkabinett und Victoria-&-Albert-Museum wirkt. In einem anderen Gebäude ist eine Spielesammlung für Kinder untergebracht, von der verzweifelte Eltern anderswo bei schlechtem Wetter nur träumen können. Man könnte fast annehmen, dass das Domaine de Rennebourg irgendwo einen Haken hat – aber es hat keinen. Aus Michèles Küche kommt scheinbar mühelos fantasievolles und reichliches Essen, das – obwohl es einen Aperitif und den Wein enthält – zudem auch noch preiswert ist.

~

Umgebung: Niort (38 km); La Rochelle (60 km); Tennisplatz • **Lage:** auf dem Land an der N150, 6 km nördlich von St Jean-d'Angély; mit eigenem Parkplatz **Mahlzeiten:** Frühstück, Abendessen • **Preise:** € • **Zimmer:** 7 Doppel- und Zweibettzimmer mit Bad oder Dusche • **Anlage:** Aufenthaltsraum, Speiseraum, Terrasse, Garten, Swimmingpool • **Kreditkarten:** keine • **Kinder:** willkommen **Behinderte:** Zugang möglich • **Tiere:** erlaubt • **Geschlossen:** nie • **Besitzerinnen:** Michèle und Florence Frappier

DER WESTEN

Le Manoir des Remparts
∼ Villengästehaus ∼

14, rue des Remparts, 36800 St-Gaultier (Indre)
Tel and **Fax** 02 54 47 94 87
e-mail willem.prinsloo@wanadoo.fr

Menschen, die glauben, dass die Räume, die für Lifestylemagazine fotografiert werden, gar nicht wirklich existieren, werden durch das, was Ren Rijpstra aus dieser Villa aus dem 18. Jh. gemacht hat, eines Besseren belehrt. Hinter den hohen Mauern des Manoir des Remparts wartet eine ganz eigene grüne Oase mit Kiesweg und Garten. Auf der einen Seite des Innenhofs steht eine Scheune, in der sich mittlerweile ein kühler Speiseraum befindet, aber das eigentliche Juwel des Hauses ist die Inneneinrichtung: Weder die Möbel noch die verwendeten Stoffe und die sorgfältig ausgewählte Beleuchtung stören die originale Bauform. Die Fußböden und Kamine sind in ihrem ursprünglichen Zustand belassen; eine besonders schöne breite Eichentreppe führt zu den vier Zimmern im oberen Stock hinauf. Die Betten sind zwar alt und die Bettbezüge aus altem Leinen, aber die Matratzen sind neu. Das Badezimmer möchte man am liebsten gar nicht wieder verlassen, und das Wohnzimmer mit seinen vielen Büchern ist ein wahrer Zufluchtsort.

Trotz all der Energie, die auf das Haus verwendet wird, bleibt immer noch genug übrig, um auch an das leibliche Wohl der Gäste zu denken. Das Frühstück ist geradezu berühmt: frisch gepresste Obstsäfte, Joghurt, Müsli, frische Eier, hausgemachte Marmeladen, Käse aus der Region und Tee, der nie einen Beutel gesehen hat. Das Abendessen muss vorher angemeldet werden – aber das lohnt sich durchaus. Weder im Haus noch im Garten darf geraucht werden.

∼

Umgebung: Châteauroux (30 km); Poitiers (76 km); Golfplatz • **Lage:** im Ort (fragen Sie beim Buchen nach einer Wegbeschreibung); mit eigenem Parkplatz **Mahlzeiten:** Frühstück, Abendessen (nach Absprache) • **Preise:** €€ • **Zimmer:** 4; 3 Doppelzimmer, 1 Suite, alle mit Bad • **Anlage:** Aufenthaltsraum, Speiseraum, Terrasse, Garten • **Kreditkarten:** MC, V • **Kinder:** erlaubt • **Behinderte:** nicht geeignet • **Tiere:** nicht erlaubt • **Geschlossen:** Mitte Dezember bis Anfang Januar **Besitzer:** Ren Rijpstra

DER WESTEN

Château de la Beuvrière
~ Bed-&-Breakfast in einer Burg ~

St-Hilaire-de-Court, 18100 Viezon (Cher)
Tel 02 48 75 14 63 **Fax** 02 48 75 47 62

Man nähert sich dem Château de la Beuvrière durch ein zauberhaftes bewaldetes Anwesen. Ein Teil dieser Burg aus dem 11. Jh., der sich seit dem Mittelalter kaum verändert hat, gehört dem Chertal-Grundstücksfond. Die runden Türme mit ihren konischen Schieferdächern sind ein wunderschönes Beispiel frühmittelalterlicher Architektur. Im Inneren herrscht eine persönliche und herzliche Atmosphäre. Die Gemeinschaftsräume sind hübsch mit Familienmöbeln eingerichtet, und der Gast, der das Hotel für uns besuchte, war besonders angetan von dem freundlichen und warmen Frühstücksraum mit seinen Sesseln aus der Zeit des Empire und den tadellos gedeckten Tischen.
Die individuell eingerichteten Zimmer gehen zu den Gärten hinaus. Einige verfügen über Betten, die in holzgetäfelten Nischen stehen; in anderen stehen die Betten in einem Zwischengeschoss, unter dem ein Sitzbereich angelegt ist (hier sollte man gut zu Fuß sein – die Treppe, die zu den Betten hinaufführt, ist ziemlich steil). Ein weiterer Gast, der das Château für uns besuchte, war begeistert von dem Zimmer in einem der Türme und von den vernünftigen Preisen. Die einzige kleine Enttäuschung bereitete uns der Swimmingpool, der sich etwas zu nah am Haus befindet.

Umgebung: Bourges (39 km); Viezon (7 km); Golfplatz • **Lage:** an der D96 westlich von St-Hilaire in der Nähe der Cher; mit eigenem Parkplatz • **Mahlzeiten:** Frühstück • **Preise:** € • **Zimmer:** 15 Doppel- und Zweibettzimmer mit Bad; alle Zimmer mit Telefon, 2 mit Minibar • **Anlage:** Aufenthaltsbereich, Bar, Speiseraum, Terrasse, Garten, Swimmingpool, Tennisplatz • **Kreditkarten:** AE, DC, MC, V • **Kinder:** erlaubt • **Behinderte:** Zugang schwierig • **Tiere:** erlaubt • **Geschlossen:** Ende Dezember bis Mitte März; Restaurant Sonntagabend, montags von September bis Juni • **Besitzer:** Mme de Brach

DER WESTEN

ST-MAIXENT-L'ECOLE

Le Logis Saint-Martin
~ Landhotel ~

Chemin de Pissot, 79400 St-Maixent-l'Ecole (Deux-Sèvres)
Tel 05 49 05 58 68 **Fax** 05 49 76 19 93 **e-mail** courrier@logis-saint-martin.com
website www.logis-saint-martin.com

Das Le Logis Saint-Martin ist eine wunderbare Überraschung. Ein paar Minuten Fahrt über eine Vorstadtstraße, die von der N11 bei St-Maixent-L'Ecole abgeht, bringt den Besucher plötzlich an das grüne, baumbestandene Ufer des Sèvre und zu einer Insel, die als Brücke über den Fluss dient. Das langgestreckte und niedrige Steingebäude aus dem 17. Jh. wird seit nunmehr sechs Jahren von Bertrand und Ingrid Heintz als Hotel-Restaurant geführt, und sie haben dabei immer einen kompromisslos hohen Standard verfolgt. Das Hotel- und Restaurantpersonal konzentriert sich jeweils auf seinen Bereich, was dem Service zugute kommt.

Das mit Deckenbalken versehene Restaurant ist einfach bezaubernd: Der Raum ist in hellen Gelbtönen getüncht und glänzt geradezu vor Silber und Kristall. Ein steter Strom von Einheimischen pilgert (fast) jeden Tag von der Stadt hierher, am Flussufer entlang. Da das Le Logis Saint-Martin so nah an der Cognacregion liegt, ist es ein Leichtes, das Abendessen zu einem krönenden Abschluss zu bringen; zudem gibt es eine große Auswahl an Tee- und Kaffeesorten, und auch die Zigarren sind nicht schlecht. Die äußerst bequemen und gut beleuchteten Zimmer enttäuschen den Gast ebenfalls nicht: Helle Gelb- und Blautöne dominieren, und alle Zimmer gehen zu dem friedvollen Fluss oder dem Garten hinaus.

~

Umgebung: Niort (24 km); Poitiers (48 km); Golfplatz; Möglichkeiten zum Reiten und Angeln • **Lage:** am westlichen Stadtrand am Fluss Sèvre, südlich der N11; mit eigenem Parkplatz • **Mahlzeiten:** Frühstück, Mittag- und Abendessen
Preise: €€ • **Zimmer:** 11; 10 Doppel- und Zweibettzimmer, 1 Suite, 5 mit Bad, 6 mit Dusche; alle Zimmer mit Telefon, TV, Fön • **Anlage:** Aufenthaltsraum, Restaurant, Konferenzraum, Terrasse, Garten • **Kreditkarten:** AE, DC, MC, V
Kinder: erlaubt • **Behinderte:** Zugang schwierig • **Tiere:** nicht erlaubt • **Geschlossen:** Januar; Restaurant montags, Dienstag- und Samstagmittag • **Besitzer:** Bertrand und Ingrid Heintz

Der Westen

St-Patrice

Château de Rochecotte

~ Schlosshotel ~

St-Patrice, 37130 Langeais (Indre-et-Loire)
Tel 02 47 96 16 16 **Fax** 02 47 96 90 59
e-mail chateau.rochecotte@wanadoo.fr **website** www.chateau-de-rochecotte.fr

Das Château ist 1825 von Talleyrand für seine Lieblingsnichte, die Herzogin von Dino, gekauft worden. Schon der Vorgängerbau, eine eher schmucklose Burg aus dem 18. Jh., verfügte über eine großartige Aussicht über das Loiretal zum Château d'Usée; Talleyrands Nichte »italienisierte« das Gebäude, indem sie Säulen, Pergolen und Terrassen hinzufügen ließ, um damit Platz für ihre vielen Freunde zu schaffen. Sie ließ sogar die hydraulische Technologie der damaligen Zeit installieren, um fließend Wasser in den Suiten und in der Küche zu haben. 1986 kaufte M. Pasquier das Schloss für seine Frau und seine Töchter. Sie renovierten es mit großer Liebe zum Detail und führten die gastfreundliche Tradition des Hauses fort.

Viele der Gemälde, Kerzenleuchter, Gobelins und Möbel stammen noch von der Herzogin und stehen bis heute unberührt an ihrem ursprünglichen Ort. Aber dennoch ist das Château de Rochecotte keinesfalls ein Museum: Die hübschen Salons sind dazu da, um benutzt zu werden und um sich darin wohl zu fühlen, und modernere Einrichtungsgegenstände mischen sich harmonisch mit den alten. Die Zimmer sind alle individuell mit Teppichen, Wandbehängen und aufeinander abgestimmten Stoffen eingerichtet und nicht zu teuer. Talleyrand hat es in dem ruhigen Château de Rochecotte immer besser gefallen als im Valençay, seinem eigenen Schloss; dem Gast von heute fällt es nicht schwer, dies nachzuvollziehen.

~

Umgebung: Langeais (8 km); Tours (33 km); Chinon (24 km) • **Lage:** im Ort, zwischen Tours und Saumuron an der D35; mit eigenem Parkplatz • **Mahlzeiten:** Frühstück, Mittag- und Abendessen • **Preise:** €€€ • **Zimmer:** 34; 31 Doppel- und Zweibettzimmer, 3 Suiten, alle mit Bad; alle Zimmer mit Telefon, TV, Fön • **Anlage:** 2 Aufenthaltsräume, Speiseraum, Konferenzraum, Aufzug, Terrasse, Garten, Swimmingpool • **Kreditkarten:** AE, DC, MC, V • **Kinder:** erlaubt
Behinderte: Zugang schwierig • **Tiere:** erlaubt • **Geschlossen:** Anfang Februar bis Anfang März, 2 Wochen Anfang Dezember • **Besitzer:** Familie Pasquier

DER WESTEN

La Tonnellerie
~ Hotel auf dem Land ~

12, rue des Eaux-Bleues, Tavers, 45190 Beaugency (Loiret)
Tel 02 38 44 68 15 **Fax** 02 38 44 10 01
e-mail tonelri@club-internet.fr **website** www.tonelri.com

Der Strom von Leserzuschriften zu diesem hübschen Weinhandels-
haus aus dem 17. Jh. ist leider zu einem dünnen Bächlein geworden
– vielleicht, weil die billigsten Zimmer schon längst nicht mehr billig sind; dennoch scheint uns das La Tonnellerie nach wie vor anziehend.

Das Hotel liegt in dem kleinen Ort Tavers ganz in der Nähe der
Loire und auch nicht weit von Beaugency entfernt; das Herzstück
des Anwesens bildet der zentrale Innenhof/Garten. Es gibt große,
Schatten spendende Kastanien und einen hübschen Swimmingpool;
auf dem Rasen und den Terrassen stehen im Sommer Tische, an
denen man die Mahlzeiten einnehmen kann.

Die ländliche Atmosphäre herrscht auch im Inneren des Gebäudes
vor. Es gibt zwei Speiseräume, die beide zum Garten hinausgehen;
der eine ist im »Wintergartenstil« gehalten, der andere im Landhausstil, mit gefliestem Boden und viel Holz. Die überdurchschnittlich gute Küche erinnert zwar an die Nouvelle Cuisine,
nimmt aber auch traditionelle Elemente der Region mit auf.

Im Laufe der Jahre hat Mme Pouey das Hotel stetig verbessert: Vier
Appartement-Suiten mit pastellgetönten Wänden, blumengemusterten Stoffen, polierten Antiquitäten und hübschen gefliesten Badezimmern sind hinzugefügt und einige andere Zimmer sind renoviert worden.

~

Umgebung: Beaugency (3 km); Schlösser; Chambord (25 km); Blois (30 km)
Lage: im Zentrum des Dorfes, westlich von Beaugency; mit eigenem Parkplatz
Mahlzeiten: Frühstück, Mittag- und Abendessen • **Preise:** €€ • **Zimmer:** 20;
5 Doppel- und 7 Zweibettzimmer, 3 Suiten, 5 Appartements, alle mit Bad; alle
Zimmer mit Telefon, TV, Fön • **Anlage:** Aufenthaltsraum, 2 Speiseräume, Aufzug,
Garten, Swimmingpool, Tennisplatz • **Kreditkarten:** AE, MC, V • **Kinder:** willkom-
men • **Behinderte:** Zimmer im Erdgeschoss geeignet • **Tiere:** erlaubt
Geschlossen: Anfang Januar bis März • **Besitzerin:** Marie-Christine Pouey

DER WESTEN

Le Pigeonnier du Perron
Landhotel

86530 Availles-en-Châtellerault (Vienne) **Tel** 05 49 19 76 08 **Fax** 05 49 19 12 82 **e-mail** accueil@lepigeonnierduperron. com • **website** www. lepigeonnierdu perron.com **Mahlzeiten:** Frühstück, Mittag- und Abendessen • **Preise:** € **Zimmer:** 15 • **Geschlossen:** nie

Eine begeisterte Leserzuschrift lenkte unsere Aufmerksamkeit auf diesen reizenden Ort zwischen Poitiers und Tours. Das weitläufige Anwesen aus dem 15. Jh., das einst dem bedeutenden französischen Philosophen René Descartes gehörte, wurde samt Scheune mit viel Sachverstand umgebaut und 2002 von den Thiollets, die es auch privat bewohnen, als Hotel eröffnet. Sie sind äußerst fürsorgliche Gastgeber. Die Zimmer sind einfach, aber geschmackvoll eingerichtet. Das Frühstück ist exzellent und die mittags und abends servierten Gerichte bekömmlich und fantasievoll angerichtet.

La Croix Blanche de Sologne
Dorfgasthof

5, place de l'Eglise, 41600 Chaumont-sur-Tharonne (Loire-et-Cher) • **Tel** 02 54 88 55 12 **Fax** 02 54 88 60 40 • **e-mail** lacroix blanchesologne@wana-doo.fr • **Mahlzeiten:** Frühstück, Mittag- und Abendessen **Preise:** € • **Zimmer:** 18 **Geschlossen:** nie

Bei unserem letzten Besuch fanden wir eine gemütliche *auberge* in einem Gebäude aus dem 15. Jh. vor, die mit antiquarischen ländlichen Möbeln und Stoffen mit Blumenmuster ausgestattet war. Doch dann erreichte uns eine Leserzuschrift, in der von einem kühlen Empfang und einem äußerst schleppenden Service beim Abendessen die Rede war (man habe geschlagene zwei Stunden auf das Essen gewartet!). Pluspunkte sind jedoch der blumenreiche Garten, in dem man im Sommer speisen kann, der attraktive rustikale Speiseraum und die komfortablen Zimmer im Landhausstil (einige etwas zu üppig ausgestattet). Weitere Berichte sind willkommen!

Der Westen

Auberge Pontoise
Stadthotel

23, avenue Gambetta, 17800
Pons (Charente-Maritime)
Tel 05 46 94 00 99 • **Fax** 05 46
91 33 40 • **e-mail** auberge.pon-
toise@ wanadoo.fr • **Mahlzeiten:** Frühstück, Mittag- und
Abendessen • **Preise:** € • **Zimmer:** 22 • **Geschlossen:** 5 Wochen im Dezember und Januar;
Restaurant Sonntagabend und
montags in der Nebensaison

In diesem in einer alten Fabrik untergebrachten einfachen Hotel hat
sich seit 2003 vieles verändert: François-Xavier Dessaint ist der neue
Eigentümer und Eric Roulaud, vorher die zweite Hand in der
Küche, ist nun der Chef. Seine Kochkunst hat die Reputation der
auberge für ihre exzellente regionale Küche bewahrt. Besonders
empfehlenswert sind die *foie gras* und die Fischgerichte. Nach einer
Generalüberholung steht den Gästen nun ein gepflegter Speiseraum,
eine gemütliche Bar, schlichte, freundliche Zimmer mit neuen Bädern und im Sommer ein blumengeschmückter Innenhof zum Speisen im Freien zur Verfügung. Gutes Preis-Leistungsverhältnis.

Le Moulin
Umgebaute Mühle

St-Jean-St-Germain, 37600
Loches (Indre-et-Loire)
Tel 02 47 94 70 12 • **Fax** 02 47
94 77 98 • **e-mail**
lemoulinstjean@club-internet.fr
website www.lemoulinstjean.com
Mahlzeiten: Frühstück
Preise: € • **Zimmer:** 6
Geschlossen: nie

Die langjährigen Besitzer
Andrew Page und Sue Hut-
ton haben das idyllisch auf einem von Bäumen begrenzten Stück
Land am Ortsrand gelegene Le Moulin verkauft und führen nun das
Le Moulin L'Etang (siehe Seite 131). John Higginson und Barbara
Maxwell, ebenfalls Engländer, sind Neulinge im Hoteliergewerbe,
suchen noch ihren Weg und bieten vorerst nur Frühstück an, das in
einem schönen Wintergarten oder auf einer Veranda mit Blick auf
den Mühlbach serviert wird. Es befinden sich aber mehrere Restaurants im Ort. Es gibt einen Swimmingpool und am Fluss, in dem
sich Flussbarsche und Kaulquappen tummeln, einen kleinen Strand.

DER OSTEN

Die Hotels im Osten

Unser östliches Frankreich umfasst die Regionen Burgund, Franche-Comté und einen Großteil der Alpen. Jede dieser Regionen hat einen ganz eigenen Charakter, aber alle zeichnen sich durch ihr gutes Essen und die großartige Landschaft aus.

Die Attraktionen des Burgund dürften – vor allem unter Gourmets und Weinkennern – hinreichend bekannt sein. Falls Sie den Verdacht hegen sollten, die französische Küche sei auch nicht mehr das, was sie einmal war, werden Sie im Burgund sicher eines Besseren belehrt. Im Burgund gibt es jede Menge ambitionierte, gehobene Hotels, aber auch viele Hotels von der Art, wie wir sie mögen. In den traditionellen *auberges* auf dem Land oder in den alten Kutschenstationen gibt es meist einen ausgezeichneten Küchenchef/Patron; dort sind die Zimmer makellos sauber, komfortabel, unprätentiös und preiswert genug, um sich noch eine Flasche Gevrey-Chambertin leisten zu können. Versuchen Sie es doch z.B. einmal mit dem *Hôtellerie du Val d'Or* in Mercurey (siehe Seite 172) oder dem *Hostellerie du Château* in Châteauneuf-en-Auxois (siehe Seite 158). Das *Le Vaendangerot* in Rully (Tel. 03 85 87 38 76), das charmante *Auberge du Pot d'Etain* in L'Isle-sur-Serein (Tel. 03 86 33 88 10) und das luxuriöse *Château de Créancey* (Tel. 03 80 90 57 50) sind eine Empfehlung wert. Zur Abrundung Ihres gastronomischen Eindrucks der Gegend sollten Sie auf keinen Fall das »Le Cep« in Fleurie-en-Beaujoulais verpassen (Restaurant ohne Zimmer).

Die meisten Leute reisen ins Burgund, um sich die weltberühmten Weinberge und die romanische Architektur anzusehen; es gibt jedoch auch ruhigere Ecken wie z.B. Fontaine-Française oder das Vingeannetal nordöstlich von Dijon, die ebenfalls viel zu bieten haben. Auch Brionnais *(La Reconce* in Poisson, Seite 177, oder *Les Récollets* in Marcigny, Tel. 03 85 25 05 16) oder die sanften Hügel und Wälder nördlich von Nevers *(Ferme Auberge du Vieux Château* in Oulon, Seite 176) sind durchaus eine Reise wert.

Die Region Franche-Comté umfasst das Hochtal der Saône, deren weite Landschaft von einer ländlichen Einfachheit geprägt ist, sowie das wilde, ungezähmte Juragebirge. Unter den wenigen Empfehlungen, die wir in dieser Gegend machen können, befindet sich auch unsere Neuentdeckung, das elegante *Hôtel Castan* in Besançon (siehe Seite 155). Wenn hier voll ist, probieren Sie es im *Château d'Amondans* (Tel. 03 81 86 53 14) mit seiner schönen Ausstattung aus dem 16. Jahrhundert, oder im traditionell-französischen *Le Lac* at Malbuisson (Tel. 03 81 69 34 80).

Südwestlich, vor Lyon, wo wir das *Cour des Loges* aufgenommen haben (Seite 168), empfehlen wir die *Ostellerie du Vieux Pérouges* (Tel. 04 74 61 00 88), und südlich von Lyon in Chonas-l'Amballan das *Domaine de Clairfontaine* (Tel. 04 74 58 81 52).

In den Händen der richtigen Besitzer stellen die alpinen Chalets und ehemaligen Bauernhöfe perfekte kleine Hotels mit Charme dar; unsere Auswahl schließt sowohl alte Favoriten wie z.B. das *La Croix-Fry* in Manigod (siehe Seite 170) oder das *Bois Prin* in Chamonix (siehe Seite 157) als auch einfachere Hotels wie z.B. das *Chalet Rémy* in St-Gervais (siehe Seite 187) oder das *Coin Savoyard* in Combloux (siehe Seite 159) mit ein. Wir empfehlen Ihnen, diese Hotels im Sommer zu besuchen, wenn die geschäftige Wintersportatmosphäre einer ruhigeren Gangart gewichen ist.

DER OSTEN

ANTHY-SUR-LÉMAN

Auberge d'Anthy
~ Dorfhotel ~

74200 Anthy-sur-Léman (Haute-Savoie)
Tel 04 50 7 35 00 **Fax** 04 50 70 40 90
e-mail info@auberge-anthy.com **website** www.auberge-anthy.com

Das charmante kleine Hotel ist eine Neuentdeckung am zu Frank-reich gehörenden Südufer des Genfer Sees (Lac Léman). Die Anfahrt auf der N5 zwischen Thonon und Genf, vorbei an Einkaufszentren, ist weniger erfreulich, ganz im Gegensatz zum friedliche Anthy-sur-Léman mit der Auberge d'Anthy in der Ortsmitte.
Die Besitzer Catherine und Alain Dubuloz gestalteten ihr Familien-eigentum (seit 1927 ein Gasthof) im Jahre 1997 mit außergewöhnli-chem Einfallsreichtum und Geschmack völlig um. Die Zimmer sind sauber und schlicht; weiß angestrichenen Balken verleihen ihnen einen eigenen Charakter. Aufenthalts- und Speiseräume sind groß-zügig bemessen, besonders gemütlich ist der Hauptspeiseraum mit seiner diffusen Deckenbeleuchtung.
Die Küche ist hervorragend. Ungewöhnliche, köstliche Gerichte wie *cabri en cocotte* (Zicklein im Schmortopf) stehen ebenso auf der Speisenkarte wie frische Produkte aus dem See, z.B. Filets vom Flussbarsch, die dünn geschnitten und dann speziell gerollt werden. Bei der Weinkarte lässt man ebenfalls viel Fantasie und Sorgfalt wal-ten. Bis jetzt wird die Auberge d'Anthy hauptsächlich von Franzo-sen besucht, speziell die Bar ist bei den Einheimischen sehr beliebt. Faire Preise.

~

Umgebung: Lac Léman; Genève (Genf; 25 km); Evian (15 km); Portes du Soleil-Ski-gebiete • **Lage:** im Zentrum eines friedvollen Dorfes; eigener Parkplatz oder Parken auf der Straße • **Mahlzeiten:** Frühstück, Abendessen • **Preise:** € • **Zimmer:** 16; 14 Doppel-, 2 Dreibettzimmer, alle mit Bad; alle Zimmer mit Telefon, TV • **Anlage:** Aufenthaltsraum, Bar, Restaurant, Lift, Garten, Terrasse, Fahrräder, Segelboot **Kreditkarten:** AE, DC, MC, V • **Kinder:** willkommen • **Behinderte:** ein spezielles Zimmer • **Tiere:** erlaubt • **Geschlossen:** nie; Restaurant 2 Wochen im Januar **Besitzer:** Claude und Catherine Dubuloz

DER OSTEN

Les Grands Montets
ᵔ Hotel in den Bergen ᵔ

340, chemin des Arbérons, 74400 Argentière (Haute-Savoie)
Tel 04 50 54 06 66 **Fax** 04 50 54 05 42
e-mail info@hotel-grands-montets.com **website** www.hotel-grands-montets.com

In einem traditionellen savoyischen Dorf im Chamonix-Tal liegt dieses mit seinen 48 Zimmern wahrlich nicht kleine Hotel mit Charme, doch es wirkt intim und einladend. Es bietet aufgrund seiner Größe einen herrlichen Hallenpool sowie einen Massage- und Wellnessbereich, in dem man sich nach einem anstrengenden Tag auf der Piste regenerieren und verwöhnen lassen kann. In der attraktiven Bar bietet ein von allen Seiten zugänglicher offener Kamin wohlige Wärme. Die Plätze dort sind jedoch sehr begehrt. Es gibt keinen Speiseraum, was angesichts der vielen Lokale vor Ort jedoch kein Problem sein dürfte.

Die Zimmer werden nach und nach im klassischen Chalet-Stil überholt, die bereits neu dekorierten (z.B. Nr. 103 oder Nr. 104) haben einen offenen Kamin und bieten Ausblicke auf den Mont Blanc. In den neuen Familienzimmern gibt es etwas ganz Besonderes: *lits clos* für die Kleinen: Durch ein Herz können sie in ihr eigenes verstecktes Kuschelreich klettern. Das Hotel liegt in Reichweite der Ecole de Ski Français und der anspruchsvollsten Abfahrten in den Alpen, es ist somit ein ideales Domizil für Anfänger, Fortgeschrittene und Profis.

ᵔ

Umgebung: Chamonix (10 km); Mont Blanc; Megève (42 km); Vallorcine (10 km); Montenvers-Bahn • **Lage:** im Ortszentrum; mit großem eigenem Parkplatz
Mahlzeiten: Frühstück • **Preise:** €€–€€€ • **Zimmer:** 48 Doppel-, Zweibett- und Familienzimmer, alle mit Bad oder Dusche; alle Zimmer mit Telefon, TV, Minibar, Fön, einige mit Klimaanlage • **Anlage:** Bar/Aufenthaltsraum, Frühstücksraum, Massage- und Wellnessbereich, Hallenpool • **Kreditkarten:** AE, DC, MC, V
Kinder: erlaubt • **Behinderte:** einige Zimmer im Erdgeschoss • **Tiere:** erlaubt
Geschlossen: Mai/Juni; Mitte September bis Mitte Dezember • **Besitzer:** Stella und Alain Blanc-Plaque

DER OSTEN

ARNAY-LE-DUC

Chez Camille
~ Stadthotel ~

1, place Edouard-Herriot, 21230 Arnay-le-Duc (Côte-d'Or)
Tel 03 80 90 01 38 **Fax** 03 80 90 04 64
e-mail chez-camille@wanadoo.fr **website** www.chez-camille.fr

Die zentrale Lage und Armand Poinsots exzellente Küche (traditionell geprägt, aber leicht) sprechen für dieses bezaubernde Hotel. Die dunklen und eher langweiligen Korridore lassen nicht ahnen, wie überraschend schön die Zimmer sind. Einige sind klein, andere geräumig; die meisten verfügen über Deckenbalken und haben viel persönliche Atmosphäre – Antiquitäten, hübsche, fließende Vorhänge, Sessel. Die Badezimmer sind einfach, aber durchaus akzeptabel. Die preiswerteren Zimmer sind in einem Nebengebäude, dem Claire de Lune, untergebracht.

Im Erdgeschoss gibt es eine große und bequeme Lobby, aber das Herzstück des Hotels ist sein moderner, im Wintergartenstil gehaltener Speiseraum, der an einen überdachten Innenhof mit großem Baum in der Mitte grenzt. An seiner anderen Seite befindet sich die Küche, die den Blicken der Gäste frei zugänglich ist, und gleich daneben die Patisserie. »Es ist immer interessant für die Gäste, dem Küchenpersonal bei der Arbeit zusehen zu können«, sagt M. Poinsot, »und beinahe ebenso interessant für das Personal, den Gästen zusehen zu können.« Sein Team scheint fehlerlos; man hat das untrügliche Gefühl, dass M. Poinsot sein Geschäft bestens versteht. Die Kellnerinnen tragen lange weiße Schürzen und Röcke mit Blumenmuster, das Essen ist köstlich, und der Service funktioniert reibungslos. Das ist Frankreich, wie es uns gefällt!

~

Umgebung: Beaune (36 km); Saulieu (29 km) • **Lage:** im Stadtzentrum; mit eigenem Parkplatz und Garage • **Mahlzeiten:** Frühstück, Mittag- und Abendessen **Preise:** € • **Zimmer:** 11 Doppel- und Zweibettzimmer, alle mit Bad; alle Zimmer mit Telefon, TV, Minibar, Fön • **Anlage:** 2 Aufenthaltsräume, Restaurant, Weinkeller • **Kreditkarten:** AE, DC, MC, V • **Kinder:** willkommen • **Behinderte:** keine entsprechenden Einrichtungen • **Tiere:** erlaubt • **Geschlossen:** nie **Besitzer:** Armand Poinsot

Der Osten

Parc des Maréchaux
∼ Bed-&-Breakfast in einer Stadtvilla ∼

6, avenue Foch, 89000 Auxerre (Yonne)
Tel 03 86 51 43 77 **Fax** 03 86 51 31 72 **e-mail** contact@
hotel-parcmarechaux.com **website** www.hotel-parcmarechaux.com

Dieses solide Haus aus den 1850er Jahren, das die Leclercs 2001 von
Espérance Hervé und ihrem Mann übernommen haben, ist bei unseren Lesern sehr beliebt, nicht zuletzt aufgrund seines ausgezeichneten Preis-Leistungs-Verhältnisses.

Die Hervés haben nichts ausgelassen: Das einladende Ambiente, der
treffsichere Stil und der Komfort des Hauses würden jedem professionellen Hotelier zur Ehre gereichen. Die Gemeinschaftsräume
sind für ein Bed-&-Breakfast-Hotel außerordentlich bequem;
ebenso wie das Wohnzimmer, so ist auch die kleine Bar, die zum
Garten hinausgeht, sehr hübsch.

Die großen Zimmer sind in zurückhaltenden Farben gehalten und
hübsch mit traditionellen Betten und Kommoden aus Holz eingerichtet. Obwohl die Zimmer an der stark befahrenen Straße vor
kurzem mit einem Lärmschutz versehen worden sind, ist eines, das
zum Garten hinausgeht, auf jeden Fall empfehlenswerter. Einige
verfügen auch über französische Fenster, die sich direkt zum Garten hin öffnen lassen. Dem Garten, einem abgeschiedenen, baumbe-
standen »Park«, verdankt das Hotel übrigens seinen Namen.

Das exzellente Frühstück wird im Sommer nicht in dem hübschen
Frühstücksraum, sondern draußen serviert; es gibt frisch gepressten
Orangensaft und »zahlreiche Alternativen zu Brot und Croissants,
wenn Sie das wünschen«. Leichtere Mahlzeiten werden den Gästen
auch auf dem Zimmer serviert.

∼

Umgebung: Kathedrale; Abteikirche von St-Germain; Chablis (20 km) • **Lage:** in
Auxerre ausgeschildert, in der Nähe des Stadtzentrums; mit eigenem Parkplatz
Mahlzeiten: Frühstück, leichte Mahlzeiten • **Preise:** €€ • **Zimmer:** 25; 19 Doppel-
und Zweibettzimmer, 2 Einzel-, 4 Familienzimmer, alle mit Bad; alle Zimmer mit
Telefon, TV • **Anlage:** Aufenthaltsraum, Bar, Speiseraum, Lift, Pool, Garten • **Kreditkarten:** AE, DC, MC, V • **Kinder:** willkommen • **Behinderte:** 3 Zimmer im Erdgeschoss • **Tiere:** erlaubt • **Geschlossen:** nie • **Besitzer:** M. und Mme Leclerc

DER OSTEN

Château de Vault de Lugny
~ Hotel auf dem Land ~

11, rue du Château, 89200 Avallon (Yonne)
Tel 03 86 34 07 86 **Fax** 03 86 34 16 36
e-mail hotel@lugny.com **website** www.lugny.com

Die automatischen Tore des Château de Vault de Lugny öffnen sich auf Knopfdruck, und dahinter wird der Eingang des Schlosses jenseits einer großen Rasenfläche sichtbar. Das Hotel wird regelmäßig mit Preisen ausgezeichnet und bietet eine phänomenale Lage und Atmosphäre: Steintreppen, riesige Betten und Abendessen im Winter vor einem prächtigen offenen Kamin. Auf dem weitläufigen bewaldeten Grundstück kann man Forellen fischen und Tennis spielen oder einen mittelalterlichen Verteidigungsturm besichtigen.

Im Inneren ist die ursprüngliche Atmosphäre des Schlosses sorgsam bewahrt worden. Das Gebäude ist sehr schön, die Einrichtung ist weder zu »gewollt« noch zu wenig formell; die Gäste haben eher das Gefühl, in einem privaten Zuhause zu sein.

Das Abendessen wird im Stil einer Dinnerparty in der Regel an einem gemeinsamen großen Tisch eingenommen; wenn Sie es etwas intimer mögen, können Sie aber auch einen eigenen Tisch bekommen. Das Essen ist reichhaltig und köstlich und wirkt authentisch hausgemacht. Versuchen Sie es doch einmal mit dem klassischen Burgundmenü. Bei aller Anziehungskraft ist das Château de Vault de Lugny eines der teuersten Hotels in diesem Führer. Über den Service wurden kürzlich allerdings Klagen laut. Weitere Berichte sind willkommen.

~

Umgebung: Avallon (4 km); Vézelay (10 km) • **Lage:** 4 km westlich von Avallon, 1 km nördlich von Pontaubert, an der D427 außerhalb des Ortes Vault de Lugny; mit eigenem großem Parkplatz • **Mahlzeiten:** Frühstück, Mittag- und Abendessen, Zimmerservice • **Preise:** €€€€€ • **Zimmer:** 12 Doppel- und Zweibettzimmer, alle mit Bad; alle Zimmer mit Telefon, TV, Minibar, Fön, Safe • **Anlage:** Aufenthaltsraum, Bar, Speiseraum, Garten, Tennisplatz, Angelmöglichkeit • **Kreditkarten:** AE, MC, V • **Kinder:** willkommen • **Behinderte:** Zimmer im Erdgeschoss geeignet **Tiere:** erlaubt • **Geschlossen:** Mitte November bis Anfang Februar • **Besitzerin:** Elisabeth Audan

DER OSTEN

Moulin des Templiers
~ Bed-&-Breakfast in einer umgebauten Mühle ~

Vallée du Cousin, Pontaubert, 89200 Avallon (Yonne)
Tel 03 86 34 10 80 **Fax** 03 86 34 03 05
e-mail jean.liberatore@freesbee.fr **website** www.hotel-moulin-des-templiers.com

Als wir das Moulin des Templiers das letzte Mal besuchten, erwartete uns ein trauriger Anblick: Das Hotel war Opfer einer ungewöhnlich starken Überschwemmung geworden, und das Wasser des Cousin schwappte immer noch bedrohlich nah an die Mauern des Gebäudes heran. Heute sind glücklicherweise nur noch wenige Anzeichen der Flutkatastrophe sichtbar.

Diese bescheidene Übernachtungsmöglichkeit befindet sich mittlerweile in den fähigen Händen neuer Besitzer, der Liberatores. Den altmodischen Zimmern wurde ein neuer Anstrich gegeben; sie verfügen nun über weiße, rohrverputzte Wände, Tapeten mit Blumenmuster, dunkle, alte, polierte Türen und winzige Badezimmer (die Toiletten liegen separat), die sich in krumme Nischen schmiegen. Die Zimmer im ersten Stock sind recht klein, während diejenigen im zweiten Stock etwas größer sind.

Im Nationalarchiv können die Aufzeichnungen über eine Mühle an diesem Ort bis ins 12. Jh. zurückverfolgt werden. Sie wurde von den Templern als Raststätte auf ihrem Weg nach Santiago de Compostela genutzt und zusammen mit der Kapelle der Templer 1571 von den Hugenotten niedergebrannt. Heute liegt die Mühle hier idyllisch am Ufer eines normalerweise bezaubernden kleinen Flüsschens. Das Frühstück wird entweder in einem der beiden winzigen Frühstücksräume oder – bei schönem Wetter – auf der Terrasse am Fluss serviert.

~

Umgebung: Avallon (4 km); Vézelay (13 km) • **Lage:** ganz in der Nähe von Pontaubert, ausgeschildert, im Cousintal; mit Parkplatz über die Straße • **Mahlzeiten:** Frühstück • **Preise:** € • **Zimmer:** 15 Doppel- und Zweibettzimmer, alle mit (kleinem) Bad oder Dusche; alle Zimmer mit Telefon • **Anlage:** 2 Frühstücksräume, Aufenthaltsraum, Bar, Terrasse • **Kreditkarten:** AE, DC, MC, V • **Kinder:** erlaubt **Behinderte:** nicht geeignet • **Tiere:** erlaubt • **Geschlossen:** Dezember bis Mitte Februar • **Besitzer:** Anne und Jean Liberatore

DER OSTEN

BESANÇON

Castan

~ Stadthotel ~

6, square Castan, 25000 Besançon (Doubs)
Tel 03 81 65 02 00 **Fax** 03 81 83 01 02
e-mail art@hotelcastan.fr **website** www.hotelcastan.fr

Ein beispielhaftes Hotel mit bezaubernden, individuell eingerichteten Zimmern, die mit ihren Antiquitäten, Ölgemälden, vergoldeten Spiegeln, Kerzenleuchtern, Parkettböden und zahlreichen Läufern Eleganz und Persönlichkeit verströmen. Jedes einzelne der zehn Zimmer kann man sich auf der gut gepflegten Website vorher ansehen; wenn Sie per Fax oder Telefon buchen, können Sie also schon angeben, welches Zimmer Sie haben möchten. Das Gebäude stammt aus dem 18. Jh. und verfügt über einen begrünten Innenhof, der im Sommer mit Blumen, Palmen und Kletterpflanzen übersät ist. Der Zahnarzt Gérard Dintroz und seine Frau haben es in einem ziemlich baufälligen Zustand zunächst zu privaten Zwecken gekauft; es stellte sich jedoch bald als größer heraus, als sie ursprünglich angenommen hatten, und so wandelten sie einen Teil davon in ein kleines Hotel um. Mme Dintroz kümmert sich zusammen mit einem kleinen Trupp freundlichen Personals um alle Angelegenheiten des Hotels, während ihr Mann sich kürzlich aus dem Geschäft zurückgezogen hat. Seine Leidenschaft für das Sammeln von Antiquitäten – vor allem alte Rüstungen – ist aber immer noch kaum zu übersehen. Das Frühstück wird den Gästen auf wertvollem Porzellan entweder auf dem Zimmer oder in dem getäfelten Frühstücksraum serviert und übertrifft mit seinen hausgemachten Marmeladen und anderen Köstlichkeiten alle Erwartungen.

Umgebung: Vieille Ville; Zitadelle; naturgeschichtliches Museum • **Lage:** an einem kleinen Platz im Zentrum der Stadt, folgen Sie der Ausschilderung nach Vieille Ville und La Citadelle; mit eigenem Parkplatz • **Mahlzeiten:** Frühstück • **Preise:** €€
Zimmer: 10 Doppel- und Zweibettzimmer, alle mit Bad; alle Zimmer mit Telefon, TV, Minibar, Fön; die Hälfte der Zimmer mit Klimaanlage • **Anlage:** Aufenthaltsbereich, Frühstücksraum, Innenhof • **Kreditkarten:** AE, MC, V • **Kinder:** erlaubt
Behinderte: 2 Zimmer im Erdgeschoss geeignet • **Tiere:** erlaubt • **Geschlossen:** Weihnachten und Neujahr, 3 Wochen im August • **Besitzer:** Gérard Dintroz

DER OSTEN

CHAGNY

Lameloise
~ Stadthotel ~

36, place d'Armes, 71150 Chagny (Saône-et-Loire)
Tel 03 85 87 65 65 **Fax** 03 85 87 03 57
e-mail reception@lameloise.fr **website** www.lameloise.fr

Jacques Lameloise und seine Frau erhalten den guten Ruf dieses mit weißen Fensterläden versehenen Hauses mühelos aufrecht. Sein Vater Jean hatte es einst zu einem der besten Restaurants von ganz Frankreich gemacht. Das Lameloise ist ein Zufluchtsort mit gehobenem und dennoch nicht übertriebenem Luxus und nimmt sich inmitten des Alltagsstädtchens Chagny etwas seltsam aus (trotz seiner Nähe zur Côte d'Or wird in Chagny kein Wein produziert). Betritt man das Hotel von der ungepflegten Place d'Armes aus, überraschen den Gast plötzlich gebräunte Menschen in Designerklamotten und Goldschmuck. Die renovierte Empfangshalle ist modern und geschniegelt, mit roten Sofas und sanfter Beleuchtung. Die Zimmer sind ausgesprochen attraktiv und komfortabel und alle unterschiedlich mit bezaubernden Stoffen und Antiquitäten eingerichtet. Badezimmer aus Marmor sind natürlich obligatorisch.

Das klassische, würdevolle und dennoch nicht exorbitant teure Restaurant stellt natürlich das Herzstück des Hotels dar; es ist mit drei Michelinsternen und einer 19/20 vom Gault Millau ausgezeichnet. Man wird kaum im Lameloise übernachten, ohne auch im Restaurant zu essen. Das Essen basiert auf der burgundischen Küche, dazu werden die besten Weine des Burgund serviert. Das Frühstück ist erwartungsgemäß köstlich. Trotz seines gehobenen Standards hat sich das Lameloise eine große Portion Bescheidenheit bewahrt.

Umgebung: Beaune (16 km); Côte de Beaune • **Lage:** im Zentrum der Stadt; mit eigenem Parkplatz und Garage • **Mahlzeiten:** Frühstück, Mittag- und Abendessen **Preise:** €€€ • **Zimmer:** 17 Doppel- und Zweibettzimmer, alle mit Bad; alle Zimmer mit Telefon, TV, Fön; die meisten mit Klimaanlage • **Anlage:** Aufenthaltsraum, Bar, Restaurant, Aufzug • **Kreditkarten:** AE, DC, MC, V • **Kinder:** erlaubt • **Behinderte:** Zugang schwierig • **Tiere:** erlaubt • **Geschlossen:** Mitte Dezember bis Mitte Januar, Hotel und Restaurant mittwochs, donnerstags bis 17 Uhr; Restaurant Montagmittag • **Besitzer:** Familie Lameloise

DER OSTEN

Auberge du Bois Prin
~ Chalethotel ~

69, chemin de l'Hermine, Les Moussoux, 74400 Chamonix (Haute-Savoie)
Tel 04 50 53 33 51 **Fax** 04 50 53 48 75
e-mail info@boisprin.com **website** www.boisprin.com

Trotz der stets wachsenden Konkurrenz bleibt das Bois Prin unser Lieblingshotel in oder wenigstens in der Nähe von Chamonix. Das liegt zum einen an der großartigen Aussicht über das Tal zu den Gipfeln und Gletschern des Mont Blanc – der Anblick hätte die Romantiker aus dem 19. Jh. in den Wahnsinn getrieben – und zum anderen daran, dass es ein so angenehmer Aufenthaltsort ist, wie uns Leser immer wieder bestätigen.

Das Bois Prin ist ein traditionelles Chalet aus dunklem Holz, das in einem hübschen Blumengarten in der Nähe der Brévent-Seilbahn liegt, an der nördlichen Seite des tiefen und steilen Chamonixtals. Die Carriers führen das Hotel schon seit seiner Erbauung durch Denis Carriers Eltern im Jahr 1976. Auf den ersten Blick mag es mit seinem formell gekleideten Personal vielleicht etwas steif wirken, aber Sie werden bald feststellen, dass die freundlichen jungen Besitzer den Ton angeben. Die Zimmer gehen zum Mont Blanc hinaus und sind üppig mit schweren Stoffen, Schnitzereien (viele davon hat Denis selbst gemacht) und Antiquitäten eingerichtet; die besten verfügen über eigene Terrassen. Das Essen ist exzellent, die Gerichte abwechslungsreich und der Käseteller »einfach wunderbar«. Ein Gast, der das Hotel vor kurzem für uns besuchte, schrieb: »Luxuriös ... und dennoch anheimelnd und gemütlich.«

~

Umgebung: Mont Blanc und Le Brévent • **Lage:** an einem Hügel im Nordwesten der Stadt; mit eigenem großem Parkplatz und Garagen • **Mahlzeiten:** Frühstück, Mittag- und Abendessen; Zimmerservice • **Preise:** €€–€€€ • **Zimmer:** 11; 9 Doppel- und Zweibett-, 2 Familienzimmer, alle mit Bad; alle Zimmer mit Telefon, TV, Minibar, Fön • **Anlage:** Speiseraum, Aufzug, Sauna, Heilbad, Terrasse, Garten **Kreditkarten:** AE, DC, MC, V • **Kinder:** willkommen • **Behinderte:** keine entsprechenden Einrichtungen • **Tiere:** erlaubt • **Geschlossen:** Mitte April bis Anfang Mai, November • **Besitzer:** Denis und Monique Carrier

DER OSTEN

Hostellerie du Château

～ Hotel auf dem Land ～

Châteauneuf-en-Auxois, 21320 Pouilly-en-Auxois (Côte d'Or)
Tel 03 80 49 22 00 **Fax** 03 80 49 21 27 **e-mail** hostellerie-du-chateau@hostellerie-chateauneuf.com **website** www.hostellerie-chateauneuf.com

Diese malerische Hostellerie, ein clever umgebautes ehemaliges Pfarrhaus aus dem 15. Jh., liegt ganz in der Nähe des Château und fügt sich harmonisch in seine friedliche, mittelalterliche Umgebung ein: altes Gemäuer, ruhige, ländliche Zimmer und terrassenförmig angelegte Gärten. In dem mit Deckenbalken versehenen Restaurant stehen solide Gerichte aus dem Burgund auf der Speisekarte. »Ausgezeichnetes Preis-Leistungs-Verhältnis«, schrieb uns vor kurzem ein Leser. Ein weiterer begeisterter Gast berichtete uns, dass er sich sofort sehr wohl gefühlt habe, als er das Hotel an einem kalten und verschneiten Tag betrat. »Warm und einladend ... eine kleine, unverputzte Rezeption/Bar, wärmende Kaminfeuer und ein bequemer Aufenthaltsbereich. Das Charolaissteak zum Abendessen war köstlich. Von unserem großen und attraktiv eingerichteten Familienzimmer aus hatten wir eine schöne Aussicht auf das Château. Das Zimmer war makellos sauber, und das Badezimmer vollkommen angemessen.« Ein dritter Leser bestätigte diese Kommentare: »Ein erfreuliches Hotel. Das umgebende Dorf ist ausgesprochen malerisch, und die Aussicht über die Ebene von seinem erhöhten Standpunkt aus ist auch sehr schön. Das Personal ist hilfsbereit, die Unterbringung komfortabel. Das Essen war köstlich – vielleicht das beste auf unserer ganzen Reise.« Bitte beachten Sie, dass das Hotel außer im Juli und im August montags und dienstags geschlossen ist.

Umgebung: Pouilly-en-Auxois (10 km); Dijon (45 km) • **Lage:** im Dorf, neben dem Château, 10 km südöstlich von Pouilly-en-Auxois; Parkplatz an der Straße • **Mahlzeiten:** Frühstück, Mittag- und Abendessen • **Preise:** € • **Zimmer:** 17; 15 Doppel- und Zweibettzimmer, 1 Einzelzimmer, 1 Suite, alle mit Bad; alle Zimmer mit Telefon • **Anlage:** 2 Aufenthaltsräume, Speiseraum, Terrasse, Garten • **Kreditkarten:** AE, DC, MC, V • **Kinder:** willkommen • **Behinderte:** nicht geeignet • **Tiere:** erlaubt • **Geschlossen:** Dezember bis Mitte Februar, montags, dienstags außer im Juli, August • **Besitzer:** André Hartmann

DER OSTEN

Coin Savoyard
〜 Hotel in den Bergen 〜

300, route de la Cry, 74920 Combloux (Haute-Savoie)
Tel 04 50 58 60 27 **Fax** 04 50 47 95 57
e-mail lecordonant@wanadoo.fr **website** www.coin-savoyard.com

Combloux ist viel ruhiger als Chamonix, sodass man hier die phänomenale Umgebung ohne die Massen dort genießen kann. Wie in
fast allen Ferienorten in den Bergen ist im Sommer Wandern und im
Winter Ski fahren angesagt. Da Combloux nicht am Fuße der Abfahrten liegt, besteht zu den Pisten ein kleiner Pendelverkehr (in der
Saison alle 15 Minuten).
Das Coin Savoyard ist ein äußerst angenehmer Aufenthaltsort. Einige Räume des ehemaligen Bauernhauses, das bereits den Großeltern der heutigen Besitzerin Colette Astav gehörte, wurden von
ihren Eltern an Gäste vermietet. Die rustikalen Zimmer haben holzverkleidete Wände und Decken und sind mit Holzmöbeln ausgestattet. Einige von ihnen (Nr. 3, Nr. 5 und Nr. 6) bieten Ausblicke
auf die Dorfkirche, und die Zimmer im Zwischengeschoss sind ideal
für Familien.
Vom Gault Millau empfohlen, basiert die Küche auf frischen Zutaten vom Markt. Die wohlschmeckenden Gerichte werden wie die
herzhaften Fondues im prächtigen, holzverkleideten Bar-Restau-
rant serviert, bei schönem Wetter kann das Mittagessen auch nahe
dem Swimmingpool im Obstgarten eingenommen werden.

Umgebung: Chamonix (30 km); Mont Blanc; Megève (6 km); Annency (77 km)
Lage: im Ortszentrum; beschränkte Parkmöglichkeiten • **Mahlzeiten:** Frühstück,
Mittag- und Abendessen • **Preise:** € • **Zimmer:** 10; 7 Doppel- und Zweibett-,
3 Familienzimmer, alle mit Bad; alle Zimmer mit Telefon, TV • **Anlage:** Speiseraum,
Bar, Pool, Garten • **Kreditkarten:** AE, DC, MC, V • **Kinder:** erlaubt • **Behinderte:**
nicht geeignet • **Tiere:** erlaubt • **Geschlossen:** Mitte September bis Mitte Dezember; April bis Juni • **Besitzer:** Colette und Philippe Astav

DER OSTEN

CURTIL-VERGEY

Le Manasses
～ Ländliches Hotel ～

Rue Guillaume de Tavanes, 21220 Curtil-Vergey (Côte-d'Or)
Tel 03 80 61 43 81 **Fax** 03 80 61 42 79

Wie könnte man einen Aufenthalt im Burgund besser gestalten, als im Herzen eines Weinanbaugebiets zu übernachten? Uns haben in letzter Zeit einige Leser geschrieben, die uns das Le Manasses wärmstens empfohlen.

Die Familie Chalet hat das Hotel vor zehn Jahren eröffnet. Hier wirkt alles sehr aufgeräumt: Alles ist tadellos sauber und mit großer Sorgfalt und gutem Geschmack eingerichtet; auch das Preis-Leistungs-Verhältnis stimmt. Die meisten der Zimmer befinden sich in demselben Gebäude wie die Rezeption bzw. der Frühstücksraum; fünf luxuriösere – und größere – Zimmer sind seit kurzem in einem umgebauten Nebengebäude über den Hof untergebracht. Letztere sind wirklich sehr schön mit aufeinander abgestimmten Stoffen eingerichtet. Zu allen Zimmern gehören Badezimmer aus Marmor. Im Hauptgebäude haben die Chalets außerdem ein Weinmuseum eingerichtet, in dem altes Werkzeug und alte Flaschen ausgestellt sind, und wo an jedem Abend eine Weinverkostung für die Gäste des Hauses stattfindet. Das Frühstück ist beispielhaft und besteht aus hausgemachten Marmeladen und Käsesorten, Wurst, Schinken, gewürztem Brot – und sogar einem Glas Wein, wenn die Gäste das wünschen. Das Beste am Le Manasses ist wahrscheinlich seine Aussicht: ein grünes Tal, ein bewaldeter Hügel und nirgends ein anderes Gebäude in Sicht. Im Hotel gibt es kein Abendessen, aber die Chalets können gute Restaurants in der Umgebung empfehlen.

～

Umgebung: Beaune (24 km); Abteien von St-Vivant und Citeaux • **Lage:** im Dorf, 24 km nordwestlich von Beaune; mit eigenem Parkplatz • **Mahlzeiten:** Frühstück **Preise:** €–€€ • **Zimmer:** 12 Doppel- und Zweibettzimmer, alle mit Bad; alle Zimmer mit Telefon, Fax, TV, Klimaanlage, Minibar, Fön • **Anlage:** Frühstücksraum, Weinmuseum • **Kreditkarten:** AE, DC, MC, V • **Kinder:** erlaubt • **Behinderte:** nicht geeignet • **Tiere:** erlaubt • **Geschlossen:** Dezember bis März • **Besitzer:** Yves, Françoise und Cécile Chaley

DER OSTEN

L'Ange Souriant

≈ Bed-&-Breakfast auf dem Land ≈

Rue Voltaire, 21150 Flavigny-sur-Ozerain (Côte-d'Or)
Tel 03 80 96 24 93 **Fax** 03 80 96 24 93
e-mail ange-souriant@wanadoo.fr **website** www.ange-souriant.com

Die reizende befestigte Ortschaft Flavigny-sur-Ozerain war Schauplatz des Filmes *Chocolat*. Nach einer Nacht im L'Ange Souriant (was übersetzt »Der Lächelnde Engel« heißt) wird das Gästebuch höchstwahrscheinlich um einen begeisterten Kommentar reicher sein. Die gemütlichen Zimmer sind mit Eichenbalken, weißen Wänden, fließenden Stoffen, sorgsam restaurierten Antiquitäten (aber ohne Telefon und Fernsehgerät) ausgestattet und vermitteln eine heimelige Atmosphäre. Der Besitzer Will Barrueto hat ein sicheres Gespür für das Wohlergehen seiner Gäste. Sein Frühstück, das im Speiseraum und bei schönem Wetter im reizenden Innenhof serviert wird, ist legendär und auf das jeweilige Herkunftsland ausgerichtet: Schinken und Käse für die Schweizer und Deutschen, Croissants für die Franzosen und Eier für die Engländer. Bei Bedarf führt Will auch durch den Ort.

Abendessen wird nicht angeboten, aber es gibt zwei gute Restaurants, eines davon eine *crêperie* in einem alten Kloster. Im Sommer lohnt sich ein Besuch des Openairkinos, außerdem finden zahlreiche Prozessionen und Feste statt. Flavigny-sur-Ozerain und das L'Ange Souriant lohnen einen längeren Besuch.

≈

Umgebung: Sémur-en-Auxois (17 km); Avallon (55 km); Dijon (58 km); Alise-Ste-Reine (7 km); Abbaye de Fontenay • **Lage:** im Dorf, 5 km östlich der D905; Parkplatz in der Nähe • **Mahlzeiten:** Frühstück • **Preise:** € • **Zimmer:** 4; 2 Doppelzimmer mit Bad oder Dusche, 1 Familiensuite mit 2 Schlafzimmern und 1 gemeinsamen Bad • **Anlage:** Aufenthaltsraum, Frühstücksraum, Innenhof • **Kreditkarten:** MC, V • **Kinder:** willkommen • **Behinderte:** nicht geeignet • **Tiere:** erlaubt **Geschlossen:** Oktober bis März • **Besitzer:** Will Barrueto

DER OSTEN

Château de Fleurville
~ *Ländliches Hotel* ~

71260 Fleurville (Saône-et-Loire)
Tel 03 85 27 91 30 **Fax** 03 85 27 91 29
e-mail chateaufleurville@free.fr **website** www.chateau-de-fleurville.com

Das Fleurville hat eine strategisch günstige Lage auf dem Weg nach Süden: Es ist gleich weit von Tournus und von Mâcon entfernt und liegt zwischen der *autoroute* A6 und der N6, trotzdem ist dieses aus dem 16. und 17. Jh. stammende *château* inmitten eines bewaldeten Parks ruhig und angenehm genug für einen längeren Aufenthalt. Der jetzige Besitzer Pascal Lehmann hatte das etwas verwahrloste Hotel nach der Übernahme zunächst einmal umfassend restauriert. Hoffentlich kennt sein Eifer diesbezüglich aber Grenzen, denn ein gewisser Grad an verblasster Eleganz macht ein *château* doch gerade liebenswert – und einige der alten Räume waren mit ihren tapezierten Wänden wirklich schön! Ansonsten ist Monsieur Lehmann ein warmherziger Gastgeber, der das Hotel mit gemäßigten Preisen zu einem der besten Familien-*châteaux* im weiten Umkreis machen will.

Die neuen Zimmer sind stilvoll-elegant, bemerkenswert sind das Rote Zimmer mit Himmelbett und Mahagonischrank sowie das kleine, aber feine, von einer steinernen Wendeltreppe wegführende Turmzimmer.

Serge Nodot ist der Küchenchef, dessen Erfolge durch zahlreiche Artikel in der französischen Presse bestätigt wurden. Sein *filet de boeuf charolais* (eine burgundische Spezialität) ist außergewöhnlich.

Umgebung: Tournus (15 km); Mâcon (15 km); Weinberge; romanische Kirchen und Abteien • **Lage:** an der RN6 zwischen Tournus und Mâcon; mit eigenem Parkplatz **Mahlzeiten:** Frühstück, Mittag- und Abendessen • **Preise:** €€ • **Zimmer:** 15; 14 Doppel- und Zweibettzimmer, 1 Suite, alle mit Bad; alle Zimmer mit Telefon, TV; renovierte Zimmer mit Minibar, Fön • **Anlage:** Aufenthaltsraum, Speiseraum, Frühstücksraum, Bar, Terrasse, Garten, Swimmingpool, Fahrräder • **Kreditkarten:** AE, DC, MC, V • **Kinder:** willkommen • **Behinderte:** eingeschränkter Zugang möglich • **Tiere:** erlaubt • **Geschlossen:** Mitte November bis Anfang Februar • **Besitzer:** France und Pascal Lehmann

DER OSTEN

GEVRY-CHAMBERTIN

Les Grands Crus
~ Ländliches Hotel ~

Route des Grands Crus, 21220 Gevry-Chambertin (Côte-d'Or)
Tel 03 80 34 34 15 **Fax** 03 80 51 89 07

Die verputzten Mauern und die freiliegenden Deckenbalken sind
gerade und glatt, und die Fenster lassen sich ganz leicht öffnen: Das
Les Grands Crus ist ein modernes Hotel, das erst 1977 erbaut wurde
und deshalb nicht so unmittelbar charmant ist wie viele seiner älteren Geschwister, die wir Ihnen hier vorstellen. Aber das Les Grands
Crus ist im traditionellen Stil des Burgund angelegt: gefliese
Fußböden, zitronengelb getünchte Wände, Stoffgobelins und ein
geschnitzter Kamin. Im Sommer quillt es zudem vor Geranien geradezu über. In gewissem Maße vereint es also den Charme des
Alten mit dem Komfort des Neuen. Der Empfang könnte allerdings
etwas herzlicher ausfallen: Er ist nicht gerade überschwänglich und
von gallischer Kälte geprägt.
Die Zimmer haben auch nicht gerade das letzte Wort in puncto eleganter Einrichtung, aber sie sind ruhig, geräumig und durchdacht.
Außerdem gehen sie zu den berühmten Weinbergen des Gevry-
Chambertin hinaus, die sich auf allen Seiten erstrecken. Das überdurchschnittlich gute Frühstück wird bei schönem Wetter in dem
kleinen, blumenübersäten Garten serviert; bei schlechtem Wetter
kann es aufgrund des kleinen Frühstücksraums, der hinter der Rezeption liegt, zu Verzögerungen kommen.
In der Nähe gibt es zahlreiche Restaurants, darunter auch einige mit
sehr gutem Ruf.

~

Umgebung: Dijon (10 km); Beaune; Abteien von St-Vivant und Citeaux • **Lage:** im
Dorf, 10 km südwestlich von Dijon; mit eigenem Parkplatz • **Mahlzeiten:** Früh-
stück • **Preise:** € • **Zimmer:** 24 Doppel- und Zweibettzimmer, alle mit Bad; alle
Zimmer mit Telefon, Fön • **Anlage:** Aufenthaltsraum, Garten • **Kreditkarten:** MC, V
Kinder: willkommen • **Behinderte:** keine entsprechenden Einrichtungen
Tiere: erlaubt • **Geschlossen:** Dezember bis März • **Besitzerin:** Marie-Paule Farnier

DER OSTEN

GOUMOIS

Taillard

~ Chalethotel ~

25470 Goumois (Doubs)
Tel 03 81 44 20 75 **Fax** 03 81 44 26 15
e-mail hotel.taillard@wanadoo.fr **website** www.hoteltaillard.com

Seit einiger Zeit erreicht uns immer wieder ein periodisch auftretender Zustrom anerkennender Kommentare zu diesem hübschen Chalet in einem bewaldeten Tal an der Schweizer Grenze. Sie loben die großartige Aussicht, den hübschen Garten, die komfortablen und preiswerten Zimmer, die freundliche Atmosphäre, und – nicht zuletzt – das gute Essen. »Köstlich, wenn auch wenig abwechslungsreich«, lautete der letzte Kommentar zum Thema »Essen«, während andere Leser die »wunderschön zubereiteten« Gerichte uneingeschränkt lobten. Vom Speiseraum aus mit seinen elegant gedeckten Tischen hat man die beste Aussicht; die Erkerfenster sind im Sommer weit geöffnet. Der bunte Garten grenzt an grüne Wiesen und dicht bewaldete Hügel, die sich über die Grenze bis in die Schweiz hinein erstrecken. Im Sommer können die Gäste die atemberaubende Aussicht auch bei einem Kaffee und einem Croissant auf der Terrasse genießen, neben der sich der ebenfalls ausgesprochen einladende Swimmingpool befindet.
Das Gebäude hat seine Wurzeln im 18. Jh.; seit 1875 wird es von ein und derselben Familie als Hotel geführt. Der jetzige M. Taillard ist ein Künstler, und einige seiner Gemälde zieren die Wände. Die Zimmer sind komfortabel und sorgfältig mit Antiquitäten und neueren Möbelstücken eingerichtet. Der Empfang, so ein weiterer Leserkommentar, ist »nicht überschwänglich, aber echt«.

~

Umgebung: Schweiz; Mombaillard (45 km) • **Lage:** auf einer Anhöhe im Doubstal oberhalb von Goumois; mit eigenem Parkplatz • **Mahlzeiten:** Frühstück, Mittag- und Abendessen • **Preise:** €€ • **Zimmer:** 22; 14 Doppel- und Zweibettzimmer, 8 Familienzimmer, alle mit Bad; alle Zimmer mit Telefon, TV • **Anlage:** Aufenthaltsraum, Speiseraum, Billardzimmer, Fitnessraum, Jacuzzi, Terrasse, Garten, Swimmingpool • **Kreditkarten:** AE, DC, MC, V • **Kinder:** willkommen • **Behinderte:** keine entsprechenden Einrichtungen • **Tiere:** erlaubt • **Geschlossen:** Mitte November bis Mitte März • **Besitzer:** Familie Taillard

DER OSTEN

GRÉSY-SUR-ISÈRE

La Tour de Pacoret

∾ Hotel auf dem Land ∾

Hamlet, Grésy-sur-Isère, 73460 Fontenex (Savoie)
Tel 03 80 21 23 23 **Fax** 03 80 21.29 10
e-mail info@hotel-pacoret-savoie.com **website** www.hotel-pacoret-savoie.com

Die Lage und die Ausblicke von den oberen Fenstern auf die Korn-felder und das Isère-Tal machen dieses einfache Hotel, ein Relais de Silence, zu etwas Besonderem. Der alte steinerne Wachtturm wurde im 14. Jh. von den Reichsfürsten von Savoyen auf einem Hügel er-richtet und ging später in die Hände des Duc de Pacoret über. Die jungen Besitzer Gilles und Laurence Chardonnet sorgen, unter-stützt vom aufmerksamen, liebenswürdigen Personal, für eine un-gezwungene Atmosphäre.

Eine prächtige schwarze Steinwendeltreppe führt zu den etwas lang-weiligen, aber komfortablen und individuell eingerichteten Zim-mern, die nach Blumen benannt sind. Der elegante Speiseraum und die Aufenthaltsräume im Erdgeschoss sind mit prächtigen Wand-behängen ausgeschmückt. Juwele sind auch die weinlaubbekränzte Terrasse, deren Tische mit provenzialischen Stoffdecken dekoriert sind (von hier bieten sich schöne Ausblicke auf den Fluss und die schneebedeckten Alpengipfel in der Ferne), und der riesige Garten mit dem verlockenden Swimmingpool. Nichtschwimmer können Boule spielen.

Die Küche ist Berichten zufolge exzellent und bietet auch traditio-nelle savoyische Spezialitäten.

∾

Umgebung: Albertville (12 km); Chambéry (39 km); Annency (58 km); Golfplatz
Lage: in Hamlet, 1,5 km nordöstlich von Grésy-sur-Isère; mit eigenem Parkplatz
Mahlzeiten: Frühstück, Mittag- und Abendessen; Halbpension ist obligatorisch
Preise: €€€ • **Zimmer:** 9 Doppel- Zweibett- und Einzelzimmer, alle mit Bad oder Dusche; alle Zimmer mit Telefon, TV • **Anlage:** Aufenthaltsraum, Speiseraum, Ver-sammlungsraum, Garten mit Terrasse, Swimmingpool; Hubschrauberlandeplatz
Kreditkarten: MC, V • **Kinder:** erlaubt • **Behinderte:** nicht geeignet • **Tiere:** er-laubt • **Geschlossen:** November bis Ostern; Restaurant Dienstag Mittag und Mitt-woch Mittag von September bis Juli • **Besitzer:** Gilles und Laurence Chardonnet

DER OSTEN

Château d'Igé
~ Burghotel ~

71960 Igé (Saône-et-Loire)
Tel 03 85 33 33 99 **Fax** 03 85 33 41 41
e-mail ige@relaischateaux.fr **website** www.ige@relaischateaux.com

Diese bewehrte Burg mit ihren Ecktürmen ist 1235 in der Nähe eines kleinen Flusses am Rande der Hügel von Mâcon erbaut worden. Sie hat sich trotz ihrer Umwandlung in ein luxuriöses Relais-&-Château-Hotel bis heute ihre mittelalterliche Atmosphäre bewahrt. Die Wendeltreppen in den Ecktürmen, die steingefliesten Böden, die große offene Feuerstelle in dem mit massiven Deckenbalken versehenen Speiseraum, die dunklen und engen Korridore, die riesigen alten Betten und die antiken Möbel vermitteln dem Gast das Gefühl, dass die Zeit im Château d'Ige stehengeblieben sei. Demnächst wird das Hotel seinen Relais-et-Châteaux-Status verlieren, vielleicht weil der entsprechende Glanz für eine Mitgliedschaft fehlt, vielleicht auch, weil die Besitzerin Françoise Lieury Germond nicht so viel Geld für die geforderte Modernisierung ausgeben wollte. Aber auch ohne diesen Status ist das Château d'Igé einen Besuch wert. Frühstück wird in einem lichterfüllten Wintergarten serviert, der einen Ausblick auf die wunderschöne, blumenreiche Gartenanlage bietet. (Sie geht auf eine Frau zurück, die 25 Jahre in dem Hotel gearbeitet hat.) Unter den 14 Zimmern gibt es einige spezielle, ein besonders ruhiges am Garten und zwei »Geheimzimmer«, die zwar klein, aber fein sind. Das Restaurant mit Steingewölbe namens »La Tour du Parc« wird mit viel Geschick von Olivier Pont geführt, dessen Soufflés legendär sind.

~

Umgebung: Mâcon (15 km); Cluny (13 km); romanische Kirchen und Abteien; Weinberge • **Lage:** im Ort, ausgeschildert, 15 km nordwestlich von Mâcon; mit großem Parkplatz und Garage • **Mahlzeiten:** Frühstück, Mittag- und Abendessen; Zimmerservice • **Preise:** €€ • **Zimmer:** 14; 8 Doppel- und Zweibettzimmer, 6 Suiten, alle mit Bad; alle Zimmer mit Telefon, TV, Fön • **Anlage:** Aufenthaltsraum, Bar, 2 Speiseräume, Terrasse, Garten • **Kreditkarten:** AE, DC, MC, V • **Kinder:** willkommen • **Behinderte:** keine entsprechenden Einrichtungen • **Tiere:** erlaubt **Geschlossen:** Dezember bis März; Restaurant Dienstagmittag • **Besitzerin:** Françoise Lieury Germond

DER OSTEN

LEVERNOIS

Le Parc
~ Bed-&-Breakfast auf dem Land ~

Levernois, 21200 Beaune (Côte-d'Or)
Tel 03 80 24 63 00 **Fax** 03 80 24 21 19
e-mail hotel.le.parc@wanadoo.fr **website** http://perso.wanadoo.fr/hotel.le.parc

In Beaune herrscht ein Mangel an einigermaßen preiswerten Unterkünften; aus diesem Grunde erscheint uns das Le Parc, nur fünf Kilometer von Beaune entfernt, besonders empfehlenswert. Das attraktive alte Gebäude mit seinen weißen Fensterläden und dem efeuüberwucherten Gemäuer, liegt in angenehm ländlicher Umgebung. Der gemütliche kleine Empfangsbereich ist mit Korbsesseln, Lampenschirmen mit Fransen und Topfpflanzen eingerichtet; direkt dahinter befindet sich eine kleine Bar. Es gibt auch einen Frühstücksraum, obwohl das Frühstück bei schönem Wetter auf dem hübschen Kiesweg des Hofes serviert wird. In einem Nebengebäude auf der anderen Seite des Hofes befinden sich einige der 25 Zimmer des Hotels; sie sind größer als die Zimmer im Hauptgebäude. Alle Zimmer sind einfach, aber hübsch eingerichtet, mit einer ungewöhnlichen Mischung von Möbelstücken.

Von außen verleiht der lange, weiße, schmiedeeiserne Zaun dem Hotel ein zwar nettes, aber täuschend abweisendes Aussehen; er verläuft am Bürgersteig zwischen den beiden Gebäuden entlang. Auf der Rückseite des Hauses geht der Hof in einen großen und friedvollen Garten über.

Mme Oudot ist freundlich und fleißig. Sie hat kürzlich ein weiteres Hotel eröffnet, das Le Clos in Montigny-les-Beaunes (Tel. 03 80 25 97 98, Fax 03 80 25 94 70), das sicher auch zu einer nützlichen Adresse in der Gegend werden wird.

~

Umgebung: Beaune (5 km); Côtes de Beaune • **Lage:** im Dorf, 5 km südöstlich von Beaune; mit großem Parkplatz • **Mahlzeiten:** Frühstück • **Preise:** € • **Zimmer:** 25 Doppel- und Zweibettzimmer, 6 mit Bad, 19 mit Dusche; alle Zimmer mit Telefon, TV • **Anlage:** Aufenthaltsbereich, Bar, Frühstücksraum, Innenhof, Garten **Kreditkarten:** MC, V • **Kinder:** willkommen • **Behinderte:** 5 Zimmer im Erdgeschoss geeignet • **Tiere:** nicht erlaubt • **Geschlossen:** Dezember, Januar **Besitzerin:** Alain und Christiane Oudot

Der Osten

Lyon

Cour des Loges
∼ Stadthotel ∼

2-8, rue du Boeuf, 69005 Lyon (Rhône)
Tel 04 72 77 44 44 **Fax** 04 72 40 93 61
e-mail contact@courdesloges.com **website** www.courdesloges.com

In der von der UNESCO zum Weltkulturerbe erklärten Stadt ist der das Hotel beherbergende Gebäudekomplex allein schon einen Besuch wert: Vier Renaissancebauten, die einst dem Herzog von Burgund, Claude de Beaumont, gehörten, gruppieren sich um einen zentralen Innenhof, der von beeindruckenden, über drei Stockwerke reichenden Arkaden begrenzt wird. An der Architektur ist der italienische Einfluss ablesbar, bedingt auch dadurch, dass sich italienische Kaufleute und Gewürzhändler jahrhundertelang in Lyon niedergelassen hatten.

Die Wiederinstandsetzung des Cour des Loges ist das letzte Projekt der leidenschaftlichen Hoteliers Jocelyne und Jean-Louis Sibuet (ihnen gehörten auch das »Le Coin du Feu« in Megève, siehe Seite 171, und das »La Bastide de Marie« in Ménerbes, siehe Seite 294. Sie schufen ein äußerst stilvolles, aber keinesfalls steriles modernes Hotel. Die Zimmer sind angemessen luxuriös, besonders schön und sogar noch relativ preiswert sind die beiden wie eine kleine Schiffskabine gestalteten Maisonettezimmer – unten der Aufenthaltsraum und das Badezimmer und treppaufwärts der Schlafbereich.

Im Restaurant »Les Loges« werden exzellente Gerichte serviert; als preiswertere Alternative bieten sich die fantasievollen kleinen Mahlzeiten in der eleganten Bar an.

∼

Umgebung: Altstadt, Palais de Justice, Place du Change, Gare St-Paul • **Lage:** in einer Fußgängerstraße im Herzen der Altstadt; mit eigenem Parkplatz • **Mahlzeiten:** Frühstück, Mittag- und Abendessen • **Preise:** €€€€ • **Zimmer:** 62 Doppel-, Zweibettzimmer, Suiten und Appartements, alle mit Bad; alle Zimmer mit Telefon, TV, Klimaanlage, Minibar, Safe, Fön • **Anlage:** Aufenthaltsraum, Speiseräume, Bar, Konferenzräume, Wellness- und Saunabereich, Hallenpool, Dachgarten • **Kreditkarten:** AE, DC, MC, V • **Kinder:** erlaubt • **Behinderte:** beschränkter Zugang • **Tiere:** nicht erlaubt • **Geschlossen:** nie • **Besitzer:** Jocelyne und Jean-Louis Sibuet

DER OSTEN

LYON

La Tour Rose
~ Stadthotel ~

22, rue du Boeuf, 69005 Lyon (Rhône)
Tel 04 78 37 25 90 **Fax** 04 78 42 26 02
e-mail tourrose@slh.com

Philippe Chavent ist ein Koch aus Lyon, hat einen Michelin-Stern und
ist ein Renaissancemensch. Im alten Stadtviertel St-Jean hat er die Atmosphäre wiedererweckt, die in den Residenzen der großen Florentiner
Bankiers und Kaufleute herrschte. Dafür hat er ein Gebäude aus dem
17. Jh. in etwas ganz Außergewöhnliches verwandelt. Die zwölf spektakulären Gästezimmer illustrieren jeweils einen Abschnitt in der langen
Geschichte der Lyoner Seidenindustrie. Ein Zimmer ist mit Fortuny-
Stoffen dekoriert, das nächste mit Art-déco-Mustern von Dufy, und alle
sind vom Boden bis zur Decke in Seide, Taft, Samt und andere Textilien
gehüllt. (Die Bäder sind modern, haben Steinböden und -wände und
glänzende Waschbecken aus Edelstahl.)
Das Herz des Hotels ist der rosa Turm, außerdem werden Sie Galerien
und Balustraden, Zierteiche mit Wasserfällen und terrassierte Gärten
entdecken. Die Vertäfelung der Bar kommt vom Gerichtshof in
Chambéry. Der Speisesaal ist in der Kapelle eines ehemaligen Klosters
aus dem 13. Jh. untergebracht, hat eine Steinterrasse und einen herrlichen Glasanbau, der im Sommer geöffnet werden kann. Wir glauben
dieses Haus immer noch empfehlen zu können, obwohl uns in letzter
Zeit ein Schreiben erreichte, das von tiefer Enttäuschung über den
Komfort des Zimmers und die Qualität der Küche gezeichnet war.

Umgebung: Altstadt, Palais de Justice, Place du Change, Gare St-Paul • **Lage:** im
Herzen der Altstadt, Privatparkplatz • **Mahlzeiten:** Frühstück, Mittag- und Abendessen • **Preise:** €€€€– €€€€€ • **Zimmer:** 12, 6 Doppelzimmer, 6 Suiten, alle Zimmer mit Bad, Telefon, TV, Minibar, Fön • **Anlage:** Terrassen, 3 Aufenthaltsräume,
Bar, Lift • **Kreditkarten:** AE, DC, MC, V • **Kinder:** erlaubt • **Behinderte:** keine besonderen Einrichtungen • **Tiere:** erlaubt • **Geschlossen:** nie • **Besitzer:** Philippe
Chavent

DER OSTEN

MANIGOD

Chalet Hôtel de la Croix-Fry
~ Chalethotel ~

Rue du Col de la Croix-Fry, Manigod, 74230 Thônes (Haute-Savoie)
Tel 04 50 44 90 16 **Fax** 04 50 44 94 87
e-mail hotelcroixfry@wanadoo.fr **website** www.hotelchaletcroixfry.com

»Absolut großartig«, war das Urteil eines unserer Leser, und ein kürzlicher Besuch konnte das Lob nur bestätigen. Das hölzerne Bergchalet liegt auf dem höchsten Punkt eines Alpenpasses und besitzt eine vor Blumen überquellende Terrasse. Das gemütliche Hotel wird schon in der dritten Generation von der Familie Veyrat geführt; einst lebten hier im Sommer die Bauern mit ihrem Vieh. An kühlen Abenden brennt ein Holzfeuer im Kamin, um den Sofas und Sessel stehen. Die Schlafzimmer sind angenehm rustikal – sogar in den modernen Anbauten, die sich dank ihrer Kochnischen auch für Familien eignen. Am meisten beeindruckte uns der offenkundige Stolz der Familie und ihre unablässigen Bemühungen, den Gästen den Aufenthalt so unvergesslich wie möglich zu machen. Die Veyrats lieben den Hotelbetrieb, und das macht sich bemerkbar.

Im Sommer lädt die Familie ihre Gäste zu einem Picknick auf die Viehweiden ein, im Winter dreht sich alles ums Skifahren. Vom Restaurant, in dem deftige Mahlzeiten serviert werden, hat man eine großartige Aussicht über Gipfel und Täler. Mme Guelpa-Veyrats Bruder Marc ist einer der berühmtesten *chefs de cuisine* in Savoyen, doch auch die *tarte aux myrtilles* aus ihrer Küche hat viele Liebhaber.

Umgebung: Vallée de Manigod, Thônes (10 km); Annecy (26 km) • **Lage:** 5 km nö von Manigod an der D16, 6 km s von La Clusaz; in offener Landschaft • **Mahlzeiten:** Frühstück, Mittag- und Abendessen, Halbpension ist obligatorisch • **Preise:** €€€ • **Zimmer:** 12 Doppelzimmer und Suiten mit Bad (die Suiten mit Jacuzzi); alle mit Telefon, TV, Terrasse oder Balkon • **Anlage:** Salon, Bar, Pool, Fitnessraum, Tennis • **Kreditkarten:** AE, MC, V • **Kinder:** erlaubt • **Behinderte:** nicht geeignet **Tiere:** nicht erlaubt • **Geschlossen:** 15. Sept.–15. Dez., 15. April–15. Juni • **Besitzerin:** Mme Marie-Ange Guelpa-Veyrat

Der Osten

Le Coin du Feu
≈ Chalethotel ≈

Route du Rochebrune, 74120 Megève (Haute-Savoie)
Tel 04 50 21 04 94 **Fax** 04 50 21 20 15
e-mail contact@coindufeu.com **website** www.coindufeu.com

Es war schwer zu entscheiden, welches der Sibuet-Mégève-Hotels wir besonders hervorheben sollen, aber der Gast, der das Hotel für uns besuchte, hat das Le Coin du Feu ausgewählt, weil es seiner Ansicht nach das »authentischste« sei. Sie können auch im Les Fermes de Maries (Tel. 04 50 / 93 03 10) oder im Le Mont Blanc (Tel. 04 50 / 21 20 02) übernachten und denselben exklusiven ländlichen Stil erleben; das Le Coin du Feu hat den zusätzlich Vorteil, etwas abseits vom geschäftigen Treiben des attraktiven und eleganten Ortszentrums zu liegen. Es macht den Eindruck eines privaten Chalets, und man kehrt nach einem anstrengenden Tag auf der Piste oder in den Bergen gerne dahin zurück – wenn man sich einmal dazu durchgerungen hat, es überhaupt zu verlassen.

Das Le Coin du Feu hat all den Stoff, aus dem der Traum ist, in den Bergen zu leben: Unmengen von altem Holz in den Wänden, Böden, Deckenbalken, Täfelungen und sogar in den Schnitzereien des alten Kamins im Wohnzimmer, hübsche Stoffe (Karomuster und Muster im provenzalischen Stil), eine sanfte Beleuchtung, gemütliche Betten mit kuscheligen Decken, die in Nischen hinter Vorhängen stehen, ein entspannender Nachmittagstee vor einem prasselnden Kaminfeuer, ein freundliches und effizientes Personal und gutes, ehrliches Essen, das in dem beliebten Restaurant serviert wird. Eine elegante Interpretation alpinen Charmes für die Wohlhabenderen.

≈

Umgebung: Ski- und Wandergebiet; Chamonixtal • **Lage:** am Rand der Stadt, in der Nähe des Rochebrune-Téléphérique, ausgeschildert; mit eigenem Parkplatz und Garage • **Mahlzeiten:** Frühstück, Mittag- und Abendessen • **Preise:** €€ • **Zimmer:** 23 Einzel-, Doppel-, Zweibettzimmer und Suiten, alle mit Bad; alle Zimmer mit Telefon, TV, Minibar, Fön • **Anlage:** Aufenthaltsraum, Speiseraum, Bar, Aufzug, Terrasse • **Kreditkarten:** AE, DC, MC, V • **Kinder:** willkommen • **Behinderte:** keine entsprechenden Einrichtungen • **Tiere:** erlaubt • **Geschlossen:** April bis Mitte Juli, Ende August bis Mitte September • **Besitzer:** Jocelyne and Jean-Louis Sibuet

DER OSTEN

MERCUREY

Hôtellerie du Val d'Or
～ Dorfgasthof ～

Grande-Rue, 71640 Mercurey (Côte-d'Or)
Tel 03 85 45 13 70 **Fax** 03 85 45 18 45
e-mail valdor.cogney@infonie.fr **website** www.hotellerie-val-dor.com

Diese ehemalige Kutschenstation aus dem frühen 19. Jh. liegt an der Hauptstraße des renommierten, aber recht langweiligen Weinortes Mercurey. Der jetzige Besitzer Dominic Jayet hatte für die langjährigen Eigentümer Jean-Claude und Monique Cogny zunächst als Kellner, später dann als Sommelier gearbeitet, er ist somit mit dem Hotelbetrieb bestens vertraut. Nach dem Weggang der Cognys wurde das Gebäude generalüberholt, und der einst bescheidene Gasthof verwandelte sich in ein stilvoll-elegant eingerichtetes Hotel mit erstklassiger Küche, die – auch unter dem neuen Chef Pascal Charrevras – mit einem Michelin-Stern ausgezeichnet wurde. Dominic Jayet ist gemeinsam mit seinen in den Betrieb eingebundenen Angehörigen eifrig bemüht, die familiäre Atmosphäre von früher zu erhalten. Die Preise für Unterkunft und Verpflegung sind im Vergleich zu vielen anderen Hotels in der Region moderat.
Im Erdgeschoss sind zwei Speiseräume – ein intim-eleganter und ein rustikaler mit Deckenbalken, großem offenem Kamin und Holzmöbeln – sowie eine gemütliche Bar. Die Zimmer sind entweder in Blau und Gelb oder in Pink und Grün gestaltet. Sie haben neue Betten und Badezimmer.

Umgebung: Château de Germolles (10 km); Buxy (20 km) • **Lage:** im Zentrum des Ortes, 9 km südlich von Chagny; mit eigenem Parkplatz • **Mahlzeiten:** Frühstück, Mittag- und Abendessen • **Preise:** €€ • **Zimmer:** 13; 10 Doppel- und Zweibettzimmer, 2 Familien-, 1 Einzelzimmer, alle mit Bad oder Dusche; alle Zimmer mit Telefon, TV, Fön; 10 mit Klimaanlage • **Anlage:** 2 Speiseräume, Aufenthaltsraum/Bar, Garten • **Kreditkarten:** MC, V • **Kinder:** erlaubt • **Behinderte:** keine entsprechenden Einrichtungen • **Tiere:** nicht erlaubt • **Geschlossen:** montags und Dienstagmittag • **Besitzer:** Dominic Jayet

DER OSTEN

MEURSAULT

Les Charmes
～ Stadthotel ～

10, place du Murgur, 21190 Meursault (Côte-d'Or)
Tel 03 80 21 63 53 **Fax** 03 80 21 62 89

Oberflächlich betrachtet, ist der Charme des Les Charmes hauptsächlich in seinem schattigen, abgeschiedenen Garten zu finden, der
so groß ist, dass man ihn beinahe als Park bezeichnen könnte. Im
hinteren Teil des Gartens oder am Pool hat man seine Ruhe vor dieser weltberühmten Burgunderstadt. Aber das Les Charmes hat noch
mehr zu bieten. Hat man das Gebäude aus dem 18. Jh. erst einmal
betreten, befindet man sich beinahe in einer anderen Welt. Der Früh-
stücksbereich im Freien liegt in unmittelbarer Nähe der Eingangstür
unter einer Glas- und Metallmarkise und ist schlicht bezaubernd.
Der Frühstücksraum im Inneren des Gebäudes ist winzig, und im
einzigen Aufenthaltsbereich im Inneren steht gleichzeitig auch der
Empfangstisch. Aber irgendwie passt doch alles zusammen: Die Pa-
tina des knarzenden Parkettbodens, die hübsche, gefliese Ein-
gangspassage und die Antiquitäten machen dem Gast deutlich, das
hier alles seine Ordnung hat – in einer beinahe altjüngferlichen Art.
Das Les Charmes ist ein kleines Hotel mit Charme in dem Sinn, dass
seine negativen Züge – z. B. die dunklen Gänge im ersten Stock – das
Ensemble nicht verderben. Die Zimmer, die wir uns angesehen
haben, waren etwas düster, ein anderes wiederum (groß, mit freiliegenden Deckenbalken) voller Charakter. Sie sollten auf jeden Fall
ein Zimmer mit alten Möbeln (meublée à l'ancienne), nicht mit
neuen (en moderne) buchen. Wenn Sie ein typisch französisches
Hotel erleben wollen, sind Sie im Les Charmes genau richtig.

～

Umgebung: Beaune (8 km); Côte de Beaune; Château de Rochepot • **Lage:** im
Stadtzentrum; mit eigenem Parkplatz • **Mahlzeiten:** Frühstück • **Preise:** €€
Zimmer: 14 Doppel- und Zweibettzimmer, alle mit Bad; alle Zimmer mit Telefon,
TV, Minibar • **Anlage:** Aufenthaltsraum, Frühstücksraum, Terrasse, Garten, Swim-
mingpool • **Kreditkarten:** MC, V • **Kinder:** erlaubt • **Behinderte:** 1 Zimmer mit
entsprechenden Einrichtungen • **Tiere:** nicht erlaubt • **Geschlossen:** Dezember bis
März • **Besitzerin:** Marie-Luce Haut

DER OSTEN

MEURSAULT

Les Magnolias
～ Stadthotel ～

8, rue Pierre Joigneaux, 21190 Meursault (Côte-d'Or)
Tel 03 80 21 23 23 **Fax** 03 80 21.29 10
e-mail lesmagnolias@mageos.com **website** www.les-magnolias.fr

Dieses ungewöhnlich elegante Bed-&-Breakfast-Hotel hat eine angenehm ruhige Lage, ist aber nur ein paar Minuten zu Fuß vom Zentrum von Meursault entfernt, das für seine ausgezeichneten Weißweine berühmt ist.

Das Les Magnolias ist 1988 von dem Engländer Antonio Delarue eröffnet worden. Das Hotel – einst das Zuhause eines ortsansässigen Weinbauern – besteht aus einer Gruppe alter Gebäude, die hinter einem hohen Eingangstor um einen kleinen, mit Kies aufgeschütteten Innenhof voller Magnolien, alter Rosenstöcke und Feigenbäume herum angeordnet sind. Die Rezeption befindet sich in einer Ecke des Hofes, während die Zimmer auf zwei separate Gebäude verteilt sind: drei Zimmer und eine Suite in dem einen, acht weitere Zimmer in dem anderen Haus. Im Erdgeschoss gibt es einen hübschen kleinen Aufenthaltsraum, der einzige Gemeinschaftsraum im Hotel (das Frühstück wird auf einem runden Tisch auf den Zimmern serviert). Die Zimmer selbst sind eine erfreuliche Überraschung; hier kann man sich ganz wie zu Hause fühlen. Jedes einzelne ist groß und schön und individuell mit einigem Elan eingerichtet – eine Chaiselongue hier, ein geschnitzter Kleiderschrank da, blumengemusterte Stoffe, fließende Vorhänge, Tafeln und Drucke an den Wänden. In jedem Zimmer sind frische Blumen aufgestellt, in den Badezimmern sogar kleine Sträußchen. Bei schönem Wetter wird das Frühstück im Hof serviert.

Umgebung: Beaune (8 km); Côte de Beaune; Château de Rochepot • **Lage:** in der Nähe des Stadtzentrums; mit eigenem Parkplatz • **Mahlzeiten:** Frühstück **Preise:** €€ • **Zimmer:** 12; 11 Doppel- und Zweibettzimmer, 1 Suite, 10 mit Bad, 2 mit Dusche; alle Zimmer mit Telefon, Fön • **Anlage:** Aufenthaltsraum, Innenhof **Kreditkarten:** AE, MC, V • **Kinder:** erlaubt • **Behinderte:** 2 Zimmer im Erdgeschoss geeignet • **Tiere:** nicht erlaubt • **Geschlossen:** Dezember bis März • **Besitzer:** Antonio Delarue

DER OSTEN

NITRY

Auberge de la Beursaudière
∼ Dorfhotel ∼

89310 Nitry, Bourgogne (Yonne)
Tel 03 86 33 69 69 **Fax** 03 86 33 69 60
e-mail auberge.beursaudiere@.wanadoo.fr **website** www.beursaudicre.com

Das Hotel ist ein reizender Familienbetrieb, dessen Besitzer und Personal die Gäste wie Freunde willkommen heißen und somit eine heimelige Atmosphäre schaffen. Jedes der Zimmer ist nach einem am Ort ausgeübten Beruf oder Handwerk benannt: von der einfachen *Lavandière* (Wäscherin) bis hin zum hoch angesehenen *Vigneron* (Winzer). Sie sind wunderschön mit sorgfältig ausgewählten Möbeln, einige auch mit Antiquitäten ausgestattet, die zum jeweiligen Zimmernamen passen. Besonders zu empfehlen sind das Schriftstellerzimmer, *L'Ecrivain*, und jedes der beiden Zimmer im *pigeonnier* (natürlich nicht im »Taubenschlag«, sondern im Dachgeschoss).

Das relativ eigenständig geführte Restaurant ist aufgrund seines köstlichen Essens sehr beliebt und zieht Massen von Touristen an, was angesichts des Platzangebotes kein Problem darstellen dürfte. Es gibt einen langen Holztisch und einen offenen Kamin. Die Gewölbekeller sind jedoch der ideale Ort, um die meisten der Tische dort unterzubringen. Die traditionell bekleideten Ober mögen allerdings nicht jedermanns Geschmack sein. Das Restaurant ist ganztags geöffnet, was in Frankreich eher ungewöhnlich ist.

∼

Umgebung: Avallon (23 km); Vézelay (31 km); Auxerre (36 km) • **Lage:** im Dorf; 1 km nördlich von Nitry (Ausfahrt der A6); mit eigenem Parkplatz • **Mahlzeiten:** Frühstück, Mittag- und Abendessen • **Preise:** €–€€ • **Zimmer:** 11 Doppel- und Zweibettzimmer, alle mit Bad oder Dusche; alle Zimmer mit Telefon, TV, Minibar **Anlage:** Speiseraum, Frühstücksraum, Gewölbekeller, Terrasse, Garten, Kinderspielplatz • **Kreditkarten:** AE, DC, MC, V • **Kinder:** willkommen • **Behinderte:** 3 Zimmer im Erdgeschoss geeignet • **Tiere:** erlaubt • **Geschlossen:** nie • **Besitzer:** Serge Lenoble

DER OSTEN

OULON

Ferme Auberge du Vieux Château
~ Bauerngästehaus ~

58700 Oulon (Nièvre)
Tel und **Fax** 03 86 68 06 77

Wir haben nicht viele Hotels der Kategorie »Ferme Auberge« in unseren Führer aufgenommen, weil sie uns oft zu unkomfortabel erschienen; aber dem Ferme Auberge du Vieux Château konnten wir nicht widerstehen. Zugegeben – die Unterbringung ist denkbar einfach: Die Zimmer sind klein und nur mit dem Allernötigsten eingerichtet, aber der Bauernhof selbst und die Umgebung sind einfach idyllisch.

Der alte Hof mit seinen Ecktürmen liegt ganz in der Nähe des bezaubernden Dorfes Oulon inmitten grüner Hügel. Wir kamen eines Mittags unangemeldet dort an und erhielten eines jener einfachen, aber schlichtweg vollkommenen französischen Mittagessen, von denen man heute fast nur noch träumen kann. Im Speiseraum mit seinen Deckenbalken und den Steinwänden servierte man uns hausgemachte Foie gras und Lamm mit Pommes dauphinoise, einen Käseteller und selbst glasierte Früchte. An einem Nebentisch saßen die Bauern der Umgebung und genossen ihr Mittagessen ebenfalls. Nach dem Essen sahen wir uns ein wenig in der Gegend um und beschlossen, trotz der Einfachheit der Zimmer über Nacht zu bleiben. Bevor wir abreisten, kauften wir noch eine Flasche hausgemachten Crème de Cassis. Da auf dem Bauernhof naturgemäß viele Tiere leben, eignet sich das Ferme Auberge du Vieux Château hervorragend für kleine Kinder. Zudem verfügt das Gästehaus über einen Swimmingpool, und im Sommer kann man im Freien essen.

Umgebung: Nevers (35 km); Vézelay (60 km) • **Lage:** ganz in der Nähe von Oulon, 7 km nordöstlich von Prémery; mit eigenem Parkplatz • **Mahlzeiten:** Frühstück, Mittag- und Abendessen • **Preise:** € • **Zimmer:** 9; 8 Doppel-, 1 Familienzimmer, 3 mit Dusche und WC, 3 nur mit Dusche, 3 mit Gemeinschaftsbad • **Anlage:** Speiseraum, Innenhof, Terrasse, Swimmingpool • **Kreditkarten:** MC, V • **Kinder:** willkommen • **Behinderte:** nicht geeignet • **Tiere:** erlaubt • **Geschlossen:** Dezember bis März • **Besitzer:** Familie Fayolle-Tilliot

DER OSTEN

POISSON

La Reconce

~ Hotel auf dem Land ~

Le Bourg, 71600 Poisson (Saône-et-Loire)
Tel 03 85 81 10 72 **Fax** 03 85 81 64 34
e-mail La.reconce@wanadoo.fr

Poisson liegt an der Grenze von Charolais (das für seine weißen Rinder berühmt ist) und Brionnais (das für seine romanischen Kirchen berühmt ist). Als die Bauern früher ihr Vieh zum Markt von St-Christophe-en-Brionnais brachten, machten sie an dem Dorfgasthof La Poste halt; das Restaurant gehörte Denise und Jean-Noël Dauvergne und hat sich auf Charolaisrinder und Fisch spezialisiert. Vor zehn Jahren haben die Dauvergnes auch noch das hübsche Haus nebenan gekauft und daraus ein kleines Hotel gemacht. Der Parkettfußboden in den Zimmern ist noch original; sie sind mit mehr Komfort und Liebe zum Detail ausgestattet, als man das bei Zimmern dieser Preiskategorie erwarten würde. Die Toiletten sind von den gut ausgestatteten Badezimmern – viel Abstellfläche und zahlreiche verspiegelte Schränke – getrennt.

Durch eine Tür in der Lobby des La Reconce gelangt man in die Bar des La Poste, in der sich die Einheimischen abends treffen. Das Restaurant ist insgesamt etwas gehobener mit seinen apricotfarbenen Wänden, den hellen Korbstühlen, den weißen Tischdecken und dem Becken voller tropischer Fische. Im Sommer ist es besonders schön, in dem kleinen Garten im Schatten der Bäume zu essen. Der Küchenchef – M. Dauvergne höchstpersönlich – kommt selten aus seiner Küche, während die zierliche und elegante Mme Dauvergne sich um die Angelegenheiten des Hotels kümmert.

~

Umgebung: romanische Kirchen in Brionnais; Charolais • **Lage:** im Zentrum des Ortes, gegenüber der Kirche, 8 km südlich von Paray-le-Monial; mit eigenem Parkplatz • **Mahlzeiten:** Frühstück, Mittag- und Abendessen • **Preise:** € • **Zimmer:** 7; 6 Doppel- und Zweibettzimmer, 1 Suite, 3 mit Dusche, 4 mit Bad; alle Zimmer mit Telefon, TV, Minibar, Fön • **Anlage:** Frühstücksraum, Bar, Speiseraum, Veranda, Garten • **Kreditkarten:** AE, MC, V • **Kinder:** erlaubt • **Behinderte:** 1 Suite mit entsprechenden Einrichtungen • **Tiere:** erlaubt • **Geschlossen:** montags und dienstags außer im August • **Besitzer:** Familie Dauvergne

DER OSTEN

Auberge du Cheval Blanc
~ Ländliches Hotel ~

71390 Saint-Boil (Saône-et-Loire)
Tel 03 85 44 03 16 **Fax** 03 85 44 07 25

Das Cheval Blanc, ganz in der Nähe der Charolaisregion, ist eine gute Übernachtungsmöglichkeit in den wunderschönen Weinbergen auf halbem Wege zwischen Burgund und Beaujoulais. Die Besitzer, Martine und Jany Cantin, haben an die Auberge des Dorfes angebaut, die bis dahin nur drei sehr einfache Zimmer umfasste, und richteten weitere Zimmer in einem hübschen Bürgerhaus quer über die Straße ein. Auf diesem Grundstück befindet sich auch ein attraktiver Swimmingpool inmitten grüner Rasenflächen. Obwohl das Haus wirklich schön ist – man beachte nur einmal die Treppe aus Holz –, erinnern die Zimmer leider wenig an ihren Ursprung aus dem 18. Jh. Sie sind zwar durchaus akzeptabel, aber etwas gesichtslos. Die Zimmer im oberen Geschoss verfügen über freigelegte Deckenbalken. Im unteren Stockwerk steht den Gästen des Hotels ein Frühstücksraum zur Verfügung. In einem kleinen Nebengebäude gibt es außerdem ein nützliches kleines Appartement, das – wiederum sehr funktional – aus zwei Zimmern, einer Küchenzeile und einem (behindertengerechten) Bad besteht.
Das gehobene Restaurant ist im Hauptgebäude über die Straße untergebracht und hat einen guten Ruf bei den Einheimischen. Es ist in hellen Grün- und Cremetönen gehalten, und im Sommer wird das Essen in dem schattigen Innenhof serviert.

Umgebung: Cluny (28 km); Weinberge der Côte Chalonais • **Lage:** an der D981, an der Hauptstraße im Ort zwischen Chalon und Cluny; mit eigenem Parkplatz
Mahlzeiten: Frühstück, Mittag- und Abendessen • **Preise:** €€ • **Zimmer:** 14; 13 Doppel- und Zweibettzimmer, 10 mit Dusche, 3 mit Bad, 1 Appartement mit Bad; alle Zimmer mit Telefon, TV • **Anlage:** Aufenthaltsraum, Frühstücksraum, Bar, Restaurant, Innenhof, Swimmingpool • **Kreditkarten:** AE, DC, MC, V • **Kinder:** erlaubt • **Behinderte:** 1 Appartement mit entsprechenden Einrichtungen • **Tiere:** erlaubt • **Geschlossen:** Mitte Februar bis Mitte März; Restaurant mittwochs
Besitzer: Jany und Martine Cantin

DER OSTEN

Le Hameau de Barboron
~ Ländliches Hotel ~

21420 Savigny-les-Beaune (Côte-d'Or)
Tel 03 80 21 58 35 **Fax** 03 80 26 10 59
e-mail lehameaudebarboron@wanadoo.fr **website** www.hameau-barboron.com

Das Le Hameau de Barboron ist wahrscheinlich das am einsamsten gelegene Hotel im ganzen Burgund, obwohl Beaune nur zehn Kilometer entfernt ist. Um zu dem umgebauten Bauernhaus aus dem 16. Jh. zu gelangen, muss man auf einer schmalen Straße durch ein enges, bewaldetes Tal fahren, das sich schließlich zu einer weiten Graswiese öffnet. Barboron liegt inmitten eines großen Jagdgebietes, in dem seit Jahrhunderten an jedem Samstag zwischen Oktober und Februar wilde Eber gejagt werden.

Die hübschen alten Gebäude sind um einen Hof herum angeordnet; sie sind innen wie außen tadellos renoviert. Alles ist ländlich im Hochglanzschick gestaltet und vielleicht etwas zu perfekt. Sogar das Küchenpersonal, das man von der Eingangshalle aus durch Glastüren sehen kann, wirkt wie arrangiert. In der Rezeption liegen überall »zufällig« verstreute Zeitschriften herum, in denen ebenfalls ländlich schicke Intérieurs abgebildet sind. Im Inneren harmonieren Steinwände und freigelegte Deckenbalken mit natürlichen Stoffen und einem ungewöhnlichen, aber sehr hübschen Fußboden – Holz- und Terrakottafliesen mit Jagdmotiv. Die Zimmer sind geräumig, elegant und komfortabel. Das Le Hameau de Barboron liegt zwar etwas abseits und ist auch nicht ganz billig für ein einfaches Bed-&-Breakfast-Hotel, aber die Ruhe des Hotels ist beinahe unschlagbar. Wenn Sie abends etwas unternehmen wollen, können Sie sich ins Auto setzen und nach dem perfekten Restaurant suchen.

Umgebung: Beaune (10 km); Côte de Beaune • **Lage:** 3 km von Savigny-les-Beaune entfernt, folgen Sie der Ausschilderung im Ort; mit eigenem Parkplatz
Mahlzeiten: Frühstück • **Preise:** €€ • **Zimmer:** 12; 9 Doppel- und Zweibettzimmer, 3 Zimmer für 4 Personen, alle mit Bad; alle Zimmer mit Telefon, TV, Minibar
Anlage: Frühstücksraum, Terrasse • **Kreditkarten:** AE, MC, V • **Kinder:** erlaubt
Behinderte: 1 Zimmer mit entsprechenden Einrichtungen • **Tiere:** erlaubt
Geschlossen: nie • **Besitzerin:** Odile Nominé

DER OSTEN

VÉZELAY

Le Pontot
~ Stadtvilla ~

Place du Pontot, 89450 Vézelay (Yonne)
Tel 03 86 33 24 40 **Fax** 03 86 33 30 0

Die meisten Besucher dieses weitläufigen befestigten Hauses sind auf Anhieb fasziniert von seiner charaktervoll-luxuriösen Mischung. Das Le Pontot ist das einzige Hotel innerhalb der alten Stadtmauern von Vézelay und liegt nur einen kurzen Spaziergang von der berühmten Basilika entfernt. Das Gebäude wurde nach dem Hundertjährigen Krieg wieder aufgebaut und im 18. Jh. erweitert. Seit 1984 haben der amerikanische Besitzer, Charles Thum, und der Geschäftsführer Christian Abadie das Haus sorgfältig in ein außergewöhnliches Bed-&-Breakfast-Hotel umgewandelt. (Wer braucht auch ein Restaurant, wenn das berühmte »Espérance« nur ein paar Schritte entfernt ist?) Unter den Zimmern ist auch ein großes Appartement, das im Stil von Louis XVI mit Himmelbetten, einem Kamin und einer privaten Ankleide eingerichtet ist. Ein anderes Zimmer verfügt über eine Steinpflasterung, Deckenbalken aus dem 16. Jh. und ländliche Antiquitäten.

Das Frühstück wird auf königsblauem Limogesporzellan mit Goldrand serviert. Wenn es draußen kalt ist, nimmt man es vor dem Kamin in dem hübschen getäfelten Louis-XVI-Salon ein; im Sommer wird es in dem ebenfalls sehr hübschen Garten serviert. Wir erhielten einige Leserzuschriften, die der Meinung waren, dass die Eleganz des Hotels die Mängel beim Frühstück und beim Komfort der Zimmer nicht aufwiegen. Weitere Berichte sind uns also herzlich willkommen.

Umgebung: St-Père-sous-Vézelay (2 km); Avallon (15 km) • **Lage:** im Stadtzentrum; mit eigenem Parkplatz • **Mahlzeiten:** Frühstück • **Preise:** €€ • **Zimmer:** 10; 9 Doppel- und Zweibettzimmer, 1 Einzelzimmer, alle mit Bad; alle Zimmer mit Telefon • **Anlage:** Aufenthaltsraum, Bar, Frühstücksraum, Terrasse, Garten **Kreditkarten:** DC, MC, V • **Kinder:** erlaubt wenn älter als 10 Jahre • **Behinderte:** nicht geeignet • **Tiere:** erlaubt • **Geschlossen:** November bis Ostern **Geschäftsführer:** Christian Abadie

DER OSTEN

VILLENEUVE-SUR-YONNE

La Lucarne aux Chouettes

~ Restaurant mit Gästezimmern ~

Quai Bretoche, 89500 Villeneuve-sur-Yonne (Yonne)
Tel 03 86 87 18 26 **Fax** 03 86 87 22 63
e-mail lesliecaron-auberge@wanadoo.fr **website** www. lesliecaron-auberge.com

»Das Dachfenster der Schleiereulen«, wie der Hotelname übersetzt heißt, gehört der französischen Schauspielerin Leslie Caron. Ihr fiel das Anwesen am Fluss – vier baufällige Häuser aus dem 17. Jh. neben einer würdevollen alten Brücke – auf ihrem täglichen Nachhauseweg auf; 1993 ließ sie die Gebäude renovieren und eröffnete sie als Restaurant mit vier Gästezimmern. Das La Lucarne aux Chouettes ist eine vernünftige und relativ preiswerte Übernachtungsmöglichkeit in dem interessanten Städtchen Villeneuve-sur-Yonne.
Die vier Zimmer, drei Suiten und ein Doppelzimmer, sind alle unterschiedlich von Mme Caron selbst eingerichtet, mit hübschen Stoffen, Himmelbetten, antiken Möbeln, Deckenbalken, Teppichen und allerlei anderen Kleinigkeiten. Einige der Sachen wirken allerdings schon etwas abgenützt. Die meisten Zimmer erreicht man über dramatisch steile alte Treppen; hier herrscht auch das Gefühl vor, das man nur in wirklich alten Gebäuden hat,. Das Restaurant befindet sich in einem alten Lagerhaus aus dem 17. Jh. und ist mit einer hohen gewölbten Decke, Steinmauern, einem Kamin und stoffbezogenen Stühlen ausgestattet; es ist das Herz des Unternehmens, und im Sommer kann man unter großen weißen Sonnenschirmen am Fluss speisen. Der Küchenchef, Daïuke Inagaki, ist – wie der Name schon vermuten lässt – Japaner, hält sich jedoch vorwiegend an die französische Küche und setzt nur wenige asiatische Akzente.

~

Umgebung: Porte de Joigny; Sens (14 km); Auxerre (45 km) • **Lage:** im Stadtzentrum in der Nähe der Brücke, 14 km südlich von Sens; mit eigenem Parkplatz
Mahlzeiten: Frühstück, Mittag- und Abendessen • **Preise:** €€–€€€ • **Zimmer:** 4; 3 Suiten, 1 Doppelzimmer, alle mit Bad; alle Zimmer mit Telefon, TV • **Anlage:** Bar, Restaurant, Terrasse, Möglichkeiten zum Baden, Angeln, Bootfahren, Fahrräder
Kreditkarten: MC, V • **Kinder:** erlaubt • **Behinderte:** nicht geeignet • **Tiere:** erlaubt • **Geschlossen:** Sonntagabend, montags außer im Juli, August
Besitzerin: Leslie Caron

Der Osten

Villa Louise
Villenhotel

21420 Aloxe-Corton (Côte-d'Or)
Tel 03 80 26 46 70 • **Fax** 03 80
26 47 16 • **e-mail**
hotel-villa-louise@wanadoo.fr
website www.hotel-villa-louise.fr
Mahlzeiten: Frühstück, leichtes
Abendessen • **Preise:** €€
Zimmer: 12 • **Geschlossen:** nie

Aufgrund negativer Berichte über den Empfang und den Zustand der Zimmer wird das Hotel nur noch mit einem halbseitigen Eintrag vorgestellt. Véronique Perrin führt das aus dem 17. Jh. stammende Haus ihrer Großmutter nun alleine. Es liegt nahe dem *château* der kleinen Gemeinde Aloxe-Corton, die Pilgerscharen von Weißweinliebhabern anzieht. Das Gebäude bezaubert durch altes Fachwerk, Deckenbalken, den großzügigen Salon, der sich zum Park und zu den Weinbergen hin öffnet, und den Garten mit einladenden Tischen und Stühlen. Véronique, die auch als Winzerin tätig ist, hat die Gemeinschaftsräume sorgsam renoviert. Neuer Hallenpool und Solarium.

Le Cep
Stadthotel

27, rue Maufoux, 21206 Beaune
(Côte-d'Or) • **Tel** 03 80 22 35 48
Fax 03 80 22 76 80 • **e-mail**
resa@hotel-cep-beaune.com
website www.hotel-cep-beaune.
com • **Mahlzeiten:** Frühstück,
Mittag- und Abendessen
Preise: €€ • **Zimmer:** 61
Geschlossen: nie

Obwohl das Le Cep unser Größenlimit etwas übersteigt, haben wir es aufgenommen, weil es ein gutes Hotel mit viel Atmosphäre und die beste Adresse im Zentrum von Beaune ist. Es liegt nur einen Katzensprung vom Hôtel-Dieu entfernt und verfügt über reich ausgestattete Gemeinschaftsräume und attraktive (obwohl meist recht kleine) Zimmer mit antiken Möbeln und Deckenbalken. Das Frühstück (»ausgezeichnet, viel mehr als nur Croissants«) wird in dem gewölbten ehemaligen Weinkeller serviert bzw. im Sommer unter den Arkaden des hübschen Renaissancehofes. Im Le Cep gibt es nur Frühstück, aber viele Gäste speisen im Restaurant gleich nebenan. Die Familie Bernard und ihr Personal sind herzlich und ausgesprochen gastfreundlich. Fünf neue Suiten liegen zum charmanten Innenhof.

DER OSTEN

Château de Bellecroix
Schlosshotel

71150 Chagny (Saône-et-Loire) **Tel** 03 85 87 13 86 • **Fax** 03 85 91 28 62 • **e-mail** info@chateau-bellecroix.com • **website** www.chateau-bellecroix.com **Mahlzeiten:** Frühstück, Mittag- und Abendessen • **Preise:** €€ **Zimmer:** 20 • **Geschlossen:** Mitte Dezember bis Mitte Februar, mittwochs Oktober bis Ende Mai; Restaurant Montagmittag, Mittwoch, Donnerstagmittag

Massive, efeubewachsene Mauern; eine bezaubernde Gastgeberin, Delphine Gautier, die das Hotel vor einigen Jahren von ihrer Mutter übernommen hat; ein großer, getäfelter Speiseraum; daneben ein gemütlicher kleiner Aufenthaltsraum, der mit hübschen Tapeten und Stoffen ausgestattet ist. Die größeren der Zimmer haben massive Wände, antike gefliste Fußböden und eine entsprechende Möblierung. Wenn Sie gerne in einem Schloss übernachten, werden Sie das Château de Bellecroix trotz seiner Nachteile mögen – einige etwas langweiligere, kleinere Zimmer und der Verkehrslärm der angrenzenden Hauptstraße, den man jedoch nur draußen hört.

Hôtel de la Poste
Stadthotel

Place de l'Eglise, 71120 Charolles (Saône-et-Loire) • **Tel** 03 85 24 11 32 • **Fax** 03 85 24 05 74 **e-mail** contact@la-poste-hotel.com • **website** www.la-poste-hotel.com • **Mahlzeiten:** Frühstück, Mittag- und Abendessen **Preise:** € • **Zimmer:** 17 • **Geschlossen:** Mitte November bis Dezember, Sonntagmittag, montags

Das Hôtel de la Poste ist ein herausragendes Beispiel dafür, wie gut man ein Hotel und ein Restaurant in der Provinz führen kann. Daniel Doucet, dem Küchenchef/Patron, wird nun von seinem Sohn Frédéric in der Küche geholfen, in der ein ausgezeichnetes *Côte de boeuf charolais à deux temps* zubereitet wird. Das weiß gestrichene Gebäude ist in tadellosem Zustand, ebenso wie die hübsche Bar bzw. der Salon und der hellgelb getäfelte Speiseraum. Bei schönem Wetter kann man auch in dem blumengeschmückten Innenhof essen. Die Zimmer sind vor kurzem renoviert worden; sie sind hübsch eingerichtet (mit gelegentlichen kleinen geschmacklichen Ausrutschern). Fünf neue Zimmer liegen in der Villa gegenüber. Eine nützliche Adresse, wenn Sie auf der Durchreise sind.

DER OSTEN

CLUNY

Hôtel de Bourgogne
Stadthotel

Place de l'Abbaye, 71250 Cluny
(Saône-et-Loire) • **Tel** 03 85 59
00 58 • **Fax** 03 85 59 03 73
e-mail contact@hotel-cluny.com
website www.hotel-cluny.com
Mahlzeiten: Frühstück, Mittag-
und Abendessen • **Preise:** €€
Zimmer: 17 • **Geschlossen:** Dezember bis Februar Di und Mi;
Restaurant Di und Mi mittags

Das Hôtel de Bourgogne ist seit langer Zeit unser Lieblingshotel in
Cluny. Es wurde 1817 auf dem Grundstück der Abtei erbaut, gleich
am Hauptplatz. Uns gefällt besonders die ruhige, aber freundliche
Atmosphäre. Es gibt einen sehr hübschen, langen Aufenthaltsraum
mit niedriger Decke und knarzendem poliertem Boden sowie einen
eleganten Speiseraum mit einem großen offenen Feuer und einem
wunderschönen schwarz-weiß gefliesten Boden. Die drei Menüs
bestehen hauptsächlich aus Spezialitäten aus dem Burgund. Neben
der Rezeption gibt es noch eine kleine Bar und einen sonnigen Hof.
Die Zimmer sind recht unauffällig, aber komfortabel. Die jungen
Besitzer, Nathalie und Michel Colin, sind äußerst gastfreundlich.

CORDON

Le Cordonant
Hotel in den Bergen

47400 Cordon (Haute-Savoie)
Tel 04 50 58 34 56 • **Fax** 04 50
47 95 57 • **Mahlzeiten:** Frühstück, Mittag- und Abendessen
Preise: € • **Zimmer:** 16 • **Geschlossen:** September bis Mitte
Dezember, Mai bis Anfang Juli

Das auf 1000 m über dem
Meeresspiegel gelegene Le
Cordonant ist natürlich bei
weitem nicht das einzige
Berghotel im Chalet-Stil, aber durch Monsieur Pugnats sorgfältige
Renovierung ist es zumindest im Inneren eine schmucke Unterkunft geworden (von außen zeigt es sich weiterhin im typischen alpinen 1970er-Jahre-Stil mit pinken und braunen Holzbrettern an
den Wänden). Die Zimmer sind klein, aber komfortabel. Es gibt
einen erstklassigen Wellnessbereich und fantastische Ausblicke. Das
Frühstück wird bei schönem Wetter im Freien serviert. Das familiengeführte Le Cordonant bietet ein exzellentes Preis-Leistungsverhältnis.

DER OSTEN

Auberge des Chasseurs
Landhotel

Naz Dessus, 01170 Echenevex
(Ain) • **Tel** 04 50 41 54 07
Fax 04 50 41 90 61 • **Mahlzeiten:** Frühstück, Mittag- und
Abendessen • **Preise:** €€
Zimmer: 15 • **Geschlossen:** Mitte
November bis Mitte März

Dieses attraktive umgebaute Bauernhaus liegt am
Fuße des Juragebirges mit Blick über den Genfer See zum Mont
Blanc. Im Auberge des Chasseurs werden die Gäste besonders herzlich empfangen. Das Hotel gehört seit Mitte des 19. Jhs. der Familie Lamy, und dank eines schwedischen Innenarchitekten wirkt es
mit seinen gemusterten Deckenbalken, den bemalten Decken und
den Türen, die mit Blumen und Buchstaben verziert sind, nun ausgesprochen skandinavisch. Das rundum befriedigende Essen wird
in einem eleganten Speiseraum serviert und harmonisch durch eine
ausgezeichnete und nicht zu teure Auswahl an Weinen ergänzt. Der
Pool, die wunderschöne, blumenübersäte Terrasse und die vernünftigen Preise sind weitere Vorteile des Hotels.

Au Gay Séjour
Landhotel

Le Tertenoz de Seythenex, 74210
Faverges (Haute-Savoie)
Tel 04 50 44 52 52 • **Fax** 04 50
44 49 52 • **e-mail** hotel-gay-sejour.com@wanadoo.fr • **website** www.hotel-gay-sejour.com
Mahlzeiten: Frühstück, Mittag-
und Abendessen • **Preise:** €
Zimmer: 11 • **Geschlossen:**
Mitte November bis Mitte Dezember; Restaurant Sonntagmittag und montags

Dieses einfache Gasthaus liegt etwas abgeschieden nicht weit vom
Lac d'Annecy entfernt auf dem Weg zu den großen Skigebieten der
Region. Das robuste ehemalige Bauernhaus aus dem 17. Jh. befindet sich seit Generationen in den engagierten Händen der Familie
Gay; Küchenchef/Patron Bernard Gay lernte das Kochen schon
von seiner Großmutter, und sein Sohn wird ebenfalls zum Küchenchef ausgebildet. Das Essen steht im Mittelpunkt des Hotelbetriebes; es gibt zahlreiche Fischgerichte – sowohl aus den heimischen
Seen als auch aus dem Meer – sowie lokale und saisonale Spezialitäten wie z.B. Trüffel. Die Zimmer sind einfach, aber tadellos gepflegt;
sie sind mit Kiefernholztäfelungen und modernen Möbeln ausgestattet. Von den Terrassen des Hotels hat man eine großartige Aussicht.

DER OSTEN

LYON

Hôtel des Artistes
Stadthotel

8, rue Gaspard André, 69002 Lyon
(Rhône) • **Tel** 04 78 42 04 88
Fax 04 78 42 93 76
e-mail hartiste@club-internet.fr
website www.hoteldesartistes.fr
Mahlzeiten: Frühstück
Preise: €–€€ • **Zimmer:** 45
Geschlossen: nie

Aufgrund seiner Lage nahe dem Théâtre des Célestins hat das Hôtel des Artistes über die Jahre hinweg zahlreiche berühmte Schauspieler und Sänger beherbergt, wovon das freundliche Personal auf Anfrage Interessantes zu berichten weiß (es gibt auch Tipps, wo man gut einkaufen und essen kann). Außerdem sind der Fluss Saône und die Sehenswürdigkeiten der Lyoner Altstadt bequem zu Fuß zu erreichen. Die renovierten Zimmer haben überraschend große Badezimmer. Zimmer 204 ist sehr groß, aber weil nicht renoviert, etwas billiger. Es gibt weder Bar noch Restaurant, aber einen hübschen Frühstücksraum im mediterranen Stil.

MAILLY-LE-CHÂTEAU

Le Castel
Dorfgästehaus

2, place de l'Eglise, 89660 Mailly-le-Château (Yonne) • **Tel** 03 86
81 43 06 • **Fax** 03 86 81 49 26
e-mail lecastelmailly@aol.com
website www.lecastelmailly.com
Mahlzeiten: Frühstück, Mittagessen, Abendessen auf Anfrage
Preise: €€ • **Zimmer:** 6
Geschlossen: nie

Im Le Castel gab es einen Besitzerwechsel. Die neuen Eigentümer, Dominique und Elisabeth Meuterlos, sind ein reizendes Paar, das seinen Gästen das Gefühl gibt, zur Familie zu gehören. Man isst zusammen an einem großen Tisch und bekommt den örtlichen Wein zu trinken. Nach und nach wird die längst fällige Restaurierung vorgenommen, in deren Rahmen weniger, aber größere Familiensuiten und behindertengerechte Zimmer im Erdgeschoss entstehen sollen. Die renovierungsbedürftigen Gemeinschaftsräume vermitteln einen ungemütlichen Eindruck. Es gilt somit, die weitere Entwicklung abzuwarten. Berichte sind willkommen.

DER OSTEN

Montrachet
Stadthotel

10, place des Marronniers, 21190
Puligny-Montrachet (Côte-d'Or)
Tel 03 80 21 30 06 • **Fax** 03 80 21
39 06 • **e-mail** info@le-montra-
chet.com • **website** www.le-mon-
trachet.com
Mahlzeiten: Frühstück, Mittag-
und Abendessen • **Preise:** €€
Zimmer: 32 • **Geschlossen:** Dezember

Im Zentrum von Puligny-
Montrachet liegt die Place des Marronniers. Vom hübschen Steingebäude des Hotels aus blickt man direkt auf diesen Platz. Obwohl
es dem Montrachet im Inneren etwas an Persönlichkeit mangelt und
es auch relativ teuer ist, bietet es sich doch als Übernachtungsmöglichkeit auf einer Tour durch die umgebenden Weinberge an. Es
wurde vor 20 Jahren eröffnet und ist funktional eingerichtet; die
»modernen« Stühle in den Gemeinschaftsräumen gehören bestimmt schon zur Erstausstattung. Im Hauptgebäude sind 22 Zimmer untergebracht; die übrigen befinden sich in einem Nebengebäude über die Straße. Im Restaurant werden lokale Spezialitäten
serviert; es ist mit einem Michelinstern ausgezeichnet.

Chalet Rémy
Chalethotel

Le Bettex, 74170 St-Gervais
(Haute-Savoie) • **Tel** 04 50 93 11
85 • **Fax** 04 50 93 14 45
Mahlzeiten: Frühstück, Mittag-
und Abendessen • **Preise:** €
Zimmer: 19 • **Geschlossen:** Anfang November bis Ende Dezember

Im krassen Gegensatz zu
den eleganten Chalethotels
des nahe gelegenen Megève
(siehe Seite 164) ist dieses Chalet angenehm einfach und »echt«, mit
allem dazugehörigen Charme und Charakter. Von dem traditionellen Stein- und Holzgebäude (das Holz ist noch original!) aus dem
18. Jh. aus hat man eine atemberaubende Aussicht auf den Mont
Blanc. Auch das Innere des Hotels scheint sich in den letzten 50 Jahren nicht verändert zu haben. Eine Treppe im Zentrum des Hauses
führt zu einer rechteckigen Galerie, von der die Zimmer abgehen.
Diese sind ganz in Holz gehalten und winzig; sie sind sehr einfach,
aber warm und mit bequemen Betten ausgestattet. Auch die Ge-
meinschaftsbadezimmer sind sehr gepflegt. Im kerzenbeleuchteten
Speiseraum wird traditionelles und gutes Essen serviert, und von der
Terrasse aus hat man den erwähnten wunderschönen Blick über den
hoteleigenen Garten zum Mont Blanc.

Der Osten

Auberge du Château

Restaurant mit Gästezimmern auf dem Land

3, rue du Pont, 89680 Val-de-Mercy (Yonne) • Tel 03 86 41 60 00 • Fax 03 86 41 73 28 • e-mail delfontainej@wanadoo.fr • **Mahlzeiten:** Frühstück, Mittag- und Abendessen • **Preise:** € • **Zimmer:** 5 • **Geschlossen:** Mitte Januar bis März; Restaurant Sonntagabend, montags

Dieses Hotel, das in einem hübschen und ruhigen Dorf an einem Fluss liegt, wurde uns empfohlen, als wir in der Gegend waren, war aber leider geschlossen, als wir dort ankamen. Wir haben uns ein wenig umgesehen und beschlossen wiederzukommen. Es sieht sehr einladend und elegant, aber unprätentiös aus. Das Restaurant besteht aus zwei Zimmern, und im Sommer kann man in dem schönen Hof essen. Die Zimmer, so wurde uns berichtet, verfügen über Parkettböden, Vorhänge mit Rosenmuster und Antiquitäten. Auch die Speisekarte sah verführerisch aus. Weitere Berichte sind uns herzlich willkommen.

La Demeure de Chavoire

Hotel am See

Route d'Annecy-Chavoire, 74290 Veyrier-du-Lac (Haute-Savoie) • **Tel** 04 50 60 04 38 • **Fax** 04 50 60 05 36 • e-mail demeure.chavoire@wanadoo.fr • **website** www.demeuredechavoire.com • **Mahlzeiten:** Frühstück, Snacks • **Preise:** €€€ • **Zimmer:** 13 • **Geschlossen:** nie

Das Hotel, seit einiger Zeit unter neuer Leitung, liegt am Lac d'Annecy und praktischerweise auch an der Hauptstraße, die zu den umliegenden Skigebieten führt. Bei unserem letzten Besuch fanden wir es tadellos gepflegt vor, ein bezauberndes Hotel in einem hübschen Garten, eine gelungene Kombination aus traditioneller Eleganz und modernem Komfort. Jedes Zimmer ist sorgsam und durchdacht eingerichtet und individuell in romantischem Stil gehalten. Sie sind nach Sehenswürdigkeiten der Region und berühmten Schriftstellern benannt; Sie können beispielsweise in der Jean-Jacques-Rousseau-Suite übernachten. Die Empfangsräume verfügen über Wandtäfelungen und Stuckverzierungen an den Decken. Hier herrschen guter Geschmack und Ruhe.

Der Südwesten

Die Hotels im Südwesten

Die Limousinhügel bilden die Wasserscheide zwischen den Flussbetten der Charente und der Loire im Norden und zwischen der Garonne und ihren Nebenflüssen im Süden; gleichzeitig stellen sie den Beginn unserer Südwestregion dar. Hier, zwischen der Atlantikküste und den Pyrenäen, liegen mittelalterlich geprägte Dörfer, Städte und Burgen, eine Gegend, in der man nicht nur landschaftliche, sondern auch kulinarische Kostbarkeiten serviert bekommt.

Für viele Besucher sind die Täler der Dordogne und der Lot mit ihrem milden Klima und der fruchtbaren Landschaft der Inbegriff nicht nur französischer Lebensart, sondern des Lebens überhaupt. Dementsprechend haben wir auch nirgends so viele Einträge wie in dieser Gegend – abgesehen vielleicht von der Provence. Unsere Recherchen haben ergeben, dass die Hotels im Südwesten sich auf angenehme Weise nicht verändert haben. Unsere alten Favoriten gibt es immer noch – darunter das *Moulin de l'Abbaye* (siehe Seite 197) in Brantôme, das *Manoir de Hautegente* in Coly (siehe Seite 202), das *La Pélissaria* in St-Cirq-Lapopie (siehe Seite 219) und das *Domaine de la Rhue* in Rocamadour (siehe Seite 217). Wir haben aber auch einige interessante Neuentdeckungen gemacht, beispielsweise das *Le Jardin d'Eyquem* in St-Michel-de-Montaigne (siehe Seite 226) und das *Domaine de Saint-Géry* in Lascabanes (siehe Seite 209). Wir empfehlen ebenfalls das *Les Tendoux* in Issigeac (Tel. 05 53 24 30 00).

Die weiter südlich gelegene, friedvolle Landschaft der Gascogne mit ihren Festungen und gastronomischen Freuden ist inzwischen auch vielen Urlaubern bekannt, was sich in der Zahl interessanter Hotels dort niederschlägt: das *Domaine de Bassibé* (siehe Seite 236) und das *Château de Projan* (siehe Seite 215), um nur zwei zu nennen.

Wir haben nur einige, dafür aber sehr nützliche Einträge im Bordeaux und in den seltsamen Weiten der Landesregion. Auch in den wunderschönen Pyrenäen hat sich in der Hotellandschaft wenig verändert: Das *Arcé* in St-Etienne-de-Baïgorry (siehe Seite 223) ist selbst nach fünf Besitzergenerationen immer noch in Topform, ebenso wie das *Arraya* in Sare (siehe Seite 228) nach drei. Neue Adressen sind das *Maison Garnier* in Biarritz (siehe Seite 194), das *Petit Hôtel Labottierre* in Bordeaux (siehe Seite 196) und das *Domaine de l'Aragon* in Herrere (siehe Seite 207).

Die Hotels in diesem Führer stellen nur eine Auswahl der schönsten Unterkünfte der Region dar; wenn Sie sich umfassender informieren möchten, empfehlen wir Ihnen unseren Führer »Kleine Hotels mit Charme Südfrankreich«.

DER SÜDWESTEN

AGNAC

Château de Pechalbet

‿ Hotel im Landhausstil ‿

47800 Agnac (Lot-et-Garonne)
Tel und **Fax** 05 53 83 04 70
e-mail pechalbet@hotmail.com **website** www.pechalbet.free.fr

Henri Peyre und seine Frau Françoise wollten 1995 zuerst nur ein kleines Hotel eröffnen, mit Gästezimmern und Frühstück. Dann wurde ihnen jedoch klar, dass ihre Gäste sich nur schwer von dem wunderschönen, geschichtsträchtigen Schloss aus dem 17. Jh. trennen wollten, um in einem Restaurant essen zu gehen, und deshalb gibt es im Château de Pechalbet seit etwa einem Jahr auch Abendessen. »Es ist sehr hübsch«, erzählt uns M. Peyre. »Wir treffen uns alle auf der Terrasse, um den Sonnenuntergang zu genießen, und essen und plaudern dann bei Kerzenlicht. Manchmal haben wir das Gefühl, dass unsere Gäste überhaupt nicht mehr schlafen gehen wollen.« Die Preise sind mit Bedacht niedrig gehalten, damit man sich auch einen mehrtägigen oder sogar mehrwöchigen Aufenthalt leisten kann. Es gibt jede Menge Platz – die mit hübschen Antiquitäten eingerichteten Zimmer sind riesig und gehen alle zur Terrasse hinaus. Im Park grasen Schafe, und wenn es kälter wird, prasselt in dem massiven Steinkamin ein angenehmes Feuer. Zudem kann man im Herbst in den umgebenden Wäldern auch Pilze suchen. Für seine Gäste hält M. Peyre eine Liste bereit, auf der seine Geheimtipps der Sehenswürdigkeiten in der Umgebung stehen. Alles in allem kann man sich im Château de Pechalbet bei Mme und M. Peyre so richtig wohl fühlen. Berichte sind uns herzlich willkommen.

‿

Umgebung: Eymet (4 km); Bergerac (25 km) • **Lage:** auf einem 40 Hektar großen Landsitz, ausgeschildert südlich von Eymet an der D933 nach Miramont; mit großem Parkplatz und Garage • **Mahlzeiten:** Frühstück, Abendessen • **Preise:** € **Zimmer:** 5 Doppel- und Zweibettzimmer, alle mit Bad oder Dusche • **Anlage:** 2 Aufenthaltsräume, Bar, Speiseraum, Terrasse, Gärten, Swimmingpool • **Kreditkarten:** keine • **Kinder:** willkommen • **Behinderte:** keine entsprechenden Einrichtungen • **Tiere:** erlaubt • **Geschlossen:** Dezember bis April **Besitzer:** Henri Peyre

DER SÜDWESTEN

AÏNHOA

Ohantzea
~ Ländliches Hotel ~

64250 Aïnhoa, (Pyrénées-Atlantiques)
Tel 05 59 29 90 50 **Fax** 05 59 29 89 70

Ein herzlicher Empfang erwartet den Gast in diesem unprätentiösen, echt baskischen Hotel aus dem 17. Jh., das sich seit drei Jahrhunderten in den Händen derselben Familie befindet. Das mit Fensterläden versehene Fachwerkgebäude steht im Zentrum eines malerischen Dorfes, das ganz typisch für diese Region ist. Im Inneren des Hauses scheint die Zeit stehen geblieben zu sein: ausgetretene Holzfußböden, Deckenbalken, alte Gemälde, Regale mit antiken Küchenutensilien, Kupferkessel und Zinnkrüge. Vom geräumigen Speiseraum aus gehen französische Fenster auf den Garten hinaus. Die Zimmer sind ebenfalls groß und vermitteln denselben Eindruck soliden und familiären Bauernhofkomforts. Mme Ithurria erklärt bescheiden: »Es ist kein modernes Haus, und wenn wir ein Motto für unser Hotel haben, dann das, eine private Atmosphäre zu angemessenen Preisen zu schaffen.« So überrascht es nicht, dass das Ohantzea bei unseren Lesern sehr beliebt ist. Das Essen entspricht eher altmodischen, traditionellen Geschmäckern: Es gibt große Portionen saftigen Lamms und andere Gerichte aus der Region. Das Ohantzea hat ein ausgezeichnetes Preis-Leistungs-Verhältnis.
Die Gegend ist berühmt für ihr mildes Klima; Edmond Rostand, Schöpfer des Cyrano de Bergerac, war Stammgast der lokalen Heilquellen. Ihm gefiel es dort so, dass er sich in der Nähe ein Haus gebaut hat: die Villa Arnaga (an der D932, für Besucher geöffnet).

~

Umgebung: spanische Grenze (2 km); Villa Arnaga; St-Pée-sur-Nivelle (10 km); Sare (10 km) • **Lage:** im Zentrum des Ortes, 10 km südwestlich von Cambo-les-Bains; mit eigenem Parkplatz • **Mahlzeiten:** Frühstück, Mittag- und Abendessen **Preise:** € • **Zimmer:** 10; 8 Doppel- und Zweibettzimmer, 2 Familienzimmer, alle mit Bad; alle Zimmer mit Telefon • **Anlage:** Aufenthaltsraum, Speiseraum, Garten **Kreditkarten:** AE, DC, MC, V • **Kinder:** willkommen • **Behinderte:** keine entsprechenden Einrichtungen • **Tiere:** erlaubt • **Geschlossen:** Mitte November bis Mitte Februar • **Besitzer:** Marcel Ithurria

DER SÜDWESTEN

Le Square
~ Dorfhotel ~

5/7, place de la Craste, 47220 Astaffort (Lot-et-Garonne)
Tel 05 53 47 20 40 **Fax** 05 53 47 10 38 **e-mail** Latrille.Michel@wanadoo.fr
website www.latrille.com

Die warmen Ocker- und Terrakottatöne, die blauen Fensterläden
und gestreiften Markisen an dem kleinen Platz voller Rosen und
Pergolen erinnern schon sehr an den Süden Frankreichs. Seit Michel
Latrille und seine Frau Sylvie dieses bezaubernde kleine Hotel übernommen haben, hat sich hier viel verändert. Das Le Square stellt nun
eine äußerst befriedigende Mischung aus M. Latrilles exzellenter
traditionell-lokaler Küche und Mme Latrilles Kompetenz dar, die
vor allem in den eleganten, komfortablen und geräumigen Zimmern
und den glänzenden Badezimmern zum Ausdruck kommt. Bei der
qualitativ hochwertigen Renovierung zweier angrenzender Gebäude wurden weder Kosten noch Mühen gescheut, und die hübschen Kenzo-Stoffe, die bemalten Möbel, die moderne Beleuchtung
und die glänzend gefliesten Bäder wirken angenehm frisch und auf-
heiternd. Das kleine Hotel hat gerade die richtige Größe; die Latrilles haben eine unkompliziert informelle Atmosphäre geschaffen,
ohne dabei jedoch einen gewissen Standard aus den Augen zu verlieren. Hier und dort finden sich interessante Details: Ein kleiner Innenhof im maurischen Stil mit Olivenbaum erinnert den Besucher
daran, dass die Straße nach Spanien nicht weit entfernt ist, und auf
dem großen, schattigen Balkon im ersten Stock kann man an lauen
Sommerabenden im Freien essen. Auf dem Platz vor dem Hotel bel-
len Hunde, alte Männer spielen Boule und Kinder toben herum.

Umgebung: Agen (18 km); Bastides; Garonne • **Lage:** im Zentrum des Dorfes; mit
Garagen und Parkplätzen auf der Straße • **Mahlzeiten:** Frühstück, Mittag- und
Abendessen • **Preise:** €€ • **Zimmer:** 14; 12 Doppel- und Zweibettzimmer, 2 Sui-
ten, 11 mit Bad, 3 mit Dusche; alle Zimmer mit Telefon, TV, Klimaanlage, Minibar,
Fön, Safe • **Anlage:** Aufenthaltsraum, Speiseraum, Aufzug, Terrasse • **Kreditkar-
ten:** MC, V • **Kinder:** erlaubt • **Behinderte:** 1 Zimmer mit entsprechenden Einrich-
tungen • **Tiere:** erlaubt • **Geschlossen:** 1 Woche im Mai, 3 Wochen im November
Besitzer: Michel und Sylvie Latrille

DER SÜDWESTEN

Chez Chilo
~ Ländliches Hotel ~

64130 Barcus (Pyrénées-Atlantiques)
Tel 05 59 28 90 79 **Fax** 05 59 28 93 10
e-mail martine.chilo@wanadoo.fr

Es ist den Umweg schon wert, den man machen muss, um die Freuden dieses kleinen Hotels an der Grenze zwischen dem fruchtbaren Baskenland und der Region Béarn zu genießen. Das Fachwissen dreier Generationen hat einen Ort voller Gastfreundschaft, Komfort und ausgezeichneten Essens geschaffen. Das attraktive Gebäude mit seinem hübschen Garten, dem Spielplatz und dem diskret versteckten Swimmingpool mit Bergblick passt sich harmonisch in das umgebende Dorf ein. Die Zimmer wurden alle vor kurzem renoviert; sie sind hell und freundlich, ohne Extravaganzen. Im Erdgeschoss befindet sich ein L-förmiger Speiseraum mit offenem Kamin, ein großer Aufenthaltsraum mit Bar, die an einen englischen Landgasthof erinnert, und der Hauptspeiseraum mit Aussicht auf den Garten. Hier kann man unvergesslich gut essen. Jeden Morgen werden die frischesten und besten Zutaten aus der Region direkt vom Markt angeliefert und von Pierre Chilo zu Gerichten von außergewöhnlicher Raffinesse und Qualität zubereitet. Das Chez Chilo ist eine erfreuliche und effiziente Übernachtungsmöglichkeit mit angemessenen Preisen, in der Martine und Pierre Chilo wahre baskische Gastfreundschaft demonstrieren. Bitte beachten Sie auch, dass die beiden vor kurzem ein weiteres Hotel gekauft haben: das Bidegain im nahe gelegenen Mauléon, mit altem baskischem Intérieur (Tel. 05 59 / 28 16 05).

~

Umgebung: Pau (50 km); spanische Grenze • **Lage:** im Dorf, an der D24 zwischen Oloron Ste-Marie und Mauléon; mit großem Parkplatz • **Mahlzeiten:** Frühstück, Mittag- und Abendessen • **Preise:** €–€€ • **Zimmer:** 10; 7 Doppel- und Zweibettzimmer, 3 Familienzimmer, 6 mit Bad (3 Jacuzzi), 4 mit Dusche • **Anlage:** Aufenthaltsraum/Fernsehraum, Bar, Restaurant, Terrasse, Garten, Swimmingpool **Kreditkarten:** AE, DC, MC, V • **Kinder:** willkommen • **Behinderte:** 1 Zimmer mit entsprechenden Einrichtungen • **Tiere:** erlaubt • **Geschlossen:** Januar **Besitzer:** Pierre und Martine Chilo

DER SÜDWESTEN

BIARRITZ

Maison Garnier
◡ Gästehaus in der Stadt ◡

29, rue Gambetta, 64200 Biarritz (Pyrénées-Atlantiques)
Tel 05 59 01 60 70 **Fax** 05 59 01 60 80
e-mail maison-garnier@hotel-biarritz.com **website** www.hotel-biarritz.com

Ein kurzer Spaziergang bringt den Besucher von Biarritz von den beiden Hauptstränden in einen alten Teil der Stadt, der ganz den Einheimischen gehört und unabhängig von den Surfern und Kongressen am Meer existiert. Hier hat Jean-Christophe Garnier ein vernachlässigtes altes Familienhotel in eine ausgesprochen hübsche und preiswerte Übernachtungsmöglichkeit umgewandelt. Er verfügt über einige Erfahrung im Hotelgewerbe und wendet seine professionellen Fähigkeiten selbst auf das kleinste Detail an, mit dem Ergebnis, dass der Gast alles hat, was er braucht, und nichts findet, was er nicht braucht. Die Zimmer sind nicht zu vollgestellt und verfügen über bequeme Betten, eine angemessene und funktionale Einrichtung, wunderbare Duschen (die uns immer besonders am Herzen liegen) und praktischen Stauraum.

Der Speiseraum ist hell und freundlich; hier wird zwar nur Frühstück serviert, aber das besteht aus frisch gepresstem Orangensaft und einem Büfett mit frischem Brot und Croissants sowie verschiedenen Marmeladensorten und Kaffee, wovon man sich nach Herzenslust bedienen kann. Der elegante Aufenthaltsbereich ist mit einem Kamin und interessanten Gemälden ausgestattet. Die Holzfußböden, weißen Wände und leichten Stoffe schaffen eine beinahe koloniale Atmosphäre, die äußerst angenehm ist. M. Garnier weiß, was er tut, und tut es sehr gut.

◡

Umgebung: Markt; Meer; Golfplatz; Stadtzentrum • **Lage:** Folgen Sie der Ausschilderung zum Stadtzentrum, zum Place Clémenceau, dann am Gebäude der Inchauspé-Bank links abbiegen (großes weißes Gebäude) in die Rue Gambetta; Parkplatz an der Straße • **Mahlzeiten:** Frühstück • **Preise:** €-€€ • **Zimmer:** 7 Doppelund Zweibettzimmer, alle mit Dusche; alle Zimmer mit Telefon, TV • **Anlage:** Aufenthaltsraum, Speiseraum • **Kreditkarten:** AE, DC, MC, V • **Kinder:** erlaubt
Behinderte: keine entsprechenden Einrichtungen • **Tiere:** erlaubt
Geschlossen: nie • **Besitzer:** Jean-Christophe Garnier

DER SÜDWESTEN

BORDEAUX

Chambre en Ville

～ Stadthotel ～

Rue Bouffard, 33000 Bordeaux
Tel 05 56 81 34 53 **Fax** 05 56 81 34 54

Schon die Lage an der Rue Bouffard nahe dem Musée des Beaux Arts und der bezaubernden Fußgängerzone im Herzen von Bordeaux ist bestechend, und das Chambre en Ville selbst kommt der Idealvorstellung eines charmanten Stadthotels ziemlich nahe. Es ist klein (mit nur fünf Zimmern), elegant (der holländische Besitzer Ruud Vandepol nutzte das Gebäude früher als Kunstgalerie; und seine Bilder und Möbel setzen jetzt im ganzen Gebäude Akzente) und vermittelt eine entspannte Atmosphäre (da kein Mittag- und Abendessen serviert wird, fühlt man sich eher wie in einem Appartement als in einem Hotel; nachts erreicht man sein Zimmer über einen Zugang mit Code). Die Mitte des Gebäudes markiert eine steinerne Wendeltreppe, und die Zimmer verteilen sich auf drei Stockwerke. Sie sind individuell eingerichtet: das »Bordelaise« mit einem antiken Schreibtisch, das »Nexus« nebenan insgesamt recht üppig. Das Frühstück (mit Feingebäck und reichlich Orangensaft) wird im Erdgeschoss an einem langen Mahagoni-Tisch serviert.

～

Umgebung: Musée des Beaux Arts, Fußgängerzone; Bordelais mit Weinorten, z.B. St-Emilion (48 km) • **Lage:** im Stadtzentrum • **Mahlzeiten:** Frühstück • **Preise:** €€ **Zimmer:** 5, 2 Doppelzimmer, 3 Suiten • **Anlage:** Speiseraum • **Kreditkarten:** AE, DC, MC, V • **Kinder:** erlaubt • **Behinderte:** keine speziellen Einrichtungen **Tiere:** nicht erlaubt • **Geschlossen:** nie • **Besitzer:** Ruud Vendepol und Reme Labory

DER SÜDWESTEN

BORDEAUX

Petit Hôtel Labottierre
~ Stadthotel ~

14, rue Francis Martin, 33000 Bordeaux
Tel 05 56 48 44 10 **Fax** 05 56 48 44 14

Dieses Hotel bietet die eher seltene Chance, in einer Art lebendigem Museum zu übernachten. Das klassizistische Gebäude wurde als *Monument Historique* eingestuft, nachdem es von seinen jetzigen Besitzern im Jahre 1960 gekauft, dadurch vor dem Abbruch bewahrt und liebevoll restauriert wurde. Das Ergebnis ist ein kleines Wunder: ein Gesamtkunstwerk, in dem jedes Detail gewissenhaft aufgespürt und sichtbar gemacht wurde (z. B. ein originales Rubensgemälde, dessen Pendant im Pariser Louvre hängt), das aber die Spuren der Zeit keineswegs verbirgt.

Zwei Suiten befinden sich in einem Anbau, ausgestattet mit wunderschönen Antiquitäten. Es gibt kein Restaurant, was in Bordeaux, wo Essen und Trinken eine eigene Kunstform darstellt, kein Problem ist. Das Frühstück ist fast ein bisschen zu üppig und wird auf altem Silbergeschirr serviert. Spezielle Serviceleistungen wie die Minibar, die im Preis inbegriffen ist, und ein Willkommensgruß in Form des lokalen Brébis-Käses unterstreichen noch die Besonderheit dieses Hotels. Hier ist der Gast eingeladen, an einer von den Besitzern in die Realität umgesetzten Vision teilzuhaben.

~

Umgebung: Stadtzentrum; Bordelais • **Lage:** am Jardin Publique • **Mahlzeiten:** Frühstück • **Preise:** €€€ • **Zimmer:** 2 • **Anlage:** Terrasse, Garten, Ausstellungsräume • **Kreditkarten:** AE, MC, V • **Kinder:** willkommen • **Behinderte:** keine speziellen Einrichtungen • **Tiere:** erlaubt • **Geschlossen:** nie • **Besitzer:** Liliane und Michael Korber

DER SÜDWESTEN

BRANTÔME

Moulin de l'Abbaye
∼ Umgebaute Mühle ∼

1, route de Bourdeilles, 24310 Brantôme (Dordogne)
Tel 05 53 05 80 22 **Fax** 05 53 05 75 27 **e-mail** moulin@relaischateaux.com
website www. relaischateaux.com

Wir wundern uns, warum es nicht mehr Lesermeinungen zu dieser wunderschönen Mühle gibt, in der man gern länger bleiben möchte. Vielleicht sind die Relais & Château-Preise der Grund?
Die Umgebung ist einmalig. Man nimmt einen Drink oder isst auf der schattigen Terrasse am Fluss, die am Abend beleuchtet wird, und sieht dabei die herrliche Brücke von Brantôme, den Turm des Klosters oder die vorbeigleitenden Schwäne. Von vielen Zimmern, die schön und behaglich ausgestattet sind (manche mit Himmelbetten und Antiquitäten, andere modern), genießt man die Aussicht auf die alten Häuser dieses wunderschönen Dorfes.
Traditionelle Périgord-Gerichte mit einem Hauch von Nouvelle Cuisine haben der Küche drei *toques* (Gault-Millau) und einen Michelin-Stern eingebracht. Man isst im angenehmen Speiseraum oder auf der Terrasse; allerdings gefallen uns die Farben der Monet-Palette nicht besonders. Überall frische Blumen, blanke Gläser, Silber und weiches Licht.

∼

Umgebung: Antonne-et-Trigonant (3 km) – Périgord-Herrenhaus, 15. Jh.; Bourdeilles (10 km) – Schloss • **Lage:** am Stadtrand, 20 km n von Périgueux; garage gegenüber • **Mahlzeiten:** Frühstück, Mittag- und Abendessen • **Preise:** €€€-€€€€ **Zimmer:** 20; 17 Doppel- und Zweibettzimmer, 3 Appartements; alle Zimmer mit Bad, TV, Minibar, Klimaanlage, Fön • **Anlage:** Speiseraum, Salon, Terrasse • **Kreditkarten:** AE, DC, MC, V • **Kinder:** willkommen • **Behinderte:** keine speziellen Einrichtungen • **Tiere:** erlaubt • **Geschlossen:** November bis Mai • **Besitzer:** Bernard Dessum

DER SÜDWESTEN

CARDAILLAC

Chez Marcel
∼ Dorfgasthof ∼

Rue du 11 Mai 1944, 46100 Cardaillac (Lot)
Tel 05 65 40 11 16 **Fax** 05 65 40 49 08

Das Chez Marcel ist als Auberge mit Stallungen Mitte des 19. Jhs. entstanden und dient nun einem kleinen Ort nördlich von Figéac als Bar/Restaurant; es ist in den letzten drei Jahren von Bernard Marcel geführt worden, der es von seinem Vater André geerbt hat. Hier scheint die Zeit stehen geblieben zu sein: Von dem Moment an, in dem man sich an die rot-weiß gedeckten Tische setzt und die Spitzenvorhänge in den hübschen Zimmern im Erdgeschoss bewundert, umfängt den Besucher der authentisch ländliche Charme längst vergangener Tage. Mit den unglaublich niedrigen Preisen und der unverdorbenen Einfachheit des Hotels hat die Familie Marcel sicherlich auf das richtige Pferd gesetzt; dennoch sind einige kleinere – wenn auch wenig radikale – Veränderungen geplant. Die Englisch sprechende Mme Marcel, Gisèle, fügt der hübschen Sammlung von ländlichen Antiquitäten in den Zimmern nach und nach weitere Stücke hinzu; ihr Ehemann denkt gerade über die Möglichkeit nach, die Duschvorhänge aus Plastik durch Kabinen aus Glas zu ersetzen, lässt sich für seine Entscheidung aber Zeit. Immer langsam mit den jungen Pferden, damit die Chez-Marcel-Fans, derer es eine Menge gibt, bei ihrer Rückkehr nicht zu geschockt sind. Der Küchenchef, Jacky Fabre, ist jetzt seit 22 Jahren im Hotel tätig; das Brot wird jeden Morgen frisch vom Bäcker in der gleichen Straße angeliefert. Am Abend ist die Bar sehr belebt; man kann aber auch einen kleinen Spaziergang durch das hübsche Dorf machen.

Umgebung: Figéac (9 km); Cahors (60 km); Lottal • **Lage:** im Dorf; großer öffentlicher Parkplatz und Parkplätze an der Straße • **Mahlzeiten:** Frühstück, Mittag- und Abendessen • **Preise:** € • **Zimmer:** 5; 4 Doppelzimmer, 1 Dreibettzimmer, alle mit Waschbecken, gemeinsame Dusche und WC auf dem Gang • **Anlage:** Restaurant, Bar, Terrasse • **Kreditkarten:** MC, V • **Kinder:** erlaubt • **Behinderte:** keine entsprechenden Einrichtungen • **Tiere:** erlaubt • **Geschlossen:** 15 Tage im Februar
Besitzer: Bernard Marcel

DER SÜDWESTEN

CARENNAC

Hostellerie Fenelon
∼ Dorfgasthaus ∼

46110 Carennac (Lot)
Tel 05 65 10 96 46 **Fax** 05 65 10 94 86
e-mail contact@hotel-fenelon.com **website** www.hotel-fenelon.com

Diese niedliche Herberge mit dem roten Dach und den Blumenkästen an den Fenstern liegt mitten in einem alten Dorf und ist wegen Mme Raynals warmherziger Gastlichkeit, des freundlichen, aber zurückhaltenden Personals, der ausgezeichneten Hausmannskost und des hervorragenden Preis-Leistungs-Verhältnisses wärmstens zu empfehlen.
Blumen gibt es hier überall: an jedem Fenster, neben dem Pool und rund um die Terrasse. Die Zimmer sind größer als in dieser Preisklasse üblich, aber nicht überwältigend, doch sauber und ordentlich mit Stilmöbeln eingerichtet. Madame richtet ihr spezielles Augenmerk auf die Badezimmer. Sie wurden kürzlich renoviert und sind tadellos. Die französischen Fenster im Speisesaal geben den Blick frei auf den Fluss und verleihen dem Raum eine angenehme Atmosphäre. Im Sommer speisen die Gäste auf der Terrasse vor dem Hotel, die von der Straße durch eine hohe Hecke abgegrenzt ist. M. Raynals *cuisine de terroir* fällt großzügig und schmackhaft aus. Selbst das Frühstück ist reichhaltiger als gewöhnlich. Ein kleiner Swimmingpool, Tische, Stühle und Sonnenschirme laden zum Entspannen ein.

∼

Umgebung: Priorei Carennac, Gouffre de Padirac (10 km), Rocamadour (30 km)
Lage: im Kern eines mittelalterlichen Dorfes; großer Parkplatz • **Mahlzeiten:** Frühstück, Mittag- und Abendessen • **Preise:** € • **Zimmer:** 15 Doppel- und Zweibettzimmer, alle mit Bad oder Dusche, alle mit Telefon, TV • **Anlage:** Aufenthaltsraum, Bar, Terrasse, Pool • **Kreditkarten:** DC, MC, V • **Kinder:** erlaubt • **Behinderte:** Zugang schwierig • **Tiere:** erlaubt • **Geschlossen:** Mitte Januar bis Mitte März • **Besitzer:** M. und Mme Raynal und Söhne

DER SÜDWESTEN

CHAMPAGNAC-DE-BÉLAIR

Le Moulin du Roc
~ Umgebaute Mühle ~

24530 Champagnac-de-Bélair (Dordogne)
Tel 05 53 02 86 00 Fax 05 53 54 21 31
e-mail moulinroc@aol.com **website** www.moulinduroc.com

Regelmäßige Leserpost bestätigt die Anziehungskraft der schönen alten Walnussölmühle, in der man sich gut aufgehoben fühlt, auch ohne gleich 200 € pro Nacht auszugeben. »Absolute Spitze«, kommentiert ein Leser, obwohl die Küche jetzt nur noch einen Michelin-Stern hat.

Die Lage an den Ufern der Dronne (von Brantôme ein paar Kilometer flussaufwärts) ist bezaubernd romantisch; die Gärten am Ufer sind üppig, abgeschlossen, schattig und farbenfroh. Im Innern des Natursteinhauses aus dem 17. Jh. alte Balken, Feuerstellen, Mühlentechnik, schön geschnitzte alte Möbel und Ölgemälde, dazu viel Dekor und Blumen. Das Ganze wirkt kompakt, höchst individuell und sogar ein bisschen exzentrisch. Alain Gardillous Küche (von der Mutter übernommen) dagegen ist trotz Wahrung der kulinarischen Tradition (hier im Land des *foie gras*) doch erstaunlich leicht und fantasievoll. Zum reizvoll angerichteten Frühstück gibt es selbst gemachte Brötchen und Marmelade. Die Zimmer sind unterschiedlich groß, aber hübsch, behaglich und mit vielen Antiquitäten ausgestattet.

~

Umgebung: Brantôme; Bourdeilles (15 km) – Schloss • **Lage:** in einem Weiler an der D82 und D83, 6 km nö von Brantôme,; mit eigenem Parkplatz • **Mahlzeiten:** Frühstück, Mittag- und Abendessen • **Preise:** €€€ • **Zimmer:** 13 Doppel- und Zweibettzimmer, 4 Juniorsuiten, 1 Suite; alle mit Bad oder Jacuzzi; Telefon, TV, Minibar, Fön; 8 mit Klimaanlage • **Anlage:** Salon, Speiseraum, geheizter Pool, Tennisplatz, Terrasse • **Kreditkarten:** DC, MC, V • **Kinder:** willkommen • **Behinderte:** 2 Zimmer im Erdgeschoss • **Tiere:** erlaubt • **Geschlossen:** Januar bis März; Restaurant Dienstag • **Besitzer:** M. und Mme Gardillou

DER SÜDWESTEN

CIBOURE

Lehen Tokia

∾ Gästehaus am Meer ∾

Chemin Achotarreta, 64500 Ciboure (Pyrénées-Atlantiques)
Tel 05 59 47 18 16 **Fax** 05 59 47 38 04
e-mail info@lehen-tokia.com **website** www.lehen-tokia.com

Lehen Tokia bedeutet auf Baskisch »erstes Haus« – in der Tat ein
sehr ungewöhnliches und individuelles Privathaus aus dem Jahr
1925, das viele Art-déco-Elemente besitzt. Das Haus liegt auf einem
Hügel mit Blick auf den Hafen von Ciboure und St-Jean-de-Luz
und ist ein wunderbares Beispiel für neobaskische Architektur. Der
frühere Besitzer M. Taboulet-Gould wurde in diesem Haus geboren
und kehrte 1990 mit seiner Frau aus New York zurück, um sich in
Ciboure niederzulassen. Das Haus ist sehr kultiviert und dennoch
gemütlich. Was ihm an Geräumigkeit fehlt, macht es mit seinem
Charme wett. Der jetzige Eigentümer, der es 1998 übernahm, behielt
das Mobiliar und die Ausstattung bei und versuchte durch verschiedene Serviceleistungen das Wohlbefinden der Gäste zu steigern.
Allerdings werden außer dem Frühstück Mahlzeiten nur nach vor-
heriger Absprache serviert.
Es gibt einen kleinen Rosengarten, einen Swimmingpool, ein hübsches Sommerhaus und eine Terrasse mit reizender Aussicht. Das
Haus ist auch ideal für Golfenthusiasten: im Umkreis von 15 km finden sich nicht weniger als sieben Golfplätze; Ausflüge können or-
ganisiert werden.

∾

Umgebung: St-Jean-de-Luz; Biarritz (16 km); Grenze zu Spanien • **Lage:** in einer
Wohnstraße, Strand und Ortsmitte zu Fuß erreichbar; Parkplätze auf der Straße
Mahlzeiten: Frühstück • **Preise:** €€ • **Zimmer:** 7; 6 Doppel- und Zweibettzimmer,
1 Suite, 5 mit Bad, 2 mit Dusche, Telefon, TV, Minibar • **Anlage:** Aufenthaltsräume,
Garten, Terrasse, Pool • **Kreditkarten:** AE, DC, MC, V **Kinder:** erlaubt • **Behinderte:**
Zugang schwierig • **Tiere:** nicht erlaubt • **Geschlossen:** Mitte Nov. bis Mitte Dez.
Besitzer: Yan Personnaz

DER SÜDWESTEN

COLY

Manoir d'Hautegente
~ Burghotel ~

Coly, 24120 Terrasson (Dordogne)
Tel 05 53 51 68 03 **Fax** 05 53 50 38 52
e-mail hotel@manoir-hautegente.com **website** www.manoir-hautegente.com

Ein Leser beschrieb das Haus einmal als »so gut, dass ich niemandem davon erzählen würde, wenn es nicht schon in Ihrem Führer stünde«.

Das dicht bewachsene Haus in herrlicher Waldlandschaft des Périgord Noir gehört den Hamelins seit 300 Jahren und wird jetzt von Edith Hamelin und ihrem Sohn Patrick geleitet. Es stammt aus dem 13. Jh. und war zunächst eine Schmiede, später eine Mühle (da ein Bach vorbeifließt). Irgendwann wurde es dann der Familiensitz und noch später ein Hotel, ohne den privaten Anstrich zu verlieren. Aufenthaltsräume und Zimmer sind fantasievoll mit Erbstücken und Bildern der Familie ausgestattet.

Das Abendessen in dem hübschen Speiseraum mit Gewölbe ist ein 5-Gänge-Menü; die Küche ist erstklassig; Gänseleber wird selbst erzeugt (auch ein Teil des wirtschaftlichen Erfolgs). Es gibt gute Weine zu vernünftigen Preisen.

Auf dem Wiesengelände gibt es einen hübschen Pool mit viel Sonne. In der Nähe liegt ein Teich, und der Fluss lädt zum Angeln ein.

Die Hamelins sind bodenständige Gastgeber und ihren Gästen gegenüber sehr herzlich.

~

Umgebung: Burg, alte Dordogne-Dörfer; Lascaux (15 km) • **Lage:** in offener Landschaft, 6 km sö von Le Lardin an der D62; großer Parkplatz • **Mahlzeiten:** Frühstück, Abendessen • **Preise:** €€ • **Zimmer:** 15 Doppel- und Zweibettzimmer, alle mit Bad; alle Zimmer mit Telefon, Fön, TV • **Anlage:** Speiseraum, Salon, Terrasse, Swimmingpool • **Kreditkarten:** AE, DC, MC, V • **Kinder:** willkommen • **Behinderte:** 2 Zimmer im Erdgeschoss • **Tiere:** erlaubt • **Geschlossen:** Nov. bis Ostern • **Besitzer:** Edith und Patrick Hamelin

DER SÜDWESTEN

CONDOM

Trois Lys
～ Stadthotel ～

38, rue Gambetta, 32100 Condom (Gers)
Tel 05 62 28 33 33 **Fax** 05 62 28 41 85
e-mail hoteltroislys@minitel.net **website** www.gascogne.com/htroislys

Unser Gutachter fand das Hotel, ein liebevoll restauriertes Haus aus dem 18. Jh., das in der belebten Hauptstadt des Armagnac liegt, erstaunlich ruhig. Ein Eingang liegt in einer Straße, die für den Autoverkehr teilweise gesperrt ist, der andere führt durch einen Innenhof auf der Hügelseite, wo sich auch die sicheren Parkplätze und der diskret abgeschirmte Swimmingpool befinden. Innen ist das Haus hell und entspannend, gefällig eingerichtet und besitzt viele originelle Details: Parkettböden à la Versailles, schön gearbeitete Holzvertäfelung und eine schöne alte und breite Steintreppe mit schmiedeeisernem Geländer. Die Zimmer sind geräumig und elegant mit Antiquitäten oder Stilmöbeln eingerichtet und mit frischen Blumen geschmückt. Einige besitzen noch echte alte Alkoven. Mme Manet ist eine rührende Gastgeberin, geht in ihrem Beruf auf und achtet auch auf kleinste Details. Neuestens gibt es auch ein Restaurant, das nun den Salon und ein zweites Zimmer belegt. Das Speisenangebot orientiert sich an frischen Spezialitäten vom Markt (z. B. *foie gras* und *magret de canard*). Fisch wird zweimal täglich geliefert. Ein kleines und feines Hotel mit viel Atmosphäre.

～

Umgebung: Cathédrale St-Pierre, Musée de l'Armagnac • **Lage:** in der Stadtmitte; mit eigenem Parkplatz • **Mahlzeiten:** Frühstück, Mittag- und Abendessen • **Preise:** €€ • **Zimmer:** 10; 9 Doppel- und Zweibettzimmer, 1 Einzelzimmer, 8 mit Bad, 2 mit Dusche; alle mit Klimaanlage, Telefon, TV, Fön • **Anlage:** Speiseraum, Swimmingpool, Terrasse, sichere Parkplätze • **Kreditkarten:** V • **Kinder:** willkommen **Behinderte:** Zugang schwierig • **Tiere:** erlaubt • **Geschlossen:** nie • **Besitzer:** Pascal Miguet

DER SÜDWESTEN

LES EYZIES-DE-TAYAC

Le Moulin de la Beune

≈ Landhotel ≈

24620 Les Eyzies de Tayac (Dordogne)
Tel 05 53 06 93 39 **Fax** 05 53 06 94 33
e-mail souliebeune@perigord.com **website** www.moulindelabeune.com

Der Ort Les Eyzies-de-Tayac ist recht überlaufen, aber wenn man der Ausschilderung zum Le Moulin de la Beune folgt, gelangt man über einen schmalen Pfad und unter einer Brücke hindurch zu diesem eleganten kleinen Hotel am Ufer der Beune; hier vereint Mme Soulié mit einfachem, gutem Geschmack das Alte und das Neue und erzielt damit bezaubernde Resultate. In der rot gefliesten Eingangshalle prasselt ein Feuer in dem großen Kamin. Am Ufer des Flusses liegt im Schatten eine hübsche, grüne Terrasse. Die Zimmer sind in hellen, ruhigen Farben gehalten, und an den Wänden in den Korridoren hängen Drucke von Versailles. Für die Fernsehsüchtigen gibt es einen Fernseher in dem kleinen Frühstücksraum im Erdgeschoss. Das Gästebuch enthält viele lobende Einträge: »Das Le Moulin de la Beune hat alles, was man gerne trifft: Freundlichkeit, guten Geschmack, Stil, einen hohen Standard und Herzlichkeit ... ein verzauberter Ort.« Am Abend gelangt man über eine kleine Brücke zu dem Restaurant, das sich in einem anderen Teil der restaurierten Wassermühle befindet; dort dreht sich das alte Mühlenrad noch, und M. Soulié bereitet seine Spezialitäten aus dem Périgord zu. Relativ niedrige Preise, eine wunderschöne Lage und leicht zugängliche Parkmöglichkeiten machen das Le Moulin de la Beune zu einem perfekten Ausgangspunkt, um die Gegend zu erkunden.

Umgebung: Prähistorisches Nationalmuseum; Höhlen; historisches Höhlenbewohnerdorf; Bastides • **Lage:** im Zentrum des Dorfes; mit eigenem Parkplatz **Mahlzeiten:** Frühstück, Mittag- und Abendessen • **Preise:** € • **Zimmer:** 20 Doppel- und Zweibettzimmer, 14 mit Bad, 6 mit Dusche; alle Zimmer mit Telefon **Anlage:** kleiner Aufenthaltsraum, Speiseraum, Terrasse, Garten • **Kreditkarten:** AE, MC, V • **Kinder:** willkommen • **Behinderte:** keine entsprechenden Einrichtungen • **Tiere:** erlaubt • **Geschlossen:** November bis April • **Besitzer:** Annick und Georges Soulié

DER SÜDWESTEN

FOURCÈS

Château de Fourcès
~ Burghotel ~

32250 Fourcès (Gers)
Tel 05 62 29 49 53 **Fax** 05 62 29 50 59
e-mail chatogers@aol.com **website** www.chateau_Foures.com

Die Ursprünge dieser befestigten Burg reichen bis ins 12. Jh. zurück. In der Nähe des Flusses Azoue gelegen, bewacht sie den Eingang einer kreisförmigen Bastide, die im Sommer bei Touristen sehr beliebt ist. Mit Hilfe der Energie, des Engagements und des Geschmacks der jetzigen Besitzerin, Patrizia Barsan, ist die Burg auf das Sorgfältigste restauriert und in ein hübsches kleines Hotel umgewandelt worden, in dem sich massives Mauerwerk und der ausgezeichnet erhaltene Eckturm mit modernem Komfort vereinen; sein strenges Äußeres wird jedoch durch die Renaissancefenster abgemildert, durch die jedes Menge Licht ins Innere des Hauses dringt. Die zentral gelegene quadratische Wendeltreppe war eine der ersten ihrer Art in ganz Frankreich. Auf wunderbare Weise ist auch ein Aufzug im Gebäude installiert worden, der zu den bezaubernd eingerichteten Zimmern führt. Im Aufenthaltsraum, der sich zur Terrasse hin öffnet, stehen die Überreste einer alten Weinpresse. Eine Treppe führt hinunter zu dem geräumigen Speiseraum, in dem man zwischen vielen guten Menüs wählen kann. Wenn die Gäste das wünschen, wird ihnen das Frühstück auf dem Zimmer serviert. Die Burg ist von einem Park umgeben, der an den von vielen großartigen Trauerweiden gesäumten Fluss grenzt. Neben der überdachten Terrasse befindet sich ein Swimmingpool. Mme Barsan ist eine bemerkenswerte Gastgeberin. Berichte sind uns herzlich willkommen.

Umgebung: Condom (13 km); Bastides • **Lage:** 5,5 km nordöstlich von Montréal über die RD29; mit eigenem Parkplatz • **Mahlzeiten:** Frühstück, Mittag- und Abendessen • **Preise:** €€-€€€ • **Zimmer:** 17; 12 Doppel- und Zweibettzimmer, 5 Suiten, alle mit Bad; alle Zimmer mit Telefon, TV, Minibar, Safe • **Anlage:** Aufenthaltsraum, Bar, Speiseraum, Billardzimmer, Aufzug, Terrasse, Swimmingpool, Möglichkeit zum Angeln • **Kreditkarten:** AE, DC, MC, V • **Kinder:** erlaubt **Behinderte:** keine entsprechenden Einrichtungen • **Tiere:** erlaubt • **Geschlossen:** Oktober bis Dezember • **Besitzerin:** Patrizia Barsan

DER SÜDWESTEN

GRENADE-SUR-L'ADOUR

Pain Adour et Fantaisie
~ Hotel am Fluss ~

14-16, place des Tilleuls, 40270 Grenade sur l'Adour (Landes)
Tel 05 58 45 18 80 **Fax** 05 58 45 16 57
e-mail pain.adour.fantaisie@wanadoo.fr

Der Koch Philippe Garret – er besitzt einen Michelin-Stern – hat das Haus vor kurzem von seinem Meister Didier Oudill übernommen. Beide haben unter Michel Guérard in Eugénie-les-Bains gearbeitet, und diese Erfahrung spürt man im Geschmack und in der Qualität des Designs, der Zimmereinrichtung und natürlich in der Perfektion von Küche und Service. Eine Hälfte des Anwesens war im 18. Jh. ein Herrensitz und besitzt eine herrliche Steintreppe, eine schöne Vertäfelung aus Eichenholz und einen aufwändig gearbeiteten Kamin im Speisesaal. Die andere Hälfte stammt aus dem 17. Jh., die Arkaden, die auf den Marktplatz hinausgehen, und die Fachwerkmauern sind noch alt. Die antiken Möbel wurden sorgfältig ausgesucht, und das Ambiente gerät durch Originalgemälde und edle Spiegel noch stilvoller. An der Südseite liegt eine großzügige Terrasse direkt über dem Fluss und gibt mit ihren elegant gedeckten Tischen und grün-weißen Sonnenschirmen einen sehr romantischen Rahmen für einen Sommerabend ab. Die Gästezimmer sind geräumig, die besten sind modern eingerichtet und bieten Blick auf den Fluss und Bäder mit Whirlpool. Erstklassiges Restaurant.

~

Umgebung: Pau (60 km), Mont-de-Marsan (14 km), Biarritz • **Lage:** am Fluss Adour; Parkplatz und Garage • **Mahlzeiten:** Frühstück, Mittag- und Abendessen • **Preise:** €€ • **Zimmer:** 11 Doppelzimmer, alle mit Bad; alle Zimmer mit Telefon, TV, Fön; 8 mit Klimaanlage, Minibar, Safe, Whirlpool • **Anlage:** Terrasse, Restaurant, Aufenthaltsraum • **Kreditkarten:** AE, DC, MC, V • **Kinder:** erlaubt • **Behinderte:** 1 Zimmer im Erdgeschoss • **Tiere:** erlaubt • **Geschlossen:** 2 Woche im Feb.; So abends; Mo im Winter, Mittwoch • **Besitzer:** Philippe Garret

Der Südwesten

Domaine de l'Aragon
~ Hotel auf dem Land ~

Route de Pau, 64680 Herrere
Tel 05 59 39 24 63 **Fax** 05 59 39 24 84
e-mail info@domaine-aragon.com **website** www.domaine-aragon.com

Dieses Landhaus am Fuße der Pyrenäen stammt aus dem 19. Jh. und ist der ideale Ausgangspunkt für Wanderer und Mountainbiker. Bei der Erkundung der Region (im Hotel stehen auch Leihfahrräder zur Verfügung), die historisch eng mit den Grafen von Béarn verbunden ist, wird man aber auch auf das reiche gastronomische Erbe stoßen, inklusive der Jurançon-Weine, Käse aus dem Ossau-Tal sowie traditioneller Gerichte wie *poule au pot* oder *garbure*. Oder man macht es sich in dem freskierten und mit bequemen Sofas sowie einem offenen Kamin ausgestatteten Aufenthaltsraum gemütlich.

Auf dem riesigen Grundstück stehen prächtige alte Bäume. Wenn es das Wetter erlaubt, kann das Frühstück oder das Abendessen hier im Freien eingenommen werden. Ansonsten ist nicht nur das Essen, sondern auch der barocke Speiseraum bemerkenswert. Sein Stil und seine Eleganz setzen sich auch in den neun Zimmern fort, die mit schönen, blumengemusterten Vorhängen und dunklen Möbeln ausgestattet sind. Auch die Ausblicke auf den Park – in einigen Zimmern bis in die Pyrenäen – sind erwähnenswert. Das Hotel hat den Besitzer gewechselt. Berichte sind willkommen.

Umgebung: Parc national des Pyrénées; Pau (25 km) • **Lage:** an der RN134 zwischen Oloron-Ste-Marie (7 km) und Pau, am Orteingang; Parkplätze vorhanden
Mahlzeiten: Frühstück, Abendessen (Reservierung erbeten) • **Preise:** €
Zimmer: 9 Doppel- und Zweibettzimmer, 3 mit Bad, 6 mit Dusche; alle Zimmer mit Telefon, TV • **Anlage:** Frühstücks-/Speiseraum, Aufenthaltsraum, Bibliothek, Seminarraum, Terrasse, Park • **Kreditkarten:** MC, V • **Kinder:** willkommen • **Behinderte:** keine besonderen Einrichtungen • **Tiere:** erlaubt • **Geschlossen:** nie • **Besitzer:** Eva Kratky und Helmut Fritz

Der Südwesten

Château de la Treyne
~ Schlosshotel ~

Lacave, 46200 Souillac (Lot)
Tel 05 65 27 60 60 **Fax** 05 65 27 60 70
e-mail treyne@relaischateaux.com **website** www.relaischateaux.com/treyne

Wir haben das kleine Schloss an der Dordogne immer im Auge behalten, seit ein Tester vor Jahren so begeistert darüber berichtet hat. Natürlich ist es nicht billig; trotzdem sollten wir froh sein, dass die Mitgliedschaft bei Relais & Château nicht zu noch höheren Preisen geführt hat.

Michèle Gombert-Devals' Schloss ist ein prachtvolles Hotel in wunderschöner, waldreicher Lage über den Felsen, in die sich der Fluss Dordogne tief eingeschnitten hat. Das Reizvollste aber ist der Gegensatz zwischen dem wehrhaft-strengen Herrenhaus und der wirklich heimeligen Atmosphäre. Der Ursprungsbau stammt aus dem 14. Jh., der jetzige wurde um 1600 neu errichtet. Er ist geschmackvoll mit ganz unterschiedlichem Mobiliar ausgestattet: bequemen Sofas vor dem offenen Kamin, aber auch prächtigen Antiquitäten. Man kann lange Spaziergänge durchs Gelände unternehmen und das Frühstück mit Blick auf den schönen, formstrengen Garten einnehmen. Die vorzügliche Küche hat regionale Akzente; bei schönem Wetter wird auf der herrlichen Terrasse über dem Fluss gegessen.

~

Umgebung: Souillac – Klosterkirche; Rocamadour, Sarlat • **Lage:** 3 km w des Dorfes an der D43, 6 km sö von Souillac; großes Grundstück am Fluss; großer Privatparkplatz • **Mahlzeiten:** Frühstück, Mittag- und Abendessen • **Preise:** €€€€
Zimmer: 16; 14 Doppelzimmer, 2 Suiten, alle mit Bad, Telefon, TV, Fön
Anlage: 3 Salons, Bar, Billardzimmer, Konferenzraum, Aufzug; Sauna, Pool, Tennis
Kreditkarten: AE, DC, MC, V • **Kinder:** willkommen • **Behinderte:** Zugang schwierig • **Tiere:** erlaubt • **Geschlossen:** 15. Nov. bis Ostern • **Besitzer:** Philippe Bappel

DER SÜDWESTEN

LASCABANES

Le Domaine de Saint-Géry

~ Gästehaus auf dem Land ~

46800 Lascabanes (Lot)
Tel 05 65 31 82 51 **Fax** 05 65 22 92 89
e-mail duler@saint-gery.com **website** www.saint-gery.com

Von dem Moment an, in dem M. und Mme Duler Sie in ihrem faszinierenden Hotel willkommen heißen, beginnt ein ganz besonderes Erlebnis für Sie, denn die Dulers tun alles, damit ihre Gäste sich im Le Domaine de Saint-Géry wohl fühlen.

Die Gebäude des Bauernhofs bestehen aus leuchtend weißem Kalkstein, der typisch für die Quercy-Blanc-Region ist; sie sind über die Jahre hinweg sehr sorgfältig restauriert worden. Auch die Gästezimmer sind mit viel Schwung eingerichtet worden; sie behielten ihren ländlichen, aber durchaus auch sehr eleganten Charme. Ein Zimmer liegt in einer gewölbten Steinhöhle, in einem anderen befindet sich ein Eckkamin. Alle sind mit ausgesuchten Familienerbstücken ausgestattet.

Das Le Domaine ist kein funktionierender Bauernhof mehr. Die Dulers konzentrieren sich mittlerweile darauf, Küchenzutaten von höchster Qualität zu produzieren, darunter auch ein preisgekrönte *foie gras* und saftige geräucherte Schinken und Würste, die sie stolz zum Abendessen servieren. Die Mahlzeiten werden gemeinsam eingenommen, meist an einem großartigen Tisch auf dem Balkon, an dem M. Duler gerne seine Leidenschaft für gutes Essen und guten Wein mit seinen Gästen teilt. Den entsprechend robusten Appetit können Sie sich auf den 12 Kilometern Wanderweg rund um das Anwesen und in dem relativ großen Swimmingpool holen. Buchung nur brieflich oder per Telefon.

~

Umgebung: Lauzerte (18 km); Cahors (18 km) • **Lage:** auf eigenem Anwesen 500 m von Lascabanes entfernt; mit großem Parkplatz • **Mahlzeiten:** Frühstück, Abendessen • **Preise:** €€€, Halbpension obligatorisch • **Zimmer:** 5; 4 Doppel- und Zweibettzimmer, 1 Suite, alle mit Bad; alle Zimmer mit Telefon • **Anlage:** Aufenthaltsraum, Terrasse, Grundstück, Swimmingpool, Verkauf farmeigener Produkte **Kreditkarten:** V • **Kinder:** willkommen • **Behinderte:** keine entsprechenden Einrichtungen • **Tiere:** erlaubt • **Geschlossen:** November bis April • **Besitzer:** M. und Mme Duler

DER SÜDWESTEN

LECTOURE

Hôtel de Bastard
~ Villa auf dem Land ~

Rue Lagrange, 32700 Lectoure (Gers)
Tel 05 62 68 82 44 **Fax** 05 62 68 76 81
e-mail hoteldebastard@wanadoo.fr **website** www.hotel-de-bastard.com

Der Ort Lectoure erhebt sich auf einem Hügel über das wunderschöne Gers-Tal. Er besteht aus archäologischen Fundstätten und schöner Architektur. Sein bestes Hotel, eine ehemalige Privatvilla aus dem 18. Jh., stellt stolz seine ganze Eleganz zur Schau. Auf der gepflasterten oberen Terrasse kann man im Sommer wunderbar essen. Sie wird durch einen Halbkreis warmer Steingebäude geschützt und bietet eine wunderschöne Aussicht. Eine Ebene darunter befindet sich ein Swimmingpool mit viel Platz zum Entspannen und eine neue Bar in einem separaten Gebäude. Wohl platzierte Bäume, Hecken und Blumen vervollständigen das Bild.

Die Gascogne hat einen (verdient) guten Ruf bezüglicher ihrer regionalen Erzeugnisse – *foie gras*, Ente und Gans, auf jede erdenkliche Art zubereitet, Gemüse und Obst –, aber nirgends werden sie mit einem solchen Einfallsreichtum zubereitet wie im Hôtel de Bastard. Der Speiseraum besteht aus drei Salons, die alle ineinander übergehen und schön hell sind.

Auch die Inneneinrichtung mit ihren polierten Holzfußböden und den hübschen antiken Möbeln ist im Stil des 18. Jhs. gehalten. Die Zimmer sind meist recht klein; Sie sollten unbedingt eins im ersten Stock *(premier étage)* buchen, kein Mansardenzimmer im zweiten. Ebenso wie das Essen zeichnen sich jedoch auch die Zimmer durch ihr gutes Preis-Leistungs-Verhältnis aus.

Umgebung: Musée Lapidaire; Gerberei; Bastides; Auch (35 km) • **Lage:** in der Stadt, 35 km nördlich von Auch; mit eigenem Parkplatz und Garage • **Mahlzeiten:** Frühstück, Mittag- und Abendessen • **Preise:** € • **Zimmer:** 29; 24 Doppel- und Zweibettzimmer, 3 Dreibettzimmer, 2 Suiten, alle mit Bad oder Dusche; alle Zimmer mit Telefon, TV, Fön • **Anlage:** Aufenthaltsraum, Bar, Restaurant, Terrasse, Swimmingpool • **Kreditkarten:** AE, DC, MC, V • **Kinder:** willkommen • **Behinderte:** keine entsprechenden Einrichtungen • **Tiere:** erlaubt • **Geschlossen:** Mitte Dezember bis Februar • **Besitzer:** Jean-Luc Arnaud

DER SÜDWESTEN

MARTEL

Relais Sainte-Anne

~ Hotel auf dem Land ~

Rue de Pourtanel, 46600 Martel (Lot)
Tel 05 65 37 40 56 **Fax** 05 65 37 42 82
e-mail Relais.Sainteanne@wanadoo.fr **website** www.relais-ste-anne.com

Das Relais Sainte-Anne ist eine ehemalige Klosterschule für Mädchen und eines jener bescheidenen Hotels, an denen man leicht vorbeiläuft, ohne sie überhaupt zu bemerken. Hinter dem arkadenförmigen Eingang, der durch ein diskretes Schild in einem schmalen Seitensträßchen gekennzeichnet ist, liegt ein sehr hübscher beschatteter und blumenübersäter Hof mit einigen Prachtexemplaren von Bäumen und viel Platz, um es sich zwischen den sauber geschnittenen Buchsbaumhecken gemütlich zu machen.

Dieselbe Liebe zum Detail trifft man auch in den Zimmern an, die auf die Gebäude aus dem 19. Jh. sowie auf einen modernen, aber unauffälligen Anbau verteilt sind. Jedes Zimmer ist individuell gestaltet und entweder in dunkleren Tönen oder in provenzalischem Gelb und Blau gehalten. Einige der Zimmer haben eigene Terrassen oder Balkons; die meisten sind großzügig proportioniert und mit übergroßen Betten ausgestattet. Nur die preiswertesten Zimmer über der Rezeption sind etwas klein.

Die Besitzer spielen mit dem Gedanken, ein Restaurant auf der anderen Straßenseite zu eröffnen, konzentrieren sich im Moment jedoch noch darauf, ein erstklassiges Frühstück mit Walnussbrot und selbst gemachter Marmelade oder – etwas üppiger – mit Eiern, Käse und Wurst zuzubereiten. Bei schönem Wetter wird das Frühstück auf der leicht erhöht liegenden und sehr idyllischen Terrasse mit Blick auf den Garten serviert.

~

Umgebung: Souillac (14 km); Rocamadour (20 km) • **Lage:** am südlichen Ende des Dorfes; mit eigenem Parkplatz • **Mahlzeiten:** Frühstück • **Preise:** €€ • **Zimmer:** 15; 13 Doppel- und Zweibettzimmer, 1 Einzelzimmer, 1 Dreibettzimmer, alle mit Bad oder Dusche; alle Zimmer mit Telefon, TV, Fön • **Anlage:** Aufenthaltsraum, Terrasse, Garten, Swimmingpool • **Kreditkarten:** AE, DC, MC, V • **Kinder:** erlaubt **Behinderte:** 1 Zimmer mit entsprechenden Einrichtungen • **Tiere:** nicht erlaubt **Geschlossen:** Mitte November bis April • **Besitzer:** M. Bettler

DER SÜDWESTEN

MAUROUX

Hostellerie Le Vert
～ Ländliches Hotel ～

Mauroux, 46700 Puy l'Evêque (Lot)
Tel 05 65 36 51 36 **Fax** 05 65 36 56 84

Das abgelegene Bauernhaus aus dem 17. Jh. ist im Laufe der Zeit immer besser geworden. Inzwischen ist der Umbau abgeschlossen, und das Le Vert ist das Haus geblieben, in das man am Abend gern einkehrt. Nachdem auch das Schwimmbad fertig ist, möchte man gar nicht mehr abreisen.

Man tritt durch eine schmale Tür auf der Seite ein. Im Innern sind die Mauern und Balken erhalten. Der Speiseraum öffnet sich zur Terrasse mit weitem Blick; durch einen Bogen am einen Ende betritt man einen kleinen Raum, in dem man vor dem Essen einen Drink nehmen kann. Die Zimmer sind alle bequem und geschmackvoll modernisiert; man genießt eine schöne Aussicht. Die größten sind recht üppig mit Antiquitäten ausgestattet. Die hübschesten aber liegen in einem kleinen Gebäude, nicht weit vom Eingang, das untere mit gewölbter Decke, die oberen mit Balkendecke und Marmorboden. Der Garten mit Sesseln und Tischen wird trotz der trockenen Jahre immer schöner. Die Philippes sind ein liebenswürdiges, fleißiges Team (er kocht ausgezeichnet, sie serviert und spricht gut Englisch).

～

Umgebung: Bonaguil (15 km) – Schloss; Schloss Biron (35 km); Monpazier (50 km) – Bastide; Cahors (50 km) • **Lage:** in offener Landschaft abseits der D5, 10 km sw von Puy-l'Evêque, 10 km sö von Fumel; Garten, großer Privatparkplatz
Mahlzeiten: Frühstück, Mittag- und Abendessen • **Preise:** € • **Zimmer:** 7 Doppelzimmer mit Bad oder Dusche; alle Zimmer mit Telefon, TV • **Anlage:** Speiseraum, Salon, Terrasse, Swimmingpool • **Kreditkarten:** AE, MC, V • **Kinder:** willkommen
Behinderte: keine speziellen Einrichtungen • **Tiere:** erlaubt • **Geschlossen:** Mitte Nov. bis Mitte Feb. • **Besitzer:** Eva und Bernard Philippe

DER SÜDWESTEN

MIMIZAN

Au Bon Coin du Lac

~ Hotel am See ~

34, avenue du Lac, 40200 Mimizan (Landes)
Tel 05 58 09 01 55 **Fax** 05 58 09 40 84
website www.jp-caule.com

Der neue Besitzer dieses äußerst beliebten Hotels, der Engländer Chris Antich, nimmt eine komplette Restaurierung des Gebäudes in Angriff: Bis zum Sommer 2005 sollen elf neue Zimmer und ein Swimmingpool entstehen. Im Gegensatz dazu ist in der Küche alles beim Alten geblieben: Der frühere Eigentümer Jean-Pierre Caule hat sich mit seiner Frau Jacqueline zwar aus dem Hotelbetrieb zurückgezogen, ist aber weiterhin der *chef de la cuisine* mit dem zweiten Michelin-Stern im Visier. Weil viele Gäste außer Monsieur Caules Kochkünsten auch den etwas altmodischen Charme des Hotels zu schätzen wussten, werden sie jetzt hoffentlich nicht zu sehr enttäuscht werden. Ein Hoffnungsschimmer mag sein, dass Chris Antich früher ein Stammgast des Hotels war und an dem von ihm geschätzten unaufdringlichen Service und an der entspannten Atmosphäre festhalten will.

Neben der Küche ist die Lage des Hotels am Ufer eines Süßwassersees, umgeben von Pinien, die Hauptattraktion. Anscheinend wird der Status eines Relais et Châteaux-Hotels angestrebt; es ist somit empfehlenswert, sich mit einem Besuch zu sputen, da die Preise dann sicher steigen würden.

Umgebung: Bordeaux (98 km); Arachon (65 km); Dax (70 km) • **Lage:** am Seeufer, 2 km nördlich von Mimizan; mit eigenem Parkplatz • **Mahlzeiten:** Frühstück, Mittag- und Abendessen • **Preise:** €–€€ • **Zimmer:** 4; 15 ab Sommer 2005 **Anlage:** Aufenthaltsraum, Restaurant, Terrasse, Garten • **Kreditkarten:** AE, MC, V **Kinder:** erlaubt • **Behinderte:** die Zimmer im Erdgeschoss • **Tiere:** nicht erlaubt • **Geschlossen:** nie • **Besitzer:** Chris Antich

DER SÜDWESTEN

PAUILLAC

Château Cordeillan-Bages

∽ Schlosshotel ∽

Route des Châteaux, 33250 Pauillac (Gironde)
Tel 05 56 59 24 24 **Fax** 05 56 59 01 89
website www.cordeillanbages.com

Das etablierte und hoch geschätzte Château Cordeillan-Bages ist
kein charmantes Hotel im eigentlichen Sinne, aufgrund der Propor-
tionen aber dennoch ein ideales Landhotel. Beeindruckend ist schon
die Auffahrt und dann die Eleganz des honigfarbenen Gebäudes. Die
Zimmer sind unterschiedlich: Die Suiten sind wunderbar, aber den
Standardzimmern fehlt es etwas an Charakter, was sich durch die an-
stehende Renovierung ändern soll. Das Personal ist sehr aufmerksam, sodass kein Wunsch unerfüllt bleibt.
Die Küche von Chefkoch Tierry Marx wurde mit einem Michelin-
Stern ausgezeichnet. Besonders empfehlenswert sind die äußerst
wohlschmeckenden, saftigen *gambas*, die von dem kleinen Hafen
St-Vivien garonneaufwärts stammen. Von der enzyklopädischen
Weinkarte sollte man sich nicht einschüchtern lassen, man befindet
sich schließlich im Médoc, dem so genannten Herzen des Rotweins,
und in unmittelbarer Nachbarschaft so bedeutender Namen der
Weingeschichte wie Lafite-Rothschild, Mouton-Rothschild und
Lynch-Bages.

∽

Umgebung: Paulliac; St-Julien; Bordeaux (40 km) • **Lage:** an der D2, in 3 ha
großen Weingärten; mit eigenem Parkplatz • **Mahlzeiten:** Frühstück,
Abendessen • **Preise:** €€€ • **Zimmer:** 30 Doppel-, Zweibettzimmer und Suiten, alle
mit Bad; alle Zimmer mit Telefon, TV, Minibar, Fön, Safe • **Anlage:** Aufenthalts-
und Speiseraum, Terrasse • **Kreditkarten:** AE, DC, MC, V • **Kinder:** erlaubt
Behinderte: eingeschränkter Zugang • **Tiere:** nicht erlaubt • **Geschlossen:** nie
Besitzer: John-Michel Cazes

DER SÜDWESTEN

PROJAN

Château de Projan
~ Schlossgästehaus ~

32400 Projan (Gers)
Tel 05 62 09 46 21 **Fax** 05 62 09 44 08
e-mail chateaudeprojan@libertysurf.fr

Als der Globetrotter und Kunstliebhaber Bernard Vichet dieses historische Schloss kaufte, hatte er den Plan, daraus etwas für das Hotelgewerbe ganz Außergewöhnliches zu machen. Ein Eintrag im Gästebuch zeigt, dass M. Vichet seinen Vorsatz in die Tat umgesetzt hat: »Von dem Moment an, in dem wir das Château de Projan betraten, wussten wir, dass es etwas ganz Besonderes ist – vor allem das kulturelle Ambiente fanden wir sehr aufregend.« Die Lage des Hotels ist großartig, mit Panoramablick auf die zeitlos schöne Landschaft, und das Schloss selbst von einer ruhigen und klassischen Anmut. Im Inneren ist alles hell und luftig, Altes bildet einen harmonischen Kontrapunkt zu Neuem. Wenn man die Eingangshalle betritt, sieht man sich einer wunderschönen antiken Holztreppe gegenüber, die mit farbenprächtigen modernen Gemälden geschmückt ist. Den Fußboden ziert ein ebenfalls farbenprächtiges modernes Mosaik aus Marmor und Granit mit dem Motiv auffliegender Gänse. Zum Zwecke der Geselligkeit gibt es ein großes Klavier, eine wunderschöne Terrasse, auf der man tanzen kann, und eine Bibliothek mit Kunstbüchern, die allen Gästen offen steht. Die Zimmer sind mit Originalgemälden moderner Künstler dekoriert. Das Château de Projan wird mit großem fachlichem Können von Christine Poullain geführt. Im Herbst leitet ihr Ehemann Richard Wochenendkurse über die Zubereitung von Entenstopfleber.

~

Umgebung: Aire sur l'Adour (15 km); Eugénie-les-Bains; Pyrenäen • **Lage:** in eigener Anlage, auf einem Felsvorsprung; 15 km südlich von Aire sur l'Adour, ausgeschildert an der D134 nach Sarron; mit eigenem Parkplatz • **Mahlzeiten:** Frühstück, Abendessen nach Absprache • **Preise:** €-€€ • **Zimmer:** 8 Doppel- und Zweibettzimmer, alle mit Bad oder Dusche • **Anlage:** Aufenthaltsraum, Restaurant, Bibliothek, Terrasse, Garten • **Kreditkarten:** MC, V • **Kinder:** erlaubt • **Behinderte:** keine entsprechenden Einrichtungen • **Tiere:** erlaubt • **Geschlossen:** freitags Januar bis Mai • **Besitzerin:** Christine Poullain

DER SÜDWESTEN

PUYMIROL

Les Loges de l'Aubergade
~ Dörfliches Hotel ~

52, rue Royale, Puymirol (Lot-et-Garonne)
Tel 05 53 95 31 46 **Fax** 05 53 95 33 80
e-mail trama@aubergade.com **website** www.aubergade.com

»Excellence par excellence«, schwärmte ein Gast von der ehemaligen Residenz der Grafen von Toulouse, die aus dem 13. Jh. stammt und in einem kleinen Festungsdorf liegt. In der Tat zieht es die Leute nach Puymirol wegen Michel Trama, seiner hervorragenden Küche (zwei Michelin-Sterne), und wegen seiner Frau Maryse, mit der er dieses Spitzenhaus geschaffen hat. Das Gebäude besitzt hohe Decken, Holzbalken, eine Eichentreppe aus dem 17. Jh. und ist mit sicherem Stil dekoriert. Die ausgedehnten Küchenanlagen faszinieren mit ihrem geschäftigen Treiben; M. Trama kümmert sich um alles persönlich. Einzigartig ist der große Rauchsalon. Hier steht ein klimatisierter Schrank, in dem eine beeindruckende Sammlung der allerfeinsten kubanischen Zigarren ruht – nicht nur zum Anschauen, sondern auch zum Rauchen. An den Speisesaal ist ein Terrassengarten angeschlossen, auf dem hübsche Sonnenschirme aus Segeltuch stehen. Die Zimmer sind geräumig und elegant, die Bäder haben Whirlpoolwannen. Das ganze Ensemble strahlt Helligkeit und Luftigkeit aus, das Weiß der alten Steine und der Möbel wird mit Grün und bunten Blumendekors aufgelockert.

Umgebung: Agen (20 km), Moissac (32 km), Villeneuve-sur-Lot (31 km)
Lage: in einem kleinen Festungsdorf; 20 km östlich von Agen; mit eigenem Parkplatz und Garage • **Mahlzeiten:** Frühstück, Mittag- und Abendessen; Zimmerservice • **Preise:** €€€-€€€€ • **Zimmer:** 10 Doppel- und Zweibettzimmer, alle mit Whirlpoolbad oder Massagedusche; alle Zimmer mit Telefon, TV, Klimaanlage, Minibar, Video, Fön • **Anlage:** Terrasse, Restaurant, Aufenthaltsraum • **Kreditkarten:** AE, DC, MC, V • **Kinder:** erlaubt • **Behinderte:** 2 Parterrezimmer • **Tiere:** erlaubt
Geschlossen: 5 Wochen im Feb./März • **Besitzer:** Michel and Maryse Trama

DER SÜDWESTEN

Domaine de la Rhue
∽ Umgebaute Stallungen ∽

46500 Rocamadour (Lot)
Tel 05 65 33 71 50 **Fax** 05 65 33 72 48
e-mail domainedelarhue@wanadoo.fr **website** www.domainedelarhue.com

Nach unserem letzten Besuch im Jahr 1999 waren wir von der Domaine begeisterter denn je. Sie liegt in friedlicher hügeliger Landschaft am Ende eines langen Zufahrtweges und garantiert einen entspannenden Aufenthalt. M. und Mme Jooris sind außergewöhnliche Gastgeber: sie nehmen sich Zeit für jeden Gast und sind stets hilfsbereit und gut gelaunt.

Auch ihr Konzept ist ungewöhnlich: Die Domaine ist ein Bed & Breakfast-Haus und serviert keine anderen Mahlzeiten außer (auf Anfrage) einfache Gerichte mittags am Swimmingpool. Dennoch ist es eher ein Hotel als ein B & B, bei B & B-Preisen, wohlgemerkt. Es bietet einen zweckmäßigen Empfangsbereich und große Aufenthaltsräume für die Gäste. Die Zimmer sind hübsch und gemütlich. Das Frühstück ist überdurchschnittlich. Das Gebäude war früher einmal der Stall direkt neben dem Schloss der Familie. Einige der Zimmer sind ideal für Familien; manche haben eigene Kochnischen oder separate Eingänge vom Garten her.

Eric ist Heißluftballonpilot und nimmt Gäste bei gutem Wetter mit in die Luft. Wenn Sie es sich leisten können, sollten Sie dieses Erlebnis nicht verpassen. Alles in allem ein fantastischer Ort.

∽

Umgebung: Rocamadour (7 km); Padirac (15 km); Carennac (20 km) • **Lage:** auf dem Land an der N140, 7 km nördlich von Rocamadour; mit eigenem Parkplatz **Mahlzeiten:** Frühstück, kleines Mittagessen • **Preise:** €€ • **Zimmer:** 14; 12 Doppel- und Zweibettzimmer, 2 Familienappartements; 12 mit Bad, 2 mit Dusche; alle Zimmer mit Telefon, einige mit Fön, Minibar, Kochnische • **Anlage:** Aufenthaltsraum, Swimmingpool, • **Kreditkarten:** V • **Kinder:** erlaubt • **Behinderte:** keine besonderen Einrichtungen • **Tiere:** erlaubt • **Geschlossen:** Mitte Okt. bis Ostern **Besitzer:** M. und Mme Jooris

DER SÜDWESTEN

RUCH

Château Lardier

~ Hotel im Landhausstil ~

Route de Sauveterre, Ruch, 33350 Castillon-la-Bataille (Gironde)
Tel 05 57 40 54 11 **Fax** 05 57 40 72 35
e-mail chateau.lardier@free.fr **website** www.chateau.lardier.free.fr

Die Pagès keltern ihren eigenen AOC Bordeaux Rouge und Rosé von den Trauben aus den Weinbergen, die dieses elegante, mit weißen Fensterläden und einer efeubewachsenen Fassade versehene Gebäude aus dem 17. und 18. Jh. umgeben. Die Weinflaschen sind überall dekorativ aufgestellt und können zum Abendessen bestellt werden, das auf einem großen Grill neben dem Pool zubereitet wird. Mit seiner entspannten und informellen Atmosphäre wirkt das Château Lardier sofort sehr einladend. Die Gemeinschaftsräume im Erdgeschoss sind geräumig und luftig, und von den Zimmern aus kann man die Weinberge und den hübschen Garten auf der Rückseite des Gebäudes neben dem Pool sehen. Wenn Sie abends im Hotel essen wollen, steht Ihnen ein Gemeinschaftsbarbecue zwischen den Kastanien und den Kinderschaukeln zur Verfügung. Die Zimmer erreichen Sie über eine weite Steintreppe; sie sind sehr einfach mit antiken Betten mit hübschen Baumwollbezügen und Marmortischen ausgestattet. Sie können zwischen verschiedenen »Schlafarrangements« wählen und falls nötig auch ein zusätzliches Bett aufstellen lassen. Das Château Lardier hat ein ausgezeichnetes Preis-Leistungs-Verhältnis. Hier gibt es Frieden, Ruhe und Vogelgezwitscher im Überfluss. Etwas abseits im Erdgeschoss stehen den Gästen einige große Aufenthalts- und Spieleräume zur Verfügung. Es gibt viele Wanderwege, auf denen Sie nach einem langen und heißen Tag am Pool die umliegenden Weinberge erkunden können.

~

Umgebung: Castillon-la-Bataille (10 km); die Dordogne; St-Emilion (20 km)
Lage: in den Weinbergen; mit großem Parkplatz • **Mahlzeiten:** Frühstück
Preise: € • **Zimmer:** 7; 5 Doppel- und Zweibettzimmer, 2 Dreibettzimmer, 3 mit Bad, 4 mit Dusche; alle Zimmer mit Telefon, TV • **Anlage:** 2 Aufenthaltsräume, Billardzimmer, Terrasse, Garten, Swimmingpool • **Kreditkarten:** MC, V • **Kinder:** willkommen • **Behinderte:** keine entsprechenden Einrichtungen • **Tiere:** erlaubt
Geschlossen: November bis März • **Besitzer:** Jean-Noël und Evelyne Pagès

DER SÜDWESTEN

ST-CIRQ-LAPOPIE

La Pélissaria
~ Dorfgasthof ~

St-Cirq-Lapopie, 46330 Cabrerets (Lot)
Tel 05 65 31 25 14 **Fax** 05 65 30 25 52
e-mail lapelissariahotel@minitel.net **website** www.quercy.net

Aus jüngsten Berichten lässt sich nur schließen, dass das kleine, distinguierte Hotel der Matuchets so liebenswert wie immer ist. Sie haben außerdem das Haus nebenan gekauft und drei weitere große Zimmer (2 Doppelbetten in jedem) ausgebaut.

Das Haus aus dem 13. Jh. klebt an einem steilen Hang am Rande eines reizenden mittelalterlichen Dorfes. Mit viel Liebe wurde es von den Besitzern selbst restauriert. Geht man die Treppe zu den Zimmern mit Blick auf einen winzigen Garten hinunter, hat man einen faszinierenden Blick über das Lottal. Die Zimmer – zwei außerhalb des Hauses unten im Garten – sind hell, luftig, bequem und mit Bedacht eingerichtet.

Unglücklicherweise hat Mme Matuchet nach 18-jähriger Tätigkeit in der Küche des Hauses beschlossen, kein Abendessen mehr anzubieten. Es gibt allerdings viele gute Restaurants in St-Cirq-Lapopie, was diesen Verlust ein wenig mildert. Das Frühstück wird weiterhin serviert, bei schönem Wetter im Freien, nach Wunsch auch im Zimmer.

M. Matuchet ist ein talentierter Musiker, seine Aufnahmen bilden die Hintergrundmusik im Salon.

~

Umgebung: Pech-Merle-Höhlen und Museum; Cahors (35 km) • **Lage:** im Dorfzentrum, 30 km ö von Cahors; Garten; schwierig zu parken • **Mahlzeiten:** Frühstück, Mittag- und Abendessen • **Preise:** €€ • **Zimmer:** 10; 8 Doppelzimmer, 6 mit Bad, 2 mit Dusche (4 mit Einzelbetten); 2 Suiten mit Bad; alle Zimmer mit Telefon, TV • **Anlage:** Speiseraum, Salon, Terrasse, Garten, kleiner Swimmingpool **Kreditkarten:** MC, V • **Kinder:** willkommen • **Behinderte:** 1 Zimmer • **Tiere:** erlaubt **Geschlossen:** Mitte Nov. bis Mitte April • **Besitzer:** Marie-Françoise und François Matuchet

DER SÜDWESTEN

St-Cirq-Lapopie

Auberge du Sombral
~ Dorfgasthof ~

Place Sombral, St-Cirq-Lapopie, 46330 Cabrerets (Lot)
Tel 05 65 31 26 08 **Fax** 05 65 30 26 37

Dieses kleine Puppenhaus von einem Hotel liegt in einem romanti-schen mittelalterlichen Dorf an einer Schlucht mit Blick auf den Fluss, der eine der größten landschaftlichen Sehenswürdigkeiten des Lot-Tals darstellt und stolz auf seinen Ruf als Perle der Quercy-Re-gion ist. Mme Hardeveld findet man normalerweise hinter ihrem Schreibtisch in der Eingangshalle des Hotels, die gleichzeitig als gemütlicher kleiner Salon inklusive Bar dient. Köstliche Düfte ent-strömen M. Hardevelds Küche, und reichhaltige Enten- und Trüf-felgerichte werden in dem mit Deckenbalken versehenen Restaurant serviert, in dem die Tischlampen und ein Kaminfeuer ein warmes Licht auf die Kupferpfannen und die Gemälde von Künstlern aus der Region werfen. Die Zimmer erreicht man über eine gewundene Holztreppe; sie sind einfach, eher klein und unprätentiös. In den Blumenkästen an den Fenstern sind Stiefmütterchen gepflanzt, und durch die Vorhänge kann man einen Blick auf enge, gepflasterte Gas-sen und Fachwerkhäuser erhaschen. Mme Hardeveld führt ihre kleine Auberge schon seit 30 Jahren; in ihrem Hotel ist einfach kein Platz für Fernseher oder modernen Schnickschnack in den Bade-zimmern. Aber die grundlegenden Dinge sind vorhanden, und diese sind hübsch und makellos sauber. Das Personal ist freundlich. Auf der gepflasterten Terrasse vor dem Hotel werden Drinks und Kaf-fee serviert. Die Parkplatzsuche – dies als Warnung – kann hier al-lerdings sehr frustrierend sein.

~

Umgebung: Cahors (30 km); Château de Cénevières (1 km) • **Lage:** im Stadtzen-trum; öffentlicher Parkplatz in der Nähe • **Mahlzeiten:** Frühstück, Mittag- und Abendessen • **Preise:** € • **Zimmer:** 8 Doppel- und Zweibettzimmer, alle mit Bad oder Dusche; alle Zimmer mit Telefon • **Anlage:** kleiner Aufenthaltsraum, Restau-rant, Bar, Terrasse • **Kreditkarten:** DC, MC, V • **Kinder:** willkommen • **Behinderte:** keine entsprechenden Einrichtungen • **Tiere:** erlaubt • **Geschlossen:** Mitte Novem-ber bis April • **Besitzer:** Monique und Gilles Hardeveld

DER SÜDWESTEN

ST-CYPRIEN

L'Abbaye
~ Ländliches Hotel ~

Rue de l'Abbaye, 24220 St-Cyprien (Dordogne)
Tel 0553 29 20 48 **Fax** 05 53 29 15 85
e-mail hotel@abbaye-dordogne.com **website** www.abbaye-dordogne.com

Der nahe gelegenen Augustinerabtei verdankt dieses hübsche große Steingebäude aus dem 18. Jh. seinen Namen; man betritt es durch einen Torbogen, der von der Straße abgeht. Mme Schaller ist ängstlich darauf bedacht, dass jeder Gast, der mit dem Auto anreist, einfach durch den Torbogen fährt und dann auf den hoteleigenen Parkplatz geleitet wird, der sich hinter dem Haupthaus befindet. Der Ort St-Cyprien ist ein weiteres kleines Juwel der Périgord-Noir-Gegend; die Zimmer im vorderen Teil des Hotels haben eine Aussicht bis hinüber zur Dordogne. Die Schallers führen das Hotel schon seit 30 Jahren und sind bezaubernde Gastgeber. M. Schaller ist ein Experte auf dem Gebiet der örtlichen Geschichte und leitet Exkursionen für seine Gäste. Aber auch das Haus selbst steckt voller Lokalhistorie: Der jetzige Aufenthaltsraum war früher die Küche und verfügt heute noch über den originalen Abfluss und den Brotofen. Der große, helle, rot geflieste und in Gelb gehaltene Speiseraum und der kleine Frühstücksraum gehen in die nach Süden blickende Terrasse über, auf der man an kleinen Tischen unter Limonen- und Akazienbäumen sitzen kann. Die Zimmer sind mit verschiedenen antiken französischen Betten eingerichtet. Die meisten Zimmer sind im Hauptgebäude untergebracht; die im vorderen Teil des Hauses haben die beste Aussicht; die im hinteren Teil oder in den beiden kleineren Nebengebäuden (durch die Gärten erreichbar) sind vielleicht etwas ruhiger.

~

Umgebung: Perigueux (55 km); Sarlat; Le Bugue; Schlösser • **Lage:** im mittelalterlichen Zentrum des Ortes; mit eigenem Parkplatz • **Mahlzeiten:** Frühstück **Preise:** €€ • **Zimmer:** 23 Doppel- und Zweibettzimmer, 13 mit Bad, 10 mit Dusche; alle Zimmer mit Telefon, Fön, Minibar, TV • **Anlage:** Aufenthaltsräume, Speiseraum, Bar, Terrasse, Garten, Swimmingpool • **Kreditkarten:** AE, MC, V • **Kinder:** willkommen • **Behinderte:** nicht geeignet • **Tiere:** erlaubt • **Geschlossen:** Mitte Oktober bis Mitte April • **Besitzer:** Yvette und Marcel Schaller

DER SÜDWESTEN

ST-EMILION

Hostellerie de Plaisance
⁓ Hotel auf dem Land ⁓

Place du Clocher, 33330 St-Emilion (Gironde)
Tel 05 57 55 07 55 **Fax** 05 57 74 41 11
e-mail hostellerie.plaisance@wanadoo.fr **website** www.hostellerie-plaisance.com

Als wir dieses cremefarbene, frisch renovierte Hotel in dem tadellos erhaltenen Weinort St-Emilion besuchten, war die Landschaftsgestaltung der Terrasse noch nicht ganz abgeschlossen; die neuen Besitzer haben auch einen Weingarten der Klasse »Premier grand cru« angelegt. Die Lage des Hotels – auf einem kleinen Platz mit Terrasse und Garten sowie Blick auf die alten Steingebäude und die Weinberge dahinter – ist geradezu perfekt, obwohl die Parkplatzsuche in der Hochsaison zum Problem wird. Das komfortable Ambiente ist jedoch einige Unannehmlichkeiten wert – allein das Limoges-Porzellan lohnt den Besuch dieses exquisiten kleinen Hotels. Die Badezimmer sind natürlich alle ganz neu und mit glänzenden Wasserhähnen, einer Kopfstütze in der Badewanne, frischen Fresien, jeder Menge flauschiger Handtücher und Bademäntel, beheizten Handtuchhaltern und großzügig mit Toilettenartikeln ausgestattet. Die Zimmer – einige haben eigene Terrassen – sind in den Farben der Tapeten und Stoffbezüge aufeinander abgestimmt. Sie verfügen über eine gute Beleuchtung und Imitationen antiker Möbel. Das Frühstück – frisch gepresster Orangensaft und riesige weiße Kaffeetassen – ist erstklassig. Berichte sind uns herzlich willkommen.

⁓

Umgebung: Bordeaux (40 km); Weinberge; Dordogne (40 km) • **Lage:** im oberen Teil des Ortes; kostenlose Parkmöglichkeit vor dem Hotel zwischen 17 Uhr 30 und 11 Uhr, öffentliche Parkplätze • **Mahlzeiten:** Frühstück, Mittag- und Abendessen; Zimmerservice • **Preise:** €€€–€€€€ • **Zimmer:** 14; 13 Doppel- und Zweibettzimmer, 1 Einzelzimmer, 12 mit Bad, 1 mit Dusche; alle Zimmer mit Telefon, TV, Klimaanlage, Fön; einige mit Minibar und Safe • **Anlage:** Aufenthaltsraum, Speiseraum, Bar, Aufzug, Terrasse • **Kreditkarten:** AE, DC, MC, V • **Kinder:** erlaubt **Behinderte:** keine entsprechenden Einrichtungen • **Tiere:** erlaubt • **Geschlossen:** Januar • **Besitzer:** M. Martial Rizzotti

Der Südwesten

St-Etienne-de-Baïgorry

Arcé
～ Hotel am Fluss ～

64430 St-Etienne-de-Baïgorry (Pyrénées-Atlantiques)
Tel 05 59 37 40 14 **Fax** 05 59 37 40 27
e-mail reservations@hotelarce.fr **website** www.hotel-arce.com

Das Arcé ist sowohl bei uns als auch bei unseren Lesern sehr beliebt. Es ist erst vor kurzem renoviert worden, um seinen hohen Standard zu halten. Die Lage – an einem Fluss in einem typisch baskischen Dorf – ist schlichtweg bezaubernd; man genießt sie am besten von der Speiseterrasse aus, die über den Fluss ragt und von einem Baldachin aus Kastanienbäumen geschützt ist. Dort kann man gemütlich und abgeschieden wie in einem Nest frühstücken. Die Gemeinschaftsräume im Inneren des Hotels sind ausgesprochen geräumig: ein hübscher Speiseraum mit wunderbarer Aussicht, eine mit Deckenbalken geschmückte Bibliothek voller Bücher in vielen Sprachen. Überall ist das Grün-Weiß-Rot der baskischen Flagge zu sehen. Einige der Zimmer sind ebenfalls beeindruckend groß und verfügen über appartementähnliche Sitzbereiche, andere haben eigene kleine Terrassen mit Bergblick. Ein recht großer, blau gefliester Swimmingpool liegt in einer grünen Oase auf der anderen Seite der hölzernen Flussbrücke versteckt.
Die Führung des Hotels liegt mittlerweile in den fähigen Händen der fünften Generation der Familie Arcé. Die renommierte Küche konzentriert sich auf frische Zutaten aus der Region, und die Weinkarte ist interessant und nicht zu teuer. Es gibt viel zu tun in der Gegend – wandern, angeln, Fahrrad fahren, reiten, Kanu fahren –, und auch die Atlantikküste ist nur eine halbe Stunde entfernt.

～

Umgebung: Pyrenäen; spanische Grenze; Atlantikküste • **Lage:** im Ort, 10 km westlich von St-Jean-Pied-de-Port; mit eigenem Parkplatz • **Mahlzeiten:** Frühstück, Mittag- und Abendessen • **Preise:** €€ • **Zimmer:** 23; 22 Doppel- und Zweibettzimmer, 20 mit Bad, 2 mit Dusche, 1 Einzelzimmer mit Dusche; alle Zimmer mit Telefon, TV, Fön • **Anlage:** Aufenthaltsräume, Speiseraum, Bibliothek, Spieleraum, Terrasse, Garten, Swimmingpool, Tennisplatz • **Kreditkarten:** DC, MC, V **Kinder:** willkommen • **Behinderte:** 1 Zimmer im Erdgeschoss geeignet • **Tiere:** erlaubt • **Geschlossen:** Mitte November bis Mitte März • **Besitzer:** Familie Arcé

DER SÜDWESTEN

St-Jean-de-Luz

La Devinière

~ Gästehaus am Meer ~

5, rue Loquin, 64500 St-Jean-de-Luz (Pyrénées-Atlantiques)
Tel 05 59 26 05 51 **Fax** 05 59 51 26 38

Das La Devinière liegt in einer Fußgängerzone versteckt; einzig ein bescheidenes kleines Schild, auf dem der Name des Hotels in kunstvollem baskischem Grün steht, weist auf das Gästehaus hin. Ansonsten käme man wohl kaum auf die Idee, das Gebäude für eine Unterkunft zu halten. Seine Besitzer beschreiben es als »bezauberndes altes englisches Hotel«, und genau diesen Eindruck macht das elegante und traditionell in Privatbesitz befindliche Stadthaus im Zentrum dieses historischen und malerischen Ferienortes auch. In dem wunderschön eingerichteten Empfangsbereich stehen Regale voller ledergebundener Bücher; von dort aus kann man in das Wohnzimmer mit seinen bequemen Stühlen und dem Flügel sehen. Diesen Raum haben der ehemalige Rechtsanwalt Bernard Carrère und seine Frau, eine Antiquitätenexpertin, selbst eingerichtet.

Obwohl es kein Restaurant gibt, kann man seit kurzem in einem hübschen kleinen Salon einen Nachmittagstee einnehmen; auch dieser Raum fügt sich harmonisch in den Rest des Gebäudes und in das Gesamtkonzept des Hotels als privates Zuhause (überall stehen persönliche Sachen herum) ein. Auch eine gewisse Frische und ein herzlicher Empfang fehlen im La Devinière nicht. Hinter dem Haus befindet sich ein kleiner Garten, und ganz in der Nähe ist auch ein Parkplatz, obwohl das Hotel selbst nur zu Fuß zu erreichen ist – ein kleiner Aufwand, der sich lohnt.

Umgebung: spanische Grenze; Biarritz (15 km) • **Lage:** in Fußgängerzone im Zentrum der Stadt; Parkplatz in der Nähe • **Mahlzeiten:** Frühstück • **Preise:** €€ **Zimmer:** 8 Doppel- und Zweibettzimmer, alle mit Bad; alle Zimmer mit Telefon **Anlage:** Aufenthaltsraum, Bibliothek, Teeraum, Garten • **Kreditkarten:** AE, DC, MC, V • **Kinder:** willkommen • **Behinderte:** nicht geeignet • **Tiere:** erlaubt **Geschlossen:** Mitte November bis Dezember • **Besitzer:** M. und Mme Carrère

DER SÜDWESTEN

Parc Victoria
~ Stadtvilla ~

5, rue Cepé, 64500 St-Jean-de-Luz (Pyrénées-Atlantiques)
Tel 05 59 26 78 78 **Fax** 05 59 26 78 08
e-mail parcvictoria@relaischateaux.com **website** www.parcvictoria.com

Der ehemalige Nachbar und heutige Besitzer dieser strahlend weißen Villa aus dem 19. Jh. rettete das Haus vor dem Abriss und brachte in vierjähriger Renovierungsarbeit in Haus und Garten den alten Glanz zurück. Das Hotel ist heute makellos, drinnen und draußen spürt man Großzügigkeit, Helligkeit und Farbenpracht. Der Park, der dem Hotel seinen Namen verlieh, hat gepflegte Rasenflächen, hübsche Blumenbeete und herrlich alte Zedern und Pinien. M. Larralde stöberte in Antiquitätenläden nach passenden Möbeln und Lampen und ließ seinen Traum von einem hübsch und stilvoll eingerichteten Haus wahr werden. Die Gästezimmer sind luxuriös und haben Marmorbäder. Manche Zimmer haben einen Balkon, manche Suiten einen eigenen kleinen Garten.
Der gelungene Anbau grenzt an die großzügige Terrasse des Swimmingpools, wo sich auch der Speisesaal, die Sonnenliegen und Fitnessgeräte befinden. Es dominiert Weiß, wobei Blau und das baskische Rot und Grün hübsche Farbakzente setzen. Mittagessen wird auch am Pool serviert, Getränke am Nachmittag kann man auf der Terrasse einnehmen. Unser Gutachter war beeindruckt.

~

Umgebung: St Jean-de-Luz, Biarritz und die Grenze zu Spanien (16 km)
Lage: Ausfahrt Saint-Jean-de-Luz Nord vom der A63; an der 4. Ampel rechts Richtung Quartier du Lac; mit eigenem Parkplatz • **Mahlzeiten:** Frühstück, Mittag- und Abendessen; Zimmerservice • **Preise:** €€–€€€€ • **Zimmer:** 18; 9 Doppel- und Zweibettzimmer, 9 Suiten, alle mit Bad; alle Zimmer mit Telefon, TV, Klimaanlage, Minibar, Safe, Fön • **Anlage:** Aufenthaltsraum, Speiseräume, Bar, Lift Terrasse, Park, Swimmingpool, Strand in 350 m • **Kreditkarten:** AE, DC, V • **Kinder:** erlaubt
Behinderte: Zugang möglich • **Tiere:** erlaubt • **Geschlossen:** Mitte Nov. bis Mitte März • **Besitzer:** M. Larralde

DER SÜDWESTEN

Le Jardin d'Eyquem
~ Schlosshotel ~

24230 St-Michel-de-Montaigne (Dordogne)
Tel 05 53 24 89 59
e-mail jardin-eyquem@wanadoo.fr **website** www.jardin-eyquem.com

Das Le Jardin d'Eyquem hat uns mit seinem gut durchdachten Konzept beeindruckt. Die Le Morvans – er war Pilot, sie Lehrerin – sind vor zehn Jahren aus Paris hierher gezogen, um für andere das zu schaffen, was sie selbst auf ihren Reisen immer suchten: eine hübsche kleine und ruhige Unterkunft mit kleiner Küche, in der man auch einmal einen ganzen Tag verbringen kann. Beide sind leidenschaftliche Montaigne-Leser und haben deshalb ein Bauernhaus in dem Dorf, in dem der große Philosoph 1533 geboren wurde, in ein Hotel umgewandelt und es nach seiner Familie benannt. Im Le Jardin d'Eyquem wirkt alles heiter und durchdacht. Das Haus zeigt nach Süden, und damit liegt der Swimmingpool zwischen den Weinstöcken den ganzen Tag in der Sonne. Das größte Appartement ist das alte, mit Deckenbalken versehene Heuloft, aber eigentlich sind alle Appartements recht geräumig. Die mit Tischen, Stühlen und sogar Eierbechern ausgestattete Küchenzeile liegt hinter Baumwollvorhängen versteckt, die Danièle selbst gemacht hat; die übrigen Zimmer sind mit bemalten Möbeln eingerichtet. Als wir das Hotel besuchten, wurden gerade alle alten und farblich langweiligen Bezüge entsorgt und durch gelbe ersetzt; »wegen der Lebensfreude«, wie Madame sagte. Das Frühstück wird in einem großen Raum im Erdgeschoss, in dem ein hübscher Kamin steht, serviert.
Die einzige Hausregel: Am Pool muss immer Ruhe herrschen.

Umgebung: Montaignes Turm (kurzer Spaziergang); St-Emilion (18 km); Bastides von Ste-Foy und Libourne • **Lage:** in den Weinbergen am Rand des Ortes; mit großem Parkplatz • **Mahlzeiten:** Frühstück • **Preise:** €€ • **Zimmer:** 5 Appartements, Doppel- oder Zweibettzimmer, 3 mit Bad, 2 mit Dusche; alle Zimmer mit Telefon, TV, Küchenzeile • **Anlage:** Frühstücksraum, Terrasse, Garten, Swimmingpool • **Kreditkarten:** MC, V • **Kinder:** willkommen **Behinderte:** 1 Appartement geeignet • **Tiere:** nicht erlaubt • **Geschlossen:** November bis April • **Besitzer:** Danièle und Christian Le Morvan

Der Südwesten

St-Saud-Lacoussière

Hostellerie Saint-Jacques
∾ Dorfgasthof ∾

24470 St-Saud-Lacoussière (Dordogne)
Tel 05 53 56 97 21 **Fax** 05 53 56 91 33 **e-mail** hostellerie.st.jacques@wanadoo.fr
website www.hostellerie-st-jacques.com

Je mehr wir über das Unternehmen der Babayous erfahren, desto stärker beeindruckt uns, wie sie die Bedürfnisse der Urlauber berücksichtigen. Die Vorderseite des dicht bewachsenen Hauses aus dem 18. Jh. verrät nicht viel von dem, was man hinter der Fassade vorfindet. Der »Sommerwohnraum« besteht aus sanft abfallenden Gärten mit Unmengen bunter Blumen, einem nicht zu kleinen Schwimmbad, Tennisplatz sowie schattigen Ecken und viel Platz für Kinder. Im Haus gibt es einen ungewöhnlich großen Speiseraum mit Bar in hellen Blau- und Gelbtönen, dessen große Fenster zur Terrasse über dem Garten hinausgehen. Sämtliche Zimmer sind komfortabel, groß und schön ausgestattet; mehrere sind auch für Familien geeignet.

Das Essen ist üppig und abwechslungsreich; selbst das einfachste Menü macht wohl jeden satt. Frühstück oder Brunch werden im Garten oder am Pool serviert. Manchmal trifft man sich abends zum Tanzen oder Spielen oder veranstaltet Abendessen zur Erkundung der heimischen Küche. Selbst der Nachmittagstee ist immer eine Überraschung.

∾

Umgebung: Montbrun (15 km) – Festung; Brantôme (30 km) – Mönchsgarten, Château de Richemont; Rochechouart (45 km) • **Lage:** in ruhigem Dorf, 30 km n von Brantôme; Garten und Parkplatz • **Mahlzeiten:** Frühstück, Mittag- und Abendessen • **Preise:** €–€€ • **Zimmer:** 24; 22 Doppelzimmer, 2 Suiten, alle mit Bad oder Dusche, Telefon; 10 Zimmer mit TV und Minibar • **Anlage:** 2 Speiseräume, Bar, TV-Zimmer, Pool, Tennis • **Kreditkarten:** AE, MC, V • **Kinder:** willkommen • **Behinderte:** keine speziellen Einrichtungen • **Tiere:** erlaubt • **Geschlossen:** Nov. bis März; Restaurant So abends und Mo • **Besitzer:** Jean-Pierre Babayou

DER SÜDWESTEN

Arraya
∼ Hotel am Fluss ∼

64310 Sare (Pyrénées-Atlantiques)
Tel 05 59 54 20 46 **Fax** 05 59 37 40 27
e-mail hotel@arraya.com **website** www.arraya.com

Der Ort Sare ist mit seinen weiß gestrichenen Fachwerkhäusern, die mit roten oder grünen Fensterläden geschmückt sind, eines der hübschesten baskischen Dörfer. Das Arraya besteht aus einem Gebäude aus dem 17. Jh., das im Herzen des Dorfes liegt und einst eine Unterkunft am Pilgerweg nach Santiago de Compostela war. Hinter der etwas strengen Fassade, die zur Hauptstraße weist, liegt ein ländliches Hotel mit viel Charakter, das nun schon von der dritten Generation der charmanten Familie Fagoaga geführt wird. Im Inneren ist alles blitzsauber und tadellos gepflegt: luftig und hell, mit viel altem und dunklem Holz. Der mit Deckenbalken versehene Aufenthalts- und der Speiseraum sind mit wunderschönen alten baskischen Möbeln eingerichtet. Die Sofas und Stühle sind bequem und einladend, und überall stehen frische Blumen.

Die Zimmer erreicht man über eine hübsche gewundene Holztreppe; sie sind alle unterschiedlich groß (manche eher recht klein) und fachmännisch mit farbenfrohen Stoffen und Bettbezügen ausgestattet, die ein Mitglied der Familie selbst herstellt. Einige der Zimmer gehen zu dem grünen Garten hinaus, andere zum Hauptplatz des Ortes. Das Restaurant ist ausgezeichnet und die Weinkarte erlesen; im Sommer werden die Mahlzeiten auf der Terrasse serviert. In der neuen Boutique im Erdgeschoss kann man Produkte aus der Region kaufen, darunter auch die köstlichen baskischen Kuchen.

Umgebung: Aïnhoa (10 km); St-Jean-de-Luz (14 km); Biarritz (29 km) • **Lage:** mitten im Ort, 14 km südöstlich von St-Jean-de-Luz; mit eigenem Parkplatz • **Mahlzeiten:** Frühstück, Mittag- und Abendessen • **Preise:** €–€€ • **Zimmer:** 22 Doppel- und Zweibettzimmer, 19 mit Bad, 3 mit Dusche; alle Zimmer mit Telefon, TV, Fön, Safe • **Anlage:** Aufenthaltsraum, Restaurant, Boutique, Terrasse, Garten
Kreditkarten: AE, DC, MC, V • **Kinder:** willkommen • **Behinderte:** Zimmer im Erdgeschoss geeignet • **Tiere:** nicht erlaubt • **Geschlossen:** Mitte November bis April
Besitzer: Familie Fagoaga

DER SÜDWESTEN

ST-SÈVE

Domaine de la Charmaie
≈ Hotel auf dem Land ≈

33190 St-Sève (Gironde)
Tel/Fax 05 56 61 10 72
e-mail lacharmaie@hotmail.com

Zum Stil dieses stets gut in Schuss gehaltenen Hotels (nach der Heimkehr würde man am liebsten sofort die eigenen vier Wände renovieren !) gehört es, dass der Gast immer makellose gestärkte Kalikodecken und frisch geschnittene, kunstvoll arrangierte Blumen auf den Tischen sowie frisch gebackenen Kuchen vorfindet. In den insgesamt nur drei Zimmern stehen antike Vasen und Bücher beidseits der großen Betten. Auch im Außenbereich ist alles picobello: gepflegte Rasenflächen und ein steinerner Swimmingpool, der Lust macht, sofort hineinzuspringen.

Jules Chaverou, der Sohn der Besitzerin, hat ganz offensichtlich die künstlerische Ader von seiner Mutter geerbt und betreibt eine Kunstwerkstatt hinter dem Haus, die sich wahrlich nicht verstecken muss. Die Chaverous sind in dem Wissen, mit ihrem Wohnhaus den schönsten Ort für einen Aufenthalt »Entre Deux Mers« zu bieten, gelegentlich etwas blasiert, aber angesichts der hier gebotenen Annehmlichkeiten mag man leicht darüber hinwegsehen.

≈

Umgebung: La Réole, Bordeaux • **Lage:** abseits der D21, im Ortszentrum von St-Sève • **Mahlzeiten:** Frühstück, Abendessen auf Anfrage • **Preise:** € • **Zimmer:** 3 **Anlage:** Frühstücks-/Speiseraum, Swimmingpool • **Kreditkarten:** MC, V • **Kinder:** erlaubt • **Behinderte:** nicht geeignet • **Tiere:** erlaubt • **Geschlossen:** nie **Besitzerin:** Madame Chaverou

DER SÜDWESTEN

TRÉMOLAT

Le Vieux Logis
❧ Dorfhotel ❧

24510 Trémolat (Dordogne)
Tel 05 53 22 80 06 **Fax** 05 53 22 84 89
e-mail vieuxlogis@relaischateaux.com **website** www.vieux-logis.com

Obwohl wir nur wenig Leserpost über dieses prächtige alte Hotel bekommen (es ist wirklich ziemlich teuer), lassen wir es weiterhin im Führer, weil es selbst in einer Gegend mit vielen guten Hotels zu den kultiviertesten Adressen zählt. Doch weitere Berichte sind erwünscht.

Seit fast 400 Jahren leben die Giraudel-Destords in diesem Komplex aus Bauern- und Dorfhäusern. Da, wo heute das Speisezimmer ist, waren einst die Schweine und die Weinfässer untergebracht. Heute ist alles im Designerstil gestaltet und bietet höchsten Komfort. Die Zimmer sind besonders reizvoll: individuell möbliert und auf eigenwillig ländliche Art sehr gemütlich; beste Stoffe und Möbel; in manchen Himmelbetten. Die Aufenthaltsräume sind elegant und bequem, und es gibt viele ruhige Ecken. Im kleinen Salon brennt ein offenes Feuer, überall stehen exquisite Antiquitäten. Der Speiseraum mit Galerie ist sehr gelungen; von hier sieht man in den Blumengarten, wo es auch das Frühstück gibt. Die klassische und moderne Küche von Pierre-Jean Duribreux ist ausgezeichnet (zwei *toques* von Gault-Millau).

❧

Umgebung: Les Eyzier-de-Tayac (25 km) – Prähistorisches Nationalmuseum; Monpazier (30 km) – Bastide; Beynac (30 km) • **Lage:** im Dorf, 15 km sw von Le Bugue; Garage und Privatparkplatz • **Mahlzeiten:** Frühstück, Mittag- und Abendessen **Preise:** €€€€ • **Zimmer:** 24; 18 Doppel- und Zweibettzimmer, 6 Suiten, alle mit Bad; alle Zimmer mit Telefon, TV, Minibar • **Anlage:** 2 Speiseräume, 3 Salons, Bar, Terrasse, Garten, Swimmingpool • **Kreditkarten:** AE, DC, MC, V • **Kinder:** willkommen • **Behinderte:** Zugang zum Speiseraum leicht; 1 speziell ausgestattetes Zimmer • **Tiere:** erlaubt • **Geschlossen:** nie • **Geschäftsführer:** Familie Giraudel-Destord

DER SÜDWESTEN

Le Chatenet
Villenhotel

24310 Brantôme (Dordogne)
Tel 05 53 05 81 08 • **Fax** 05 53
05 85 52 • **e-mail** chatenet@
wanadoo.fr • **Mahlzeiten:** Frühstück • **Preise:** €€ • **Zimmer:** 10
Geschlossen: November bis April

Als wir diese wunderschö-
ne, aus dem 17. Jh. stam-
mende und an einem Fluss
liegende Villa das letzte Mal
besuchten, mussten wir zu unserem Leidwesen erfahren, dass die
Besitzer, die Laxtons, im Begriff waren, das Hotel nach über
20 Jahren zu verkaufen. Doch kurz vor der Drucklegung infor-
mierten sie uns, dass sie es sich noch einmal überlegt haben und nun
»für immer« bleiben wollen – eine gute Nachricht! Mit der Schön-
heit dieses edlen Steingebäudes mit Walnusstäfelung und Taubenschlag und mit ihrem herzlichen Empfang haben sich die Laxtons
viele Freunde gemacht. Sie haben an einfach alles gedacht: beheizter
Swimmingpool, Antiquitäten in den Zimmern und exzellente Badezimmer.

Domaine de la Roseraie
Landhotel

Route d'Angouleme, 24310
Brantôme en Périgord (Dordo-
gne) • **Tel** 05 53 05 84 74 • **Fax**
05 53 05 77 94 • **website** www.
domaine-la roseraie.com
Mahlzeiten: Frühstück, Abendessen • **Preise:** €€ • **Zimmer:** 9
Geschlossen: Mitte November
bis Mitte März

Die Domaine de la Roseraie ist ein Kloster aus dem 17. Jh., das in Blumen und Pflanzen geradezu schwelgt, besonders in Rosen, wie der Hotelname schon andeutet. Alle Zimmer gehen nach Süden und enthalten
alte Familienmöbel, bequeme Betten, saubere Bäder (es wurden allerdings Klagen über den Zustand der sanitären Einrichtungen laut) und
separate Eingänge. Der Swimmingpool ist hinter Grün verborgen und
das Frühstück kann an kleinen Tischen im Freien eingenommen werden. Denis Rouxs lokale Spezialitäten werden am Abend in dem mit
Balken und offenem Kamin ausgestatteten Speiseraum oder inmitten
der Rosen draußen auf der Terrasse serviert.

DER SÜDWESTEN

Auberge du Noyer
Landhotel

'Le Reclaud' 24260 Le Bugue
(Dordogne) • **Tel** 05 53 07 11 73
Fax 05 53 54 57 44 • **e-mail**
aubergedunoyer@perigord.com
website www.perigord.com/
aubergedunoyer • **Mahlzeiten:**
Frühstück • **Preise:** € • **Zimmer:**
10 • **Geschlossen:** Mitte Oktober
bis Ostern

Dem ehrwürdigen Walnuss-
baum im Vorhof verdankt
diese attraktive Kutschenstation aus dem 18. Jh. ihren Namen. Die
neuen Besitzer des Noyer bieten zwar außer dem Frühstück keine
Mahlzeiten mehr an, aber die ruhige und entspannte Atmosphäre
des Hotels herrscht immer noch vor. Deckenbalken, unverputzte
Steinwände und Stoffe mit floralem Muster verleihen den Zimmern
ländlichen Charme. Die überall verstreuten Bücher und Zeitschriften vermitteln einen familiären Touch. Alle Betten sind vor kurzem
erneuert und die Badezimmer renoviert worden. Einige Zimmer
haben ihre eigene kleine Terrasse. Das reichhaltige Frühstücksbüfett besteht aus Cornflakes, frisch gepresstem Orangensaft, Obst,
Croissants und verschiedenen Brotsorten.

La Daille
Bauerngästehaus

Florimont-Gaumiers, 24250
Domme (Dordogne) • **Tel** 05 53
28 40 71 • **website** www.touris-
meceou.com/ladaille.htm
Mahlzeiten: Frühstück
Preise: €€ • **Zimmer:** 3
Geschlossen: Oktober bis Mai

Dieser   ungewöhnliche
ländliche Ort ist eines jener
Etablissements in der Dordogne, die das Beste von
Frankreich und Großbritannien miteinander verbinden – man muss
ihn allerdings erst einmal finden (am besten via Gaumiers; informieren Sie sich vorher). Die Browns haben in den letzten 30 Jahren
viel Land um ihr Bauernhaus herum gekauft, das in einem sehr englischen Garten liegt; mittlerweile besteht das Anwesen aus 18 Hektar Land voller Wälder und Felder (mit Wildblumen und Orchideen), an denen sich die Gäste des Hotels erfreuen können. Die nach
Süden gelegenen Zimmer sind unprätentiös, komfortabel und sauber und verfügen über große Schränke, Bäder und Terrassen; sie sind
in einem modernen Nebengebäude jenseits des Gartens untergebracht. Es gibt jeden Tag frische Handtücher und jeden dritten oder
vierten Tag frische Bettlaken. Ideal für Wanderer. Guter Tee.

DER SÜDWESTEN

Le Château
Hotel am Fluss

24150 Lalinde (Dordogne) • **Tel**
05 53 61 01 82 • **Fax** 05 53 24
74 60 • **Mahlzeiten:** Frühstück,
Mittag- und Abendessen
Preise: €€ • **Zimmer:** 7
Geschlossen: Mitte Dezember bis
Mitte Februar

Die Lage dieses seltsamen
kleinen Schlosses aus dem
19. Jh. mit seinen Ecktürmen, der Palme und den
roten Fensterläden ist geradezu spektakulär: Es liegt ans Ufer der
Dordogne geschmiegt gegenüber dichten grünen Wäldern. Die
meisten der komfortablen Zimmer gehen zum Fluss hinaus und einige verfügen über eigene kleine Balkons; die Inneneinrichtung ist
etwas schrullig und modernistisch. In einem Badezimmer beispielsweise findet sich eine dreieckige Badewanne. M. Gensou, der Besitzer und Küchenchef, fährt ein Motorrad und füllt die Schnecken
zum Abendessen mit *foie gras* und Walnussbutter. Wir haben einen
Leserkommentar erhalten, der die gefliese Eingangshalle als »ohne
jeden Schick« beschrieb, empfehlen das Le Château aber all jenen,
die Wasser und das etwas andere Hotelerlebnis mögen.

Le Murier de Viels
Hotel auf dem Land

12700 Loupiac, Aveyron
Tel 05 65 80 89 82 • **Fax** 05 65
80 12 20 • **e-mail** info@
le-murier.com • **website**
www.le-murier.com
Mahlzeiten: Frühstück, Mittag-
und Abendessen • **Preise:** €
Zimmer: 8 • **Geschlossen:** nie

Das Hotel inmitten eines
riesigen Naturparks ist der
ideale Ausgangsort für Fa-
milien (für sie steht ein separater *gîte* zur Verfügung), Wanderer,
aber auch für jene, die nur die Aussicht auf das vom Lot durchflos-
senen Tal genießen möchten. In der Nähe liegt die mittelalterliche
Stadt Figeac, die über einen alten Pfad erreicht werden kann. Nach
der Übernahme durch den Südafrikaner Mike Douglas wurde das
Hotel restauriert und im rustikalen Stil komfortabel ausgestattet. Es
gibt einen großen Pool mit Terrasse. Dass der Besitzer das Gebäude
auch privat nutzt, mag sich manchmal störend auf das fried- und
reizvolle Ambiente auswirken.

Der Südwesten

La Roseraie
Dorfhotel

11, place Armes 24290 Monti-
gnac • **Tel** 04 97 08 84 48
Mahlzeiten: Frühstück, Mittag-
und Abendessen • **Preise:** €
Zimmer: 14 • **Geschlossen:** Mitte
Novenmber bis April

Dank der Entdeckung der
nahe gelegenen Höhle von
Lascaux im Jahre 1940 hat
sich das einst ruhige Mon-
tignac zu einem Touristenort entwickelt. Das an einem mittelalterlichen Platz (die Häuser hier gruppieren sich um einen Turm, der
einst zu einer Festung der Grafen des Périgord gehörte) am Fluss
Vézère gelegene Hotelgebäude stammt aus dem 18. Jh. Die schönen
Zimmer sind mit blumengemusterten Stoffen, bemalten Holzmöbeln und Fliesenböden ausgestattet. Die Badezimmer sind makellos.
Auf der Terrasse mit Blick auf einen duftenden Rosengarten kann
man vor oder nach dem Besuch des angesehenen Restaurants entspannen.

Le Ripa Alta
Dorfhotel

3, place de l'Eglise, 32160 Plaisance (Gers) • **Tel** 05 62 69 30 43
• **Fax** 05 62 69 36 99 • **e-mail**
ripaalta@aol.com • **Mahlzeiten:**
Frühstück, Mittag- und Abendessen • **Preise:** € • **Zimmer:** 15 •
Geschlossen: nie; Restaurant
montags (im Winter)

In diesem Dorfhotel erwarten den Gast zwar keinerlei
Schnörkel, dafür aber ein
ausgesprochen herzlicher Empfang. In der Küche des Le Ripa Alta
regiert der berühmte Küchenchef Maurice Coscuella, der bei Bocuse
und Troisgros gelernt hat. Seit nunmehr über 30 Jahren verwöhnt er
seine Gäste mit seiner kreativen Küche, in der er nur die besten Erzeugnisse aus der Region verwendet. Schließlich befinden wir uns
hier in einem ausgesprochenen Weinanbaugebiet, und das bedeutet
gute Qualität zu vernünftigen Preisen. Die Zimmer sind angemessen (eines hat einen eigenen Balkon) und ruhig, außer am Samstag-
abend, wenn die Disco nebenan geöffnet hat. Das Hotel ist bei aus-
ländischen Gästen sehr beliebt. Der Ort Plaisance ist ein praktischer
Ausgangspunkt, um die Region Gers, das Land der Musketiere, zu
erkunden; es gibt dort einen Freizeitpark mit einem See, in dem man
schwimmen, segeln und angeln kann.

DER SÜDWESTEN

Hôtel des Chênes
Dorfhotel

47300 Pujols, Bel Air • **Tel** 05 53
49 04 55 • **Fax** 05 53 49 22 74
e-mail hotel.des.chenes@wana-
doo.fr • **website** www.
hoteldeschenes.com • **Mahlzeiten:** Frühstück • **Preise:** €
Zimmer: 21 • **Geschlossen:** nie

Das auf einer Anhöhe thro-
nende und von jahrhunder-
tealten Bäumen umgebene
Hotel in Pujols, einer der
reizendendsten Ortschaften der Region, bietet außer Komfort und
Entspannung auch noch ein ausgezeichnetes Preis-Leistungsverhältnis. Die Zimmer sind sauber und bequem. Im gemütlichen Aufenthaltsraum kann man auch fernsehen. Der Swimminpool ist von
einer großen Terrasse umgeben, auf der man sich mit spektakulären
Panoramablicken über das Lot-Tal ebenso entspannen kann wie vor
dem offenen Kamin im Inneren. Es wird nur Frühstück serviert,
aber in der Nähe befindet sich das mit einem Michelinstern ausgezeichnete Restaurant »La Togue Blanche«.

Hostellerie Les Aiguillons
Landhotel

Le Beuil, 24320 St-Martial-Vi-
veyrols (Dordogne) • **Tel** 05 53
91 07 55 • **Fax** 05 53 91 00 43
e-mail aiguillons@aol.com
website www.hostellerieles aiguillons. com **Mahlzeiten:** Frühstück, Mittag- und Abendessen
Preise: € • **Zimmer:** 8 • **Geschlossen:** Dezember bis April

Diese kleine Unterkunft ist 1993 auf den Ruinen eines Bauernhofes
erbaut worden und liegt inmitten des Périgord Blanc in erreichbarer Nähe einer Reihe malerischer Orte mit einer Vielzahl romani-
scher Kirchen. Die Gäste genießen den hübschen Swimmingpool
und die Terrasse, auf der das Frühstück serviert wird. Zu Christophe Beeuswaert, dem Englisch sprechenden und sehr engagierten
Patron, haben wir – ebenso wie zu seiner Küche – viele Leserzuschriften bekommen. »Wir wollten eigentlich nur eine Nacht bleiben – daraus wurden dann sechs.« Die Zimmer sind komfortabel,
die Badezimmer groß. Das Les Aiguillons eignet sich besonders für
Gäste, die einen gehobenen Standard und Ruhe suchen.

DER SÜDWESTEN

SÉGOS

Domaine de Bassibe
Hotel auf dem Land

32400 Ségos (Gers) • **Tel** 05 62 09 46 71 • **Fax** 05 62 08 40 15 **e-mail** bassibe@ relaischateaux. com • **website** www. relaischateaux.com/bassibe **Mahlzeiten:** Frühstück, Mittag- und Abendessen • **Preise:** €€€ **Zimmer:** 18 • **Geschlossen:** Januar bis April

Die Zimmer dieses *maison de maître* aus dem 18. Jh. verteilen sich auf mehrere Gebäude. In einem langen zweistöckigen Flügel, ursprünglich Ställe, sind die reizenden Suiten untergebracht. Längsseits steht das ehemalige Wein- und Spirituosenlager *(chai)*. In dem schönen Steingebäude sind nun Küche, Restaurant und Weinkeller untergebracht. Im blumenreichen Garten beherbergt die »Maison des Champs«, ein Neubau in Weiß und Blau, weitere helle, in verschiedenen Farben gestaltete Zimmer und Suiten. Nahe einer jahrhundertealten Gruppe von Eichen finden sich ein großer Pool mit Terrasse und ein Fitnessbereich.

VALENCE-SUR-BAISE

La Ferme de Flaran
Ländliches Hotel

32310 Valence-sur-Baise (Gers) **Tel** 05 62 28 58 22 • **Fax** 05 62 28 56 89 • **e-mail** fermedeflaran@ minitel.net • **website** www.gascogne.com/guide. hotels/fermeflaran.htm **Mahlzeiten:** Frühstück, Mittag- und Abendessen • **Preise:** € **Zimmer:** 15 • **Geschlossen:** Mitte November bis Mitte Dezember, Januar

In dem für Reisende praktisch gelegenen Flaran kann man gut Halt machen. Die typische Bauernhofarchitektur und -einrichtung sind sehr hübsch und wirkungsvoll in Szene gesetzt. Der Hof gehörte einst den Zisterziensern der angrenzenden Abtei aus dem 12. Jh., in der heute Konzerte und Kunstausstellungen stattfinden. Das Restaurant des Flaran ist immer gut besucht. Es werden Gerichte von überdurchschnittlicher Qualität zu attraktiven Preisen serviert. Die Mahlzeiten können auch auf der Terrasse eingenommen werden, von der aus man einen Blick auf den schön proportionierten Swimmingpool hat. Die Zimmer sind ausgesprochen unprätentiös; Sie sollten eines buchen, das nicht zur Straße hinausgeht.

Massif Central

Die Hotels im Massif Central

Für viele Reisende ist die Gegend des Zentralmassivs das »unbekannte Frankreich« – das hoch und weitab gelegene Gebiet zwischen dem Périgord im Westen und dem Rhônetal im Osten. Für Hotelführer wie den unseren, die der Einteilung in Départements folgen, ist die Region eher problematisch. Die Anfangs- und Endpunkte des Zentralmassivs stimmen nicht immer mit Regierungsbezirken überein; das Département Ardèche beispielsweise gehört unserer Einteilung nach zu Südfrankreich, umfasst aber einen nicht unerheblichen Teil des Zentralmassivs. Dennoch hat dieses »unverdorbene Frankreich« zweifelsohne seine Vorteile. Der Tourismus hat zwar auch hier Einzug gehalten, aber natürlich bei weitem nicht so stark wie in die bekannteren Regionen des Landes. Folglich trifft man hier noch auf echte »Schnäppchen«.

Das Zentralmassiv zeichnet sich vor allem durch die Großartigkeit seiner Landschaft aus: längst erloschene Vulkane, Felsnasen und die großartigen Gebirge der Monts Dômes, Monts Dore und Monts du Cantal. Diese Landschaft ist auch von Flüssen, Seen und heißen Quellen geprägt, um die herum im Laufe der Jahrhunderte viele Städte entstanden sind. Im Nordwesten schließen sich sanftere Hügel an; im Département Allier können wir das *Château de Boussac* in Target (siehe Seite 255) empfehlen, das *Le Chalet* in Coulandon (siehe Seite 258) sowie das *Castel-Hôtel 1904* in St-Gervais d'Auvergne siehe Seite 252) im Département Puy-de-Dôme. Im selben Département weiter südlich empfehlen wir das Art decó-Hotel *Le Radio* (Tel. 04 73 30 87 83) in Chamalières.

Reist man weiter in südlicher Richtung, gelangt man in die Hauptstadt Clermont-Ferrand, in der man eine der schönsten romanischen Kirchen der ganzen Gegend bewundern kann. Dort haben wir ein einzigartiges Hotel entdeckt: das *Les Deux Abbesses* (siehe Seite 251), das das winzige mittelalterliche Dorf Saint-Arcons-d'Allier beinahe ganz ausfüllt. Eine kurze Fahrt in östlicher Richtung bringt den Besucher nach Le-Puy-en-Velay, das man an seinen drei spektakulären gezackten Berggipfeln erkennt. In der Nähe, in Tence, haben wir die *Hostellerie Placide* (siehe Seite 256), ein elegantes Traditionshaus, neu aufgenommen. Noch weiter im Osten liegt Cantal; dort haben wir aufgrund zahlreicher positiver Leserzuschriften dem hübschen *Auberge la Tomette* in Vitrac (siehe Seite 257) nun einen ganzseitigen Eintrag gewidmet sowie zwei neue Gasthöfe aufgenommen: *L'Auberge Fleurie* in Montsalvy (siehe Seite 247) und in Paiherols die *Auberge des Montagnes* in wildromantischer Umgebung (siehe Seite 258). ebenfalls empfehlenswert: die *Auberge de Concasty* in Boisset (Tel. 04 71 62 21 16).

Im Süden bilden die Schluchten von Aveyron und Tarn einen dramatischen Einschnitt in die Landschaft; es ist schon beeindruckend, wie sich die weit verstreut liegenden Dörfer an die bloße Oberfläche der Felsen schmiegen. Eines unserer Hotels, das *Longcol* (siehe Seite 249), liegt im Tal der Gorges de l'Aveyron in der Nähe von Najac. Das sich im Osten anschließende Département Lozère liegt im Herzen der Cévennes, wo wir ebenfalls ein sehr schönes Hotel entdeckt haben: das *La Lozerette* in Cocurès (siehe Seite 240), einem Dorf, an dem schon Robert Louis Stevenson vorbeigekommen ist. Ebenfalls empfehlenswert: das *Château de la Caze* (Tel. 04 66 48 51 01) in einer Burg aus dem 15. Jahrhundert.

Massif Central

Hôtel Restaurant du Vieux Pont
~ *Restaurant mit Gästezimmern* ~

12390 Belcastel (Aveyron)
Tel 05 65 64 52 29 **Fax** 05 65 64 44 32
e-mail hotel-du-vieux-pont@wanadoo.fr **website** hotelbelcastel.com

Der Name des Hotels bezieht sich auf die mittelalterliche, kopf-steingepflasterte Brücke, die die beiden Gebäude dieses viel gelob-ten Restaurants mit Gästezimmern miteinander verbindet. Auf der einen Seite des Flusses steht ein solides, roh behauenes Steinhaus, in dem die Fagegaltier-Schwestern ihre Kindheit verbracht haben; heute befindet sich darin das Restaurant. Auf der anderen Flussseite haben die Schwestern das heruntergekommene Gebäude neben der Kirche vor dem Ruin gerettet und darin sieben komfortable und ele-gante Zimmer untergebracht. Oberhalb des Hôtel Restaurant du Vieux Pont schmiegen sich die malerischen Häuser von Belcastel an eine Klippe, die von einer Burg bekrönt wird.
Michèle Fagegaltier führt das Hotel; ihre Schwester Nicole und deren Ehemann Bruno Rouquier sind für die Küche verantwortlich. Ihre kreativen Versionen lokaler Gerichte wie z. B. Boeuf de l'Au-brac à la réduction de banyuls, zu der ein Concassé de pommes de terre à la ventrèche et au roquefort gereicht wird, sind schon viel-fach lobend zur Kenntnis genommen worden, u. a. vom Michelin (ein Stern) und vom Gault Millau (ein Herz und 16 Punkte).
Die natürliche Anmut und Eleganz der beiden Schwestern haben sich auch auf Restaurant und Hotel übertragen. Die Zimmer sind mit handverlesenen Antiquitäten ausgestattet.

Umgebung: Rodez (23 km); Sauveterre-de-Rouergue (26 km) • **Lage:** im Ort, am Fluss, 8 km südöstlich von Rignac; mit eigenem Parkplatz • **Mahlzeiten:** Frühstück, Mittag- und Abendessen • **Preise:** € • **Zimmer:** 7 Doppel- und Zweibettzimmer mit Bad oder Dusche; alle Zimmer mit Telefon, TV, Klimaanlage, Minibar, Fön **Anlage:** Restaurant, Garten, Möglichkeit zum Angeln • **Kreditkarten:** MC, V **Kinder:** erlaubt • **Behinderte:** 1 Zimmer mit entsprechenden Einrichtungen **Tiere:** erlaubt • **Geschlossen:** Januar bis Mitte März, Sonntag abend; Dienstag mittag und Montag (September bis Juli); Restaurant montags im Juli und August **Besitzerinnen:** Michèle und Nicole Fagegaltier

MASSIF CENTRAL

CASTELPERS

Château de Castelpers
~ Landsitz ~

Castelpers, 12170 Léderques (Aveyron)
Tel 05 65 69 22 61 **Fax** 05 65 69 25 31

Yolande Tapié de Celeyron entstammt der alten Familie, der dieser wunderschöne Landsitz gehört. Sie hat die Leitung des Hauses nun nach dreißig Jahren ihrer Tochter Mme de Saint-Palais übergeben. Unser Gutachter war »hingerissen«, ihr traditionsreiches Haus bewohnen zu dürfen. Im Treppenhaus hängt ein Porträt von Mme Tapiés Urgroßvater, einem *intendant militaire* unter Napoléon. Ihr Großvater (ein Ingenieur, der sich um den Bau von Staudämmen verdient machte) restaurierte und renovierte Ende des 19. Jhs. diese Mühle aus dem 17. Jh. Das Anwesen ist zwar kein grandioses Château, aber dafür eher ein echter Landsitz, der all die Jahre über bewohnt und entsprechend gepflegt wurde. Das Haus ist voller eleganter alter Möbel und Gemälde, in vielen Zimmern stehen Himmelbetten. Der Geschmack ist zeitlos, der Charme ganz natürlich, der Park bezaubernd – mit großen alten Bäumen, einem Fluss und einem kleinen Bach. Für Kinder stehen Schaukeln im Garten. »Ein friedvoller, beschaulicher, entspannender und zeitloser Ort, der sich selbst genügt«, schrieb unser Gutachter, der hier auch ausgezeichnet gegessen und getrunken hat. Preisgünstig.

~

Umgebung: Château du Bosc (10 km), Sauveterre-de-Rouergue (20 km)
Lage: auf dem Land, 9 km sö der RN88, 10 km südlich von Naucelle; mit eigenem Parkplatz • **Mahlzeiten:** Frühstück, Mittag- und Abendessen (nur für Hotelgäste)
Preise: € • **Zimmer:** 4; 2 Doppel-, 1 Zweibett- und 1 Familienzimmer; 2 mit Bad, 2 mit Dusche, alle Zimmer mit Telefon • **Anlage:** Aufenthaltsraum, 2 Speisezimmer, Garten, Angeln • **Kreditkarten:** AE, DC, MC, V • **Kinder:** gut erzogene Kinder erlaubt • **Behinderte:** 1 Zimmer im Erdgeschoss • **Tiere:** erlaubt • **Geschlossen:** Oktober bis April, Restaurant an bestimmten Tagen mittags und abends geöffnet
Besitzerin: Mme de Saint-Palais

MASSIF CENTRAL

COCURÈS

La Lozerette
～ Dorfgasthof ～

48400 Cocurès (Lozère)
Tel 04 66 45 62 12 **Fax** 04 66 45 12 93
e-mail lalozerette@wanadoo.fr

Die treibende Kraft hinter diesem Landgasthof ist die bezaubernde Pierette Agulhon – das Lozerette befindet sich mittlerweile seit drei Generationen im Besitz ihrer Familie. Sie führt das Lozerette mit ruhiger Effizienz und mit Hilfe eines fähigen und freundlichen Personals. Obwohl das Hotel an einer tagsüber recht stark befahrenen Straße liegt, ist es von dem ungezähmten Gebirge des Cévennes-Nationalparks umgeben, in dem man nur hier und da Zeichen der Kultivierung (Weinberge und Obstgärten) findet. Die schönste Aussicht hat man von den großen, mit Holzfußböden versehenen Zimmern aus. Sie sind in Frühlingsfarben mit den dazugehörigen blumengemusterten, karierten oder gestreiften Stoffen gehalten; sie wirken nie prätentiös, sondern immer geradlinig und frisch.

Aus den Zimmern im Erdgeschoss ist ein einziger großer Speisesaal entstanden; er ist zweifelsohne das Herz des Hotels und wirkt mit seiner Holztäfelung, den Korbstühlen und den fröhlichen gelben Vorhängen trotz seiner Größe gemütlich. Das Menü konzentriert sich auf regionale Gerichte – Entenstopfleber, Kastanien, Wurstwaren vom Land, Flussforellen, Weinblätter – und hat ein so hohes Ansehen, dass das Restaurant beinahe immer voll ist. Überlassen Sie die Auswahl des Weines ruhig Pierette – sie hat, neben ihren zahlreichen anderen Talenten, auch eine Ausbildung als Sommelière.

Umgebung: Corniche des Cévennes; Gorges du Tarn; Mende (42 km) • **Lage:** im Ort, 6 km nordöstlich von Florac; mit eigenem Parkplatz • **Mahlzeiten:** Frühstück, Mittag- und Abendessen • **Preise:** € • **Zimmer:** 21; 20 Doppel- und Zweibettzimmer, 1 Einzelzimmer, alle mit Bad oder Dusche; alle Zimmer mit Telefon, TV
Anlage: 2 Aufenthaltsräume, Restaurant, Bar, Garten • **Kreditkarten:** AE, DC, MC, V
Kinder: erlaubt • **Behinderte:** 1 Zimmer mit entsprechenden Einrichtungen
Tiere: erlaubt • **Geschlossen:** Anfang November bis Ostern • **Besitzerin:** Pierrette Agulhon

MASSIF CENTRAL

Sainte-Foy
～ Dorfhotel ～

Conques, 12320 St-Cyprien-sur-Dourdou (Aveyron)
Tel 05 65 69 84 03 **Fax** 05 65 72 81 04
e-mail hotelsaintefoy@hotelsaintefoy.fr **website** www.hotelsaintefoy.fr

Das Hôtel Sainte-Foy ist ein liebevoll restaurierter, teilweise aus
Fachwerk bestehender Gasthof aus dem 17. Jh., der nach der großen
Klosterkirche gegenüber benannt ist. Er liegt im reizvollen alten
Dorf Conques und war jahrhundertelang eine der wichtigsten Pil-
gerstationen auf dem Weg nach Santiago de Compostela.
Marie-France und Alain Garcenot, die es 1987 übernommen haben,
sind zu Recht stolz auf den Status eines 4-Sterne-Hotels, obwohl die
Ausstattung, die ihnen die Sterne eingebracht hat, nicht unbedingt
den Charme des Hauses ausmacht.
Das Hotel ist dem Charakter des Hauses entsprechend mit Sorgfalt
eingerichtet. Nirgendwo wurde mit schönem Holz gespart. Der
große, zweiteilige Aufenthaltsraum ist mit Antiquitäten möbliert.
Die Zimmer mit Blick auf die Kirche oder in den Innenhofgarten
sind groß, geschmackvoll und sehr individuell eingerichtet. Man
kann im Hof oder in den großzügigen Räumen im Innern speisen.
Die fantasievolle Küche Maxime Dechamps' (täglich wechselnde
Karte) findet viel Beifall.

～

Umgebung: Kirche von Ste-Foy (interessantes Giebelfeld und Schatzkammer),
Rodez (36 km); Figeac (44 km) • **Lage:** im Herzen des Dorfes, 40 km n von Rodez;
mit eigenem Parkplatz • **Mahlzeiten:** Frühstück, Mittag- und Abendessen • **Preise:**
€€€ • **Zimmer:** 17; 15 Doppelzimmer, 2 Suiten, alle mit Bad; alle Zimmer mit Te-
lefon, Fön, die Suiten mit Klimaanlage; TV auf Anfrage • **Anlage:** 3 Speiseräume,
Salon, Bar, Patio, Konferenzzimmer, 2 Terrassen • **Kreditkarten:** AE, DC, MC, V
Kinder: erlaubt • **Behinderte:** 1 geeignetes Zimmer • **Tiere:** erlaubt • **Geschlossen:**
Mitte Okt. bis Ostern • **Besitzer:** Marie-France und Alain Garcenot

MASSIF CENTRAL

CORDES-SUR-CIEL

Le Grand Ecuyer
∼ Mittelalterlicher Gasthof ∼

79, Grande Rue Raimond VII, 81170 Cordes-sur-Ciel (Tarn)
Tel 05 63 53 79 50 **Fax** 05 63 53 79 51
e-mail grand.ecuyer@thuries.fr **website** www.thuries.fr

Schon im 19. Jh. wurde diese ehemalige Jagdhütte der Grafen von Toulouse auf Veranlassung des Schriftstellers Prosper Mérimée zum Kulturerbe erklärt. Sie wurde in ein gemütliches Hotel umgewandelt, dessen Charakteristika Steinmauern, Balkendecken, schwere antike Eichenmöbel, Ölgemälde, Polstermaterial aus Dekorationsstoffen, Rüstungen, gepflasterte Böden, Tapisserien, als Mohren geformte Lampenständer und Himmelbetten sind. Teile des Hotels sind etwas düster, doch die Schlafzimmer mit den modernen Badezimmern sind ruhig und einladend.

Cordes-sur-Ciel ist ein gut erhaltenes befestigtes Dorf aus dem 13. Jh. und mit seinen kleinen Kopfsteinpflastergassen eine Touristenattraktion; außerdem die gastronomische Heimat des Chefkonditors Yves Thuriès, der nicht nur wegen seines Michelin-Sterns eine kleine Berühmtheit ist. Le Grand Écuyer ist seine Wirkungsstätte, obwohl letzthin einige Besucher bemängeln, dass er weniger Zeit in der Küche zubringt als früher. Der Service ist ausgezeichnet, und der pflaumenfarbige Speiseraum mit seinen Kronleuchtern wurde extra als würdiger Rahmen seiner Kochkunst entworfen. Unser Inspektor aß vorzüglich und war besonders von der Hilfsbereitschaft und dem Wissen des Weinkellners angetan.

Umgebung: Fôret Grésigne (15 km); Albi (25 km); Toulouse (80 km) • **Lage:** im Dorfzentrum, 25 km nw von Albi; öffentlicher Parkplatz in der Nähe **Mahlzeiten:** Frühstück, Mittag- und Abendessen • **Preise:** €€€ • **Zimmer:** 13; 10 Doppel-, 2 Dreibettzimmer, 1 Suite; alle mit Bad, Telefon • **Anlage:** 2 Speisesäle, Frühstücksraum, Salon, Bar • **Kreditkarten:** MC, V • **Kinder:** erlaubt • **Behinderte:** keine speziellen Einrichtungen • **Tiere:** erlaubt **Geschlossen:** Mitte Oktober bis April, Restaurant Mo bis Fr mittags • **Besitzer:** Yves Thuriès

MASSIF CENTRAL

CUQ-TOULZA

Cuq-en-Terrasses
~ Landhotel ~

Cuq Le Château, 81470 Cuq-Toulza (Tarn)
Tel 05 63 82 54 00 **Fax** 05 63 82 54 11
e-mail info@cuqenterrasses.com **website** www.cuqenterrasses.com

Vor 15 Jahren kauften zwei Londoner Designer das alte und halb
verlassene Pfarrhaus und machten daraus in mühevoller Arbeit ein
erfolgreiches Hotel. Hut ab vor Tim und Zara Whitmore, die das
Haus stilvoll und gekonnt restauriert haben. Das Hotel liegt am
Hauptplatz eines Bergdorfes und verteilt sich auf eine ganze Reihe
von Etagen mit Südlage (von der Straße abwärts) und mehrere Gar-
tenterrassen weiter unten. Die jetzigen Eigentümer erwarben das
Anwesen 2000 und führen es im alten Geist weiter.
Von der Eingangshalle mit herrlicher Balkendecke (die bei den Bau-
arbeiten freigelegt wurde) führt eine Treppe mit Balustraden in die
oberen Räume hinauf. Küche, Speisesaal und die wunderschöne
Terrasse mit Grill für sommerliche Mahlzeiten liegen zwei Stockwerke tiefer. Das Dekor und die Einrichtung sind originell, ohne exzentrisch zu wirken – sauber, frisch, bunt.
Der Blick, vor allem der von den Terrassen, ist atemberaubend. Es
ist leicht nachzuvollziehen, warum der örtliche Begriff für diese
wundervolle Landschaft *Pays de cocagne* lautet, was sich etwa mit
»reiches Land« übersetzen läßt. Ein idealer Standort, um auszu-
spannen und Frieden zu finden.

~

Umgebung: Castres (35 km), Toulouse (37 km) • **Lage:** in einem Bergdorf, 2 km
von Cuq-Toulza auf der D45 Richtung Aguts; Parkplatz • **Mahlzeiten:** Frühstück,
Mittag- und Abendessen (auf Vorbestellung) • **Preise:** €€ • **Zimmer:** 8; 7 Doppelzimmer, 1 Suite; 6 mit Bad, 2 mit Dusche; alle mit Telefon, TV; Fön • **Anlage:** Pool,
Speiseraum, Terrassen • **Kreditkarten:** AC, DC, MC, V • **Kinder:** erlaubt • **Behinderte:** keine besonderen Einrichtungen • **Tiere:** in einigen Räumen erlaubt • **Geschlossen:** Mitte November bis Mitte März • **Besitzer:** Philippe Gallice and Ando-
nis Vassalos

MASSIF CENTRAL

Demeure de Flore

～ Landhotel ～

106, route Nationale, 81240 Lacabarède (Tarn)
Tel 05 63 98 32 32 Fax 05 63 98 47 56
e-mail demeure.de.flore@hotelrama.com **website** www.hotelrama.com/flore

Dieses Hotel am Fuß des Haut-Languedoc ist 1992 von Monike und Jean-Marie Tronc eröffnet worden; sie wollten sich damit ihren Traum eines perfekten Hotels verwirklichen. Nachdem ihnen das gelungen war, entschlossen sie sich 1999 dazu, das Demeure de Flore an einen Italiener, Francesco Di Bari, zu verkaufen, der beinahe eine Million Francs in die Umgestaltung des Hotels und des Gartens sowie in ein neues Restaurant gesteckt hat.

Das Gebäude aus dem 19. Jh. liegt in einem üppigen und bewaldeten englischen Garten weitab von der am Gelände vorbeiführenden RN112. Im Inneren herrscht ein freundliches Ambiente vor, das M. Di Bari in der Hauptsache so gelassen hat, wie es war. Das Haus hat große Fenster, die vom Boden bis zur Decke reichen; alles wirkt hell und frisch. Sorgfältig ausgewählte Antiquitäten und Dekorationen sorgen für eine gepflegte und private Atmosphäre. Die elf Zimmer sind individuell und ebenfalls sehr sorgfältig eingerichtet; in ihnen finden sich allerlei Schnickschnack und frische Blumen. Man hat den Eindruck, bei Freunden zu übernachten.

Die Küche trägt sowohl provenzalische als auch italienische Züge, was natürlich auch nicht weiter überrascht; die Speisekarte wechselt täglich und variiert je nach Saison. Im Sommer kann man neben dem hübschen kleinen Pool oder auf der Terrasse im Garten ein leichtes Mittagessen einnehmen. Weitere Berichte sind willkommen.

Umgebung: Castres (35 km); Albi (60 km); Toulouse (100 km); Mittelmeerstrände
Lage: gegenüber der Tankstelle am Rande des Dorfes an der RN112 zwischen St-Pons und Mazamet; mit eigenem Parkplatz • **Mahlzeiten:** Frühstück, Mittag- und Abendessen • **Preise:** €–€€ • **Zimmer:** 11; 10 Doppelzimmer, 1 Suite, alle mit Bad; alle Zimmer mit Telefon, TV, Fön • **Anlage:** Aufenthaltsraum, Restaurant, Konferenzraum, Garten, Swimmingpool • **Kreditkarten:** MC, V • **Kinder:** erlaubt **Behinderte:** 1 Zimmer mit entsprechenden Einrichtungen • **Tiere:** erlaubt **Geschlossen:** 3 Wochen im Januar • **Besitzer:** Francesco Di Bari

Massif Central

La Malène

Manoir de Montesquiou
⌒ Landhaushotel ⌒

48210 La Malène (Lozère)
Tel 04 66 48 51 12 **Fax** 04 66 48 50 47 **e-mail** montesquiou@
demeures-de-lozere.com **website** www.manoir-montesquiou.com

Dramatisch zwischen den blanken Felswänden der Gorges du Tarn gelegen, bietet der burgähnliche Herrensitz aus dem 15. Jh. jede Menge Geschichte und überdies ein ausgezeichnetes Preis-Leistungs-Verhältnis. Als König Ludwig XIII. befahl, alle rebellischen Festungen zu schleifen, konnte die Adelsfamilie Montesquiou ihren Besitz retten, doch später zerstörte ein Brand Teile des Anwesens, und während der Französischen Revolution wurde Gabriel de Montesquiou gefangen gesetzt; seine Frau versteckte sich in ihrer Angst in einer Höhle. Als sie wieder hervorkam, war sie erblindet. Heute erlebt das Haus glücklichere Zeiten. Der mit Kletterpflanzen überwucherte Bau hat einen Innenhof und Gästezimmer in einem Türmchen mit fabelhafter Aussicht. Die größeren Zimer haben Himmelbetten und üppige Samtpolster. Die dunklen Möbel passen gut zur Umgebung. Trotz allem handelt es sich hier um ein gemütliches und einfaches Hotel, in dem die Gäste bestens betreut werden. Gute Laune und Fürsorge sind es denn auch, die die Besitzer M. und Mme Guillenet auszeichnen. Seit über dreißig Jahren führen sie dieses Haus und kochen schmackhafte Regionalküche.

⌒

Umgebung: Bootsfahrten, Angeln, Baden, Ste-Enimie (15 km) • **Lage:** kleines Dorf in den Gorges du Tarn; mit eigenem Parkplatz • **Mahlzeiten:** Frühstück, Mittag- und Abendessen • **Preise:** €€ • **Zimmer:** 12; 10 Doppel- und Zweibettzimmer, 2 Suiten, 7 mit Bad, 5 mit Dusche; alle mit Telefon, TV; Fön auf Wunsch • **Anlage:** Aufenthaltsraum, 2 Terrassen • **Kreditkarten:** DC, MC, V • **Kinder:** erlaubt **Behinderte:** Zugang schwierig • **Tiere:** erlaubt • **Geschlossen:** Nov. bis Anfang April • **Besitzer:** Bernard und Evelyne Guillenet

MASSIF CENTRAL

Château d'Ayres
∿ Landhotel ∿

48150 Meyrueis (Lozère)
Tel 04 66 45 60 10 **Fax** 04 66 45 62 26
e-mail contact@chateau-d-ayres.com **website** www.chateau-d-ayres.com

Das hübsche Château stammt aus dem 18. Jh., hat weiße Fensterläden und liegt im Herzen des Cévennes-Nationalparks. Zum Anwesen, das an der Stelle eines ehemaligen Benediktinerklosters aus dem 12. Jh. steht, gehört ein herrlicher Waldgrund mit riesigen Eichen. Das Haus zeigt ein äußerst ansprechendes Interieur mit Nussbaum- und Kastanienholz-Vertäfelung, Gewölbedecken, wertvollen Antiquitäten und schönen Gemälden. Die Gästezimmer sind mit eleganten, traditionellen Möbeln und Schnitzarbeiten ausgestattet. Die größeren Zimmer besitzen interessante Bäder, die in einen Rundturm oder in ein Zwischengeschoss gebaut wurden.
Für die ausgezeichnete Küche sind die Patronne Mme de Montjou und ihr Sohn Thibault zuständig. M. de Montjou ist ein erfahrener Sommelier, das Personal ist freundlich und hilfsbereit.
Das Haus besitzt eine entspannte Atmosphäre und ist sehr ruhig. Der Garten mit Teich, Tennisplatz, Swimmingpool und kleinem Whirlpool ist einfach herrlich. Unter den Bäumen findet man viele schöne schattige Plätzchen, in die man sich an einem heißen Sommernachmittag mit einem Stuhl und einem Buch zurückziehen kann. Auf 750 m Höhe ist die Luft herrlich frisch und sauber.

∿

Umgebung: Meyrueis (1 km), Gorges du Tarn, Mont Aigoual (1587 m) • **Lage:** auf bewaldetem Gelände 1 km von Meyrueis; mit eigenem Parkplatz • **Mahlzeiten:** Frühstück, Mittag- und Abendessen • **Preise:** €€ • **Zimmer:** 27; 21 Doppelzimmer und 6 Suiten, 24 mit Bad, 3 mit Dusche, alle mit Telefon, TV, Fön • **Anlage:** Aufenthaltsraum, 3 Speiseräume, Bibliothek, Garten, Pool, Terrasse, Tennis • **Kreditkarten:** AE, DC, MC, V • **Kinder:** erlaubt • **Behinderte:** keine besonderen Einrichtungen • **Tiere:** erlaubt • **Geschlossen:** • Mitte Dez. bis Mitte März • **Besitzer:** M. Montjou

MASSIF CENTRAL

Auberge Fleurie
~ Dorfgasthof ~

Place du Barry, 15120 Montsalvy (Cantal)
Tel 04 71 49 20 02
e-mail info@auberge-fleurie.com **website** www.auberge-fleurie.com

Der von Kletterpflanzen bewachsene Dorfgasthof im blumenge-schmückten Montsalvy wirkt von außen wenig einladend, doch er ist eine entzückende Zwischenstation und beherbergt eines der be-kanntesten Restaurants der Region. Die jungen Besitzer haben die *auberge* kürzlich gründlich, aber sehr behutsam restauriert. Die Hälfte des Gebäudes nimmt ein belebtes *café-tabac* ein, in dem sich die Einheimischen treffen. Aber die Hauptattraktion ist das Restau-rant, das sich auf zwei holzverkleidete Räume verteilt, die mit einem offenen Kamin, Eichenbalken, schimmerndem Kupfer und gestärk-ten weißen Tischdecken ausgestattet und dekoriert sind. Moderne Akzente setzen Grafiken und stilvolle graue Korbstühle. Hier prä-sentiert Jean-Pierre Courchinoux sein preiswertes Menü mit cha-rakteristischen, saisonalen Spezialitäten aus der Auverne, während Gisèle Barbance die Gäste betreut.
Die gelungene Kombination von Altem und Neuem zeigt sich am deutlichsten in den sieben reizvollen Zimmern, wo Balken, alte Türen und vereinzelt ein antikes Bett mit kühlen weißen Wänden und Linnen, modernen Möbeln, warmen Holzböden und alten Bä-dern kontrastieren. Sie gehen alle zur Straße hinaus, was lärmemp-findliche Gäste stören könnte.

~

Umgebung: Aurillac (31 km); Conques (30 km); Gorges de la Truvère; Golfplatz
Lage: im Dorf an der D920, 12 km nördlich von Entraygues; mit eigenem Parkplatz
Mahlzeiten: Frühstück, Mittag- und Abendessen • **Preise:** € • **Zimmer:** 7 Doppel-und Zweibettzimmer, alle mit Dusche oder Bad; alle Zimmer mit Telefon, TV
Anlage: Aufenthaltsraum, Restaurant mit zwei Speiseräume, Café, Garten • **Kre-ditkarten:** MC, V • **Kinder:** erlaubt • **Behinderte:** Zugang schwierig • **Tiere:** er-laubt • **Geschlossen:** Anfang Januar bis Anfang Februar; Restaurant Sonntag Mit-tag September bis Juli • **Besitzer:** Jean-Pierre Courchinoux und Gisèle Barbance

MASSIF CENTRAL

Le Pré Bossu
⌇ Hotel im Bauernhof ⌇

43150 Moudeyres (Haute-Loire)
Tel 04 71 05 10 70 **Fax** 04 71 05 10 21
website www.leprebossu.fr

Das abgelegene kleine Anwesen ist Gegenstand vieler Berichte ganz
unterschiedlichen Inhalts. »Absolut erfreulich«, sagt der eine;
»überbewertet« ein anderer. Allgemein wird gelegentlich eine gewisse Herzlichkeit vermisst. Doch zuletzt heißt es: »Ausgezeichnet,
komfortabel, Essen großartig und schön angerichtet; sein Geld wert;
wir fahren wieder hin.«
Moudeyres ist ein stilles Dorf in 1200 Meter Höhe auf dem vulka-
nischen Mézenc-Massiv, umgeben von blühenden Wiesen; im
Herbst wachsen hier viele Pilze. Das Dorf besteht aus Bruchstein-
häusern, von denen viele schön restauriert sind. Das gilt auch für das
Hotel, obwohl es erst 1969 gebaut wurde, allerdings aus alten Steinen. Die flämischen Besitzer haben mit viel Mühe ein reizvolles, bequemes Haus geschaffen. Die Räume mit ihren Balkendecken,
Holzböden und Kaminecken sind mit schönen, alten Schränken,
Pflanzen und Büchern ausgestattet. Alles wirkt frisch und gepflegt.
Die Zimmer sind ländlich, schlicht und sauber und haben gute Duschen; es ist wunderbar ruhig. Ambitionierte Küche, die einen Michelin-Stern verdient.

⌇

Umgebung: restaurierter Bauernhof aus dem 18. Jh.; Le Puy (25 km) – vulkanische
Felsformationen; Yssingeaux (35 km) • **Lage:** am Dorfrand, 25 km sö von Le Puy,
hinter Laussonne • **Mahlzeiten:** Frühstück, Abendessen • **Preise:** €€ • **Zimmer:** 6;
5 Doppel- und Zweibettzimmer, 1 Suite, alle mit Bad oder Dusche; alle Zimmer mit
Telefon • **Anlage:** Bar, Speisezimmer, Frühstücksraum, Garten • **Kreditkarten:** AE,
MC, V • **Kinder:** erlaubt • **Behinderte:** keine speziellen Einrichtungen • **Tiere:**
nicht erlaubt • **Geschlossen:** Nov. bis Ostern • **Besitzer:** Carlos Grootaert

MASSIF CENTRAL

NAJAC

Longcol
～ Ländliches Hotel ～

La Fouillade, 12270 Najac (Aveyron)
Tel 05 65 29 63 36 **Fax** 05 65 29 64 28
e-mail longcol@wanadoo.fr **website** www.longcol.com

Das prächtige mittelalterliche Gutshaus mit Turm, das ein paar Kilometer von Najac in den Wäldern liegt, bekommt hiermit die verdiente Würdigung. »Bauernweiler« wäre wohl eine passendere Beschreibung, da der Hotelkomplex aus mehreren Steinhäusern besteht, die sich fast alle um das zentrale Schwimmbad gruppieren und schöne Walmdächer und Sprossenfenster haben.

»Long col« ist eine Schleife des Flusses Aveyron, der sich vor diesem stillen Fleckchen durch Schluchten windet. Die Familie Luyckx kaufte den Bauernhof 1982 und restaurierte ihn sechs Jahre, bevor das Hotel eröffnet wurde. Seitdem haben sie keine Mühen gescheut und die Zahl der Zimmer verdoppelt, ohne dass die angenehm einladende Atmosphäre darunter gelitten hätte. Man sieht, dass sie große Sammler sind; die Räume mit den niedrigen Balkendecken sind voll von schönen Möbelstücken, Tapisserien und asiatischen Kunstgegenständen. Das Essen wird im hellen, luftigen Speiseraum oder im Sommer auf der kleinen ummauerten Terrasse serviert – oder auch am Schwimmbad mit Blick auf den Wald. Zu unserem Bedauern hat das Restaurant zugemacht; aber es gibt in der Umgebung viele Möglichkeiten, exzellent zu essen.

～

Umgebung: Najac (6 km); Cordes (30 km) • **Lage:** zwischen Monteils und La Fouillade, an der D638 Route de Monteils, nö von Najac; mit eigenem Parkplatz **Mahlzeiten:** Frühstück • **Preise:** €€ • **Zimmer:** 19 Doppelzimmer, 17 mit Bad, 2 mit Dusche; alle mit Telefon, TV, Minibar, Fön • **Anlage:** Speiseraum, Salon, Billardzimmer, Terrasse; Swimmingpool, Tennisplatz • **Kreditkarten:** DC, MC, V **Kinder:** willkommen • **Behinderte:** keine speziellen Einrichtungen • **Tiere:** erlaubt **Geschlossen:** Nov. bis Ostern; Restaurant Mo, Di, Mi mittags • **Besitzer:** Familie Luyckx

MASSIF CENTRAL

La Metairie Neuve
~ Bauernhofhotel ~

81660-Pont-de-l'Arn (Tarn)
Tel 05 63 97 73 50 **Fax** 05 63 61 94 75
e-mail metairieneuve@wanadoo.fr **website** www.metairieneuve.com

Obwohl das Dorf Bout-du-Pont-de-l'Arn langsam wächst, liegt dieser alte befestigte Bauernhof immer noch inmitten einer ruhigen, drei Hektar großen Oase außerordentlich gepflegter Gärten mit wunderschönen großen Bäumen. Das Gemäuer ist an manchen Stellen efeubewachsen. Mme Tournier ist stets dabei, die Zimmer neu in einem individuellen, hübschen ländlichen Stil einzurichten, ohne dabei die freundliche und familiäre Atmosphäre des Hauses zu verändern. Diese machen viele kleine Details aus: Die Möbel bestehen aus einer gelungenen Kombination von Altem und Neuem, die Badezimmer sind alle ganz neu. Drei der Zimmer befinden sich in einem renovierten Bauernhaus nebenan.

Im Haupthaus gibt es anstelle eines formellen Salons mehrere kleine Wohnzimmer, die dem Gast die Möglichkeit bieten, sich zurückzuziehen und zu entspannen. Im Winter prasselt in dem mit Deckenbalken versehenen Speiseraum ein offenes Feuer, im Sommer geht der Raum in eine große Scheune über, die an einer Seite offen ist und von der aus man den Swimmingpool und den Garten sehen kann. Die ausgezeichnete Küche ist hauptsächlich regional geprägt und konzentriert sich – je nach Saison – auf einheimische Zutaten.

Wenn Sie im La Metairie Neuve übernachten, sollten Sie sich auf keinen Fall die großartige Sammlung spanischer Kunst im Goya-Museum im nahe gelegenen Castres entgehen lassen.

Umgebung: Castres (19 km); Le Sidobre (30 km); Albi (60 km); Golfplatz • **Lage:** am Rande des Dorfes nördlich der N112, 3 km östlich von Mazamet; mit eigenem Parkplatz • **Mahlzeiten:** Frühstück, Abendessen • **Preise:** € • **Zimmer:** 17 Doppel- und Zweibettzimmer mit Bad; alle Zimmer mit Telefon, TV, Minibar • **Anlage:** Aufenthaltsräume, 2 Speiseräume, Garten, Swimmingpool • **Kreditkarten:** DC, MC, V **Kinder:** erlaubt • **Behinderte:** Zugang schwierig • **Tiere:** erlaubt • **Geschlossen:** Mitte Dezember bis Ende Januar; Restaurant sonntags • **Besitzerin:** Mme Tournier

Massif Central

St-Arcons-d'Allier

Les Deux Abbesses
~ Dorfhotel ~

Le Château, 43300 St-Arcons-d'Allier (Haute-Loire)
Tel 04 71 74 03 08 **Fax** 04 71 74 05 30
e-mail reservation@les-deux-abbesses.fr **website** www.lesdeuxabbesses.com

Wenn Sie in St-Arcons-d'Allier ankommen, einem malerischen mittelalterlichen Dorf oberhalb des Flusses Allier, haben Sie das Hotel quasi schon erreicht, denn Laurence Perceval-Hermet hat dem halb verlassenen Dorf neues Leben eingehaucht und sechs der Häuser in 14 Zimmer für ihr Hotel umgewandelt. Im Mittelpunkt steht die Burg, deren Ursprünge über 1000 Jahre weit zurückliegen. Das Kopfsteinpflaster der Straßen stammt aus dem Flussbett, und da im Ort selbst keine Autos erlaubt sind, werden Sie und Ihr Gepäck mit einem Karren zu Ihrer Unterkunft gebracht.

Die Restaurierung ist äußerst feinfühlig vorgenommen worden: Der moderne Komfort stört die angenehme Einfachheit der Gebäude keineswegs. Die für die Gegend typischen Pflanzen in den Gärten, das warme Gemäuer und die Landschaft um das Dorf herum tragen zur friedvollen und ländlichen Atmosphäre des Ortes bei. Frühstück und Abendessen in einer Burg einzunehmen, hat seinen besonderen Reiz. Letzteres wird bei Kerzenlicht in dem fürstlichen Speisesaal serviert. Die Gerichte werden aus frischen Zutaten der Region zubereitet und sind mit Kräutern aus dem hoteleigenen Garten gewürzt. In dem eleganten, aber ebenso komfortablen Salon können Sie sich nach dem Abendessen noch ein wenig ausruhen, bevor Sie sich zu Ihrem Zimmer begeben.

~

Umgebung: Le Puy-en-Velay (47 km); St-Flour (57 km); Reitmöglichkeit; Golfplatz **Lage:** 6 km südöstlich von Langeac, links abbiegen von der D585 nach Saugues; mit eigenem Parkplatz • **Mahlzeiten:** Frühstück, Abendessen (nur nach Voranmeldung) • **Preise:** €€€–€€€€€ (freitags bis sonntags 2 Nächte Minimum) • **Zimmer:** 14; 12 Doppel-, 1 Zweibettzimmer, 1 Einzelzimmer; alle mit Bad oder Dusche **Anlage:** Aufenthaltsraum, Speiseraum, Terrassen, Garten, Swimmingpool **Kreditkarten:** AE, MC, V • **Kinder:** älter als 10 Jahre erlaubt • **Behinderte:** nicht geeignet • **Tiere:** nicht erlaubt • **Geschlossen:** November bis Mai; Restaurant Sept. bis Juli montags und dienstags • **Besitzerin:** Laurence Perceval-Hermet

MASSIF CENTRAL

ST-GERVAIS-D'AUVERGNE

Castel-Hôtel 1904
~ Stadthotel ~

Rue de Castel, 63390 St-Gervais-d'Auvergne (Puy-de-Dôme)
Tel 04 73 85 70 42 **Fax** 04 73 85 84 39
e-mail info@castel-hotel-1904.com **website** www.castel-hotel-1904.com

Der erste Besitzer dieses *château*-artigen Gebäudes war Monsieur Maintenon, der Gatte einer Mätresse des französischen Königs Ludwig XIV. Das »1904« im Namen bezeichnet das Jahr, als es von der Familie Mouty in ein Hotel umgewandelt wurde, deren Nachkomme Jean-Luc es heute betreibt. Er ist auch der Küchenchef, dessen eigenwillige, delikate Kochkunst Liebhaber aus der näheren und weiteren Umgebung anzieht. Der elegante, helle Speisesaal bietet dazu den perfekten Rahmen mit pfirsichfarbenen Vorhängen an den vielen Fenstern, gestärkten weißen Tischdecken und glänzendem Holzfußboden. Am Abend wirkt er durch die Wand- und Tischbeleuchtung besonders gemütlich. Einfache regionale Gerichte und eine ungezwungenere Atmosphäre bietet dagegen das rustikale Bistro »Comptoir à Moustache«.

Den großen, trotzdem intimen *salon* mit Teppichen auf dem terrakottagefliesten Boden schmücken Balken, Polsterstühle, einige Antiquitäten und ein Piano. Die reizenden Zimmer sind wie die Bar im traditionellen Stil mit Holzbetten und alten Schränken eingerichtet.

~

Umgebung: Riom (39 km); Menat (18 km); Gorges de la Sioule; Golfplatz • **Lage:** im Stadtzentrum, 20 km südlich von St-Eloy-les-Mines; mit eigenem Parkplatz **Mahlzeiten:** Frühstück, Mittag- und Abendessen • **Preise:** € • **Zimmer:** 17 Doppel- und Zweibettzimmer mit Bad oder Dusche; alle Zimmer mit Telefon, TV **Anlage:** Aufenthaltsraum, 2 Speiseräume, Bar, Terrasse • **Kreditkarten:** MC, V **Kinder:** erlaubt • **Behinderte:** keine entsprechenden Einrichtungen • **Tiere:** nicht erlaubt • **Geschlossen:** Mitte November bis März; Restaurant Montag, Dienstag, Mittwoch Mittag • **Besitzer:** Jean-Luc Mouty

Massif Central

Hôtel du Midi-Papillon

~ Hotel am Fluss ~

12230 St-Jean-du-Bruel (Aveyron)
Tel 05 65 62 26 04 **Fax** 05 65 62 12 97

Viele unserer Leser teilen unsere Begeisterung für das Hôtel du Midi-Papillon: Nichts habe sich dort verändert, das Essen sei nach wie vor »wundervoll«, der Empfang »tadellos« und das Preis-Leistungs-Verhältnis »ausgezeichnet«. Der Gast, der das Hotel für uns besuchte, konnte all diesem uneingeschränkt zustimmen: »Die Papillons tun immer noch das, was sie seit 150 Jahren tun – sie garantieren einen lebhaften Empfang und versorgen ihre dankbaren Gäste mit einer guten Unterkunft und gutem Essen.«

Im Hotel selbst sind noch einige originale Elemente erhalten; es ist die Art von traditioneller und unprätentiöser Auberge, die man heute kaum noch findet. Das Hôtel du Midi-Papillon zeichnet sich vor allem durch die Qualität seiner Küche und durch seinen herzlichen Empfang aus. Es gibt einen sehr schönen Speiseraum, das Reich von Mme Papillon; von den meisten Tischen aus hat man eine großartige Aussicht auf den Fluss und auf eine kleine mittelalterliche Steinbrücke. Zudem gibt es eine Terrasse – auf der man allerdings nicht immer dort sitzen kann, wo man gerne möchte. Jean-Michel Papillon benutzt für seine Küche Gemüse aus dem eigenen Garten und selbst aufgezogenes Geflügel; er bereitet außerdem seine eigenen Marmeladen, Croissants und Wurstwaren. Das Hôtel du Midi-Papillon ist ein ländlicher, familiengeführter Gasthof, wie wir ihn mögen.

~

Umgebung: Gorges de la Dourbie (10 km); Montpellier-le-Vieux • **Lage:** am Fluss, im Ort an der D991, 40 km südöstlich von Millau; mit eigenem Parkplatz
Mahlzeiten: Frühstück, Mittag- und Abendessen • **Preise:** € • **Zimmer:** 19; 8 Doppel-, 5 Zweibettzimmer, 1 Einzel-, 1 Suite, 1 Einzel-, 4 Familienzimmer, alle mit Bad oder Dusche; alle Zimmer mit Telefon • **Anlage:** Aufenthaltsraum, Fernsehraum, 3 Speiseräume, Bar, Terrasse, Garten, Swimmingpool, Jacuzzi • **Kreditkarten:** MC, V
Kinder: erlaubt • **Behinderte:** Zugang schwierig • **Tiere:** erlaubt
Geschlossen: Mitte November bis Ostern • **Besitzer:** Familie Papillon

MASSIF CENTRAL

ST-MARTIN-VALMEROUX

Hostellerie de la Maronne
～ Hotel in Herrenhaus ～

Le Theil, 15140 St-Martin-Valmeroux (Cantal)
Tel 04 71 69 20 33 **Fax** 04 71 69 28 22
e-mail maronne@maronne.com **website** www.maronne.com

Dieses von einem reizvollen Park mit Swimmingpool und Tennisplatz umgebene *maison de maître* aus dem 19. Jh. ist der ideale Rückzugsort für Erholung Suchende. Unter seinem jetzigen Besitzer Alain Decock hat sich so viel verändert, dass die Hostellerie de la Maronne wieder mit einem ganzseitigen Eintrag vorgestellt wird: Ein neuer, eleganter Speisesaal bietet schöne Ausblicke auf die Umgebung, Gemeinschaftsräume und Zimmer wurden stilvoll umgestaltet, neue Badezimmer für jedes der 21 Zimmer und ein Lift wurden eingerichtet. Trotz der formellen Atmosphäre ist der elegante, ruhige Aufenthaltsraum – in gedeckten Farben dekoriert und mit Antiquitäten möbliert – bei den Gästen sehr beliebt.

Die hoch geschätzte Küche steht unter der Leitung von Madame Decock. Sie bietet neben einer Reihe exzellenter Menüs auch Gerichte à la carte zu vernünftigen Preisen an. Zum Frühstück wird neben frisch gepresstem Orangensaft auch hausgemachte Marmelade serviert.

Die Zimmer und Appartements sind wie die Gemeinschaftsräume in gedämpften Farben gehalten. Die attraktivsten, aber auch teuersten bieten Südterrassen oder -balkone und wunderschöne Blicke über das Tal, sie sind somit ihr Geld wert.

Umgebung: Salers (6 km); Aurillac (36 km); Anjony (15 km) • **Lage:** auf dem Land, 3 km östlich von St-Martin an der D37; mit großem eigenem Parkplatz • **Mahlzeiten:** Frühstück, Abendessen • **Preise:** €€ • **Zimmer:** 21; 17 Doppel- und Zweibettzimmer, 4 Appartements, alle mit Bad oder Dusche; alle Zimmer mit Telefon, TV, Minibar, einige mit Balkon oder Terrasse • **Anlage:** Aufenthaltsraum, Frühstücksraum, Speiseraum, Veranstaltungsraum, Lift, Garten, Swimmingpool, Tennisplatz **Kreditkarten:** AE, DC, MC, V • **Kinder:** erlaubt • **Behinderte:** Zugang möglich **Tiere:** erlaubt • **Geschlossen:** November bis April • **Besitzer:** Alain Decock

MASSIF CENTRAL

TARGET

Château de Boussac
∽ Schlosshotel ∽

Target, 03140 Chantelle (Allier)
Tel 04 70 40 63 20 **Fax** 04 70 40 60 03
e-mail longueil@wanadoo.fr **website** www.chateau-de-boussac.com

Das steigende Interesse – das nicht nur durch unseren, sondern auch durch andere Hotelführer hervorgerufen wurde – hat diesem Château glücklicherweise nicht geschadet; der Marquis und die Marquise de Longueil empfangen ihre Gäste immer noch mit dem gleichen einnehmenden Charme.

Das Château de Boussac liegt zwischen Vichy und Moulin in den Bourbonnais versteckt und ist etwas schwierig zu finden. Das solide Schloss mit seinen Ecktürmen und dem Burggraben könnte ebenso gut eine Sehenswürdigkeit sein. Es ist um einen Hof herum angelegt, und die Hauptempfangsräume, die mit Antiquitäten aus der Zeit Ludwigs XV. ausgestattet sind, öffnen sich zu einer riesigen Terrasse mit einem künstlich angelegten See und Ziergärten. Aber das Château ist außerordentlich belebt. Tagsüber zieht der Marquis seinen Overall an und arbeitet auf dem Anwesen; abends lässt er es sich nicht nehmen, wenigstens einen Gang des Abendessens selbst zu kochen und mit seinen Gästen zu plaudern. Seine Frau kümmert sich mit viel Liebe um die Zimmer: Überall stehen frische Blumen, und die Antiquitäten sind auf Hochglanz poliert. Ein Dinner in einer gräflichen Familie kann zuweilen sehr steif sein; hier aber ist nicht nur das Essen ausgezeichnet – der (Englisch sprechende) Marquis sorgt außerdem dafür, dass seine Gäste sich wohl fühlen. Ein Leser war mehr als begeistert und deklarierte das Château de Boussac zum »Highlight« seiner zweiwöchigen Reise.

∽

Umgebung: Chantelle (12 km); Souvigny (35 km); Vichy (50 km) • **Lage:** auf dem Land, an der D42, nordwestlich von Chantelle; mit eigenem Parkplatz • **Mahlzeiten:** Frühstück, Abendessen • **Preise:** €€ • **Zimmer:** 5; 1 Doppel-, 3 Zweibettzimmer, 1 Suite, alle mit Bad • **Anlage:** Aufenthaltsraum, Speiseraum, Terrasse, Garten **Kreditkarten:** AE, MC, V • **Kinder:** erlaubt wenn gut erzogen • **Behinderte:** keine entsprechenden Einrichtungen • **Tiere:** erlaubt • **Geschlossen:** November bis Februar (außer nach Voranmeldung) • **Besitzer:** Marquis und Marquise de Longueil

MASSIF CENTRAL

TENCE

Hostellerie Placide
∼ Stadthotel ∼

1, route d'Annonay, 43190 Tence (Haute-Loire)
Tel 04 71 59 82 76 **Fax** 04 71 65 44 46
e-mail placide@hostellerie-placide.fr **website** www.hostellerie-placide.fr

Die efeuüberwachsene ehemalige Poststation *(relais)* im freundlichen Städtchen Tence wurde im Jahre 1900 errichtet. Pierre-Marie und Véronique Placide, die engagierten Besitzer, führen das Familienhotel in der vierten Generation. Pierre-Marie ist der Küchenchef, der mit seinen fantasievollen regionalen Gerichten für den guten Ruf des Restaurants sorgt, während seine Frau für die Gäste und den Weinkeller zuständig ist. Sie haben jugendlichen Schwung in den traditionellen *relais* gebracht.

Die Gemeinschaftsräume (Nichtraucherbereich) wurden bereits geschmackvoll restauriert. So kontrastieren im eleganten Aufenthaltsraum Antiquitäten und eine glänzende Ledergarnitur mit Holzboden, -vertäfelung und -balken. Der Speiseraum erstrahlt in einem leuchtenden Gelborange, die Tische sind mit weißen Leinendecken und frischen Blumen dekoriert. Von hier bieten sich schöne Ausblicke auf den reizenden, friedvollen Garten, in dem man im Sommer das Frühstück einnehmen und in einem Liegestuhl entspannen kann.

Die Placides haben die Restaurierung der Zimmer bereits in Angriff genommen: helle Wände, frische weiße Bettbezüge und farbenfrohe Stoffe bestimmen nun das Bild.

∼

Umgebung: Le Puy-en-Velay (47 km); Lac de Devesset; Gorges de l'Allier; Angeln, Golfplatz • **Lage:** am Stadtrand, 19 km östlich von Yssingeaux; mit eigenem Parkplatz • **Mahlzeiten:** Frühstück, Mittag- und Abendessen • **Preise:** €€ • **Zimmer:** 13 Doppel- und Zweibettzimmer mit Bad oder Dusche; alle Zimmer mit Telefon, TV **Anlage:** Aufenthaltsraum, 2 Speiseräume, Garten • **Kreditkarten:** AE, MC, V **Kinder:** erlaubt • **Behinderte:** Zugang schwierig • **Tiere:** erlaubt • **Geschlossen:** Januar bis April (außer Ostern); Sonntag Abend, Montag, Dienstag September bis Juli • **Besitzer:** Pierre-Marie und Véronique Placide

MASSIF CENTRAL

VITRAC

Auberge la Tomette

~ Dorfgasthof ~

15220 Vitrac (Cantal)
Tel 04 71 64 70 94 **Fax** 04 71 64 77 11
e-mail info@auberge-la-tomette.com **website** www.auberge-la-tomette.com

»Dieses Hotel hat alles, was ein kleines Hotel mit Charme haben sollte: Ruhe, einen herzlichen Empfang, eine attraktive Lage und sehr gutes Essen«, schrieb uns ein Leser über das La Tomette. Der hübsche, weiß getünchte und mit Fensterläden versehene Gasthof ist in den letzten 18 Jahren immer wieder vergrößert und renoviert worden, ohne dass er dabei seinen grundlegenden Charme verloren hätte. Er liegt in einem außergewöhnlich hübschen Dorf inmitten der Kastanienhaine des südlichen Cantal und stellt mit seinem großen Garten, den vielen Schatten spendenden Bäumen und Sonnenschirmen, dem Rasen, auf dem Kinder ungestört herumtoben können, und dem beheizten Swimmingpool einen idealen Ort für einen Familienurlaub dar. Es gibt auch eine Wellnessanlage mit Jacuzzi, Sauna und Dampfbad.

Eine Holztäfelung verleiht dem Speiseraum eine ländliche Atmosphäre; dort werden jeden Tag frische Blumen aus dem eigenen Garten auf jeden der rosa gedeckten Tische gestellt. Im Sommer werden die Mahlzeiten auf der wunderschönen Terrasse serviert; ein Teil dieser Terrasse ist überdacht – mit Rücksicht auf die Gäste, die lieber im Schatten sitzen. Die Zimmer, die in einem Nebengebäude untergebracht sind, sind modern und sauber, aber ansonsten nicht gerade außergewöhnlich. Es gibt auch sechs Zimmer, die sich besonders für Familien eignet.

~

Umgebung: Maurs (21 km); Aurillac (22 km); Figeac (43 km) • **Lage:** im Ort, 5 km südlich von St-Mamet-la-Salvetat; mit eigenem Parkplatz • **Mahlzeiten:** Frühstück, Mittag- und Abendessen • **Preise:** € • **Zimmer:** 15; 9 Doppel- und Zweibettzimmer, 6 Familienzimmer, alle mit Bad oder Dusche; alle Zimmer mit Telefon, TV • **Anlage:** Aufenthaltsraum, Speiseraum, Sauna, Terrasse, Garten, Wellnessanlage, Swimmingpool • **Kreditkarten:** AE, MC, V • **Kinder:** erlaubt • **Behinderte:** keine entsprechenden Einrichtungen • **Tiere:** erlaubt • **Geschlossen:** Januar bis April • **Besitzer:** Odette und Daniel Chausi

MASSIF CENTRAL

Le Chalet
Landhotel

03000 Coulandon (Allier) • **Tel** 04 70 44 00 66 • **Fax** 04 70 44 07 09 • **e-mail** hotelchalet@ cs3i.fr • **website** www. hotellechalet.com • **Mahlzeiten:** Frühstück, Mittag- und Abendessen • **Preise:** € • **Zimmer:** 28 **Geschlossen:** Dez. bis Februar

Wir haben dieses bescheidene, traditionelle Hotel das erste Mal an einem Sommerabend besucht, als der baumbestandene parkähnliche Garten besonders idyllisch wirkte. Der große Fischteich, in dem die Gäste auch angeln können, bietet sich besonders für einen Spaziergang vor dem Abendessen an. Die Zimmer sind sowohl in dem chaletähnlichen Hauptgebäude als auch in umgebauten Nebengebäuden untergebracht; sie sind verschieden groß und unterschiedlich eingerichtet: die besten sind hell und komfortabel, mit freigelegten Deckenbalken und bunten Tapeten. Das Personal im Speiseraum ist sehr liebenswürdig, und die Speisekarte hat einige interessante Spezialitäten aus der Region zu bieten. Auf der Weinkarte tun sich besonders der Pourçain und der Sancerre hervor.

Auberge des Montagnes
Hotel auf dem Land

15800 Pailherols (Cantal) **Tel** 04 71 47 57 01 • **Fax** 04 71 49 63 83 • **e-mail** info@ auberge-des-montagnes.com **website** www.auberge-des-montagnes.com • **Mahlzeiten:** Frühstück, Mittag- und Abendessen • **Preise:** € • **Zimmer:** 22 **Geschlossen:** Mitte Oktober bis Ende Dezember

Das kahle Plateau Pailherols mit der Auberge des Montagnes liegt zwischen den Aubrac- und Puys-Bergen und ist ein wahres Wanderparadies. Das Hotel wird von der gastfreundlichen Familie Combourieu in der vierten Generation betrieben. Die hellen Zimmer verteilen sich auf drei Gebäude. Das Hauptgebäude beherbergt auch den gemütlichen Aufenthaltsraum und das Restaurant, das exzellente, bodenständige Gerichte bietet. Ein gut ausgestattetes Spielezimmer, Innen- und Außenpools, Sauna- und Gymnastikbereich, Kletterwand und Freiluftaktivitäten stehen für aktive Familien zur Verfügung.

DER SÜDEN

Die Hotels im Süden

Das mediterrane Frankreich: Meer, Sonne, Wein, Blumen, Früchte, Berge, römische Ruinen. Mit anderen Worten: der Himmel auf Erden. In dieser Region haben wir mehr Einträge als in allen anderen Regionen dieses Buches. Unser Südfrankreich erstreckt sich von der italienischen Grenze und den Ausläufern der Alpen über die Provence und den südlichen Teil des Rhônetals bis ins Languedoc-Roussillon und zu den Pyrenäen. Es umfasst die folgenden Départements: Alpes-Maritimes, Alpes-de-Haute-Provence, Var, Bouches-du-Rhône, Vaucluse, Gard, Drôme, Ardèche, Aude, Hérault und Pyrénées-Orientales.

Das Languedoc-Roussillon liegt zwischen dem wilden Gebirge der Cevennen, den Pyrenäen und dem Mittelmeer und ähnelt ein wenig der Provence auf der anderen Seite der Rhône – beides sind von der Sonne verwöhnte Landstriche mit Weinbergen, Olivenhainen und trockener, struppiger Heide. Unter seinen architektonischen Schätzen finden sich romanische Gebäude, römische Ruinen und Papst- und Kardinalspaläste; Rugbyfelder und Stierkampfarenen zeugen von gewissen Leidenschaften der Einheimischen. Hier gibt es leider weniger gute Hotels als östlich der Rhône; wir haben aber trotzdem eine oder zwei neue interessante Adressen aufgetan.

Die Anziehungskraft der Provence und der Côte d'Azur ist nach wie vor ungebrochen: ein glitzerndes blaues Meer, ein blauer Himmel, die gemächliche mediterrane Lebensart und ein Licht, das schon jahrhundertelang viele Maler inspiriert hat. Deshalb überrascht es wenig, dass die meisten unserer Hotelempfehlungen in dieser Region angesiedelt sind. Die Herausgeber haben wochenlang eifrig (oder wenigstens ziemlich eifrig) daran gearbeitet, die Hotels zu sammeln, einige der vielen Bewerber abzulehnen, die zwar hübsch und modisch eingerichtet sind, ansonsten aber wenig Charakter haben, und stattdessen diejenigen auszuwählen, die wirklich über Individualität und Charme verfügen. Die Region ist leider immer überlaufener – man denke nur an das östlich von Avignon gelegene, einstmals wilde Lubéron, in dem sich jetzt so viele sorgfältig restaurierte Dörfer, elegante Hotels und smarte Restaurants befinden; dennoch ist es möglich, sogar in der Nähe der Touristenhochburgen noch Oasen der Ruhe zu finden, wie die folgenden Seiten zeigen.

Einige weiter gute Empfehlungen in dieser Gegend: *Le Pigonnet* in Aix-en-Provence (Tel. 04 42 59 02 90), trotz seiner 52 Zimmer ein nettes, friedliches Haus; *Hostellerie La Grangette* (Tel. 04 90 20 00 77), ein typisches Provencehaus nahe Velleron, und das gerade mal zwei Jahre alte *Domaine de Bourneau* in Monteux (Tel. 04 90 66 36 13) mit zwölf modernen Zimmern und einem herrlichen Garten. Das *Mas Dom Pater* (Tel. 04 90 92 01 39) in St-Rémy-de-Provence in einem Gebäude aus dem 17. Jahrhundert hat einen riesigen Pool. Zu guter Letzt das *La Fargo* in St-Pierre-des-Champs (Tel. 04 68 43 12 78) in der rauen Landschaft nahe Lagrasse: ein einfaches, regional geprägtes Restaurant mit Gästezimmern mit wirklich reellen Preisen. Für weitere Adressen in dieser Gegend verweisen wir auf den Band *Südfrankreich* aus der vorliegenden Reihe.

DER SÜDEN

AIX-EN-PROVENCE

Mas d'Entremont
〜 Bauernhofhotel 〜

Montée d'Avignon, 13090 Aix-en-Provence (Bouches-du-Rhône)
Tel 04 42 17 42 42 **Fax** 04 42 21 15 83
e-mail entremont@wanadoo.fr **website** www.masdentremont.com

Dieses Hotel gehört schon lange zu unseren Favoriten; als wir es vor kurzem besuchten, fanden wir diese Meinung wieder einmal bestätigt. Die Gastgeber sind der charmante M. Marignane und seine Familie; seiner Schwägerin gehört das Relais de la Magdeleine in Gémenos, das uns ebenso gut gefällt (siehe Seite 273).

Das Hotel besteht aus neuen, aber mit altem Material erbauten niedrigen Gebäuden mit roten Dächern, die um einen Hof herum angeordnet sind. Im Innern finden sich Holzbalken und -säulen, bäuerliches Mobiliar, Steinfußböden und offene Kamine. Die Zimmer sind ländlich, bequem und stilvoll eingerichtet. Im Hauptgebäude sind es fünf (relativ kleine, aber mit Balkon oder Terrasse); die größeren befinden sich in Bungalows.

Das Mas d'Entremont bietet neben seiner schönen Lage einen herrlichen Garten, ein großes Schwimmbad unter Zypressen, viele ruhige Ecken sowie einen Teich mit Springbrunnen, Seerosen und Karpfen. Über allem thront der wie eine Dachterrasse wirkende Speiseraum für den Sommer mit Schiebefenstern.

Die vorzügliche klassische Küche mit provenzalischem Einschlag – obwohl der Küchenchef aus Strasbourg stammt – zeigt eine Vorliebe für Fisch und frisches Gemüse; sonntags beim Mittagessen ist alles ausgebucht. Angenehm familiäre Atmosphäre.

Umgebung: Aix-en-Provence; Abbaye de Silvacane (25 km) • **Lage:** in offener Landschaft abseits der N7, 2 km nw von Aix; großer Garten, Parkplatz • **Mahlzeiten:** Frühstück, Mittag- und Abendessen • **Preise:** €€€ • **Zimmer:** 17; 15 Doppel- und Zweibettzimmer, 2 Familienzimmer; alle mit Bad, Klimaanlage, TV, Telefon, Minibar, Safe, Terrasse oder Balkon • **Anlage:** Speiseraum, Sitzecken, Swimmingpool, Tennis • **Kreditkarten:** MC, V • **Kinder:** willkommen • **Behinderte:** Zimmer im Erdgeschoss • **Tiere:** erlaubt • **Geschlossen:** 1. Nov. bis 15. März; Restaurant: So abends • **Besitzer:** Familie Marignane

DER SÜDEN

AIX-EN-PROVENCE

Hôtel des Quatre Dauphins
～ Stadthotel ～

54, rue Roux Alphéron, 13100 Aix-en-Provence (Bouches-du-Rhône)
Tel 04 42 38 16 39 **Fax** 04 42 38 60 19

Dieses hübsche kleine Bürgerhaus aus dem 19. Jh. liegt in einem ruhigen Winkel unweit der schönen Place des Quatre Dauphins. Die
dunkelgrüne Eingangstür zeigt vier Messingdelphine, in den Blumenkästen hinter den schmiedeeisernen Gittern im Erdgeschoss
blühen leuchtendrote Geranien. Das Hotel erstreckt sich über drei
Stockwerke, hat aber keinen Lift. Das Haus ist einfach, bezaubernd
und sehr preisgünstig. Einige alte Elemente sind noch erhalten, so
die schönen Terrakottafliesen und die Antiquitäten wie die großen
Spiegel, die kleinen Holztischen und eine Holztruhe im Frühstücksraum. Das einfache Dekor der Zimmer ist gefällig: Die Wände
sind in zarten Pastelltönen gestrichen, Bettdecken und Vorhänge
tragen provenzalische Muster. Die Möbel sind schlicht, meist aus bemaltem Holz, die Bäder gut ausgestattet und einwandfrei. Einziger
Gemeinschaftsraum ist der Frühstücks- und Aufenthaltsraum, der
hellgelb gestrichen und mit großen provenzalischen Sesseln, großen
Keramiktöpfen, getrockneten Blumen und hübschen Tischdecken
dekoriert ist. Neuerdings gibt es im Sommer hochwillkommene Klimaanlagen in den Schlafzimmern. Ideal für alle, die Aix besichtigen
und preisgünstig übernachten wollen.

Umgebung: Place des Quatre Dauphins (50 m), Cours Mirabeau (100 m) • **Lage:** in
der Stadtmitte • **Mahlzeiten:** Frühstück • **Preise:** €–€€ • **Zimmer:** 13; 9 Doppel-,
1 Dreibett- und 3 Einzelzimmer, 8 mit Bad, 5 mit Dusche; alle mit Telefon, TV,
Minibar, Klimaanlage • **Anlage:** Frühstücks- und Aufenthaltsraum; Parken in der
Straße • **Kreditkarten:** DC, MC, V • **Kinder:** willkommen • **Behinderte:** nicht geeignet • **Tiere:** erlaubt • **Geschlossen:** nie • **Besitzer:** M. Juster und M. Darricau

DER SÜDEN

Villa Gallici
~ Stadtvilla ~

Avenue de la Violette, 13100 Aix-en-Provence (Bouches-du-Rhône)
Tel 04 42 23 29 23 **Fax** 04 42 96 30 45
e-mail villagallici@wanadoo.fr **website** www.villagallici.com

Viele unserer Leser halten das Vier-Sterne-Relais-et-Château-Hotel
Villa Gallici für das beste Hotel in ganz Aix-en-Provence, und bei
unserem letzten Besuch konnte es seinen Platz an der Spitze durchaus verteidigen.

Die Villa liegt nördlich des Stadtzentrums und wirkt mit ihrem
schönen Garten schon fast ländlich. Alles hier atmet Frieden, die
Unterschiede zwischen drinnen und draußen sind fast verwischt.
Sessel und Sofas mit dicken Polstern machen die Terrasse zum
Wohnraum im Freien; hier kann man auch das Frühstück einnehmen. In die behaglichen Innenräume bringen helle Stoffe und Farben viel Licht. Die Zimmer sind prächtig mit extravaganten Stoffen
und Möbeln im Stil des 18. Jhs. ausgestattet; die Dekoration ist unterschiedlich. Die Badezimmer wurden großteils in ihrem ursprünglichen Zustand erhalten.

Unserem Gutachter fiel auf, dass die Gäste nicht minder schön und
interessant sind als das Hotel selbst; keinesfalls ist dies der Ort für
legeres Auftreten und nachlässige Kleidung. Auf manchen mag die
Villa Gallici allzu viel Noblesse ausstrahlen oder gar abschreckend
wirken – eine Frage des Geschmacks und des Anspruchs.

Umgebung: Abbaye de Silvacane (25 km), Marseille (31 km) • **Lage:** nördlich
des Stadtzentrums und 500 m von der Kathedrale entfernt; eigener Parkplatz
Mahlzeiten: Frühstück, Mittag- und Abendessen • **Preise:** €€€€€ • **Zimmer:** 22;
18 Doppel- und Zweibettzimmer, 4 Suiten, alle mit Bad; alle Zimmer mit Klimaanlage, Telefon, TV, Minibar, Fön, Safe • **Anlage:** Aufenthaltsräume, Speiseraum,
Bar; Terrasse, Garten, Swimmingpool • **Kreditkarten:** AE, DC, MC, V • **Kinder:** willkommen • **Behinderte:** 1 Zimmer im Erdgeschoss • **Tiere:** willkommen • **Geschlossen:** nie • **Besitzer:** M. Jouve, M. Dez, M. Montemarco

DER SÜDEN

ARLES

Calendal
~ Stadthotel ~

5, rue Porte de Laure, 13200 Arles (Bouches-du-Rhône)
Tel 04 90 96 11 89 **Fax** 04 90 96 05 84
e-mail contact@lecalendal.com **website** www.lecalendal.com

Dieses geschäftige, freundliche Hotel hat nicht nur eine wunderschöne Lage zu bieten – neben der großen römischen Arena –, sondern auch einen überraschend großen Garten voller Bäume, in den man sich an einem heißen Tag zurückziehen kann. Das Hotelgebäude stammt aus dem 18. Jh., was man im Inneren erkennen kann, z. B. an dem unverputzten Mauerwerk und den freigelegten Deckenbalken im Erdgeschoss. Hier sind alle Zimmer zu einem einzigen großen, offen gestalteten Raum vereint worden, durch Säulen gestützt und mit Bögen und Stufen versehen, die die Sitz- von den Essbereichen trennen. Der gemütliche Aufenthaltsbereich hat seinen Mittelpunkt um den Kamin herum. Am Frühstücksbüfett bedient man sich selbst, ebenso beim leichten Mittagessen, das auch noch um 17 Uhr angeboten wird.

Man kann es sich einfach nicht vorstellen, in diesem Hotel lange traurig zu sein. Die bunte Einrichtung hebt sogar die düsterste Stimmung. Die Zimmer sind in Blau- und Gelbtönen, in Gelb- und Rottönen oder in Rot- und Grüntönen gehalten und mit den dazu passenden provenzalischen Stoffen ausgestattet. Obwohl die Zimmer recht klein sind, sind sie gut proportioniert: Die Fernseher sind an der Wand angebracht oder stehen auf Regalen, und die Badezimmer sind ebenfalls clever in das Gesamtschema integriert. In ihnen findet man kuschelige, strahlend gelbe Handtücher.

~

Umgebung: Arena; St-Trophîme; Place du Forum • **Lage:** gegenüber der römischen Arena; mit eigenem Parkplatz (rechtzeitig reservieren) • **Mahlzeiten:** Frühstück, leichtes Mittagessen, Nachmittagstee • **Preise:** € • **Zimmer:** 38 Doppel-, Zweibett-, Dreibett- und Familienzimmer, alle mit Bad; alle Zimmer mit Telefon, TV, Klimaanlage, Fön • **Anlage:** Aufenthaltsbereich, Speisebereich, Garten • **Kreditkarten:** AE, DC, MC, V • **Kinder:** erlaubt • **Behinderte:** 3 Zimmer mit entsprechenden Einrichtungen • **Tiere:** willkommen • **Geschlossen:** 3 Wochen im Januar **Geschäftsführerin:** Mme Jacquemin

DER SÜDEN

Grand-Hôtel Nord-Pinus
~ Stadthotel ~

Place du Forum 13200 Arles (Bouches-du-Rhône)
Tel 04 90 93 44 44 **Fax** 04 90 93 34 00
e-mail info@nord-pinus.com **website** www.nord-pinus.com

Das Grand-Hôtel Nord-Pinus ist ein bemerkenswertes Beispiel dafür, wie man in ein Hotel alle Annehmlichkeiten modernen Komforts installiert, ohne den ursprünglichen Charakter des Gebäudes dabei zu zerstören. Anne Igous einfallsreiche und ausgefallene Restaurierung, die sie vor zehn Jahren vornehmen ließ, hat dem Grand-Hôtel Nord-Pinus seine künstlerische Vergangenheit wiedergebracht; es erinnert heute wieder an die Nachkriegsjahre, als Künstler wie Picasso und Cocteau, aber auch berühmte Stierkämpfer sich vom charismatischen Charme der damaligen Besitzer unterhalten ließen – einer Cabarettänzerin und ihrem Ehemann, einem ebenfalls berühmten Seiltänzer. Besonders die »Gelbe Bar« stellt eine Homage an diese Zeit dar. Es gibt jedoch noch weitere Erinnerungsstücke, darunter eine Vitrine voller Souvenirs, riesige Stierkampf-Werbeplakate, die an der Treppe aufgehängt sind, Kerzenleuchter, vergoldete Spiegel und die originalen schmiedeeisernen Betten. Die Empfangshalle wirkt ausgesprochen maurisch; von ihr geht das Restaurant, eine traditionelle Brasserie, ab.
Die Zimmer haben drei unterschiedliche Größen: Die kleinsten sind kompakt, aber bezaubernd, und mit provenzalischen Stoffen und antiken Schränkchen eingerichtet; die größeren sind schon sehr geräumig, und die sechs Suiten sind geradezu riesig, vor allem Nr. 10, die »Stierkämpfersuite«, aus deren Fenster der legendäre Matador Dominguín die Volksmassen gegrüßt hat.

~

Umgebung: Arena; antikes Theater; St-Trophîme; Les Alyscampes • **Lage:** im Stadtzentrum (Ausschilderung folgen); mit eigenem Parkhaus • **Mahlzeiten:** Frühstück • **Preise:** €€€ • **Zimmer:** 25; 19 Doppel- und Zweibettzimmer, 6 Suiten, alle mit Bad; alle Zimmer mit Telefon, TV, Klimaanlage, Minibar, Fön • **Anlage:** Aufenthaltsraum, Bar, Restaurant (nebenan), Frühstücksraum, Aufzug, Terrasse • **Kreditkarten:** AE, DC, MC, V • **Kinder:** erlaubt • **Behinderte:** Zugang möglich • **Tiere:** erlaubt • **Geschlossen:** nie • **Besitzerin:** Anne Igou

DER SÜDEN

AVIGNON

La Mirande
～ Stadthotel ～

4, place de Mirande, 84000 Avignon (Vaucluse)
Tel 04 90 85 93 93 **Fax** 04 90 86 26 85
e-mail mirande@la-mirande.fr **website** www.la-mirande.fr

Die klassische honigfarbene Fassade dieses Hotels stammt aus dem späten 17. Jh. und ist von Pierre Mignard geschaffen worden; sie macht aus dem La Mirande, das auf den Grundsteinen eines Kardinalspalastes aus dem 14. Jh. steht, etwas ganz Besonderes. Es liegt direkt gegenüber dem Papstpalast an einem ruhigen, kopfsteingepflasterten Platz und gehört der Familie Stein; seit seiner Eröffnung als gehobenes Hotel im Jahre 1990 wirkt es, als ob es sich seit Generationen in den Händen ein und derselben Familie befunden hätte, die nicht nur über Geld, sondern auch über guten Geschmack verfügt. Die gefliesten Fußböden und das Parkett, die hübschen provenzalischen Stoffe, die Wandbehänge, der Anstrich, die Täfelung, die Spiegel und die Möbel bilden zusammen eine heitere Harmonie. Aber auch das Personal ist freundlich und ausgesprochen höflich.
Der zentrale Innenhof ist mit Pflanzen und Skulpturen geschmückt; er ist glasüberdacht und wird von einer Reihe von Gemeinschaftsräumen umgeben, die alle außergewöhnlich schön sind. Die Zimmer sind unterschiedlich groß (die im ersten Stock sind die größten), aber alle auf gleichermaßen gehobenem Niveau. Von den Balkons im zweiten Stock aus hat man eine wunderschöne Aussicht über die Dächer der Stadt. Und auch der Speisesaal hat einiges zu bieten: Jérôme Verrières Küche zieht Gourmets von überall her an. Es gibt auch eine Garage für Ihr Auto.

～

Umgebung: Petit-Palais; Notre-Dames-des-Doms; Musée Calvet • **Lage:** gegenüber dem Palais des Papes; mit eigenem Parkplatz • **Mahlzeiten:** Frühstück, Mittag- und Abendessen • **Preise:** €€€€€ • **Zimmer:** 20; 19 Doppel- und Zweibettzimmer, 1 Suite, alle mit Bad; alle Zimmer mit Telefon, TV, Klimaanlage, Fön
Anlage: Aufenthaltsräume, Bar, Restaurant, Aufzug, Terrasse, Garten • **Kreditkarten:** AE, DC, MC, V • **Kinder:** erlaubt • **Behinderte:** 1 Zimmer mit entsprechenden Einrichtungen • **Tiere:** erlaubt • **Geschlossen:** nie; Restaurant Januar
Besitzer: M. Achim Stein

DER SÜDEN

Auberge de la Benvengudo
∼ Ländliches Hotel ∼

Vallon de l'Arcoule, 13520 Les Baux-de-Provence (Bouches-du-Rhône)
Tel 04 90 54 32 54 **Fax** 04 90 54 42 58
website www.benvengudo.com

Das mit Kletterpflanzen überwucherte Hotel der Familie Beaupied ist auch nach der Übernahme des Managements durch Jean-Pierre Côte nach wie vor überzeugend – und dabei weitaus erschwinglicher als die meisten Hotels der Gegend. Die Räume sind im Stil eines privaten Landhauses gehalten: ein gemütlicher Aufenthaltsraum mit Balken, ein intimer Speisesaal und Gästezimmer mit hübsch gemusterten Vorhängen. Ein Gast meinte zu unserem Gutachter: »Das hier entspricht absolut meiner Vorstellung von einem kleinen, aber feinen Hotel, in dem man sich eine Woche oder zehn Tage lang erholen kann. Und das Essen ist fantastisch.« Typische Speisen auf Côtes täglich wechselnder Karte sind frischer Seeteufel mit Knoblauch und Kräutern und gebratene Jungente mit Äpfeln.
Obwohl der Garten direkt an der Straße liegt, ist er angenehm ruhig. Die Zimmer sind zum Teil im Haupthaus, zum Teil in einem Anbau untergebracht; einige besitzen Balkons. Die Suiten verfügen über Küchen und ein kleines Wohnzimmer: ideal für Familien. Der Garten ist entzückend, zwischen den Olivenbäumen sieht man die nackten Felsen der Alpilles, der »kleinen Alpen«, hindurchschimmern.

∼

Umgebung: St-Rémy-de-Provence (10 km), Arles (21 km) • **Lage:** am Rand der Ortschaft Les Baux-de-Provence, an der D78 nach Fontvieille; mit eigenem Parkplatz • **Mahlzeiten:** Frühstück; Halbpension ab 3 Übernachtungen • **Preise:** €€
Zimmer: 20; 14 Doppel- und 6 Zweibettzimmer, alle mit Bad, Telefon, TV, Klimaanlage • **Anlage:** Aufenthaltsraum, Speiseraum, Pool, Terrasse, Garten, Tennisplatz
Kreditkarten: AE, MC, V • **Kinder:** erlaubt • **Behinderte:** Zugang möglich
Tiere: erlaubt • **Geschlossen:** nie; Restaurant: So • **Besitzer:** Familie Beaupied

DER SÜDEN

LES BAUX-DE-PROVENCE

Mas d'Aigret
~ Landhotel ~

13520 Les Baux-de-Provence (Bouches-du-Rhône)
Tel 04 90 54 20 00 **Fax** 04 90 54 44 00
e-mail contact@masdaigret.com **website** www.masdaigret.com

Es gibt einige sehr malerisch gelegene Hotels unterhalb von Les Baux; wir haben uns für dieses entschieden, weil es den Ruinen der alten Festung und dem Dorf in geradezu schwindelerregender Höhe am nächsten liegt. Es ist ein sehr einfaches Hotel mit einigen außergewöhnlichen Qualitäten – darunter auch ein abgeschiedener Swimmingpool und ein schöner, ruhiger Garten. Abgesehen von dem Verkehrslärm an Werktagen sind die Gäste des Hotels meilenweit vom Rummel um Les Baux entfernt; man kann zwar die bunten Touristenbusse durch die Bäume hindurch sehen, aber dennoch herrscht im Mas d'Aigret ein Gefühl der Ruhe und Abgeschiedenheit vor. Was die Zimmer angeht, sollten Sie unbedingt Nr. 16 buchen, das über eine eigene Terrasse und ein höhlenartiges Badezimmer verfügt, in das ein großes Stück Felsen integriert ist, oder das Familienappartement mit seinem hübschen kleinen Kinderzimmer. Die anderen Zimmer im Haupthaus sind zwar ebenfalls hübsch, aber schon etwas älter; viele haben französische Fenster, blaue Fensterläden und Balkons, von denen aus man eine großartige Aussicht auf die Landschaft der Provence hat. Die Empfangsräume im Erdgeschoss sind recht modern, wenn auch nicht wirklich schick. Der Felsen, aus dem das Hotel herausgeschlagen wurde, taucht noch einmal sehr eindrucksvoll im Speiseraum auf.

Umgebung: St-Rémy-de-Provence (10 km); Arles (18 km); Les Alpilles • **Lage:** an der D27A, 300 m unterhalb von Les Baux; mit eigenem Parkplatz • **Mahlzeiten:** Frühstück, Mittag- und Abendessen • **Preise:** €€ • **Zimmer:** 17; 16 Doppel-, Zweibett- und Dreibettzimmer, 1 Appartement, alle mit Bad; alle Zimmer mit Telefon, TV, Klimaanlage, Minibar • **Anlage:** Aufenthaltsraum, Bar, Speiseraum, Terrasse, Garten, Swimmingpool • **Kreditkarten:** AE, DC, MC, V • **Kinder:** willkommen **Behinderte:** nicht geeignet • **Tiere:** erlaubt • **Geschlossen:** 2 Wochen im Januar **Besitzer:** Frédérik Laloy und Vincent Missistrano

DER SÜDEN

La Santoline
∾ Umgebautes Jagdhaus ∾

07460 Beaulieu (Ardèche)
Tel 04 75 39 01 91 **Fax** 04 75 39 38 79
e-mail contacts@santoline.com **website** www.lasantoline.com

In den umliegenden Dörfern nennt man das große alte Santoline immer noch »Le château«, als das der Steinbau aus dem 15. Jh. ehemals diente. Später war es dann ein Jagdhaus, und nach wie vor liegt es abgeschieden und weitab vom Trubel. Ohne Fernseher oder andere Ablenkungen hört man hier außer Vogelgezwitscher oder dem Schrei eines Esels kaum einen Laut. Abends speisen die Gäste auf der blumengeschmückten Terrasse und sehen zu, wie die Sonne hinter den Cévennes untergeht. Seit der Eröffnung ihres Hotels 1991 haben die Espenels eine sehr loyale Klientel gewonnen, die die richtige Balance zwischen ungezwungener Gastlichkeit und diskreter Aufmerksamkeit der Gastgeber schätzt. Auswärtige Gäste kommen ins Restaurant, um das täglich wechselnde Angebot an regionalen Spezialitäten und die erschwinglichen Weine des Ardèche zu genießen. Die Gästezimmer sind hübsch und schlicht mit natürlichen, rustikalen Materialien gestaltet: Fliesen- oder Holzfußboden, Korbmöbel, einige schmiedeeiserne Betten und weiße Wände. Im Bad liegen dicke Handtücher. Die meisten Zimmer gewähren einen herrlichen Blick auf die Berge.

∾

Umgebung: Höhlenmalereien in Vallon-Pont d'Arc (22 km); Gorges de l'Ardèche
Lage: Abzweigung in La Croisée de Jalès, von der D104 auf die D225, 2 km von Beaulieu; mit eigenem Parkplatz • **Mahlzeiten:** Frühstück, Mittag- und Abendessen • **Preise:** €; Halbpension von Juli bis September obligatorisch • **Zimmer:** 8; 7 Doppelzimmer, 1 Suite, alle mit Bad, Telefon, Minibar, 2 Zimmer mit Klimaanlage **Anlage:** Aufenthaltsraum, Restaurant, Terrasse, Garten, Pool • **Kreditkarten:** MC, V • **Kinder:** erlaubt • **Behinderte:** keine besonderen Einrichtungen • **Tiere:** erlaubt **Geschlossen:** Okt. bis Ende April • **Besitzer:** M. und Mme Espenel

DER SÜDEN

BEAUMONT-DU-VENTOUX

La Maison

⤳ Restaurant mit Gästezimmern auf dem Land ⤳

84340 Beaumont-du-Ventoux (Vaucluse)
Tel 04 90 65 15 50 **Fax** 04 90 65 23 29

Von außen sieht das La Maison wie ein Dutzend anderer hübscher provenzalischer Häuser aus: efeubewachsenes Gemäuer, blaue Fensterläden und Türen, weiße schmiedeeiserne Tische und Stühle, Sonnenschirme und Pflanzen in Terrakottatöpfen auf der schattigen Terrasse vor dem Haus. Dennoch erwartet den Besucher eine Überraschung. Das Restaurant hat Michèle Laurelut im Juni 1993 eröffnet, seit 1997 vermietet sie auch Zimmer. Die Einrichtung des Restaurants ist einfach und elegant: ockerfarbene Wände, terrakottageflieste Böden und schwere, cremefarbene Vorhänge an den Fenstern. Das La Maison ist wie ein privates Zuhause, mit massiven Tischlampen, Sitzkissen, relativ großen Tischen und kunstvoll arrangierten Bildern gestaltet. Im Mittelpunkt steht zweifelsohne der riesige Kamin aus Stein, in dem an kühlen Herbstabenden ein wärmendes Feuer brennt; im Sommer stehen dort Blumenkästen voller Hortensien.

Michèle bietet ihren Gästen ein kurzes und saisonal geprägtes Menü an, das wir nicht zu teuer fanden. Sie können die Rechnung zusätzlich verringern, indem Sie sich an die exzellenten Weine aus der Region halten. Um sich die Heimfahrt nach dem Abendessen auch noch zu sparen, können Sie in einem der großen, bescheidenen Zimmer (zwei sind miteinander verbunden) übernachten, die zwar sehr gepflegt, aber nicht so stilvoll wie der Speiseraum sind.

⤳

Umgebung: Vaison-la-Romaine (12 km); Avignon (47 km) • **Lage:** im Ort, direkt vor dem Bürgermeisteramt links abbiegen (ausgeschildert); mit eigenem Parkplatz **Mahlzeiten:** Frühstück, Mittag- und Abendessen • **Preise:** € • **Zimmer:** 3; 1 Doppel-, 1 Zweibettzimmer, jeweils mit Dusche; 1 Zweibettzimmer mit Bad • **Anlage:** Restaurant, Terrasse, Garten • **Kreditkarten:** MC, V • **Kinder:** erlaubt • **Behinderte:** nicht geeignet • **Tiere:** erlaubt • **Geschlossen:** November bis März; Restaurant montags und dienstags von April bis Juni sowie im September und Oktober; außerdem Montagmittag bis Samstag im Juli und August • **Besitzerin:** Michèle Laurelut

DER SÜDEN

BONNIEUX

Auberge de l'Aiguebrun
〜 Ländliches Hotel 〜

Domaine de la Tour, RD 943, 84480 Bonnieux (Vaucluse)
Tel 04 90 04 47 00 **Fax** 04 90 04 47 01
e-mail sylviabuzier@wanadoo.fr **website** www.aubergedelaiguebrun.com

Sylvie Buzier ist herzlich und talentiert – sie kann nicht nur kochen und dekorieren, sie kann auch malen. Ihr Personal ist gleichermaßen charmant, gelassen und unaufdringlich; ihr Partner im Hotel ist der überaus freundliche Francis Motta. Zusammen sind sie ein Paar, das ebenso wie die Lage des Hotels eine seltene Atmosphäre der Ruhe und des Wohlbefindens in dem wunderschönen Haus schafft.

Das Hotel liegt in seiner eigenen grünen Oase am Ende eines steilen Pfades neben einem Wasserfall an dem Fluss Aiguebrun, der das einzige natürliche Wasser in dieser ansonsten unfruchtbaren Gegend liefert. Das Innere ist schön hell: Der in Weiß und Creme gehaltene Speiseraum mit seinen frischen blattgrünen Vorhängen verfügt über eine großartige Aussicht auf den Fluss; in dem hübschen gelben Wohnzimmer stehen ein gut bestücktes Getränketablett, gemütliche Sofas und ein alter Vogelkäfig (mit Vogel); und auch die Zimmer sind ähnlich hell und farbenprächtig. Die exzellente Familiensuite besteht aus zwei Zimmern, von denen eines sich hervorragend als Kinderzimmer eignet. Das Essen stellt einen weiteren Höhepunkt dar: ein einfaches, köstliches Menü mit Fleisch-, Fisch- und Gemüsegerichten. Die Kräuter und der Salat stammen aus dem hoteleigenen Gemüsegarten. Und schließlich gibt es auch noch einen wunderschönen Pool.

〜

Umgebung: Bonnieux (6 km); Lourmarin (10 km); Aix-en-Provence (45 km)
Lage: im Tal, 6 km östlich von Bonnieux, einen steilen Weg hinunter, der von der Straße von Bonnieux nach Boux ausgeschildert ist; mit eigenem Parkplatz
Mahlzeiten: Frühstück, Mittag- und Abendessen • **Preise:** €€ • **Zimmer:** 8; 4 Doppel- und Zweibettzimmer, 1 Einzelzimmer, 3 Suiten, alle mit Bad; alle Zimmer mit Telefon, TV, Fön • **Anlage:** Aufenthaltsraum, Speiseraum, Terrasse, Garten, Gemüsegarten, Swimmingpool, Bar • **Kreditkarten:** MC, V • **Kinder:** erlaubt
Behinderte: nicht geeignet • **Tiere:** nicht erlaubt • **Geschlossen:** Mitte November bis Mitte März; Restaurant dienstags, Mittwochmittag • **Besitzerin:** Sylvie Buzier

DER SÜDEN

BONNIEUX

Hostellerie du Prieuré

~ Bed-&-Breakfast auf dem Land ~

84480 Bonnieux (Vaucluse)
Tel 04 90 75 80 78 **Fax** 04 90 75 96 00
e-mail reservation@hotelprieure.com **website** www.hotelprieure.com

Den Eingang dieses attraktiven traditionellen Hotels an der Stadtmauer von Bonnieux, einem Bilderbuchdorf im Lubéron, schmücken mit Lavendel bepflanzte Töpfe. Das ehemalige Hospital *(hôtel-Dieu)* aus dem 18. Jh. steht unter neuer Leitung und wurde – glücklicherweise – mit großer Sorgfalt und Rücksicht auf die Charakteristik des Gebäudes restauriert. Das weite Treppenhaus, das man durch massive Eichentüren betritt, führt zu den Zimmern, in denen früher die Kranken gepflegt wurden. Die reizenden, altmodischen Tapeten und Vorhänge wurden durch modische helle Dekorationen und Stoffe ersetzt, die mit Antiquitäten und alten Balken angenehm kontrastieren. Von manchen Zimmern (sie sind ruhiger als die zur Straße hinausgehenden Räume auf der Vorderseite) blickt man auf den umfriedeten Garten hinter dem Haus, in dem Schatten spendende Aprikosen- und Pflaumenbäume stehen.

Weil es nun kein Restaurant mehr gibt, besorgt das Personal auf Wunsch Mahlzeiten von außerhalb. Getränke werden im großen *salon de thé* oder auf der überdachten Terrasse serviert. Ein Swimmingpool kam 2004 hinzu. Und in der ehemaligen Kapelle ist nun eine Boutique untergebracht. Die Zimmerpreise sind immer noch vernünftig.

~

Umgebung: Avignon (51 km), Aix (40 km), die Dörfer des Lubéron • **Lage:** an der unteren Dorfstraße; mit eigenem Parkplatz • **Mahlzeiten:** Frühstück, Zimmerservice • **Preise:** €€–€€€ • **Zimmer:** 11 Doppel- und Zweibettzimmer mit Bad oder Dusche; alle Zimmer mit Telefon, TV, 3 mit Klimaanlage • **Anlage:** Aufenthaltsraum, Speiseraum, Bar, Garten, Terrasse, Swimmingpool • **Kreditkarten:** MC, V **Kinder:** erlaubt • **Behinderte:** nicht geeignet • **Tiere:** erlaubt • **Geschlossen:** Anfang Nov. bis März • **Geschäftsführerin:** Catherine Saint Guilhem

DER SÜDEN

CAP D'ANTIBES

Villa Val des Roses
～ Gästehaus am Meer ～

6, chemin des Lauriers, 06160 Cap d'Antibes (Alpes-Maritimes)
Tel 06 85 06 06 29 **Fax** 04 92 93 97 24
e-mail val-des-roses@yahoo.com **website** www.val-des-roses.com

Ein Hotel mit vernünftigen Zimmerpreisen ist am Cap d'Antibes eine kleine Sensation. Es wurde von den dynamischen Brüdern Frederik und Filip Vanderhoeven im Jahre 2000 in einer attraktiven Art-déco-Villa , nur 30 Meter vom Meer entfernt, eröffnet. Die Flamen sind auch verantwortlich für die chice, im zeitgenössischen Kolonialstil gehaltene Dekoration der Gemeinschafts- und Gästezimmer. Im Erdgeschoss dominieren Marmorfußböden, gebrochen weiße Wände und mit weißem Linnen überzogene Stühle.

Das gedecktes Farbschema mit Beige, Creme und Weiß setzt sich in den sieben kleinen Zimmern fort und harmoniert gut mit den Möbeln und Holzfußböden. Einige Zimmer haben Terrasse oder Balkon und bieten Ausblicke auf die Plage La Salis und das Meer.

Das Frühstück besteht aus einem appetitanregenden Büfett und kann im Wintergarten oder auf der Terrasse eingenommen werden. Tagsüber können kleine Mahlzeiten bestellt werden. Am Donnerstag und Freitag Abend wird gegrillt.

Überall herrscht eine wohltuend entspannte Atmosphäre, wozu auch der Garten mit den alten Palmen (manche sind über 100 Jahre alt) und dem Swimmingpool beiträgt.

～

Umgebung: Musée Napoléonien, Musée Picasso; Cannes (12 km); Nizza (20 km) **Lage:** 500 m südlich von Antibes, 30 m von der Plage La Salis; mit eigenem Parkplatz • **Mahlzeiten:** Frühstück, kleine Mahlzeiten • **Preise:** €€ • **Zimmer:** 7; 4 Doppel-, 1 Zweibett-, 1 Dreibett-, 1 Familienzimmer, 3 mit Bad, 4 mit Dusche; alle Zimmer mit TV, Klimaanlage, Fön, Safe • **Anlage:** Aufenthaltsraum, Wintergarten, Terrasse, Garten, Swimmingpool • **Kreditkarten:** MC, V • **Kinder:** erlaubt • **Behinderte:** keine speziellen Einrichtungen • **Tiere:** nicht erlaubt • **Geschlossen:** nie **Besitzer:** Frederik und Filip Vanderhoeven

DER SÜDEN

Le Clos des Arômes
~ Stadthotel ~

10, rue Paul Mouton, 13260 Cassis (Bouches-du-Rhône)
Tel 04 42 01 71 84 **Fax** 04 42 01 31 76
e-mail leclosdesaromes@wanadoo.fr **website** www.leclosdesaromes.com

Dieses hübsche kleine Hotel liegt in einer ruhigen Straße in der Nähe des alten Hafens. Die Besitzer übernahmen das Haus vor sieben Jahren und richteten die Räume ganz neu ein. Die Geschichte des Hotels geht jedoch schon fünfzig Jahre zurück, und ein kleines Ölgemälde im Speisesaal zeigt, wie es früher aussah. Heute ist es hell und sonnig. Ins Innere gelangt man entweder von der Straße und durch den großen, ansprechenden Speisesaal oder aber durch den entzückenden Garten. Der Speisesaal hat einen schönen alten Terrakottaboden, blanke Holzvertäfelung an den Wänden, einen großen Kamin an einer Seite und kleine blau-gelb gedeckte Tische und blau lackierte Stühle. Hinter den einfachen weiß lackierten Türen in den beiden Obergeschossen, die über steile Treppen zu erreichen sind, verbergen sich kleine, aber sehr hübsche Zimmer. Jedes ist in einer anderen Farbe gehalten, wobei Stoffe, Tapeten und Lacke sorgfältig aufeinander abgestimmt wurden. Die Bäder sind klein, aber makellos und blendend weiß. Die beiden kleinen Doppelzimmer werden meist als Einzelzimmer vermietet. Bewegen kann man sich in den Zimmern kaum, aber sie wirken ansprechend. Hier können Sie zu vernünftigen Preisen provenzalisch essen.

~

Umgebung: Marseille (20 km), Aix-en-Provence (35 km) • **Lage:** in einer ruhigen Seitenstraße in der Altstadt; mit eigenem Parkplatz, Garage • **Mahlzeiten:** Frühstück, Mittag- und Abendessen • **Preise:** € • **Zimmer:** 8; 5 Doppel-, 2 Einzel-, 1 Familienzimmer, 3 mit Bad, 5 mit Dusche; alle mit Telefon • **Anlage:** Speisesaal, Terrasse, Garten • **Kreditkarten:** AE, MC, V • **Kinder:** erlaubt • **Behinderte:** nicht geeignet • **Tiere:** erlaubt • **Geschlossen:** Okt. bis später Dez., Jan. bis Mitte Feb. **Besitzer:** M. Fabrice Bonnet

DER SÜDEN

Le Mas Trilles
∼ Landhotel ∼

Le Pont de Reynes, 66400 Céret (Pyrénées-Orientales)
Tel 04 68 87 38 37 **Fax** 04 68 87 42 62
e-mail info@le-mas-trilles.com **website** www.le-mas-trilles.com

Laszlo Bukk stammt aus Ungarn, lernte in der Schweiz das Gastge-
werbe und heiratete eine Bretonin. In liebevoller Kleinarbeit wandelten die beiden diesen *mas* aus dem 17. Jh. in ein entzückendes und
ansprechendes Hotel um. Der massive, warme Steinbau blickt über
den Tech – ein kleiner Pfad führt zu einer Flussbiegung mit spiegel-
glattem Wasser – und seine noch völlig intakte Umgebung.
Eine Terrasse neben dem Haus führt in den herrlichen Garten mit
Rasenflächen und Swimmingpool, altehrwürdigen Bäumen und
blühenden Sträuchern. Die Gästezimmer sind praktisch, makellos
und besitzen eine Terrasse oder einen kleinen privaten Garten. Die
Atmosphäre in den Gemeinschaftsräumen ist so entspannt, dass die
Gäste sich wie zu Hause fühlen. Das Abendessen wird auf einer
Kreidetafel angeschrieben, Sonderwünsche können im Voraus mit
der Küche abgesprochen werden. Die Küche war Mme Bukks Lei-
denschaft und ganzer Stolz – leider gibt es jetzt nur noch kleine Gerichte im Haus. Die Restaurants der Gegend bieten aber genügend
Gelegenheit, ausgiebig zu schlemmen.

∼

Umgebung: Perpignan (26 km), Castelnou (30 km), Strände • **Lage:** auf dem Land
an der D115, 2 km von Céret Richtung Amélie-les-Bains; mit eigenem Parkplatz
Mahlzeiten: Frühstück, Abendessen nach Absprache • **Preise:** €€ • **Zimmer:** 10
Doppelzimmer, alle mit Bad, Telefon, TV • **Anlage:** Aufenthaltsraum, Speiseraum,
geheizter Pool, Garten, Tischtennis, Angeln • **Kreditkarten:** MC, V • **Kinder:** erlaubt
Behinderte: 1 Zimmer • **Tiere:** erlaubt **Geschlossen:** Mitte Okt. bis Ostern • **Besitzer:** M. und Mme Bukk

DER SÜDEN

CÉRET

La Terrasse au Soleil
~ Ländliches Hotel ~

Route de Fontfrède, 66400 Céret (Pyrénées-Orientales)
Tel 04 68 87 01 94 **Fax** 04 68 87 39 24
e-mail terrasse-au-soleil.hotel@wanadoo.fr **website** www.la.terrasse-au-soleil.com

Das Kerngebäude des Hotels ist ein *mas* aus dem 18. Jh., fungierte jedoch schon als Hotel, als es die jetzigen Besitzer 1980 übernahmen. Seither wurden zwei Anbauten für weitere Schlafzimmer und Suiten angefügt. Die Lage oberhalb des nahe gelegenen Céret ist großartig und die Aussicht über unverdorbene Hügellandschaft exquisit.

Die Schlafzimmer sind unterschiedlich groß, die größten sehr geräumig; alle Zimmer sind geschmackvoll eingerichtet, einige haben eine eigene Veranda. Die Inneneinrichtung zeigt sehr individuelle Züge, die sie großteils Charles Trenet verdankt: außergewöhnliche Kacheln und Fliesen aus Terrakotta und Keramik sowie aus Afrika importierte Holzschnitzereien, z.B. in der großen Bar. Ein Übermaß an Farbe und Wärme verleihen dem Haus einen Grad von Intimität und Gemütlichkeit, den man in einem 4-Sterne-Hotel nicht häufig antrifft. Angeblich erfreute sich auch Picasso am Anblick des Mont Canigou von der Terrasse aus.

Das Restaurant »La Cerisaie« und wird von einem jungen Küchenchef aus Paris geführt. Mittags bietet es eine verlockende *carte brasserie* als leichtere Alternative zur klassischen Küche. La Balneaire, das neue Wellness-Zentrum, bietet Massagen, ein türkisches Bad, Sauna und Solarium.

~

Umgebung: Perpignan (26 km); Castelnou (30 km); Strände • **Lage:** an den Ausläufern der Pyrenäen, 26 km sw von Perpignan; Garten; Parkplatz • **Mahlzeiten:** Frühstück, Mittag- und Abendessen, Zimmerservice • **Preise:** €€€€ • **Zimmer:** 44; 39 Doppelzimmer, 5 Suiten; alle Zimmer mit Bad, Klimaanlage, TV, Telefon, Minibar, Fön • **Anlage:** Aufenthaltsraum, Restaurant, Bar, Garten, Swimmingpool, Wellness-Zentrum, Tennis, Tischtennis, *pétanque*, Golfübungsplatz, Hubschrauberlandeplatz • **Kreditkarten:** AE, DC, MC, V • **Kinder:** erlaubt • **Behinderte:** einige besonders eingerichtete Zimmer • **Tiere:** erlaubt • **Geschlossen:** nie • **Besitzer:** M. Leveille–Nizerolle

DER SÜDEN

CHÂTEAU-ARNOUX

La Bonne Etape
～ Stadthotel ～

Chemin du Lac, 04160 Château-Arnoux (Alpes-de-Haute-Provence)
Tel 04 92 64 00 09 **Fax** 04 92 64 37 36
e-mail info@bonneetape.com **website** www.bonneetape.com

»Ausgezeichnetes Essen, bester Service, reizvolles Schwimmbad, Zimmer, die ihr Geld wert sind«, meint ein Besucher über diese altbewährte »Zwischenstation«.

Die Lage an einer belebten Straße der sonst wenig bemerkenswerten Stadt verheißt nicht viel; man sieht von außen nicht, was einen hier erwartet: kultivierte Gastlichkeit, wie sie in Frankreich ihresgleichen sucht. Das fängt in der Küche an, wo Pierre und Jany Gleize (Vater und Sohn) aus vorwiegend selbst gezogenen Produkten köstliche Gerichte kreieren (nur noch ein Michelin-Stern; wenn wir das Sagen hätten, wären es zwei!). Zu den Spezialitäten gehört Sisteron-Lamm von würzigen provenzalischen Weiden. Der formale helle Speiseraum ist stets mit frischen Blumen geschückt und mit großen, runden Tischen ausgestattet.

Die Zimmer sind höchst komfortabel, reizend ausgestattet und mit antiken und neuen Möbel geschmackvoll eingerichtet; einige haben Marmorbäder (»groß, mit Doppelwaschbecken, riesigen Spiegeln, gutem Licht«). Die Mitglieder der Familie Gleize sind herzliche und begeisterte Gastgeber. Ihnen gehört auch ein einfacheres Restaurant in der Nähe.

～

Umgebung: Sisteron (14km) • **Lage:** an der RN85, 14 km sö von Sisteron; Parkplatz, Garagen • **Mahlzeiten:** Frühstück, Mittag- und Abendessen • **Preise:** €€€ **Zimmer:** 19 Doppel- und Zweibettzimmer; alle mit Bad, Klimaanlage, Telefon, TV, Minibar, Fön • **Anlage:** Aufenthaltsraum, Speiseraum, Terrasse, Garten, Swimmingpool • **Kreditkarten:** AE, DC, V • **Kinder:** erlaubt • **Behinderte:** Zugang möglich • **Tiere:** erlaubt • **Geschlossen:** Hotel und Restaurant Ende Nov. bis Mitte Dez., Januar bis Mitte Februar, Montag in der Nebensaison; Restaurant: Mo, Di und Mi mittags von Okt. bis März • **Besitzer:** Familie Gleize

DER SÜDEN

Casa Païral
∼ Bed-&-Breakfast in einem Badeort ∼

Impasse des Palmiers, 66190 Collioure (Pyrénées-Orientales)
Tel 04 68 82 05 81 **Fax** 04 68 82 52 10
e-mail contact@hotel-casa-pairal.com **website** www.hotel-casa-

In einer kleinen Sackgasse stößt man überraschend auf dieses ruhige, elegante Hotel. Der Trubel am Hafen und am Strand, die vielen Strandcafés, Restaurants und engen, bevölkerten Straßen, die sich den Hügel hinaufwinden, sind nur einen Steinwurf entfernt. Das Haus wurde Mitte des 19. Jhs. im katalanischen Stil erbaut und besitzt einen üppigen, pittoresken Garten mit hundertjährigen Palmen und Pinien; etwas abseits liegt ein Swimmingpool. Der ansprechende Salon im Erdgeschoss geht auf den Innenhof mit Brunnen, Oleanderbüschen und einer riesigen Magnolie. Es gibt auch einen größeren Salon im Stil der 1930er Jahre mit TV und Kartentisch. Der Frühstücksraum, der über eine Treppe erreicht wird, ist faszinierend. In einer Ecke ist der riesige Stamm einer alten Eiche zu sehen, die durch das Dach wächst. Auf der anderen Seite gewähren große Fenster einen schönen Blick auf den Garten. Die Gästezimmer im Haupthaus vereinen altehrwürdigen Charme mit modernen Annehmlichkeiten. Unser Gutachter wurde von der Sehnsucht überwältigt: »Das Haus ließ mich an die guten Hotels von einst zurückdenken … Jede Menge Charme.«

∼

Umgebung: Port-Vendres (4 km), Perpignan (27 km), Argèles-sur-Mer (6,5 km)
Lage: im Zentrum eines Badeorts, 150 m zum Hafen und Strand, gesicherte Parkplätze • **Mahlzeiten:** Frühstück • **Preise:** €–€€ • **Zimmer:** 28 Doppel- und Zweibettzimmer, 23 mit Bad, 5 mit Dusche, alle mit Telefon, TV, Minibar, Klimaanlage
Anlage: Aufenthaltsraum, Frühstücksraum, Garten, Swimmingpool • **Kreditkarten:** AE, DC, MC, V • **Kinder:** erlaubt • **Behinderte:** einige Räume im Erdgeschoss
Tiere: erlaubt • **Geschlossen:** Nov. bis April • **Besitzerinnen:** Mme Guiot und Mme Lormand

DER SÜDEN

La Vieille Fontaine
~ Hotel in einem Bergdorf ~

30630 Cornillon (Gard)
Tel 04 66 82 20 56 **Fax** 04 66 82 33 64
e-mail vieillefontaine@libertysurf.fr **website** www.vieillefontaine.com

Das reizvolle kleine Hotel steht innerhalb der Mauern der zerstörten Burg eines mittelalterlichen Festungsdorfs mit Kopfsteinpflasterstraßen und efeuumrankten Wällen. Patron und Chefkoch M. Audibert stammt aus Marseille; seit langem sind *gratinée de langoustines* und *chou farci à la provençale* die Hauptattraktion der Küche; dazu trinkt man den heimischen Tavel, einen Rosé.

Mme stammt aus dem eine Zeitlang fast verlassenen Dorf und ist fürs Hotel verantwortlich. Angeregt von der Louvre-Pyramide in Paris, hat sie die außen liegende Wendeltreppe zu den Zimmern mit einer eleganten Glaskonstruktion verkleiden lassen. Ihr Ausstattungsstil ist schlicht und hübsch: gefliste Bäder, provenzalische Stoffe, Möbel aus den Antiquitätenläden der Gegend. Die meisten Zimmer haben Terrassen; von Nr. 7 und 8 sieht man über die Mauern nach Süden. Über eine steile Steintreppe gelangt man durch den Terrassengarten zum Schwimmbad. Hier stürzt das Wasser vom Berg herab, und man badet wie in einem Gebirgsbach.

Die Begrüßung ist spontan und herzlich. Beim Abendessen auf der Terrasse sieht man über die Hügel und Weinhänge von Gard.

~

Umgebung: Orange (44 km); Avignon (45 km); Gorges de l'Ardèche • **Lage:** mitten im Dorf; beschränkte Zufahrt; Parkplätze außerhalb des Ortes • **Mahlzeiten:** Frühstück, Mittag- und Abendessen • **Preise:** €€ • **Zimmer:** 8 Doppelzimmer, alle mit Bad, Telefon, TV • **Anlage:** Aufenthaltsraum, Speiseraum, Terrasse, Garten, Swimmingpool • **Kreditkarten:** AE, DC, MC, V • **Kinder:** willkommen • **Behinderte:** nicht geeignet • **Tiere:** erlaubt • **Geschlossen:** Mitte Dez. bis Mitte März • **Besitzer:** M. und Mme Audibert

DER SÜDEN

CRILLON-LE-BRAVE

Hostellerie de Crillon le Brave
~ Dorfhotel ~

Place de l'Eglise, 84410 Crillon-le-Brave (Vaucluse)
Tel 04 90 65 61 61 **Fax** 04 90 65 62 86
e-mail crillonbrave@relaischateaux.fr **website** www.crillonlebrave.com

»Wunderschön«, schreibt uns ein begeisterter Leser über dieses Luxushotel, das in einer alten Pfarrei auf einem Hügel untergebracht
ist. »Das Restaurant ist sehr gut, der Service ausgezeichnet, die Lage
bezaubernd und der Patron äußerst liebenswürdig.« Auch die nicht
zu teure Weinkarte fand er sehr lobenswert. Vor kurzem ist noch
ein Sommerbistro eröffnet worden.
Das steinerne Haus aus dem 16. Jh. ist solide und ruhig, aber das Geheimnis des Erfolgs geht auf den erwähnten Patron, den kanadi-
schen Juristen Peter Chittick, zurück, der ganz genaue Vorstellun-
gen von der Führung eines Hotels hat. Natürlich spielt auch die
Landschaft mit prächtigen Olivenhainen und Weinhängen eine
wichtige Rolle.
Den beiden Besitzern ist es gelungen, modernen Luxus mit dem
Charme des alten Gebäudes zu vereinbaren. Trotz Designerstoffen,
Spannteppichen und schicken Bädern prägen Balkendecken, weiß
getünchte Wände und ländliches Mobiliar den Stil aller Gemeinschaftsräume und Zimmer. Man speist unter mächtigen Gewölben
oder draußen auf der hübschen Terrasse.

~

Umgebung: Mont Ventoux; Orange (35 km); Avignon; Gordes • **Lage:** in hoch ge-
legenem Dorf 35 km nordöstlich von Avignon, an der D138; Privatparkplatz und
Garagen **Mahlzeiten:** Frühstück, Mittagessen nur Sa und So, Abendessen und
kleine Gerichte • **Preise:** €€€–€€€€ • **Zimmer:** 32 Doppel-, Zweibettzimmer und
Suiten; alle mit Bad oder Dusche, Telefon, Minibar, Fön • **Anlage:** 3 Aufenthaltsräume, Speiseraum, Terrasse, Garten, Swimmingpool • **Kreditkarten:** AE, DC, MC, V
Kinder: willkommen • **Behinderte:** Zugang schwierig • **Tiere:** erlaubt • **Geschlossen:** Jan. bis März, Restaurant Di mittags November bis Anfang Mai; Bistro Oktober bis April, Montag und mittags • **Besitzer:** Peter Chittick und Craig Miller

DER SÜDEN

ENTRECHAUX

La Manescale
~ Ländliches Hotel ~

Route de Faucon, Les Essareaux, 84340 Entrechaux (Vaucluse)
Tel 04 90 46 03 80 **Fax** 04 90 46 03 89

Der König von Belgien hat hier schon übernachtet. Zweifelsohne war auch er wie so viele andere bezaubert von allem, was er in diesem abgelegenen ehemaligen Schäferhäuschen in den Bergen gefunden hat. Überall herrscht die Sorgfalt und Achtsamkeit der Besitzer, M. und Mme Warland, vor; das Hotel »im Taschenformat« verfügt über jeden Komfort, wobei die Betonung auf der Tatsache liegt, dass die Gäste für sich sein können, wann immer ihnen danach ist. Hier wird auf das kleinste Detail geachtet, von den Handtüchern für den Swimmingpool über die kleine Bibliothek für Leseratten bis hin zu den hilfreich beschrifteten Schaltern.

Das Haus selbst ist wunderschön eingerichtet: Bücher, Gemälde, Kunstobjekte und schöne Möbel. Einige Steinstufen und Pfade verbinden das Hauptgebäude mit den Gartenzimmern, die alle über eine private Atmosphäre sowie Aussichten über die Wälder und Hügel verfügen. Zwei Zimmer sind nach M. Warlands Lieblingsmalern benannt: Tiepolo und Dalí. Das La Manescale ist ein Ort für Menschen, die es ruhig mögen und die die Natur lieben: Es gibt zahlreiche längere Wanderwege durch die Wälder. Zum Aperitif wird auf der Terrasse klassische Musik gespielt; der Blick über die Weinberge und die Täler zum Mont Ventoux ist einfach großartig. Vom Parkplatz zum Hotel muss man einen anstrengenden, wenn auch kurzen Spaziergang machen; Gepäckwagen stehen zur Verfügung.

Umgebung: Vaison-la-Romaine (7 km); Weinberge des Côtes du Rhône • **Lage:** 3 km nördlich von Entrechaux, an der D 205 nach Faucon ausgeschildert; mit eigenem Parkplatz • **Mahlzeiten:** Frühstück • **Preise:** €€ • **Zimmer:** 5 Doppel- und Zweibettzimmer, 2 mit Bad, 3 mit Dusche; alle Zimmer mit Telefon, TV, Minibar, Fön, Safe • **Anlage:** Aufenthaltsraum, Frühstücksraum, Terrasse, Garten, Swimmingpool • **Kreditkarten:** AE, DC, MC, V • **Kinder:** erlaubt wenn älter als 7 Jahre **Behinderte:** nicht geeignet • **Tiere:** erlaubt • **Geschlossen:** Ende Oktober bis Ostern • **Besitzer:** M. und Mme Warland

DER SÜDEN

Auberge Provençale
~ Dorfgasthof ~

Place de la Mairie, 13810 Eygalières (Bouches-du-Rhône)
Tel 04 90 95 91 00 **Fax** 04 90 95 91 00

Diese ehemalige Kutschenstation aus dem 18. Jh. liegt in dem hübschen Ort Eygalières; in ihrem gepflasterten Hof stehen Bäume, Topfpflanzen und kleine Marmortische. Die Auberge Provençale ist im Ort für ihre gute provenzalische Küche bekannt. Von ihrer Vergangenheit zeugen noch heute die Pferdetränken aus Stein, und die Autos der Gäste sind nachts sicher in dem alten, großartigen Kutschenhaus untergebracht, die durch einen großen Torbogen mit der Straße verbunden ist. Außerdem gibt es eine geräumige Bar, die absichtlich und auf ganz bezaubernde Weise an das 19. Jh. erinnert.
Der Besitzer und Küchenchef Didier Pézeril und seine junge Familie haben ihre Gastfreundschaft auch in den außergewöhnlichen Zimmern ausgedrückt. Es gibt insgesamt nur vier – die Anzahl der Zimmer ist also zugunsten ihrer Geräumigkeit und Qualität bewusst klein gehalten worden. Alle Zimmer sind einfach und elegant im besten, unprätentiösesten provenzalischen Stil eingerichtet; einige verfügen über riesige Bade-, andere über riesige Schlafzimmer. Die Räume gehen zum Teil auf den Innenhof und erinnern mit ihrem Charme und Dekor – wie auch die Bar im Untergeschoss – an das 19. Jh. Die unebenen, gefliesten Böden sind genauso hübsch wie auch die traditionellen Einbauregale in manchen Zimmern. M. Pézerils Philosophie lautet denn auch: »Wir sind eine typische Auberge, und wir wollen auch gar nichts anderes sein.« Und so strahlt das ganze Haus unheimlich viel Atmosphäre aus.

Umgebung: St Rémy-de-Provence (12 km), Les Baux-de-Provence (23 km), Alpilles
Lage: mitten im Dorf; Parkplatz • **Mahlzeiten:** Frühstück, Mittag- und Abendessen
Preise: €–€€ • **Zimmer:** 4 Doppel- und Zweibettzimmer; alle mit Bad, Telefon, TV
Anlage: Innenhof, überdachte Terrasse, Bar, Restaurant • **Kreditkarten:** MC, V
Kinder: willkommen • **Behinderte:** keine besonderen Einrichtungen • **Tiere:**
erlaubt • **Geschlossen:** Mitte Nov. bis Mitte Dez.; Restaurant: Mi und Do mittags
Besitzer: Familie Pézeril

DER SÜDEN

Mas de la Brune
~ Bed-&-Breakfast auf dem Land ~

13810 Eygalières (Bouches-du-Rhône)
Tel 04 90 90 67 67 **Fax** 04 90 95 99 21
e-mail contact@masdelabrune.com **website** www.masdelabrune.com

Es ist ein echtes Privileg, im Mas de la Brune übernachten zu können, einem inmitten eines wunderschönen, gepflegten Anwesens gelegenen historischen Bauwerk und seltenen Beispiel einer Renaissancevilla, die auf dem Land und nicht in der Stadt – d.h. in St-Rémy-de-Provence – erbaut worden ist. Das Mas de la Brune ist eine (teure) Luxusunterkunft mit viel Charakter. Die Fassade ist mit Konsolen, Gesimsen und Stabwerkfenstern verziert; es gibt es eine Wendeltreppe aus Stein, in die rätselhafte Buchstaben geritzt sind (man vermutet, dass der erste Besitzer der Villa ein Alchimist gewesen ist). Das Mas de la Brune gehört seit zehn Jahren der leidenschaftlichen Gärtnerin Mme de Larouzière und ihrem Ehemann; von den urwüchsig gestalteten Gärten mit sehr schönem Pool hat man einen großartigen Blick über Eygalières auf die Alpilles. Vor kurzem wurde auf dem Anwesen auch ein Alchimistengarten angelegt, der im Sommer der Öffentlichkeit zugänglich ist.
Die Zimmer sind in perfektem Landhausstil gehalten, die Badezimmer mit hübschen Fliesen geschmückt. Die Suite ist ganz besonders beeindruckend. In ein Zimmer ist das Ecktürmchen der Villa integriert, von dem aus man über die Gärten und Zypressen auf das auf einem Hügel gelegene Dorf sehen kann. Die Besitzer sind ausgesprochen liebenswürdig, das Personal gewissenhaft und die Atmosphäre ruhig und familiär.

Umgebung: St-Rémy-de-Provence (12 km); Avignon (27 km) • **Lage:** 2 km nördlich von Eygalières, an der Straße nach St-Rémy ausgeschildert; mit eigenem Parkplatz **Mahlzeiten:** Frühstück • **Preise:** €€€ • **Zimmer:** 10; 9 Doppel- und Zweibettzimmer, 1 Suite, alle mit Bad; alle Zimmer mit Telefon, TV, Klimaanlage, Minibar, Safe, Fön • **Anlage:** Aufenthaltsraum, Frühstücksraum, Terrasse, Garten, Swimmingpool, Alchimistengarten • **Kreditkarten:** MC, V • **Kinder:** willkommen **Behinderte:** nicht geeignet • **Tiere:** erlaubt • **Geschlossen:** November bis Januar **Besitzer:** Alain und Marie de Larouzière

Der Süden

Eze

Château Eza
∼ Hotel an der Küste ∼

Rue de la Pise, 06360 Eze (Alpes-Maritimes)
Tel 04 93 41 12 24 **Fax** 04 93 41 16 64
e-mail info@chateza.com **website** www.chateza.com

Als die Amerikaner Patty und Terry Giles das Château Eza übernommen haben, das einst Prinz Wilhelm von Schweden gehörte,
ließen sie es komplett renovieren. Sie haben sich in Harmonie mit
dem (viel besuchten) Dorf für einen mittelalterlichen Stil entschieden; das Ergebnis ist luxuriös und nicht im geringsten kitschig: un-
verputztes Mauerwerk, Schmiedeeisen, dunkles Holz, roter Samt,
Wandbehänge, Brokat, Rüstungen. Zwei Esel, die gegenüber der
Rezeption am Fuße des Dorfes in Stallungen untergebracht sind,
bringen das Gepäck der Gäste nach oben, während ihre Autos ge-
parkt werden; doch leider ist das Hotel absolut nicht für ältere oder
gehbehinderte Menschen geeignet. Die Zimmer verfügen meist über
einen eigenen Eingang, den man von der Straße aus erreicht, sowie
über eine eigene Terrasse und einen Kamin für die kälteren Abende.
Sie sind zwar nicht besonders hell oder geräumig – dicke Steinwände, alte Deckenbalken und Säulen aus Stein –, aber was Einrichtung und Komfort betrifft, so mangelt es ihnen an nichts: Himmelbetten, originale Gemälde, schöne Antiquitäten und perfekt
ausgestattete Badezimmer. Das Restaurant mit seinen Glaswänden
ist ausgesprochen romantisch, und die Terrassen erstrecken sich den
Hügel hinunter bis fast zum Meer. Das Château Eza ist vor allem
bei Amerikanern sehr beliebt – und horrend teuer.

Umgebung: Nizza (12 km); Monte Carlo (8 km) • **Lage:** an der N7 Moyenne Cor-
niche zwischen Nizza und Monaco, zum Hotel gelangt man nur zu Fuß; bewachter
Parkplatz am Rande des Ortes • **Mahlzeiten:** Frühstück, Mittag- und Abendessen;
Zimmerservice • **Preise:** €€€€€ • **Zimmer:** 10; 7 Doppel- und Zweibettzimmer,
3 Suiten, alle mit Bad; alle Zimmer mit Telefon, TV, Videorekorder, CD-Spieler,
Klimaanlage, Minibar, Safe, Fön • **Anlage:** Restaurant, Aufenthaltsräume, Bar,
Terrassen • **Kreditkarten:** AE, DC, MC, V • **Kinder:** erlaubt • **Behinderte:** nicht geeignet • **Tiere:** erlaubt • **Geschlossen:** November bis April • **Geschäftsführer:** Jes-
per Jerrik

DER SÜDEN

FONTVIEILLE

La Regalido
∽ Umgebaute Mühle ∽

Rue Frédéric-Mistral, 13990 Fontvieille (Bouches-du-Rhône)
Tel 04 90 54 60 22 **Fax** 04 90 54 64 29 **e-mail** contact@
la-regalido-provence.com **website** www.la-regalido-provence.com

Unsere Vorliebe für die Ölmühle aus dem 19. Jh. wurde bestätigt; das Hotel (es gehört zur Relais & Châteaux-Kette) ist trotz der eleganten Ausstattung, der teuren Boutique und der hohen Preise liebenswert geblieben, was vor allem der Allgegenwart und Herzlichkeit des Besitzers zu danken ist.

Das Régalido, ein Anwesen im provenzalischen Stil, wurde von Madame Michel mit viel Charme ausgestattet. Im blumengeschmückten Salon brennt an kühlen Tagen Feuer im Kamin. Im ruhigen, gewölbten Speiseraum, wo die Tische wunderschön gedeckt sind, werden Jean-Pierres vorzügliche klassische Gerichte mit provenzalischer Note (Meeresfrüchte, Oliven, Kräuter, Knoblauch) serviert. Sein Sohn ist mittlerweile als Patissier eingestiegen. Neben Silberplatten beherrschen Terrakotta- und Schmiedeeisen das Bild.

Die Zimmer sind sehr persönlich und komfortabel, die Bäder perfekt ausgestattet. Nettes Personal, ein reizender Blumengarten und die mit Mimosen gezierte und von Feigen und Oliven beschattete Terrasse vervollständigen das Bild.

∽

Umgebung: Abtei Montmajour; Arles (10 km); Camargue (10 km) – Flamingos, weiße Pferde; Tarascon (15 km) • **Lage:** im Zentrum, 10 km nö von Arles; großer Parkplatz • **Mahlzeiten:** Frühstück, Mittag- und Abendessen • **Preise:** €€€ **Zimmer:** 15 Doppel- und Zweibettzimmer, 13 mit Bad, 2 mit Dusche, alle mit Telefon, TV, Minibar, Klimaanlage, Safe, Fön • **Anlage:** 2 Aufenthaltsräume, Speiseraum, Bar, Terrasse, Garten • **Kreditkarten:** AE, DC, MC, V • **Kinder:** erlaubt **Behinderte:** 1 speziell ausgerüstetes Zimmer • **Tiere:** erlaubt • **Geschlossen:** Jan. bis Mitte Feb.; Restaurant: Mo und Di, Sa mittags • **Besitzer:** Jean-Pierre Michel

DER SÜDEN

FOX-AMPHOUX

Auberge du Vieux Fox

∼ Dorfgasthaus ∼

Place de l'Eglise, Fox-Amphoux, 83670 Barjols (Var)
Tel 04 94 80 71 69 **Fax** 04 94 80 78 38

Dieses hübsche kleine Dorf geht bis auf die Römerzeit zurück. Das Gasthaus, über das wir nur zufriedene Leserkommentare erhielten, liegt am Hauptplatz und diente einst als Priorei, die direkt an die Kirche aus dem 12. Jh. angebaut war. Wo der Eigentümer M. Staudinger heute seine Rezeption hat, befand sich einst die Sakristei; die Tür führt direkt in den Kirchenraum. Die Gäste werden herzlich empfangen, M. Staudinger, der meist in der von Holzbalken gestützten Rezeption anzutreffen ist, erzählt gern über das Leben und die Geschichte von Fox-Amphoux und die Umgebung.

Die Gästezimmer haben Teppichboden und wurden frisch renoviert. Doppelverglaste Fenster und Satelliten-TV kamen hinzu; Vorhänge und Bettwäsche sind in frischen, hellen Farben gehalten, die Badezimmer sind tadellos. Die zwei kleinen Zimmer im Turm waren einst Mönchszellen. Im Salon stehen bequeme Ledersessel, außerdem gibt es eine Bibliothek und einen Billardtisch. Von den Terrassen hat man einen schönen Blick über Aix und die Alpen der Haute Provence. Fisch wird aus Marseilles geliefert, die ländliche Küche verwendet frische Zutaten vom Bauernhof. Die Portionen sind riesig.

∼

Umgebung: Lac de Sainte-Croix, Gorges de Verdon; Abtei Thoronet, Draguignan (37 km) • **Lage:** im Kern eines Bergdorfes; öffentlicher Parkplatz • **Mahlzeiten:** Frühstück, Mittag- und Abendessen • **Preise:** €€ • **Zimmer:** 8 Doppel- und Zweibettzimmer, 6 mit Bad, 2 mit Dusche, alle mit Telefon, TV und Fön • **Anlage:** Aufenthalts- und Speiseraum, Bibliothek, Billard, Terrassen • **Kreditkarten:** AE, MC, V **Kinder:** erlaubt, wenn auch nicht erwünscht • **Behinderte:** keine besonderen Einrichtungen • **Tiere:** erlaubt • **Geschlossen:** Mitte November bis Ende Dezember **Besitzer:** Rudolph and Nicole Staudinger

DER SÜDEN

Relais de la Magdeleine
❧ Landhotel ❧

13420 Gémenos (Bouches-du-Rhône)
Tel 04 42 32 20 16 **Fax** 04 42 32 02 26
e-mail contact@relais-magdeleine.com **website** www.relais-magdeleine.com

»Am Relais de la Madeleine haben wir einfach nichts auszusetzen; die Atmosphäre, der Empfang und der Service hätten nicht besser sein können, und das Essen war ausgezeichnet. Obwohl wir eines der teureren Zimmer im vorderen Teil des Hotels hatten, hat das Preis-Leistungs-Verhältnis gestimmt.« So die Lobrede auf dieses hübsche alte Haus, die der Gast, der das Hotel vor kurzem für uns besuchte, nur bestätigen konnte.

Das Hotel befindet sich schon seit 1932 in Familienbesitz. Daniel Marignane und seine Frau führten es mit großer Hingabe, viel Charme und Humor. Mittlerweile ist Mme Marignane Witwe, aber ihre drei Söhne arbeiten im Familienbetrieb mit – einer davon ist der (exzellente) Küchenchef. Ständig werden Verbesserungen vorgenommen. Die meisten Zimmer sind bezaubernd renoviert worden und alle sind in elegantem Landhausstil gehalten und mit hübschen Stoffen, Wandbehängen, Antiquitäten und Gemälden eingerichtet. In dem luftigen und geräumigen Erdgeschoss befinden sich die drei Gemeinschaftsräume; im Sommer werden die Mahlzeiten auf der romantischen Terrasse serviert. Es gibt einen Pool – und einen Esel – im Garten, und die kleinen Gäste des Relais de la Magdeleine haben meist viel Spaß mit dem riesigen Schachbrett und dem Ping-Pong-Tisch. Dieses großartige Hotel, in dem man so herzlich aufgenommen wird, ist schon einen Umweg wert.

Umgebung: Cassis (15 km); Marseille (23 km); Aix-en-Provence (25 km) • **Lage:** am Rande der Stadt; mit großem Parkplatz • **Mahlzeiten:** Frühstück, Mittag- und Abendessen • **Preise:** €€–€€€ • **Zimmer:** 24 Doppel-, Zweibett- und Familienzimmer, alle mit Bad oder Dusche; alle Zimmer mit Telefon, TV • **Anlage:** 3 Aufenthalts- und Speiseräume, Aufzug, Terrasse, Garten, Swimmingpool, Tischtennis **Kreditkarten:** MC, V • **Kinder:** erlaubt • **Behinderte:** keine entsprechenden Einrichtungen • **Tiere:** erlaubt • **Geschlossen:** Dezember bis Mitte März **Besitzer:** Familie Marignane

DER SÜDEN

GIGONDAS

Les Florets
~ Landgasthof ~

Route des Dentelles, 84190 Gigondas (Vaucluse)
Tel 04 90 65 85 01 **Fax** 04 90 65 83 80

Das Les Florets quillt vor Blumen geradezu über: Man findet sie im Frühling auf den umliegenden Hügeln, in Töpfen und Vasen auf der Terrasse und im Speiseraum, auf den Vorhängen, Lampenschirmen und den hübschen, handbemalten Tellern. Die Lage des Hotels – einsam inmitten bewaldeter Hügel gegenüber den dramatischen Dentelles de Montmirail – ist einfach bezaubernd, und das Ambiente ist genau richtig für Gäste, die traditionsreiche, familiengeführte Hotels mögen. Die Familie Bernard hat das Hotel 1960 gekauft. Inzwischen wurden alle Zimmer und die einst so düsteren Korridore renoviert; damit ist aus dem Les Florets ein sehr angenehmer Aufenthaltsort für ein paar Tage geworden. Die Zimmer sind eher nüchtern geblieben, aber die Badezimmer sind eine wirkliche Überraschung; für eine Zwei-Sterne-Unterkunft sind sie ausgesprochen opulent: besonders bequeme Badewannen, teuer geflieste Wände, gute Handtücher und eine intelligente Beleuchtung. Die Zimmer in dem Nebengebäude im Garten sind die hübschesten; sie haben eigene kleine Terrassen, auf denen man frühstücken kann. Im Sommer werden die Mahlzeiten auf der wunderschönen schattigen Terrasse serviert.
Die Bernards bauen auch ihren eigenen Wein – Gigondas und Vacqueras – an und haben einen ausgezeichneten Weinkeller. Die Umgebung bietet sich ebenfalls für Wanderurlaube an.

Umgebung: Weinberge des Côtes-du-Rhône; Vaison-la-Romaine (15 km) • **Lage:** inmitten der Hügel, 2 km östlich von Gigondas; mit eigenem Parkplatz • **Mahlzeiten:** Frühstück, Mittag- und Abendessen • **Preise:** €€ • **Zimmer:** 15 Doppel- und Zweibettzimmer, 1 Familienzimmer, alle mit Bad; alle Zimmer mit Telefon, TV, Fön **Anlage:** Aufenthaltsraum, Bar, Restaurant, Terrasse • **Kreditkarten:** AE, DC, MC, V **Kinder:** willkommen • **Behinderte:** Zugang möglich • **Tiere:** erlaubt • **Geschlossen:** Januar bis Mitte März; Restaurant mittwochs, Nov. und Dez. montags und dienstags • **Besitzer:** Familie Bernard

DER SÜDEN

Hostellerie du Grand Duc
～ Dorfgasthof ～

2, route de Boucheville, 11140 Gincla (Aude)
Tel 04 68 20 55 02 **Fax** 04 68 20 61 22
e-mail host-du-grand-duc@ataraxie.fr **website** www.host-du-grand-duc.com

Dieses hübsche kleine Gasthaus ist ein restauriertes Herrenhaus aus dem 18. Jh. (der *maître* bezog seine Einkünfte aus den umliegenden Wäldern) und wurde vor mehr als 10 Jahren vom Sohn der Familie Bruchet zunächst als Restaurant eröffnet. M. Bruchet ist Koch, während sein Vater als Weinprüfer im Burgund arbeitet. Der großzügige Hausgang zeigt noch die alten Steinmauern, das schöne alte Treppenhaus besitzt Terrakottafliesen und eine schmiedeeisernes Geländer. Der Speisesaal ist geräumig, die Küche supermodern (mit dem neuesten elektronisch gesteuerten Ofen zum Brot backen). Die Gästezimmer sind großzügig, die kitschigen Tapeten, die so gar nicht zu den schönen klaren Linien und weiß getünchten Wänden des Speisesaals passen, etwas enttäuschend. Bewunderer kehren jedoch jedes Jahr wieder und schreiben schmeichelnde Bemerkungen ins Gästebuch: »Wird immer besser – alles ausgezeichnet: Empfang, Service, Essen und Komfort.« Unser Gutachter fand das Haus – die Tapeten ausgenommen – entzückend. Angenehme Terrasse mit Blick auf einen Brunnen und alte Lindenbäume. Im Sommer isst man bei Kerzenlicht im Freien.

～

Umgebung: Quillan (23 km), Forêt de Fanges • **Lage:** in einem kleinen Dorf 63 km nordwestlich von Perpignan; mit eigenem Parkplatz • **Mahlzeiten:** Frühstück, Mittag- und Abendessen • **Preise:** € • **Zimmer:** 12 Doppel-, Zweibett- und Familienzimmer, alle mit Bad oder Dusche, alle mit Telefon, TV, Fön • **Anlage:** Aufenthaltsraum, Speiseraum, Bar, Terrasse • **Kreditkarten:** MC, V • **Kinder:** erlaubt **Behinderte:** keine besonderen Einrichtungen • **Tiere:** erlaubt • **Geschlossen:** 15. Nov.–15. März • **Besitzer:** M. und Mme Bruchet

DER SÜDEN

GRIMAUD

Le Coteau Fleuri
~ Dorfhotel ~

Place des Pénitents, 83310 Grimaud Village (Var)
Tel 04 94 43 20 17 **Fax** 04 94 43 33 42
e-mail coteaufleuri@wanadoo.fr **website** www.coteaufleuri.fr

Der Hotelname deutet schon auf die Lage des Hotels am Ortsrand von Grimaud hin: Das alte Steinhaus im provenzalischen Stil steht auf einem Hügel, umgeben von einem terrassierten, mit vielen Bäumen bestandenen Garten.

Der Stil im Inneren ist rustikal und einladend: schöne Terrakottabodenfliesen, weiße Wände und wunderbare Arrangements frischer Blumen. Die attraktiven Gemeinschaftsräume bestehen aus einer kleinen Bar, einem Speiseraum und einem großen *salon* mit Fliesenboden und einem Flügel. Die holzüberdachte Terrasse mit provenzalisch gedeckten Tischen, rustikalen Holzstühlen und bougainvilleabewachsenen Wänden ist am Abend ein idealer Platz, um den Sonnenuntergang über den Weingärten zu beobachten und das hervorragende Essen – auf der Menüspeisenkarte stehen bevorzugt frischer Fisch und Gemüse – zu genießen. Die Zimmer – einige klein, aber alle bequem – bieten hübsche Möbel und Drucke sowie kleine gekachelte Badezimmer und eine schöne Aussicht.

Monsieur Minard ist ein entspannter *patron*, dessen Gäste den Besuch des Hotels als eine rundherum positive Erfahrung im Gedächtnis behalten sollen, wozu auch die moderaten Preise für Unterkunft und Verpflegung beitragen.

Umgebung: St-Tropez (10 km); Pampelonne (15 km) • **Lage:** am Dorfrand; hinter einer Kapelle; mit eigenem Parkplatz • **Mahlzeiten:** Frühstück, Mittag- und Abendessen • **Preise:** €€ • **Zimmer:** 14; 13 Doppel- und Zweibettzimmer, 1 Familienzimmer, alle mit Bad oder Dusche; alle Zimmer mit Telefon • **Anlage:** Aufenthaltsraum, Speiseraum, Bar, Terrasse, Garten • **Kreditkarten:** AE, MC, V • **Kinder:** willkommen • **Behinderte:** keine besonderen Einrichtungen • **Tiere:** erlaubt • **Geschlossen:** 2 Wochen vor Weihnachten, 2 Wochen Anfang Januar • **Besitzer:** M. Minard

DER SÜDEN

HAUT-DE-CAGNES

Le Cagnard
~ Mittelalterlicher Gasthof ~

Rue Pontis-Long, Haut-de-Cagnes, 06800 Cagnes-sur-Mer (Alpes-Maritimes)
Tel 04 93 20 73 21 **Fax** 04 93 22 06 39
e-mail cagnard@relaischateaux.com **website** www.le-cagnard.com

Der kritische Bericht eines Lesers hat uns veranlasst, zweimal einen Prüfer in das reizvolle Hotel an den alten Befestigungsmauern des Bergdorfes zu schicken, um den Service des Restaurants (Michelin-Stern) unter die Lupe zu nehmen. Schließlich ist es teuer genug, um gewisse Erwartungen zu wecken. Zum Glück fanden wir alles in Ordnung.

Mehrere mittelalterliche Häuser wurden behutsam umgebaut, die meisten mit Eingang zur Straße. Im Hauptgebäude gibt es einen eindrucksvollen Speiseraum mit altem Gewölbe, wo man bei Kerzenlicht diniert. Spektakulär aber ist der Speiseraum oben, der auf die Terrasse führt. Die bemalte Decke wird auf Knopfdruck geöffnet, und man sitzt unter freiem Himmel. Die Zimmer sind unterschiedlich; die meisten vermitteln durch alte Steinböden und stilvolle Möblierung ein mittelalterliches Flair, aber es gibt Ausnahmen. Drei Räume in einem der Häuser haben einen reizenden Garten. Die Zufahrt in einem größeren Auto ist schwierig, und zu einigen Zimmern sind die Wege (mit Gepäck) recht lang.

~

Umgebung: Maison de Renoir, Château Grimaldi – Museum für moderne Kunst mit Renaissance-Hof; Nizza (15 km); Grasse (30 km) – Parfüms • **Lage:** im Zentrum des Bergdorfes, 2 km über Cagnes; Parkplatz 300 m entfernt am Dorfrand • **Mahlzeiten:** Frühstück, Mittag- und Abendesse, Zimmerservice • **Preise:** €€€–€€€€ **Zimmer:** 25; 15 Doppel- und Zweibettzimmer, 10 Appartements, alle mit Bad, Telefon, TV, Minibar, Fön, Klimaanlage • **Anlage:** Speiseraum, Bar, Terrasse • **Kreditkarten:** AE, DC, MC, V • **Kinder:** erlaubt • **Behinderte:** keine speziellen Einrichtungen • **Tiere:** erlaubt • **Geschlossen:** nie; Restaurant Do mittags und von Nov. bis Mitte Dez. • **Besitzer:** Familie Barel Laroche

Der Süden

Le Mas des Grès
~ Ländliches Hotel ~

La route d'Apt, 84800 Lagnes (Vaucluse)
Tel 04 90 20 32 85 **Fax** 04 90 20 21 45
e-mail info@masdesgres.com **website** www.masdesgres.com

Nina und Thierry Crovara führen ihr Hotel – ein renoviertes Bauernhaus – auf eine so freundliche und entspannte Weise, dass viele Eltern mit ihren Kindern hierher kommen. Es stehen Kinderstühle und -betten bereit; für ältere Kinder gibt es eine Tischtennisplatte und einen Swimmingpool. Die Zimmer sind ausgesprochen praktisch und funktionell eingerichtet: rohverputzte Wände und provenzalische Stoffe, die relativ unverwüstlich sind.

Vor dem Abendessen können die Gäste auf der weinbewachsenen Terrasse sitzen und den köstlichen geeisten Orangenwein probieren, den Thierry selbst herstellt. Er ist der Küchenchef und wurde in Ninas Geburtsland – der Schweiz – ausgebildet. Er zaubert, nachdem er sich nach den Wünschen seiner Gäste erkundigt hat, an sechs Abenden in der Woche ein Menü mit Zutaten aus der Region (am siebten Abend haben die Crovaras frei und mischen sich unter die Gäste). Bei der Planung des Menüs werden selbstverständlich auch die Geschmäcker der Kinder berücksichtigt.

Leider dringen Verkehrsgeräusche von der RN100 zum Hotel herüber.

~

Umgebung: L'Isle-sur-la-Sorgue (6 km); Avignon (28 km); Golfplatz • **Lage:** an der RN100 außerhalb des Ortes; mit eigenem Parkplatz • **Mahlzeiten:** Frühstück, leichtes Abendessen nach Absprache • **Preise:** €€ • **Zimmer:** 14 Doppel-, Zweibett-, Dreibett- und Familienzimmer, alle mit Bad; alle Zimmer mit Telefon, CD-Spieler; TV auf Anfrage • **Anlage:** Aufenthaltsräume, Fernsehraum, Speiseraum, Terrasse, Garten, Swimmingpool, Tischtennis • **Kreditkarten:** MC, V • **Kinder:** willkommen • **Behinderte:** 2 Zimmer im Erdgeschoss geeignet • **Tiere:** nicht erlaubt **Geschlossen:** Dezember bis März • **Besitzer:** Nina und Thierry Crovara

DER SÜDEN

LLO

Atalaya
~ Dorfgasthof ~

66800 Llo (Pyrénées-Orientales)
Tel 04 68 04 70 04 **Fax** 04 68 04 01 29
e-mail atalaya66@aol.com **website** www.atalaya66.com

Dieses kleine Hotel mit Charme liegt in einer herrlichen unverdorbenen Berglandschaft und entlockte dem Gast, der die Auberge Atalaya für uns besuchte, wahre Begeisterungsstürme: »Einfach zauberhaft.« Das kleine Dorf Llo klammert sich an einen Berghang. Das Atalaya selbst scheint aus einem Felsen zu beiden Seiten einer Bergstraße herauszuwachsen und wird leicht übersehen. Als Baumaterial verwendete man die Steine und das Holz eines verfallenen Bauernhofs, und so fügt sich das Haus absolut harmonisch in seine natürliche Umgebung. Seine distinguierte, kultivierte Atmosphäre verdankt das Hotel hauptsächlich der Persönlichkeit und dem Geschmack Mme Toussaints, die das Hotel seit dem Tod ihres Ehemannes ganz alleine führt.

Antike Möbel und geschmackvolle Stoffe verleihen dem Haus eine private Atmosphäre. Die Zimmer sind ruhig, bequem und von weichem Licht durchflutet. Der Speiseraum ist von rustikalem Gepräge, Antiquitäten zieren die steinernen Wände. Auf der Terrasse kann man sich in abgelegene Eckchen zurückziehen, und überall hat man eine wunderschöne, weit reichende Aussicht. Das ausgezeichnete Essen verstärkt den einzigartigen Eindruck noch, den man in der Auberge Atalaya gewinnt.

~

Umgebung: Odeillo (10 km), Ront-Romeu (15 km) • **Lage:** mitten in einem kleinen Dorf, 2 km östlich von Saillagouse und 10 km östlich von Bourg-Madame; mit eigenem Parkplatz • **Mahlzeiten:** Frühstück, Mittag- und Abendessen • **Preise:** €€
Zimmer: 13; 12 Doppelzimmer, 1 Suite; 10 mit Bad, 3 mit Dusche, alle mit Telefon, TV, Minibar, Safe • **Anlage:** Aufenthaltsraum, Bar, Speisesaal, Terrasse, Garten, Pool • **Kreditkarten:** MC, V • **Kinder:** erlaubt • **Behinderte:** keine Einrichtungen
Tiere: erlaubt • **Geschlossen:** Anfang Nov. bis Ende Dez., Mitte Jan. bis Ostern
Besitzerin: Mme Toussaint

DER SÜDEN

Le Domaine du Colombier

~ Alte Kutschenstation ~

Route de Donzère, 26780 Malataverne (Drôme)
Tel 04 75 90 86 86 **Fax** 04 75 90 79 40
e-mail domainecolombier@voila.fr **website** www.domaine-colombier.com

Dieses schöne Steingebäude aus dem 14. Jh. ist sorgfältig restauriert worden. Das farbenfrohe Haus ist voller Blumen und war einst eine Unterkunft für Pilger auf ihrem Weg nach Santiago di Compostela. Noch heute ist es ein idealer Ausgangspunkt für Reisende; es liegt zwar in der Nähe der Autobahn, aber dennoch auf dem Land. Im Domaine du Colombier mit seiner weinbewachsenen Fassade, den Treppen aus Stein, dem Ziegeldach, den schmiedeeisernen Geländern und den vielen Blumen hat man wirklich das Gefühl, auf dem Weg nach Süden zu sein.

Auf jedem Tisch stehen auf dem Anwesen wild wachsende Blumen; der Service ist effizient und professionell. Bei gutem Wetter – und wenn der gefürchtete Mistral nicht weht – können die Gäste auf der Terrasse speisen, die wiederum voller Blumen ist und sich im abendlichen Lampenschein ganz bezaubernd ausmacht. Es gibt ein großes Restaurant mit einer gewölbten Decke. Auch auf den Tischdecken, Vorhängen, Bettbezügen und Tapeten erscheinen Blumen; die Stoffe mit Blumenmuster sowie die Rohrstühle kann man in einem dem Hotel angegliederten Geschäft kaufen.

~

Umgebung: Montélimar (10 km); Valence (50 km) • **Lage:** in eigenem Anwesen, an der D144a und der A7 nach Donzère; mit eigenem Parkplatz • **Mahlzeiten:** Frühstück, Mittag- und Abendessen • **Preise:** €€ • **Zimmer:** 25; 22 Doppel- und Zweibettzimmer, 3 Suiten, 24 mit Bad, 1 mit Dusche; alle Zimmer mit Telefon, TV, Minibar, Klimaanlage; einige Zimmer mit Fön • **Anlage:** Aufenthaltsraum, Restaurant, Terrasse, Garten, Swimmingpool, *pétanque* • **Kreditkarten:** AE, DC, MC, V **Kinder:** willkommen • **Behinderte:** keine entsprechenden Einrichtungen • **Tiere:** erlaubt **Geschlossen:** Oktober bis Februar montags, Mitte Februar bis März, Ende Oktober bis Anfang November • **Besitzer:** M. und Mme Chochois

DER SÜDEN

MÉNERBES

La Bastide de Marie
~ Ländliches Hotel ~

Route de Bonnieux, Quartier de la Verrerie, 84560 Ménerbes (Vaucluse)
Tel 04 90 72 30 20 **Fax** 04 90 72 54 20
e-mail bastidemarie@c-h-m.com **website** www.labastidemarie.com

Das Bastide de Marie ist nicht ganz einfach zu finden; es gibt nur ein diskretes Hinweisschild, das man gerne übersieht. Erst einmal dort angekommen, ärgerte uns allerdings der manierierte Stil des Hauses: ganze Wände voller offensichtlich nur zu Dekorationszwecken gekaufter alter Bücher, junge Männer mit Pferdeschwänzen und ältere Gäste mit ihren Schmusehunden. Danach warfen wir einen Blick auf die Zimmer des alten Bauernhauses: wie aus einem Hochglanzmagazin entsprungen, in Grau- und Cremetönen gehalten, aber sehr hübsch und bequem und mit exzellenten Bädern. Doch wir blieben skeptisch. Bis wir uns zum Mittagessen hinsetzten ... was sich als das beste Essen herausstellte, das wir seit langem gegessen hatten. Außerdem wurde es von einem höflichen und freundlichen Personal serviert. Sofort waren wir milder gestimmt, auch angesichts der Preise, in denen alles enthalten ist, angefangen vom Zimmer über das Frühstück, den Aperitif, das Mittag- oder Abendessen und den Nachmittagstee bis hin zum hoteleigenen, selbst gekelterten Wein. Und so entschieden wir, dass das Hotel angemessen teuer und eigentlich recht reizvoll ist.
Das Bastide de Marie ist im Juni 2000 als Schwesterhotel des Coin du Feu in Megève (siehe Seite 171) und des Cour des Loges in Lyon (Seite 168) eröffnet worden; Berichte sind uns herzlich willkommen.

~

Umgebung: Bonnieux (10 km); Avignon (40 km) • **Lage:** in den Weinbergen, 2 km östlich von Ménerbes, diskret ausgeschildert; mit eigenem Parkplatz • **Mahlzeiten:** Frühstück, Mittag- und Abendessen; Zimmerservice • **Preise:** €€€€ • **Zimmer:** 14; 8 Doppel- und Zweibettzimmer, 6 Suiten, alle mit Bad; alle Zimmer mit Telefon, TV, Klimaanlage, Minibar, Safe, Fön • **Anlage:** Aufenthaltsraum, Frühstücksraum, Speiseraum, Wintergarten, Boutique, Weinladen, Innenhof, Terrasse, Garten, 2 Swimmingpools • **Kreditkarten:** AE, DC, MC, V • **Kinder:** erlaubt • **Behinderte:** nicht geeignet • **Tiere:** erlaubt • **Geschlossen:** Mitte November bis Mitte März • **Besitzer:** Jocelyn und Jean-Louis Sibuet

DER SÜDEN

Relais Chantovent
~ Ländliches Hotel ~

17, Grande Rue, 34210 Minerve (Hérault)
Tel 04 68 91 14 18 **Fax** 04 68 91 81 99

Der Ort Minerve, ein alter kathargischer Stützpunkt, ist etwas ganz Besonderes: Die befestigte Hügelstadt aus dem 14. Jh. ist bislang vom Massentourismus verschont geblieben. Es gibt zwar Touristen, aber noch keine Massenabfertigung, und die kleine Stadt verfügt nach wie vor über ein eigenes organisches Leben, was sehr anziehend ist. Es gibt nur zwei schmale Straßen – eine führt nach oben, die andere nach unten –, auf denen Autos verboten sind. Dies sollte (außer für gehbehinderte Menschen) keine weitere Schwierigkeit darstellen; der Weg nach oben lohnt sich außerdem.

Das Hotel besteht eigentlich aus drei Teilen, die alle gleichermaßen attraktiv sind. Es gibt ein Restaurant und eine wunderschöne Terrasse, die über eine tiefe Schlucht auf einen Kalksteinfelsen voller Vögel und Weingärten blickt. In einem separaten Gebäude sind die Zimmer untergebracht, und in einer Nebenstraße um die Ecke gibt es in einem alten Dorfhaus, das mit viel Sorgfalt und Charme restauriert worden ist, einen Aufenthaltsraum und einen Kamin, harmonisch mit antiken Möbeln eingerichtet.

Die ganze Einrichtung wurde mit viel Liebe zum Detail, aber gleichzeitig sehr unprätentiös vorgenommen: helle Wände, attraktive Stiche und Gemälde. Die Evenous – er stammt aus der Bretagne und ist ein Experte darin, aus den Zutaten der Region ein reichliches Abendessen zu zaubern – sind außerordentlich engagiert; sie haben viel Geschmack und lieben ihr Zuhause.

~

Umgebung: Carcassonne (45 km); Narbonne (32 km); St-Pons (29 km) • **Lage:** in einer kleinen historischen Stadt nordwestlich von Carcassonne (Zugang nur ohne Auto); Parkplatz vor der Stadt • **Mahlzeiten:** Frühstück, Mittag- und Abendessen **Preise:** € • **Zimmer:** 10 Doppelzimmer, 1 mit Bad, 9 mit Dusche • **Anlage:** Aufenthaltsraum, Speiseraum, Terrasse • **Kreditkarten:** MC, V • **Kinder:** erlaubt **Behinderte:** nicht geeignet • **Tiere:** erlaubt • **Geschlossen:** Mitte Dezember bis Mitte Januar • **Besitzer:** M. und Mme Evenou

DER SÜDEN

MOUGINS

Manoir de l'Etang
～ Villenhotel auf dem Land ～

66, allée du Manoir, 06250 Mougins (Alpes-Maritimes)
Tel 04 92 28 36 00 **Fax** 04 92 28 36 10
e-mail manoir.letang@wanadoo.fr **website** www.manoir-de-letang.com

Das Hotel ist ein ruhiger, eleganter Zufluchtsort am Rande der geschäftigen und sehr beliebten Stadt Mougins, eine außerordentlich hübsche efeubewachsene Villa aus dem 19. Jh. mit hellem Gemäuer und weiße Fensterläden. Im Inneren des Hauses dient der Empfangsbereich gleichzeitig als Aufenthaltsraum mit offenem Kamin, kräftigen Farben und ländlichen Möbeln. Das angrenzende Restaurant mit seinen strahlend gelben Wänden blickt auf den Swimmingpool; zudem gibt es eine gefliesste Terrasse, auf der man im Sommer zu Abend essen kann. Vom ganzen Hotel aus hat man eine schöne Aussicht auf die sanften grünen Hügel der Umgebung. Der farbenfrohe Garten ist voller mediterraner Pflanzen und Bäume.
Die Schlafzimmer, auf verschiedene Gebäude aufgeteilt, sind individuell ausgestattet; weiße Wände, Holzböden und schmiedeeiserne Einrichtungsgegenstände schaffen Landhausatmosphäre. Einige haben eine eigene Terrasse.
Das Personal ist freundlich und hilfsbereit. Das italienische Restaurant *Il Lago* hat einen guten Ruf.

～

Umgebung: Cannes; Grasse; Picasso-Museum in Vallauris (10 km) • **Lage:** auf großem Anwesen, an der Straße nach Antibes, 2 km außerhalb des Stadtzentrums; mit eigenem Parkplatz • **Mahlzeiten:** Frühstück, Mittag- und Abendessen **Preise:** €€€ • **Zimmer:** 21; 17 Doppel- und Zweibettzimmer, 4 Suiten, alle mit Bad; alle Zimmer mit Telefon, TV, Minibar, Safe, Klimaanlage • **Anlage:** Aufenthaltsbereich, Restaurant, Terrasse, Garten, Swimmingpool • **Kreditkarten:** AE, DC, MC, V • **Kinder:** erlaubt • **Behinderte:** 2 Zimmer mit entsprechenden Einrichtungen • **Tiere:** nicht erlaubt • **Geschlossen:** November bis März • **Besitzerin:** Mme Richards

DER SÜDEN

MOUSTIERS-STE-MARIE

La Bastide de Moustiers
∼ Landhaushotel ∼

La Grisolière, 04360 Moustiers-Ste-Marie (Alpes-de-Haute-Provence)
Tel 04 92 70 47 47 **Fax** 04 92 70 47 48
e-mail contact@bastide-moustiers.com **website** www.bastidemoustiers.com

Das ist die »Madeleine« von Küchenchef Alain Ducasse, der im
Hôtel de Paris in Monte Carlo drei Michelin-Sterne erkochte. In
einer blassrosafarben restaurierten *bastide* aus dem 17. Jh., unweit
der dramatischen Verdon-Schlucht hat er sich sein eigenes Paradies
mit dem Flair vergangener Zeiten geschaffen. Sein Landhaus ist einfach ein Triumph für alle Provencefans. Köstliche Küchendüfte ziehen den ganzen Tag durch das Haus. Die weißgewandeten Köche
kann man beim Ernten von Salat und frischen Kräutern im Gemüsegarten, der allein schon ein Kunstwerk ist, beobachten. Die *bastide* und der abgeschieden gelegene Swimmingpool sind von La-
vendelbeeten umgeben, und jedes der sieben romantisch
dekorierten Zimmer erinnert an eine Farbe oder an ein Bild der Provence. Der Platz reicht hier nicht aus, um M. Ducasses Schöpfung
oder den herzlichen Empfang durch das freundliche Personal ge-
bührend zu loben. In der Morgenluft auf M. Ducasses Terrasse sitzen, eine Schale *café au lait* trinken, frisches Brot aus der Dorf-
bäckerei mit hausgemachter Rhabarbermarmelade essen, auf die
glasierten Blumentöpfe mit den weißen Petunien blicken ist ein Erlebnis, das man so schnell nicht vergessen wird. Das Essen ist ebenso
bemerkenswert: traditionelle Gerichte mit viel Olivenöl und
Gemüse aus dem Garten.

∼

Umgebung: Lac Ste-Croix; Gorges du Verdon • **Lage:** zu Fuß von Moustiers erreichbar; mit eigenem Parkplatz und Garagen • **Mahlzeiten:** Frühstück, Mittag-
und Abendessen • **Preise:** €€€€ • **Zimmer:** 12; 11 Doppel- und Zweitbettzimmer,
1 Suite; alle mit Bad, Telefon, TV, Klimaanlage, Minibar, Fön • **Anlage:** Aufenthaltsraum, Speiseraum, Bar, Terrasse, Garten, Pool, Reiten • **Kreditkarten:** AE, DC,
MC, V • **Kinder:** willkommen • **Behinderte:** Zugang möglich • **Tiere:** nicht erlaubt
Geschlossen: nie • **Besitzer:** Alain Ducasse

DER SÜDEN

NIZZA

Le Grimaldi
~ Bed-&-Breakfast in der Stadt ~

15, rue Grimaldi, 06000 Nice (Alpes-Maritimes)
Tel 04 93 16 00 24 **Fax** 04 93 87 00 24
e-mail zedde@le-grimaldi.com **website** www.le-grimaldi.com

Das Le Grimaldi sollte man nicht mit dem nahe gelegenen, eher düster aussehenden Nice Grimaldi verwechseln. Das Le Grimaldi, ein anspruchsvolles und elegantes kleines Hotel, ist erst 1999 eröffnet worden. Die Engländerin Joanna Zedde und ihr französischer Ehemann ließen die elegante Stadtvilla aus den 1920er Jahren mit weißen Fensterläden und schmiedeeisernen Balkons von Grund auf renovieren. Die Lage des Hotels – in lebhafter Umgebung, zwischen eleganten Geschäften, Bars und Restaurants – ist geradezu ideal, und der Strand ist auch nur zehn Minuten zu Fuß entfernt.

Das Erdgeschoss nimmt ein großer Empfangsbereich ein, der in hellen Rot- und Gelbtönen gehalten ist und gleichzeitig als Frühstücksraum, Bar und Aufenthaltsraum dient; er ist voller frischer Blumen und grüner Pflanzen. Die bequemen Zimmer sind alle geschmackvoll (aber nicht übertrieben) mit zueinander passenden Stoffen und Tapeten eingerichtet, die sich gegen das ansonsten vorherrschende kühle Weiß absetzen. Einige Zimmer sind in leuchtendem Sonnegelb gehalten, andere in eher zurückhaltenden Blau- und Grüntönen. Die zierlichen schmiedeeisernen Möbel passen zu allen Farben sehr gut. Es gibt zwei Kategorien von Zimmern – die Zimmer der Kategorie »supérieur« sind sogar groß genug für ein einladend kuscheliges Sofa. Die hellgelben Handtücher bilden einen hübschen Farbtupfer in den makellosen, ganz in Weiß gehaltenen Badezimmern. Ein Bed-&-Breakfast-Hotel mit Stil.

Umgebung: Altstadt; Oper; Strand • **Lage:** in einer Straße westlich der Altstadt; öffentlicher Parkplatz in der Nähe (50 m) • **Mahlzeiten:** Frühstück • **Preise:** €€ **Zimmer:** 46 Doppel- und Zweibettzimmer, alle mit Bad; alle Zimmer mit Telefon, TV, Klimaanlage, Minibar, Safe, Fön • **Anlage:** Bar/Frühstücks-/Aufenthaltsraum, Aufzug • **Kreditkarten:** AE, DC, MC, V • **Kinder:** erlaubt • **Behinderte:** keine entsprechenden Einrichtungen • **Tiere:** erlaubt • **Geschlossen:** nie • **Besitzerin:** Joanna Zedde

Der Süden

La Pérouse
~ *Stadthotel* ~

11, quai Rauba-Capeu, 06300 Nice (Alpes-Maritimes)
Tel 04 93 62 34 63 **Fax** 04 93 62 59 41
e-mail lp@hroy.com **website** www.hroy.com/la-perouse

Das Pérouse liegt am östlichen Ende der Strandpromenade, gleich unterhalb von Nizzas *château*. Nur die Rezeption geht zur Straße hinaus; die übrigen Räumlichkeiten liegen im hinteren Teil des Hauses. Der Empfangsbereich gibt den Ton des gesamten Hotels an: Der gastfreundliche kleine Raum ist mit ländlichen Stoffen und Möbeln im Landhausstil geschmückt. Der Rest des vor einigen Jahren renovierten Hotels ist ähnlich eingerichtet: provenzalische und ländliche Stoffe, helle geflieste Böden, gebleichtes Holz, schmiedeeiserne Möbel, warme, sonnige Farben, ländliche Drucke sowie Terrakottafliesen und Grautöne im Badezimmer. Alle Zimmer verfügen über einen eigenen Balkon oder eine eigene Terrasse; einige sind riesig, vor allem die im obersten Stockwerk; andere haben eine großartige Aussicht über das Meer.
Die Gemeinschaftsterrasse liegt direkt unter der überhängenden Klippe neben einem kleinen beheizten Swimmingpool. Zudem gibt es eine Dachterrasse mit einem Außenwhirlpool, einem kleinen Fitnessraum, einer Sauna und einem Solarium. Im hübschen Frühstücksraum stehen Sofas und Tische voller Tageszeitungen. Im Sommer kann man die Mahlzeiten unter den Zitronenbäumen einnehmen. Das Hotel ist tadellos gepflegt; Personal und Geschäftsführung sind ausgesprochen freundlich.

Umgebung: *château*; Hafen; Altstadt; Blumenmarkt; Strand • **Lage:** an der Strandpromenade; bewachter öffentlicher Parkplatz • **Mahlzeiten:** Frühstück; Mittag- und Abendessen Mitte Mai bis Mitte September • **Preise:** €€€€ **Zimmer:** 62; 58 Doppel- und Zweibettzimmer, 4 Suiten, alle mit Bad oder Dusche; alle Zimmer mit Telefon, TV, Klimaanlage, Minibar, Safe, Fön • **Anlage:** Aufenthaltsraum, Frühstücksraum, Bar, Fitnessraum, Sauna, Solarium, Aufzug, Terrassen, Swimmingpool, Außenwhirlpool • **Kreditkarten:** AE, DC, MC, V • **Kinder:** erlaubt **Behinderte:** Zugang schwierig • **Tiere:** erlaubt • **Geschlossen:** nie • **Geschäftsführerin:** Laure Giometti

DER SÜDEN

Windsor
~ Stadthotel ~

11, rue Dalpozzo, 06000 Nice (Alpes-Maritimes)
Tel 04 93 88 59 35 **Fax** 04 93 88 94 57
e-mail reservation@hotelwindsornice.com **website** www.hotelwindsornice.com

Das Hotel Windsor in einem Gebäude aus der Zeit um 1900 ist von außen eher unauffällig. Im Inneren jedoch – in der Empfangshalle – wird der Gast durch einen Schrein aus Thailand, indonesischen Wandschmuck und eine zierliche, in einer Ecke aufgehängte Skulptur überrascht. Die Aufzugfahrt in den fünften Stock wird von dem Geräusch eines startenden Raumschiffs begleitet; dort befindet sich ein Fitnessraum im asiatischen Stil und ein marokkanisches Dampfbad. 20 der Zimmer sind von zeitgenössischen Künstlern in einem überwiegend geradlinigen, einfachen Stil eingerichtet worden. Einige sind ganz in Weiß gehalten, andere wiederum weisen ausgesprochen starke Farben auf; die Wand in einem Zimmer ist über und über mit Graffiti bemalt, jedes ist auf seine Weise einzigartig. Eines der Zimmer ist ganz in Sandtönen gehalten – der Künstler stellte sich vor, sich im Inneren einer Pyramide zu befinden. Betritt man das dazugehörige Badezimmer, in dem goldene Sterne an die nachtblaue Decke gemalt sind, erklingt die Filmmusik von »Lawrence von Arabien«. Die übrigen Zimmer sind etwas uniformer mit modernen italienischen Fresken oder orientalischen Szenen gestaltet; diese verfügen über naturbelassene Stoffe und elegante weiße Bäder. Einige haben auch eigene Terrassen. Im Sommer wird das Frühstück in dem hübschen Garten voller exotischer Bäume, Hecken und Blumen serviert, im Winter in dem bistroähnlichen Restaurant.

Umgebung: Musée Massenat; Museum zeitgenössischer Kunst; Altstadt • **Lage:** im Zentrum der Neustadt, zwischen dem Bahnhof und dem Meer; mit eigenem Parkplatz • **Mahlzeiten:** Frühstück, Mittagessen (im Sommer) und Abendessen
Preise: €€ • **Zimmer:** 58; 56 Doppel- und Zweibettzimmer, 2 Suiten, alle mit Bad oder Dusche; alle Zimmer mit Telefon, TV, Klimaanlage, Minibar, Safe • **Anlage:** Restaurant, Bar, Fitnessraum, Dampfbad, Aufzug, Terrasse, Garten, Swimmingpool
Kreditkarten: AE, MC, V • **Behinderte:** keine entsprechenden Einrichtungen
Tiere: erlaubt • **Geschlossen:** nie • **Besitzer:** Bernard Rédolfi

DER SÜDEN

OLARGUES

Domaine de Rieumégé

∼ Landhotel ∼

Route de St-Pons, 34390 Olargues (Hérault)
Tel 04 67 97 73 99 **Fax** 04 67 97 78 52
e-mail rieumege@wanadoo.fr

Das Hotel ist in einem behutsam restaurierten Steinhaus aus dem 17. Jh. untergebracht. Es liegt in einer hübschen Hügellandschaft mitten im Nationalpark Haut Languedoc und nicht weit von Olargues entfernt, das als eines der schönsten Dörfer in ganz Frankreich gilt. Die Umgebung ist ideal für einen Spaziergang vor dem Frühstück oder nach dem Abendessen. In der Gegend gibt es nur wenige Hotels, und obwohl die Straße nahe am Haus vorbeiführt, hört man kaum einen Laut und spürt nur die erholsame Ruhe. Das ansprechende Restaurant mit der hohen Balkendecke lässt auch jetzt noch seine Vergangenheit als Scheune erkennen. Unser Gutachter speiste hervorragend und vermerkte einen angenehmen, »nicht zu professionellen Service«. Die Gästezimmer sind mit ehrwürdigen Antiquitäten eingerichtet und komfortabel, der Aufenthaltsraum mit Holzbalken, offenem Kamin und Öllampen ist gemütlich und mit einigen schönen Antiquitäten bestückt. In einem kleineren Nebengebäude liegen ein Luxuszimmer und eine Suite mit eigenem Garten und Swimmingpool. Das Angebot an Gästezimmern reicht von »Komfort« über »Gehoben« bis zu »Prestige« und passt für jeden Geldbeutel.

∼

Umgebung: St-Pons (17 km), Béziers (50 km) • **Lage:** auf dem Land, 3 km von Olargues; mit eigenem Parkplatz • **Mahlzeiten:** Frühstück, Mittag- und Abendessen • **Preise:** €€ • **Zimmer:** 14; 10 Doppelzimmer, 3 Familienzimmer, 1 Suite; alle mit Bad oder Dusche, Telefon, TV auf Wunsch • **Anlage:** Aufenthaltsraum Speiseraum, Garten, Pool, Tennisplatz • **Kreditkarten:** AE, MC, V • **Kinder:** erlaubt **Behinderte:** keine besonderen Einrichtungen • **Tiere:** erlaubt • **Geschlossen:** Jan. bis März • **Besitzer:** M. Henrotte

DER SÜDEN

Le Relais du Val d'Orbieu
∽ Umgebaute Mühle ∽

11200 Ornaisons (Aude)
Tel 04 68 27 10 27 **Fax** 04 68 27 52 44 **e-mail** Relais.Du.Val.Dorbieu@wanadoo.fr
website www.chez.com/gonzalvez

Dieses Hotel ist wohlüberlegt so angelegt, dass sowohl der Reisende, der nur über Nacht bleibt, als auch der Langzeiturlauber hier alles findet, was er sich nur wünschen kann. Die Anbauten mit ihren roten Ziegeldächern sind so gestaltet, dass sie perfekt zu der originalen alten Mühle passen und mit ihr zusammen einen abgeschlossenen Zimmer- und Suitenkomplex mit Innenhof bilden. Die Zimmer sind hell und modern eingerichtet; 15 verfügen über eine eigene Terrasse und kommen besonders Familien mit Kindern entgegen. Obwohl einige Teile des Hotels alt sind, erweckt es niemals den Eindruck eines Museums, sondern eher den einer hocheffizienten und komfortablen Herberge. Auf dem geräumigen Anwesen gibt es Platz genug für jeden. Der schöne und große Swimmingpool wird von beeindruckenden Oleandersträuchern eingesäumt. Die ausgezeichnete Küche – wir können besonders die Fischgerichte empfehlen – und der gut sortierte Weinkeller spiegeln die Leidenschaften des Besitzers, M. Gonzalvez, wider, dessen Vater schon Wein angebaut hat. Der Gärtner kümmert sich rund um die Uhr um den Garten, und auf der Speisekarte erscheinen vorwiegend selbst gezogenes Gemüse und Kräuter aus dem eigenen Kräutergarten.

∽

Umgebung: Narbonne (14 km); Carcassonne (44 km) • **Lage:** auf dem Land außerhalb von Ornaisons; mit eigenem Parkplatz • **Mahlzeiten:** Frühstück, Mittag- und Abendessen • **Preise:** €€-€€€ • **Zimmer:** 20; 14 Doppelzimmer, 6 Familiensuiten, alle mit Bad; alle Zimmer mit Telefon, TV, Minibar, Fön • **Anlage:** Aufenthaltsraum, Speiseraum, Konferenzraum, Solarium, Terrassen, Garten, Swimmingpool, Tennisplatz, Golf-Übungsplatz, Tischtennis, *pétanque* • **Kreditkarten:** AE, DC, MC, V **Kinder:** erlaubt • **Behinderte:** 1 Zimmer mit entsprechenden Einrichtungen **Tiere:** erlaubt • **Geschlossen:** Dezember bis Februar • **Besitzer:** M. und Mme Gonzalvez

DER SÜDEN

PEILLON

Auberge de la Madone
～ Dorfgasthof ～

06440 Peillon (Alpes-Maritimes)
Tel 04 93 79 91 17 **Fax** 04 93 79 99 36 **e-mail** madone@chateauxhotels.com
website www.chateauxhotelsdefrance.com/madone

»Einfach entzückend«, »fantastische Lage«, heißt es in Leserbriefen über die erstklassige *auberge*; in diesem Hotel verbinden sich besondere Gastlichkeit und günstige (nicht niedrige) Preise. Inzwischen haben die Millos im Dorf selbst ein zweites Haus, Auberge du Pourtail, eröffnet, wo die Zimmer preiswerter sind.

Man glaubt, sich verfahren zu haben, wenn man zum ersten Mal das Dorf Peillon erblickt, das an einem Felsen klebt. Obwohl es nicht den Anschein hat, geht die Straße weiter. Hier steht die Zeit still. Das mittelalterliche Dorf besteht nur aus ein paar gepflasterten Gassen, die zur Kirche hinaufführen. Von den hohen Seinhäusern öffnet sich ein schöner Blick auf Felsen und Wälder.

Der Gasthof mit einer ähnlich spektakulären Aussicht liegt knapp außerhalb des von einer Mauer umgebenen Dorfes. Von hier führen Wege, vorbei an bimmelnden Schafherden, in die Berge hinauf. Davor liegen der Parkplatz und das Boule-Feld des Dorfes. Die kleinen Zimmer mit ihren winzigen Balkonen sind hübsch und bequem und haben schicke weiße Bäder. Gegessen wird auf der angenehmen Sonnenterrasse mit großer Markise oder im gemütlichen provenzalischen Speiseraum. Das Essen – verwendet werden heimische Produkte aus biologischem Anbau – ist außergewöhnlich gut und nicht zu teuer.

～

Umgebung: Monaco – Schloss, Museen, exotische Gärten, Nizza (19 km) • **Lage:** am Rand des Dorfes; großer Parkplatz • **Mahlzeiten:** Frühstück, Mittag- und Abendessen • **Preise:** €€ • **Zimmer:** 19; 16 Doppel- und Zweibettzimmer, 8 mit Bad, 8 mit Dusche, 3 Suiten mit Bad; alle Zimmer mit Telefon, TV, 9 mit Fön **Anlage:** Aufenthaltsraum, Bar, Fernsehraum, 2 Speiseräume, Terrasse; Tennisplatz **Kreditkarten:** MC, V • **Kinder:** willkommen • **Behinderte:** Zugang schwierig **Tiere:** nicht erlaubt • **Geschlossen:** Mitte Okt. bis Mitte Dez., 2 Wochen im Jan.; Restaurant Mi • **Besitzer:** Familie Millo

DER SÜDEN

PIOLENC

Auberge de l'Orangerie
∾ Dorfgasthaus ∾

4, rue de l'Ormeau, 84420 Piolenc (Vaucluse)
Tel 04 90 29 59 88 **Fax** 04 90 29 67 74
e-mail orangerie@orangerie.net **website** www.orangerie.net

Diese kuriose kleine *auberge* liegt hinter einem grünen Dschungel versteckt in einer Seitenstraße. Das Städtchen Piolenc ist für sein Knoblauchfestival bekannt. Die Hotelbesitzer Gerard und Micky Delarocque haben dem Haus aus dem 18. Jh., das in einem mit Gittern umsäumten Hof liegt, eine originelle und fantasievolle altmodische Atmosphäre verliehen.

Im belebten Restaurant essen mittags die Geschäftsleute aus der Umgebung *filets de rascasse à la provençale* und *noisettes de gigot d'agneau au basilic frais.* Im Speisesaal hängen beeindruckende Kopien von Bildern von Georges de La Tour, die M. Delarocque gemalt hat. Richtig interessant wird es jedoch im Obergeschoss, wo Mme die Gästezimmer mit viel Gespür und einem handgeschriebenen Motto für jeden Raum dekoriert hat. Das George-Sand-Zimmer zeigt ein Portrait der Schriftstellerin von Delacroix, in Wahrheit natürlich ein Werk des begnadeten Kopisten M. Delarocque. Im nach Mme Récamier benannten Raum steht eine der Chaiselongues, die sie so berühmt gemacht hat. Hinter all der Boheme steckt jedoch ein professionelles Management mit einigen eisernen Regeln. So ist es z.B. strengstens verboten, Wäsche auf dem Zimmer zu waschen. Gäste ohne Kinder und Haustiere kommen auch in einem der fünf Zimmer des nahe gelegenen La Mandarine unter, eines provenzalischen Landhauses mit Pool (Tel. 04 90 29 69 99, Fax 04 90 29 79 64, e-mail mandarine@lamandarine.net, website www.lamandarine. net).

∾

Umgebung: Orange (5 km); Avignon (35 km) • **Lage:** in einer Seitenstraße; mit eigenem Parkplatz • **Mahlzeiten:** Frühstück, Mittag- und Abendessen • **Preise:** €; in der Hauptsaison ist Halbpension obligatorisch • **Zimmer:** 5 Doppelzimmer; 2 mit Bad, 3 mit Dusche, alle mit TV • **Anlage:** Speiseraum, Terrasse, Garten • **Kreditkarten:** MC, V • **Kinder:** erlaubt • **Behinderte:** keine Einrichtungen • **Tiere:** erlaubt **Geschlossen:** nie • **Besitzer:** M. und Mme Delarocque

DER SÜDEN

LE POËT-LAVAL

Les Hospitaliers
⌒ Umgebaute Burg ⌒

Le Poët-Laval, 26160 La Bégude-de-Mazenc (Drôme)
Tel 04 75 46 22 32 **Fax** 04 75 46 49 99 **e-mail** contact@
hotel-les-hospitaliers.com **website** www.hotel-les-hospitaliers.com

Unsere Leser sind immer wieder von diesem einzigartigen Hotel beeindruckt. Es liegt innerhalb der Festungsmauern einer Burg aus
dem 13. Jh., hoch über dem mittelalterlichen Bergdorf Le Poët-
Laval (400 m). Die attraktiven Steingebäude waren früher Teil einer
Malteserhochburg (deshalb das Malteserkreuz als Hotelemblem).
Vom Pool und von der Terrasse, auf der bei schönem Wetter gegges-
sen wird, genießt man eine sagenhaften Blick über die Wald- und
Hügellandschaft ringsum. Der sehr behagliche Aufenthaltsraum ist
hier im obersten Stockwerk untergebracht und gewährt ebenfalls
eine herrliche Aussicht. Der Vater des Hotelbesitzers war früher
Kunsthändler, und so findet man in den Gästezimmern viele echte
Gemälde und antike, aufwändig gearbeitete Möbelstücke. Im Restaurant ist ebenfalls eine interessante Gemäldesammlung zu bewundern. Die Tische sind mit feinem Porzellan, weißen Tischdecken und Kerzen eingedeckt. Das Speisenangebot wechselt
täglich. Die Familie Morin bereitet ihren Gästen einen herzlichen
Empfang. Der älteste Sohn, Bernard, der vor einigen Jahren das
Hotel von seinem Vater übernommen hat, kocht auch, wobei er nur
die allerfrischesten Zutaten verwendet. Sein jüngerer Bruder zeichnet für den reich bestückten Weinkeller verantwortlich. Das zau-
berhafte Hotel wird man nicht so schnell vergessen.

⌒

Umgebung: Montélimar (20 km), Viviers (30 km) • **Lage:** im oberen Teil eines
mittelalterlichen Bergdorfes, 4 km w von Dieulefit, Parkgelegenheit in der Nähe
Mahlzeiten: Frühstück, Mittag- und Abendessen • **Preise:** €€ • **Zimmer:** 24;
13 Doppel- und Zweibettzimmer, 20 mit Bad, 1 mit Dusche; 3 Familienzimmer mit
Bad; alle mit Telefon • **Anlage:** 2 Aufenthaltsräume, Restaurant, Bar, Terrasse, Pool
Kreditkarten: AE, DC, MC, V • **Kinder:** erlaubt • **Behinderte:** keine besonderen
Einrichtungen • **Tiere:** erlaubt • **Geschlossen:** Mitte Nov. bis Februar
Besitzer: Bernard Morin

DER SÜDEN

Auberge de Cassagne
~ Vorstadthotel ~

450, allée de Cassagne, 84130 Le Pontet-Avignon (Vaucluse)
Tel 04 90 31 04 18 **Fax** 04 90 32 25 09
e-mail cassagne@wanadoo.fr **website** www.hotelprestige-provence.com

In Le Pontet, einem Vorort von Avignon mit breiten, verkehrsreichen Straßen und neuen Wohnsiedlungen, erwartet man nicht unbedingt ein interessantes Hotel. Hinter einer hohen Mauer liegt jedoch dieses früher zum nahe gelegenen *château* gehörende Gebäude, das durch viel harte Arbeit in ein bemerkenswert gemütliches Hotel umgewandelt wurde. Die Küche unter Leitung eines Schülers von Bocuse ist in der ganzen Umgebung bekannt und mit einem Michelin-Stern ausgezeichnet. Beim Abendessen notierte unser Inspektor 20 verschiedene Käsesorten auf dem Wagen und 45 verschiedene Rotweine der Region Côtes du Rhône auf der Karte. Trotz seiner Lage schafft es das Hotel, durch einfallsreichen Einsatz von Rasenflächen, Pfaden und Landschaftsgartenkunst einen Eindruck von Weite und sogar Ländlichkeit zu erzeugen. Der Garten wird auf das Aufmerksamste gepflegt; die Zypressen wirken, als würden sie jeden Tag gebürstet und gekämmt. Die Schlafzimmer in den Bungalows sind groß und hübsch; jedes verfügt über eine eigene Terrasse, auf der man ungestört das Frühstück einnehmen kann. Die Zimmer 16 und 17 liegen neben dem Swimmingpool und sind abends wunderbar abgeschirmt und ruhig, wenn das Restaurant als beliebter Treffpunkt von Einheimischen und Gästen aufgesucht wird. Die Küche hat einen Michelin-Stern.

~

Umgebung: Avignon (4 km); Arles (36 km); Aix-en-Provence (82 km) • **Lage:** in Vorort von Avignon; mit eigenen Parkplatz • **Mahlzeiten:** Frühstück, Mittag- und Abendessen • **Preise:** €€€–€€€€ • **Zimmer:** 40 Doppel- und Zweibettzimmer, 38 mit Bad, 2 mit Dusche; alle mit Telefon, TV, Minibar, Safe, Klimaanlage, Fön **Anlage:** 2 Aufenthaltsräume, Restaurant, Bar Gymnastikraum, Sauna, Garten, Swimmingpool, Tennisplatz, Tischtennis, Boule • **Kreditkarten:** AE, DC, MC, V **Kinder:** willkommen • **Behinderte:** 3 speziell eingerichtete Zimmer • **Tiere:** erlaubt **Geschlossen:** nie • **Besitzer:** Jean-Michel Gallon, Philippe Boucher, André Trestour

DER SÜDEN

PORQUEROLLES (ILE DE)

Auberge des Glycines
∾ Hotel auf einer Insel ∾

Place d'Armes, 83400 Ile de Porquerolles (Var)
Tel 04 94 58 30 36 **Fax** 04 94 58 35 22
e-mail auberge.glycines@wanadoo.fr **website** www.aubergedesglycines.net

Für Autos ist Porquerolles gesperrt, und wenn die Tagesausflügler wieder zum Festland zurückfahren, ist die Insel ein Ort der Ruhe. Das entzückende kleine Hotel ist eine ungezwungene, helle und sonnige Bleibe in der kleinen Stadt. In Minuten erreicht man kleine Felsbuchten, in denen man schwimmen und tauchen kann.

Das zartgelbe Hotel mit den blauen Fensterläden ist um einen Innenhof angelegt, in dem Zitronenbäume, Glyzinien und ein Feigenbaum stehen. Hier werden die Mahlzeiten auf roten provenzalischen Tischdecken unter weißen Sonnenschirmen serviert. Das ganze Hotel ist in hellen und frischen Farben gehalten und wirkt bezaubernd in seiner Schlichtheit. Das untere Stockwerk schmücken Trockenblumen und Strohhüte an den Wänden sowie Terrakottabodenfliesen

Die sauberen und modernen Bäder haben zartgetönte Kacheln und weiße Armaturen, Bettdecken und Vorhänge sind in passenden provenzalischen Mustern gewählt. Die Zimmer haben kleine Balkons oder Terrassen, die auf den Hof oder auf Eukalyptusbäume und Pinien hinausgehen. Die Küche mit ihren vielen frischen Fischgerichten ist günstig. Unser Gutachter aß *loup de mer,* der in Salzkruste gegart und am Tisch flambiert wurde. Junges, freundliches Personal und entspannte Atmosphäre.

∾

Umgebung: Strände; Tauchen; Radfahren und Wandern; Nationalpark • **Lage:** im Städtchen Porquerolles, 5 Min. zum Strand, 20 Min. Fähre von La Tour Fondue (Hyères) oder Wassertaxi • **Mahlzeiten:** Frühstück, Mittag- und Abendessen **Preise:** €€ • **Zimmer:** 13; 12 Doppel-, Zweibett- und 1 Dreibettzimmer, 10 mit Bad, 3 mit Dusche; alle mit Telefon, TV, Klimaanlage • **Anlage:** Speiseraum; Terrasse, Innenhof • **Kreditkarten:** DC, MC, V • **Kinder:** willkommen • **Behinderte:** keine besonderen Einrichtungen • **Tiere:** erlaubt • **Geschlossen:** Mitte bis Ende Jan. • **Geschäftsführerin:** Florence Venture

Der Süden

Le Manoir
~ Hotel am Meer ~

Ile de Port-Cros, 83400 Hyères (Var)
Tel 04 94 05 90 52 **Fax** 04 94 05 90 89

Port-Cros ist die mittlere der drei Iles d'Hyères; in diesem Natur-reservat sind weder Fahrzeuge noch Fahrräder und Haustiere er-laubt. Die Insel ist somit ausgesprochen ruhig. Das Manoir, eine große Villa aus dem 19. Jh. mit grünen Fensterläden, passt hervor-ragend zur grünen und heiteren Umgebung. Bevor es in den späten 1940er Jahren in ein Hotel umgewandelt wurde, befand sich das Ge-bäude in Privatbesitz; seit 1960 gehört es dem jetzigen Besitzer Pierre Buffet. Es liegt in einem üppigen subtropischen Garten am Meer und scheint weit mehr als nur eine 20-minütige Fahrt von der überfüllten Festlandküste entfernt zu sein. Im Manoir hat man das Gefühl, in einem eleganten privaten Zuhause zu sein, und so wird das Hotel auch geführt. Es gibt mehrere Aufenthaltsräume, in denen sich die Gäste entspannen, lesen oder Karten spielen können, und die luftigen, komfortablen Zimmer mit ihren weißen Wänden sind einfach, aber elegant mit Möbeln aus dem 19. Jh. eingerichtet; einige verfügen über eigene kleine Terrassen.

Das Anwesen insgesamt ist sehr groß und sehr hübsch; es ist voller Palmen, Eukalyptusbäume und Oleandersträucher. Es gibt auch einen wunderschönen Swimmingpool, an dem man essen kann; man kann sich allerdings auch ein hoteleigenes Motorboot mieten und ein Picknick in einer nahe gelegenen Bucht machen. Zum nächsten Sandstrand muss man laufen – ungefähr 25 Minuten. Die provenza-lische Küche des Hotels wird in den höchsten Tönen gelobt.

Umgebung: Naturpfade im Nationalpark; Hyères; Toulon; Porquerolles • **Lage:** in eigenem Anwesen am Meer auf einer autofreien Insel • **Mahlzeiten:** Frühstück, Mittag- und Abendessen • **Preise:** €€€; Halbpension obligatorisch • **Zimmer:** 22; 17 Doppel- und Zweibettzimmer, 5 Familienzimmer, 15 mit Bad, 7 mit Dusche; alle Zimmer mit Telefon; einige mit Klimaanlage • **Kreditkarten:** MC, V • **Kinder:** er-laubt • **Behinderte:** Zimmer im Erdgeschoss geeignet • **Tiere:** nicht erlaubt **Geschlossen:** Oktober bis April • **Besitzer:** Pierre Buffet

DER SÜDEN

La Ferme d'Hermès
～ Ländliches Bed-&-Breakfast ～

Route de l'Escalet, 83350 Ramatuelle (Var)
Tel 04 94 79 27 80 **Fax** 04 94 79 26 86

Unser Gutachter sandte einen begeisterten Bericht über dieses kleine, aber feine Haus: »Ein großartiges Hotel, ausgezeichnet.« Das Hotel ist ein *mas* neueren Datums, wirkt durch die verwitterten Stellen und die Kletterpflanzen, Bäume und Sträucher aber nicht mehr so steril. Die Ranken reichen inzwischen bis zum Pool.

Das Interieur ist mit viel Liebe zum Detail gestaltet: weiß getünchte Zimmer, dazu gewachster Terrakottaboden und passende provenzalische Stoffe sowie Möbel aus altem blankem Pinienholz. Jedes Zimmer hat eine eigene Terrasse und eine gekachelte Kochnische mit Gas- und Elektroherd, Spüle und Kühlschrank. Geschirrtücher werden gestellt und täglich gewechselt. Samstags kehrt Madame mit dem Arm voller Blumen vom Markt zurück. Frühstück ist die einzige Mahlzeit, die im Haus serviert wird, aber Madame macht ihre Marmelade selbst. Sie denkt an alles, was ihre Gäste brauchen könnten, und behandelt sie wie Freunde, die auf Besuch sind: Wecker, elektrischer Mückenkiller, täglicher Zimmerservice, Bügeleisen und -brett, Fön und sogar Zahnbürsten (falls Sie Ihre daheim vergessen haben).

～

Umgebung: Ramatuelle (2 km), St-Tropez (10 km) • **Lage:** in einem Garten in einer kleinen Gasse, 2 km zum Strand; mit eigenem Parkplatz • **Mahlzeiten:** Frühstück **Preise:** €€–€€€ • **Zimmer:** 10 Doppel- und Zweibettzimmer; alle mit Bad, Telefon, TV, Küchenzeile, Terrasse • **Anlage:** Aufenthaltsraum, Garten, Pool • **Kreditkarten:** DC, MC, V • **Kinder:** nicht erlaubt • **Behinderte:** keine speziellen Einrichtungen • **Tiere:** erlaubt • **Geschlossen:** Mitte Nov. bis Ende Dez., Mitte Jan. bis Ende März • **Besitzerin:** Mme Verrier

DER SÜDEN

La Figuière
~ Strandhotel ~

Route de Tahiti, 83350 Ramatuelle (Var)
Tel 04 94 97 18 21 **Fax** 04 94 97 68 48

Das La Figuière liegt direkt an der einzigen Zufahrtsstraße zu einem berühmten Strand: der Plage de Tahiti; trotzdem ist es überraschend ruhig. Das alte Bauernhaus mit seinen zahlreichen Flügeln und Nebengebäuden liegt abseits der Straße in einem großen Garten, der an einen Weinberg grenzt. Ihn zieren Feigenbäume und Oleandersträucher sowie ein großer, einladender Swimmingpool mit vielen Liegestühlen. Viele Zimmer befinden sich in recht unattraktiven Nebengebäuden; dennoch sind sie makellos und gepflegt, mit weißen Wänden, provenzalischen Stoffen, schweren, weißen Baumwollbettbezügen und ungewöhnlichen ländlichen Antiquitäten. Viele verfügen über eigene Terrassen, die ebenfalls direkt an die Weinberge grenzen und sehr ruhig sind. In der Luft liegt der Duft von Bienenwachs. Die Badezimmer sind ausgesprochen geräumig. Die Familienzimmer haben jeweils zwei Betten im oberen Geschoss.

Das Restaurant steht unter einer anderen Geschäftsführung als das Hotel und befindet sich in einem separaten Gebäude neben dem Swimmingpool. Dort werden traditionelle provenzalische Gerichte serviert, und im Sommer kann man auf der Terrasse essen.

Vorsicht: Leider ist die Geschäftsführung weder besonders hilfsbereit noch freundlich. Berichte sind uns herzlich willkommen.

~

Umgebung: Tahiti-Strand (500 m); St-Tropez (2,5 km) • **Lage:** abseits der Straße, 2,5 km südlich von St-Tropez an der Straße nach L'Escalet; mit eigenem Parkplatz **Mahlzeiten:** Frühstück, Mittag- und Abendessen • **Preise:** €€-€€€ **Zimmer:** 40; 33 Doppel- und Zweibettzimmer, 4 Dreibett-, 3 Familienzimmer, 37 mit Bad, 3 mit Dusche; alle Zimmer mit Telefon, TV, Klimaanlage, Minibar, Safe **Anlage:** Aufenthaltsräume, Restaurant, Terrassen, Garten, Swimmingpool, Tennisplatz • **Kreditkarten:** AE, DC, MC, V • **Kinder:** erlaubt • **Behinderte:** 2 Zimmer mit entsprechenden Einrichtungen • **Tiere:** erlaubt • **Geschlossen:** Mitte Oktober bis April • **Besitzerin:** Mme Chaix

Der Süden

Roquebrune

Les Deux Frères

∼ Ländliches Restaurant mit Gästezimmern ∼

06190 Roquebrune-Village Cap Martin (Alpes-Maritimes)
Tel 04 93 28 99 00 **Fax** 04 93 28 99 10
e-mail info@lesdeuxfreres.com **website** www.lesdeuxfreres.com

Als»Les deux frères« (»die beiden Brüder«) werden die beiden großen Felsen bezeichnet, die das kleine Hotel-Restaurant überragen. Es liegt an einem kleinen Platz in dem unverdorbenen Dorf Roquebrune; von seiner Terrasse aus sieht man über eine Reihe von Villen und exotischen Gärten zum Meer bis nach Monte Carlo.

In dem weiß getünchten Gebäude war bis 1965 eine Schule untergebracht; Willem Bonestroo hat die Einrichtung des Hotels erfrischend einfach gehalten. Der größte Teil des Erdgeschosses wird von der Bar bzw. dem Restaurant eingenommen, einem ländlichen Raum voller großer Pflanzen, wunderbarer frischer Blumen und interessanter moderner Kunst. Der Gast, der das Hotel für uns besuchte, war besonders vom Essen beeindruckt – provenzalische und französische Küche mit dem gewissen Etwas (die Gambas waren in Ingwer eingelegt und wurden mit Orangenschale serviert). Die eigenwilligen Zimmer sind einfach, aber mit viel Humor eingerichtet; das »Seezimmer« hat runde Bullaugenspiegel und Ruder als Vorhangstangen; das »1001 Nacht« mit seinen seidenen Vorhängen ist ganz in Gold und Mitternachtsblau gehalten (ein Video von »Aladin« steht zur Verfügung) und das winzige, ganz in Weiß gehaltene Hochzeitszimmer verfügt über ein Himmelbett und eine romantische Aussicht.

∼

Umgebung: Monte Carlo (5 km); Strände (5 km); Nizza (22 km) • **Lage:** im Zentrum des Ortes; gebührenfreier öffentlicher Parkplatz in der Nähe • **Mahlzeiten:** Frühstück, Mittag- und Abendessen • **Preise:** €€ • **Zimmer:** 10; 8 Doppel-, 2 Einzelzimmer, 9 mit Bad; alle Zimmer mit Telefon, TV, Videorekorder, Fön • **Anlage:** Restaurant, Bar, Terrasse • **Kreditkarten:** AE, DC, MC, V • **Behinderte:** 1 Zimmer im Erdgeschoss geeignet • **Tiere:** erlaubt • **Geschlossen:** nie; Restaurant Mitte November bis Mitte Dezember sowie sonntags und Montagabend im Winter **Besitzer:** Willem Bonestroo

DER SÜDEN

ROQUEFORT-LES-PINS

Auberge du Colombier
◞ Landhotel ◟

06330 Roquefort-les-Pins (Alpes-Maritimes)
Tel 04 92 60 33 00 **Fax** 04 93 77 07 03
e-mail info@auberge-du-colombier.com **website** www.auberge-du-colombier.com

Die Preise im Colombier sind sensationell niedrig, trotz des großen Gartens, der Terrassen und des sehr hübschen Swimmingpools. Die einfachen Zimmer im provenzalischen Stil sind sauber und komfortabel; die Gärten und der Pool sind »wunderschön« (um vorige Leserzuschrift noch einmal zu zitieren).

Die Hauptattraktion des niedrigen weißen *mas*, des ehemaligen Bauernhauses, ist zweifelsohne seine Lage sowie die Anlage selbst: zwischen großen, schattigen Bäumen mit einer Aussicht über die bewaldeten Hügel bis zum Meer. Auf der ausgesprochen attraktiven Terrasse kann man bei schönem Wetter essen; zudem gibt es einen Tennisplatz und viel Platz neben dem Swimmingpool, um es sich gemütlich zu machen. Falls das Wetter Sie doch im Stich lassen sollte, können Sie sich auch in den hübschen Speiseraum mit Möbeln im Landhausstil zurückziehen. Auf das Essen ist man im Colombier besonders stolz, das Frühstück ist gut, »besonders das Gebäck«. Die Zimmer zur Straße sind etwas laut, und Kinder sieht man hier lieber, wenn sie älter als 15 Jahre sind – das sind die einzigen Kritikpunkte.

◞

Umgebung: St-Paul (10 km); Grasse (15 km) • **Lage:** auf dem Land an der D2085, 15 km östlich von Grasse, 18 km nördlich von Cannes; mit eigenem Parkplatz
Mahlzeiten: Frühstück, Mittag- und Abendessen • **Preise:** €-€€ • **Zimmer:** 20; 18 Doppel- und Zweibettzimmer, 2 Appartements, alle mit Bad; alle Zimmer mit Telefon, TV • **Anlage:** 2 Speiseräume, Aufenthaltsraum, Bar, Terrassen, Garten, Swimmingpool, Tennisplatz, hoteleigener Nachtclub • **Kreditkarten:** AE, DC, MC, V
Kinder: erlaubt • **Behinderte:** keine entsprechenden Einrichtungen • **Tiere:** erlaubt
Geschlossen: Januar • **Besitzer:** Jacques Wolff

DER SÜDEN

Mas de Garrigon
～ Ländliche Villa ～

Route de St-Saturnin d'Apt, Roussillon, 84220 Gordes (Vaucluse)
Tel 04 90 05 63 22 **Fax** 04 90 05 70 01
e-mail mas.de.garrigon@wanadoo.fr **website** www.masdegarrigon-provence.com

»Wir kamen unangemeldet und wurden herzlich aufgenommen; das
Zimmer im provenzalischen Stil war bequem und gut ausgestattet,
der Pool himmlisch nach der langen Fahrt, die Gegend reizvoll; wir
bekamen köstliches Essen, große Auswahl und reichliche Portionen«, heißt es in einem Bericht. Der ausführliche Eintrag hat also
seinen Grund.

Das ockerfarbene Haus der Rech-Druarts stammt aus den späten
1970er Jahren; dabei sieht es mit den vielen Ziegeldächern und Anbauten wie ein über Jahre entstandenes provenzalisches Bauernhaus
aus. Es steht einsam zwischen Pinien und Buschwerk mit Blick auf
die Lubéron-Berge. Vor dem Haus liegt ein hübscher Swimmingpool, von dem man wie von den Zimmerbalkonen die Aussicht genießt. Die Zimmer sind zurückhaltend modern.

Im Hotel geht es sehr privat zu. Die Gäste können die große Bibliothek benutzen oder im behaglichen Salon Musik hören (im Winter vor dem offenen Kamin). Der Chefkoch Jean-Pierre Minery zaubert einfallsreiche Gerichte mit einer Vorliebe für Fisch und auf
Grundlage der lokalen Erzeugnisse; im Winter gibt es viele Trüffel-
gerichte.

～

Umgebung: Gordes (7 km) – Schloss; Village des Bories (5 km) • **Lage:** in offener
Landschaft an der D2, 3 km n von Roussillon, 7 km ö von Gordes; mit eigenem
Parkplatz • **Mahlzeiten:** Frühstück, Mittag- und Abendessen • **Preise:** €€, von Mai
bis Oktober Halbpension obligatorisch • **Zimmer:** 9; 7 Doppelzimmer (davon
2 Zweibettzimmer), 2 Familienzimmer; alle mit Bad, Telefon, TV, Minibar, Terrasse
Anlage: Aufenthaltsraum, 3 Speiseräume, Bar, Bibliothek, Terrasse, Pool • **Kreditkarten:** AE, DC, MC, V • **Kinder:** erlaubt, wenn über 12 Jahre • **Behinderte:**
Zimmer im Erdgeschoss • **Tiere:** erlaubt • **Geschlossen:** nie; Restaurant Mitte Oktober bis Mitte März • **Besitzerin:** Mme Christiane Rech-Druart

DER SÜDEN

SAIGNON

Auberge du Presbytère
∼ Ländliches Hotel ∼

Place de la Fontaine, 84400 Saignon (Vaucluse)
Tel 04 90 74 11 50 Fax 04 90 04 68 51
e-mail auberge.presbytere@wanadoo.fr **website** www.auberge-presbytere.com

Das fast unentdeckte Hügeldorf Saignon liegt nahe dem Lubéron-Nationalpark. Die bewegte Geschichte des Ortes reicht bis in das 11. Jh. zurück. In seinem Zentrum, gegenüber dem hübschen Platz, an dem der Dorfbrunnen plätschert, erstreckt sich das Presbytère über drei Gebäude, von denen eines fast ganz von Efeu überwuchert ist. Die Häuser bilden eine eigenwillige Ansammlung von Zimmern, die im Erdgeschoss alle ineinander übergehen; die Zimmer im Obergeschoss liegen auf verschiedenen Ebenen und sind über separate Treppen und Korridore zu erreichen. Alle Zimmer sind schlichtweg bezaubernd; sie verfügen über polierte Terrakotta- oder Holzfußböden, niedrige gewölbte oder mit Balken versehene Decken sowie über eine Kombination aus Korbmöbeln und Antiquitäten.
Das Restaurant ist in einen gemütlichen holzgetäfelten Raum für Raucher und in einen größeren, luftigeren für Nichtraucher aufgeteilt; von Letzterem führen Türen zur der kleinen Kiesterrasse. Beim täglich wechselnden Menü erscheinen überwiegend provenzalische Gerichte, darunter auch immer ein Fisch- und ein vegetarisches Gericht. A la carte kann man hier nicht essen. Nach dem Abendessen können die Gäste es sich auf dem cremefarbenen Sofa neben dem Kamin in dem gepflegten Wohnzimmer gemütlich machen oder einen »Absacker« in der kleinen Bar trinken – ein beliebter Treffpunkt für die Einheimischen von Saignon.

Umgebung: Apt (4 km); Bonnieux (12 km); Aix (56 km) • **Lage:** im Dorfzentrum; Parkplatz in der Nähe • **Mahlzeiten:** Frühstück, Mittag- und Abendessen • **Preise:** €€ • **Zimmer:** 15 Doppel-, Zweibett- und Einzelzimmer, alle mit Bad; alle Zimmer mit Telefon, Fön • **Anlage:** Aufenthaltsraum, Restaurant, Bar • **Kreditkarten:** MC, V • **Kinder:** erlaubt • **Behinderte:** ein speziell eingerichteter Raum • **Tiere:** erlaubt • **Geschlossen:** Anfang November bis Ende Februar; Restaurant mittwochs, Donnerstagmittag • **Besitzer:** Jean Pierre de Lutz

Der Süden

St-Paul-de-Vence

La Colombe d'Or
~ Ländliches Hotel ~

06570 St-Paul-de-Vence (Alpes-Maritimes)
Tel 04 93 32 80 02 **Fax** 04 93 32 77 78
e-mail contact@la-colombe-dor.com **website** www.la-colombe-dor.com

Als Paul Roux, der Großvater des jetzigen Besitzers, diesen bescheidenen Gasthof in den 1930er Jahren eröffnete, war die Erfolgsstory des Colombe d'Or nicht absehbar. Zu seinen Gästen zählten viele der Künstler, die damals in St-Paul lebten und arbeiteten und die Unterkunft oft mit einem ihrer Werke bezahlten. Heute übernachten hier vor allem wohlhabende Amerikaner, aber dennoch wirkt das Colombier immer noch wie ein gemütlicher Landgasthof.

Die Kunst an den Wänden und die Skulpturen im Garten sind so außergewöhnlich, dass man sich den Besuch in der nahe gelegenen Fondation Maeght beinahe sparen könnte. In den holzgetäfelten Speiseräumen hängen Werke von Picasso, Miró und Chagall – was einen mühelos von dem eher mittelmäßigen Essen ablenkt. Der Einrichtungsstil ist durchweg ländlich-elegant und erfrischend entspannt: alte gefliese Böden, natürliche Farben und Stoffe, ländliche Antiquitäten, spektakuläre Keramiken, viele Pflanzen ... und überall Kunst. Im Sommer werden die Mahlzeiten auf der hübschen, blumengeschmückten Terrasse im Schatten sehr alter Bäume serviert. Der Swimmingpool ist das ganze Jahr über beheizt, und für die kühleren Tage gibt es einen gemütlichen kleinen Aufenthaltsbereich, in dem sich Ledersofas um einen offenen Kamin herum gruppieren.

~

Umgebung: Fondation Maeght; Nizza (15 km); Grasse (25 km) • **Lage:** am Rande des Dorfes; bewachter Parkplatz • **Mahlzeiten:** Frühstück, Mittag- und Abendessen • **Preise:** €€€€ • **Zimmer:** 26; 15 Doppel- und Zweibettzimmer, 11 Suiten, alle mit Bad oder Whirlpool; alle Zimmer mit Telefon, TV, Klimaanlage, Fön **Anlage:** Speiseräume, Bar, Aufenthaltsräume, Terrassen, Garten, Swimmingpool **Kreditkarten:** AE, DC, MC, V • **Kinder:** erlaubt • **Behinderte:** Zugang schwierig **Tiere:** erlaubt • **Geschlossen:** November, 2 Wochen im Januar • **Besitzer:** M. und Mme Roux

DER SÜDEN

ST-PAUL-DE-VENCE

Le Hameau
～ Ländliche Villa ～

528, route de la Colle, 06570 St-Paul-de-Vence (Alpes-Maritimes)
Tel 04 93 32 80 24 **Fax** 04 93 32 55 75
e-mail lehameau@wanadoo.fr **website** www.le-hameau.com

Das in der Nähe von St-Paul-de-Vence gelegene Le Hameau besteht aus einer Ansammlung von provenzalischen Villen aus dem 18. und 19. Jh. mit rotem Ziegeldach, die einst zu einem Landgut gehörten. Es liegt hoch genug über der Hauptstraße, um Ruhe zu garantieren. Es hat einen wunderschönen terrassierten Garten mit schönem Swimmingpool sowie mit Orangen- und Mandarinenbäumen, deren Blütenduft zu Kopf steigt und aus deren Früchten die Marmelade für das hier servierte Frühstück hergestellt wird. Dieses kann man aber auch in einem kühlen, geschmackvollen Frühstücksraum einnehmen.

Die Zimmer sind ausgesprochen stilvoll-rustikal eingerichtet: mit dunklen Deckenbalken, Teppichen auf den Fliesenfußböden, einigen wunderbaren ländlichen Antiquitäten aus verschiedenen Hölzern, attraktiven Stoffen und schönen Badezimmern, einige groß, einige klein, aber gemütlich. Die Zimmer variieren in der Größe und im Preis, und viele haben ihre eigene Terrasse oder einen Balkon. Das Personal ist freundlich und das Preis-Leistungsverhältnis ausgezeichnet.

～

Umgebung: Fondation Maeght; Cagnes-sur-Mer (5 km); Nizza (15 km); Grasse (25 km) • **Lage:** 1 km außerhalb des Dorfes, 15 km nordwestlich von Nizza; mit eigenem Parkplatz • **Mahlzeiten:** Frühstück • **Preise:** €€ • **Zimmer:** 17; 14 Doppel- und Zweibettzimmer, 3 Appartements, 15 mit Bad, 2 mit Dusche; alle Zimmer mit Telefon, TV, Klimaanlage, Minibar, Fön, Safe • **Anlage:** Frühstücksraum, Aufenthaltsraum, Terrasse, Garten, Swimmingpool • **Kreditkarten:** MC, V
Kinder: erlaubt • **Behinderte:** keine speziellen Einrichtungen • **Tiere:** erlaubt
Geschlossen: Mitte November bis Mitte Dezember, Mitte Januar bis Mitte Februar
Besitzer: Lisa Burlando and Carmine Cherchi

Der Süden

St-Pons-de-Thomières

Les Bergeries de Pondérach

Ländliches Restaurant mit Gästezimmern

Route de Narbonne, 34220 St-Pons-de-Thomières (Hérault)
Tel 04 67 97 02 57 **Fax** 04 67 97 29 75
e-mail bergeries.ponderach@wanadoo.fr **website** www.bergeries-ponderach.com

Saint Pons ist ein reizender kleiner Ort im Parc Regional de Haut Languedoc, der in diesem Teil aus niedrigen, bewaldeten Bergen besteht. Unser Restaurant-Hotel liegt etwa 1 km außerhalb des Orts in einem großen Grundstück, mit einem bezauberndem Hof und friedlicher, ländlicher Umgebung. Das ursprüngliche Bauernhaus aus dem 18. Jh. behielt beim Umbau seinen Charakter, gewann aber an Komfort. Die Schlafzimmer mit ihren freigelegten Balken sind schick und hell. Jedes verfügt über eine eigene Terrasse und blickt über Obstgärten und den Fluss.

M. Lentin, der Eigentümer, besaß früher eine Gemäldegalerie; daher sind Gemälde auch das beherrschende Charakteristikum des freundlichen Salons und des Speisezimmers. Das wichtigste Plus ist jedoch das Essen: Man kann zwischen vier Menüs wählen, das billigste bietet reichlich Gegenwert für seinen Preis. In der Küche dominieren frische lokale Produkte, vor allem Schweinefleisch; die Weinkarte bietet eine interessante Auswahl ländlicher Tafelweine. Kürzlich wollte ein englischer Gast eigentlich nur einen Tag bleiben, woraus »wegen des herrlichen Essens und der wunderbar warmherzigen Gastfreundlichkeit« drei Tage wurden. Auch bei diesem neuen Eintrag hoffen wir, dass Ihre Berichte uns in unserem Urteil bestätigen.

Umgebung: Castres (52 km); Béziers (51 km) • **Lage:** 800 m außerhalb des Orts in eigenem Grundstück; Parkplatz • **Mahlzeiten:** Frühstück, Mittag- und Abendessen **Preise:** €€ • **Zimmer:** 7 Doppelzimmer, alle mit Bad • **Anlage:** Aufenthaltraum, Speiseraum, Terrassen, Garten • **Kreditkarten:** DC, MC, V • **Kinder:** erlaubt • **Behinderte:** keine speziellen Einrichtungen • **Tiere:** erlaubt • **Geschlossen:** Anfang Nov. bis März • **Besitzer:** M. Lentin

DER SÜDEN

Mas des Carassins
∾ Umgebauter Bauernhof ∾

1, chemin Gaulois, 13210 St-Rémy-de-Provence (Bouches-du-Rhône)
Tel 04 90 92 15 48 **Fax** 04 90 92 63 47
e-mail carassin@pacwan.fr

Nach beinahe 25 Jahren, in denen M. und Mme Ripert das Mas des Carassins im Bauernhof ihrer Eltern geführt haben, mussten sie es im Dezember 2000 zum Verkauf anbieten – und sie haben mit Michel Dimeux und Pierre Ticot würdige Nachfolger gefunden.
Die neuen Besitzer (Michel ist auch der Geschäftsführer) hatten zwar mehr Erfahrung darin, Gäste als Hoteleigner zu sein, aber sie waren außerordentlich zielbewusst und haben mit gutem Geschmack ein erstaunliches Hotel geschaffen, das über sieben Zimmer in sanften Farben, mit Terrakottaböden und hübschen Stoffen, verfügt. Sie haben wirklich an alles gedacht (beispielsweise an einen Teppichstreifen auf der Treppe, der die Geräusche dämpft), und nichts bereitet ihnen zu viel Mühe: »Es ist zwar ein Drei-Sterne-Hotel, aber der Service ist zweifelsohne einen vierten Stern wert.« Alle 14 Zimmer sind mittlerweile renoviert. In den abgeschiedenen Gärten haben Michel und Pierre einen großartigen Pool angelegt; dort kann man auch ein leichtes Mittagessen einnehmen. An fünf Abenden in der Woche gibt es eine *table d'hôte* (gemeinsame Tafel) für Stammgäste.

∾

Umgebung: Les Baux-de-Provence (7 km); Avignon (20 km) • **Lage:** in einer ruhigen Wohnstraße am südlichen Stadtrand; mit eigenem Parkplatz • **Mahlzeiten:** Frühstück, leichtes Mittagessen (Mitte Juni bis Mitte September), Snacks am Abend (montags, mittwochs, freitags, samstags) • **Preise:** €€ • **Zimmer:** 14; 12 Doppel-, Zweibett-, Dreibett- und Familienzimmer, 2 Suiten, alle mit Bad oder Dusche; alle Zimmer mit Telefon, TV, Minibar, Klimaanlage • **Anlage:** Aufenthaltsraum, Speiseraum, Terrasse, Garten, Swimmingpool • **Kreditkarten:** MC, V • **Kinder:** erlaubt • **Behinderte:** 1 Zimmer mit entsprechenden Einrichtungen • **Tiere:** erlaubt • **Geschlossen:** Januar bis April • **Besitzer:** Michel Dimeux und Pierre Ticot

DER SÜDEN

Domaine de Valmouriane
~ Landhotel ~

Petite route des Baux, 13210 St-Rémy-de-Provence (Bouches-du-Rhône)
Tel 04 90 92 44 62 **Fax** 04 90 92 37 32
e-mail info@valmouriane.com **website** www.valmouriane.com

Wenn Sie wissen wollen, wie die Kräuter der Provence duften, sollten Sie sich ein Zimmer in Philippe und Martina Capels Domaine de
Valmouriane nehmen und einfach Ihr Fenster öffnen. Das Hotel
liegt versteckt in einer ruhigen Ecke der felsigen Hügel der Alpilles;
das wunderschön umgebaute Bauernhaus ist von Pinien, Zypressen,
Rosmarinsträuchern, Wacholder und Lavendel umgeben; all diese
Düfte und Geschmäcker werden Ihnen erneut im Speiseraum begegnen. Hinter einer ausgedehnten Rasenfläche liegen ein abgeschiedener Swimmingpool und ein Tennisplatz; zum Entspannen
bietet sich auch ein Spaziergang auf markierten Waldwegen an.
Das Haus verfügt über gefliese Böden und ist geschmackvoll mit
provenzalischen Stoffen und schönen antiken Möbeln eingerichtet.
Die alte Küche mit ihrem riesigen Kamin ist im Winter ein gemütlicher Aufenthaltsraum. Im Sommer kann man auf der überdachten
Terrasse zu Abend essen: Die Küche bietet zeitgenössisch aufbereitete, aber dennoch traditionelle provenzalische Gerichte, die mit frischen Kräutern und Gewürzen elegant aufgepeppt werden. Zudem
gibt es eine gute Auswahl regionaler Weine. Zwei der hübschen und
komfortablen Zimmer haben eine eigene Terrasse; mehrere Zimmer
im Erdgeschoss verfügen dagegen über eine direkte Verbindungstür
zum Garten.

Umgebung: Les Baux-de-Provence (5 km); Avignon (24 km) • **Lage:** 4 km westlich
der Stadt an der Straße nach Les Baux; mit eigenem Parkplatz • **Mahlzeiten:** Frühstück, Mittag- und Abendessen • **Preise:** €€€-€€€€ • **Zimmer:** 12 Doppel- und
Zweibettzimmer, alle mit Bad; alle Zimmer mit Telefon, Klimaanlage, Minibar
Anlage: Aufenthaltsraum, Bar, Speiseräume, Terrasse, Garten, Swimmingpool,
Tennisplatz • **Kreditkarten:** AE, DC, MC, V • **Kinder:** willkommen • **Behinderte:**
1 Zimmer mit entsprechenden Einrichtungen • **Tiere:** nicht erlaubt • **Geschlossen:**
nie • **Besitzer:** Philippe und Martina Capel

DER SÜDEN

ST-TROPEZ

La Ponche
~ Stadthotel ~

3, rue des Remparts, 83990 St-Tropez (Var)
Tel 04 94 97 02 53 **Fax** 04 94 97 78 61
e-mail hotel@laponche.com **website** www.laponche.com

Sie mögen vielleicht glauben, St-Tropez sei nicht die richtige Stadt für diesen Führer, aber La Ponche ist das richtige Hotel – das hat unser letzter Besuch bestätigt.

Das an einem winzigen Platz mit Blick auf den Fischerhafen und den kleinen Strand von La Ponche gelegene Hotel besteht aus mehreren Häusern des 17. Jhs. und wirkt anspruchsvoll und freundlich zugleich. Was 1937 als einfache Fischerkneipe begann, machte Simone Duckstein nach und nach zu einem stilvollen, sehr persönlichen 4-Sterne-Hotel. An den Wänden hängen Bilder des Künstlers Jacques Cordier.

Man isst auf der Terrasse und sieht über den kleinen Platz aufs Meer oder speist in einem der Innenräume, etwa im gemütlichen und doch anspruchsvollen Speiseraum. Die Küche (vor allem Meeresfrüchte) ist ausgezeichnet. Die Zimmer sind einladend und komfortabel, alle wurden neu ausgestattet und überzeugen durch schöne Farben und elegante Bäder. In Sommernächten muss man, so vermuten wir, die gut isolierten Fenster wegen des Straßenlärms geschlossen halten und die Klimaanlage einschalten. Leider!

~

Umgebung: Strände: Les Graniers (100 m); La Bouillabaisse (1 km), Tahiti (4 km) **Lage:** im Herzen der Altstadt mit Blick auf Port des Pêcheurs; Privatgaragen und gebührenpflichtige Parkplätze • **Mahlzeiten:** Frühstück, Mittag- und Abendessen **Preise:** €€€€ • **Zimmer:** 18; 11 Doppelzimmer mit Bad; 2 Familienzimmer mit Bad; 2 Appartements; 3 Suiten; alle mit Klimaanlage, Telefon, TV, Minibar **Anlage:** Aufenthaltsraum, Bar, 2 Speiseräume, Lift • **Kreditkarten:** AE, MC, V **Kinder:** erlaubt • **Behinderte:** Zugang schwierig • **Tiere:** erlaubt • **Geschlossen:** Mitte Nov. bis Mitte Feb. • **Besitzerin:** Simone Duckstein

DER SÜDEN

Le Yaca
～ Hotel am Meer ～

1, boulevard d'Aumale, 83994 St-Tropez (Var)
Tel 04 94 55 81 00 **Fax** 04 94 97 58 50
e-mail hotel-le-yaca@wanadoo.fr **website** www.hotel-le-yaca.fr

Das Le Yaca liegt nur etwa 100 Meter vom malerischen Port des Pêcheurs entfernt und ist auf mehrere alte Stadthäuser verteilt. Die recht elegante Empfangshalle des Hotels befindet sich im mittleren der Gebäude.

Das Le Yaca ist das genaue Gegenteil des glamourösen St-Tropez (abgesehen von seinen Preisen). Es ist zwar chic, aber auf eine diskrete und eher unauffällige Weise; den einzigen Glanz findet man hier in den wunderschön gewobenen marokkanischen Stoffen, die als Bettbezüge dienen, oder in den orientalischen Lampen, die die Speiseterrasse beleuchten. Die Zimmer sind individuell mit gutem Geschmack und viel Flair eingerichtet; kühles Weiß setzt sich gegen alte Terrakottafliesen, antike Möbel, Wandbehänge, vereinzelte Teppiche und Orchideen ab. Die Badezimmer sind makellos mit Hermès-Seifen und flauschigen weißen Bademänteln ausgestattet. Von den Zimmern im Obergeschoss aus kann man einen Blick auf das Meer über die sonnenverbrannten Dächer der Stadt erhaschen; des Weiteren gibt es drei erstaunlich elegante Suiten. In dem hellen Restaurant werden ausgezeichnete italienische Gerichte serviert; bei schönem Wetter kann man im hübschen und ruhigen Garten neben dem kleinen Pool speisen.

～

Umgebung: Strände; Les Graniers (100 m); La Bouillabaisse (1 km); Tahiti (4 km) **Lage:** im Zentrum der Altstadt, 100 m vom Port des Pêcheurs entfernt; bewachter Parkplatz (öffentlich oder hoteleigen) • **Mahlzeiten:** Frühstück, leichtes Mittagessen (auf Anfrage), Abendessen • **Preise:** €€€€–€€€€€ • **Zimmer:** 28; 23 Doppel- und Zweibettzimmer, 2 Einzelzimmer, 3 Suiten, alle mit Bad oder Dusche; alle Zimmer mit Telefon, TV, Klimaanlage, Minibar, Safe, Fön • **Anlage:** Restaurant, Bar, Terrassen, Garten, Swimmingpool • **Kreditkarten:** AE, DC, MC, V • **Behinderte:** nicht geeignet • **Tiere:** erlaubt • **Geschlossen:** Mitte Oktober bis April • **Besitzer:** M. und Mme Huret

DER SÜDEN

Hostellerie du Mas de Cacharel
∽ Ländliches Hotel ∽

Route de Cacharel, 13460 Les Stes-Maries-de-la-Mer (Bouches-du-Rhône)
Tel 04 90 97 95 44 **Fax** 04 90 97 87 97
e-mail mail@hotel-cacharel.com **website** www.hotel-cacharel.com

Das Hotel liegt etwa einen Kilometer von der Straße entfernt und auf einem 70 ha großen Gelände, das an ein Naturschutzgebiet grenzt. Es wurde in den 1960er Jahren von dem Filmregisseur und Fotografen Denys Colomb de Daunant erbaut. Das Haus wird heute von seinem Sohn Florian geführt und ist seinem einfachen, bescheidenen Stil treu geblieben. Es gibt kein Fernsehen, die Räume im Erdgeschoss gehen auf einen Innenhof und auf die Feuchtgebiete der Camargue hinaus. Sie sind einfach und ansprechend, an den weiß getünchten Wänden hängen riesige, grobkörnige Aufnahmen von Pferden.

Das Hotel verfügt zwar über kein Restaurant, aber über eine Bar und Tische in der riesigen Scheune. Mittelpunkt ist der mächtige offene Kamin aus dem 18. Jh. Hier können Sie von 12 bis 20 Uhr eine *assiette campagnarde* – mit Schinken, Ziegenkäse und Würsten – und Wein bekommen. Die Stallungen sind nicht weit und können jederzeit besichtigt werden, die Vogelwelt ist ebenfalls faszinierend, unaufhörlich spazieren Flamingos vorbei. Der Trubel des 5 km entfernten Stes-Maries-de-la-Mer scheint einer anderen Welt anzugehören. Die Colomb de Daunants sind sehr freundliche Gastgeber.

∽

Umgebung: Arles (39 km), Aigues-Mortes (31 km), Nîmes (54 km) • **Lage:** in den Feuchtgebieten der Camargue; mit eigenem Parkplatz • **Mahlzeiten:** Frühstück, leichte Mahlzeiten von 12 bis 20 Uhr • **Preise:** €€ • **Zimmer:** 15; 12 mit Bad, 3 mit Dusche, alle mit Telefon • **Anlage:** Bar, Scheune, Garten, Swimmingpool, Reitpferde • **Kreditkarten:** MC, V • **Kinder:** willkommen • **Behinderte:** 1 geeignetes Zimmer • **Tiere:** erlaubt • **Geschlossen:** nie • **Besitzer:** Familie Colomb de Daunant

Der Süden

Les Stes-Maries-de-la-Mer

Mas de la Fouque
~ Ländliches Hotel ~

Route du Petit-Rhône, 13460 Les Stes-Marie-de-la-Mer (Bouches-du-Rhône)
Tel 04 90 97 81 02 **Fax** 04 90 97 94 84
e-mail info@masdelafouque.com **website** www.masdelafouque.com

Das abendliche Naturschauspiel, das man durch die großen Aussichtsfenster betrachten kann, ist einzigartig: Die weißen Pferde und kleinen schwarzen Stiere der Camargue streifen durch das Schilf und Gras des Sumpflands, während sich ganze Schwärme von Flamingos in die Lüfte erheben. Ab und zu stolziert ein Graureiher am Teich entlang. Das weiß getünchte Hotel im spanischen Stil liegt direkt am Wasser und erinnert ein wenig an die Southfork Ranch: Pferdesattel hängen in der Eingangshalle, und der freundliche Besitzer trägt Cowboystiefel – alles in allem eine 4-Sterne-Luxusranch mit Hubschrauberlandeplatz, exotischen Badezimmern, Whirlpoolbädern und Kleiderordnung fürs Abendessen.

Viele der elegant eingerichteten Gästezimmer (mit Ventilatoren gegen die Stechmücken) verfügen über private Terrassen über der Lagune, wo Sie sonnenbaden und Vögel beobachten können (nehmen Sie Ihr Fernglas mit). Der Salon wirkt durch die weiß lackierten Weidenstühle leicht und luftig, die Bar ist schön dekoriert mit Bildern aus einem alten Katalog für Pferdegeschirr. Die Küche ist ausgezeichnet, die Regionalgerichte werden elegant präsentiert; viele Gemüse und Kräuter stammen aus eigenem Anbau. Das Hotel hat kürzlich den Besitzer gewechselt. Berichte sind uns willkommen.

Umgebung: Aigues-Mortes (26 km), Arles (35 km) • **Lage:** in der Camargue, 4 km von Stes-Maries de la Mer, auf einem 4 ha großen Gelände; mit eigenem Parkplatz **Mahlzeiten:** Frühstück, Mittag- und Abendessen • **Preise:** €€€€; in der Hochsaison ist Halbpension obligatorisch • **Zimmer:** 13; 6 Doppel-, 4 Zweibett-, 1 Familienzimmer, 2 Suiten; alle mit Bad, Telefon, TV, Klimaanlage, Minibar, Fön, 4 mit Whirlpoolbädern • **Anlage:** 2 Aufenthaltsräume, Bar, Speiseraum, Terrassen, Garten, Swimmingpool, Angeln, Golfen, Hubschrauberlandeplatz • **Kreditkarten:** AE, DC, MC, V • **Kinder:** erlaubt • **Behinderte:** 1 speziell ausgestattetes Zimmer **Tiere:** erlaubt • **Geschlossen:** Anfang Nov. bis Ende März, Weihnachten, Neujahr; Restaurant Sept. bis Mitte Juli Di • **Besitzer:** Didier Rivière

DER SÜDEN

LE SAMBUC

Mas de Peint
～ Ländliches Hotel ～

Le Sambuc, 13200 Arles (Bouches-du-Rhône)
Tel 04 90 97 20 62 **Fax** 04 90 97 22 20
e-mail contact@masdepeint.net **website** www.masdepeint.com

Das Mas de Peint ist die chice Seite der Camargue. Geschaffen wurde es mit großem Engagement von der Familie Bon, deren Brandzeichen sogar auf der weißen Leinenwäsche dieses exklusiven kleinen Hotels erscheint. Das Hotel besteht aus einem Stall aus dem 18. Jh., der an das Haus der Bons grenzt. Mme Bon ist Architektin und Innenausstatterin und hat das Gebäude stark verändert: Die hübschen, geräumigen Zimmer verfügen über Deckenbalken aus Holz, Sandsteinböden und beneidenswert schöne Antiquitäten. Das ganze Ensemble scheint eher für private als für Hotelgäste bestimmt, und so soll es auch sein. Alle essen zusammen in der altmodischen Küche, aus der bereits vor dem Diner verführerische Düfte strömen. Das Gemüse und die Kräuter entstammen dem hauseigenen Garten. In der Eingangshalle hängt ein Pferdegeschirr, die Regale stehen voller Bücher, es gibt einen ruhigen kleinen Leseraum und Zeitungen für den Frühstückstisch. Jacques Bon, der Stiere und Pferde züchtet, schaut oft im Hotel vorbei und lädt die Gäste ein, seine Tiere und seinen Hof zu besichtigen. Die Zimmer sind im klassischen Landhausstil gehalten; einige verfügen über gusseiserne Badewannen und kleine Holztreppen, die zum Badezimmer auf der Galerie führen. Hinter dem Haus versteckt liegt ein diskreter kleiner Swimmingpool.

～

Umgebung: Arles (20 km); Avignon (36 km); Nîmes (31 km) • **Lage:** auf dem Land; mit eigenem Parkplatz • **Mahlzeiten:** Frühstück, Mittag- und Abendessen **Preise:** €€€ • **Zimmer:** 11; 8 Doppel- und Zweibettzimmer, 3 Suiten, alle mit Bad; alle Zimmer mit Telefon, TV, Klimaanlage, Minibar, Safe • **Anlage:** Aufenthaltsräume, Speiseraum, Garten, Swimmingpool, Reitmöglichkeit • **Kreditkarten:** AE, DC, MC, V • **Kinder:** willkommen • **Behinderte:** keine entsprechenden Einrichtungen • **Tiere:** erlaubt • **Geschlossen:** Anfang Januar bis Mitte März **Besitzer:** M. und Mme Bon

DER SÜDEN

SEILLANS

Hôtel des Deux Rocs
~ Dorfhotel ~

Place Font d'Amont, 83440 Seillans (Var)
Tel 04 94 76 87 32 **Fax** 04 94 76 88 68
e-mail deux-rocs-seillans@wanadoo.fr **website** www.hoteldeuxrocs.com

Das bezaubernde, mit strahlend blauen Fensterläden geschmückte Hôtel des Deux Rocs liegt in dem schönen mittelalterlichen Bergstädtchen Seillans (in der ehemaligen Künstlerkolonie verbrachte Max Ernst seine letzten Lebensjahre). Vor kurzem fand ein Besitzerwechsel statt: Madame Hirsch übergab mit 81 Jahren die Regie an ein französisch-australisches Paar, Bruno und Judy Germanaz, die bereits seit 25 Jahren im Hotel- und Gastronomiegewerbe erfolgreich zusammenarbeiten.

Bruno ist der *chef de cuisine* und zaubert delikate Fleisch- und Fischgerichte, die entweder in dem geschmackvoll dekorierten Speiseraum oder vor dem Haus auf dem kopfsteingepflasterten Platz am Brunnen serviert werden (auf besonderen Wunsch aber auch vor dem Kamin im Wohnzimmer). Judy hat die hellen, luftigen Zimmer im schlichten Côte-d'Azur-Stil mit nagelneuen Betten und Teppichen ausgestattet. Aber trotz der Umgestaltungen versuchen die Germanaz', den von der Vorbesitzerin geprägten Stil des Hauses zu bewahren, was auch bedeutet, dass es auf den Zimmern keine TV-Geräte gibt.

~

Umgebung: Lac de Saint-Cassien (15 km); Grasse (32 km); St-Raphaël (33 km); Gorges du Verdon (40 km); Cannes (47 km) • **Lage:** am höchsten Punkt eines kleinen Dorfes; Parkplatz in der Nähe • **Mahlzeiten:** Frühstück, Mittag- und Abendessen • **Preise:** € • **Zimmer:** 14 Doppelzimmer, 6 mit Bad, 8 mit Dusche; alle Zimmer mit Telefon • **Anlage:** Bar, Salon, Speiseraum, Terrasse • **Kreditkarten:** MC, V **Kinder:** erlaubt • **Behinderte:** Zugang schwierig • **Tiere:** erlaubt • **Geschlossen:** Nov. bis Mitte März • **Besitzerin:** Bruno und Judy Germanaz

DER SÜDEN

Le Pré du Moulin
~ Dorfhotel mit Restaurant ~

Route du Ste-Cécile-les-Vignes, 84830 Sérignan-du-Comtat (Vaucluse)
Tel 04 90 70 05 58 **Fax** 04 90 70 05 62
e-mail hvc@ifrance.com **website** www.hostellerieduvieuxchateau.com

Le Pré du Moulin war früher der Name des von den Truchots be-
triebenen Restaurants der Hostellerie du Vieux Château, das jetzt
(wie inzwischen auch das Hotel) unter der Leitung des jungen, ta-
lentierten Küchenchefs Pascal Alonso und seiner Schweizer Frau
Caroline steht. Nachdem sich die Truchots auch vom Hotelbetrieb
zurückzogen, kam es zum Besitzer- und Namenswechsel.
Der in einem malerischen Dorf gelegene *logis*, ein stattliches ehemaliges Gutshaus aus dem 18. Jh., weist geräumige, komfortable Zimmer zu vernünftigen Preisen auf (besonders die attraktiv mit neuer
balkenüberdachter Terrasse). In einem scheunenähnlichen Gebäude
nebenan ist das hoch angesehene, bei Einheimischen und Gästen
gleichermaßen beliebte Restaurant untergebracht.
Die Alonsos planen eine Generalsanierung, sodass abzuwarten ist,
ob der traditionelle, liebenswerte Charakter des Hotels mit altmo-
discher Bar, Aufenthalts- und Frühstücksraum erhalten bleibt. Berichte sind willkommen.

~

Umgebung: Orange (8 km); Avignon (40 km); Mont Ventoux • **Lage:** am Rande des
Dorfes, etwas abseits der Straße nach Ste-Cécile-les-Vignes; mit eigenem Parkplatz • **Mahlzeiten:** Frühstück, Mittag- und Abendessen (Halbpension obligatorisch
von April bis Oktober) • **Preise:** €€ • **Zimmer:** 8; 7 Doppel- und Zweibettzimmer,
1 Familienzimmer, 7 mit Bad, 1 mit Dusche; alle Zimmer mit Telefon, TV, Minibar,
Fön; einige mit Klimaanlage, Safe • **Anlage:** Aufenthaltsraum, Bar, Frühstücksraum, Restaurant, Terrasse, Garten, Swimmingpool • **Kreditkarten:** AE, MC, V
Kinder: willkommen • **Behinderte:** 1 Zimmer im Erdgeschoss geeignet • **Tiere:**
nicht erlaubt • **Geschlossen:** 2 Wochen im Februar, 1 Woche im November
Besitzer: M. und Mme Truchot

DER SÜDEN

TOURRETTES-SUR-LOUP

Auberge de Tourrettes

~ Ländliches Restaurant mit Gästezimmern ~

11, route de Grasse, 06140 Tourrettes-sur-Loup (Alpes-Maritimes)
Tel 04 93 59 30 05 **Fax** 04 93 59 28 66
e-mail info@aubergedetourrettes.fr **website** www.aubergedetourrettes.fr

Der talentierte Küchenchef Christophe Dufau und seine dänische Frau Katrine haben ihr Restaurant mit Gästezimmern im Kern eines typischen Dorfgasthofes im Juli 2000 eröffnet. Es liegt hoch oben in den Midi-Bergen und nur wenige Kilometer vom touristenüberströmten St-Paul entfernt; dennoch ist das Tourrettes erfrischend ruhig und unprätentiös. Das Hotel liegt am Rande des Dorfes mit Ausblick auf die unverdorbenen bewaldeten Hügel sowie die Küste dahinter.

Den Mittelpunkt der Auberge stellt das luftige, offen gestaltete Restaurant mit einer Terrasse mit Glaswänden dar, das sich einer großartigen Aussicht erfreut. Die Einrichtung ist einfach und elegant: gerade, moderne Linien, warme gefliese Böden, verschiedene Weißschattierungen, natürliche Leinentischdecken, viel Holz und ein Olivenbaum in einem Terrakottatopf. Für die wärmeren Tage gibt es eine Terrasse. Der Gast, der das Tourrettes vor kurzem für uns besuchte, war besonders vom Essen und den vernünftigen Preisen beeindruckt. Frische Zutaten der Region (vor allem viele frische Kräuter aus dem eigenen Garten) werden mit viel Geschick zubereitet: Hummerterrine mit Gelée und Orangengeschmack, Spargel mit Parmesanstreifen und einer köstlichen Schaumsauce, Hühnchen mit eingelegten Zitronenstückchen. Auch die Zimmer sind einfach, aber elegant eingerichtet: Sie spiegeln in der zeitgenössischen Variation eines traditionellen Themas die Farben der Provence wider.

~

Umgebung: Vence (6 km); St-Paul-de-Vence (11 km); Nizza (25 km) • **Lage:** an der Hauptstraße am Rande des Dorfes; mit eigenem Parkplatz • **Mahlzeiten:** Frühstück, Mittag- und Abendessen • **Preise:** €€ • **Zimmer:** 6 Doppel- und Zweibettzimmer, alle mit Bad; alle Zimmer mit Telefon, TV, Minibar • **Anlage:** Restaurant, Bar, Garten, Terrasse • **Kreditkarten:** AE, DC, MC, V • **Kinder:** erlaubt • **Behinderte:** Zugang schwierig • **Tiere:** erlaubt • **Geschlossen:** 1 Woche Ende November, Mitte Januar bis Mitte Februar • **Besitzer:** Christophe und Katrine Dufau

DER SÜDEN

TRIGANCE

Château de Trigance
～ Umgebaute Burg ～

83840 Trigance (Var)
Tel 04 94 76 91 18 **Fax** 04 94 85 68 99
e-mail chateautrigance@wanadoo.fr **website** www.chateau-de-trigance.fr

Seit mehr als 30 Jahren führen Jean-Claude Thomas und seine Frau jetzt das prächtige, komfortable Hotel, das einsam auf den Kalksteinhügeln um die wilden Gorges du Verdon thront; doch es scheint ihnen immer noch Spaß zu machen, und mittlerweile ist auch ihr Sohn beteiligt. Trigance ist in einer Gegend mit wenigen Dörfern und noch weniger Hotels eine freundliche Oase. Der junge Küchenchef Philippe Joffroy ist ein weiterer Pluspunkt.

Bei der Ankunft schaut man verblüfft nach oben. Ist diese Festung wirklich ein Hotel? Und wie gelangt man hinauf? Früher musste man über steile Felstreppen nach oben klettern, neuerdings gibt es eine Straße – aber dann befindet man sich in einer mittelalterlichen Welt. Stein für Stein hat M. Thomas die Burg aus dem 11. Jh. (die den Dorfbewohnern lange als Steinbruch diente) restauriert. Gern zeigt er Gästen Fotos vom früheren Zustand. Der eindrucksvolle gewölbte Speiseraum im Kerzenlicht und der Salon darunter haben keine Fenster, aber viel Atmosphäre; die Möbel sind mittelalterlich. Ähnlich wirken auch die teilweise in den Fels gebauten Zimmer, die mit Himmelbetten, alten Möbeln, Gobelins und Flaggen ausgestattet sind. Von den Fenstern genießt man einen herrlichen Blick. Sie können das Frühstück oben auf den Zinnen einnehmen. Das der Umgebung angepasste Essen ist überraschend gut.

Umgebung: Gorges du Verdon (10 km); Castellane (20 km) • **Lage:** über einem kleinen Dorf, 10 km nw von Comps-sur-Artuby; Privatparkplatz • **Mahlzeiten:** Frühstück, Mittag- und Abendessen • **Preise:** €€ • **Zimmer:** 10 Doppelzimmer, alle mit Bad, Telefon, TV, Fön • **Anlage:** Speiseraum, Salon, Terrassen
Kreditkarten: AE, DC, MC, V • **Kinder:** erlaubt • **Behinderte:** nicht geeignet
Tiere: erlaubt • **Geschlossen:** Nov. bis Mitte März • **Besitzer:** M. und Mme Thomas

DER SÜDEN

Domaine de la Ponche
∽ Landhotel ∽

84190 Vacqueras (Vaucluse)
Tel 04 90 65 85 21 **Fax** 04 90 65 85 23
e-mail domaine.laponche@wanadoo.fr **website** www.hotel-laponche.com

»Was für ein Juwel«, schreibt uns der Leser, der dieses Hotel in der Weingegend in der Nähe der zerklüfteten Dentelles de Montmirail entdeckte. »Zugegeben – wir waren müde, hungrig und brauchten dringend ein Bett für die Nacht, als wir im Domaine de la Ponche ankamen; trotzdem konnten wir unser Glück kaum glauben. Unser Zimmer war riesig und hatte ein ausgezeichnetes Badezimmer; auch das Abendessen war exzellent.«

»Riesig« ist das richtige Stichwort: riesige Zimmer mit ebensolchen Balken und hohen Decken. Sie sind modern mit gutem Geschmack und etwas spartanisch eingerichtet: die Wände pastellfarben, schmiedeeiserne Betten, Landmöbel; die teureren Zimmer verfügen außerdem über Sitzecken, und die riesigen Badezimmer sind ausgezeichnet ausgestattet. Auch die Gemeinschaftsräume sind sehr groß; das Wohnzimmer mit seinem offenen Kamin ist ganz besonders gemütlich.

Das schöne alte Gebäude aus dem 17. Jh. mit seinen blauen Fensterläden ist von eigenen Weinbergen, Olivenbäumen und Zypressen umgeben; es wurde vor vier Jahren von zwei Schweizer Schwestern und einem französischen Ehemann in ein Hotel umgewandelt. Sie sind beide gute Köchinnen, die ihre eigene Pasta herstellen und so das Repertoire an provenzalischen Gerichten erweitern. Ein leichtes Mittagessen wird am Pool serviert.

Umgebung: Weinberge des Côtes-du-Rhône; Vaison-la-Romaine (20 km) • **Lage:** 2 km nördlich von Vacqueras ausgeschildert, an der D8 nach Cairanne; mit eigenem Parkplatz • **Mahlzeiten:** Frühstück, Mittag- und Abendessen • **Preise:** €€€ **Zimmer:** 6; 4 Doppel- und Zweibettzimmer, 2 Suiten, alle mit Bad; alle Zimmer mit Telefon, Fön • **Anlage:** Aufenthaltsraum, Speiseraum, Terrasse, Garten, Swimmingpool • **Kreditkarten:** MC, V • **Kinder:** erlaubt • **Behinderte:** Zugang schwierig **Tiere:** erlaubt • **Geschlossen:** nie • **Besitzer:** Ruth Spahn, Madeleine Frauenknecht, Jean-Pierre Onimus

DER SÜDEN

VAISON-LA-ROMAINE

Hostellerie Le Beffroi
～ Stadthotel ～

Rue de l'Évêché Haute Ville, 84110 Vaison-la-Romaine (Vaucluse)
Tel 04 90 36 04 71 **Fax** 04 90 36 24 78
e-mail lebeffroi@wanadoo.fr **website** www.le-beffroi.com

Das Hotel umfasst zwei wunderschöne Häuser in einer mittelalterlichen Stadt. Das eine wurde im 16. Jh. für den Comte de Saint Véron erbaut, das andere diente im 17. Jh. dem Marquis de Taulignan als Bleibe. Hier sehen Sie jede Menge alte Holzbalken, Steine und polierte rote Kachelböden und genießen von den Terrassen aus einen schönen Blick auf die Neustadt, die um die beiden römischen Ausgrabungsstätten entstanden ist. (Einige Häuser der Altstadt wurden mit Steinen der römischen Ruinen errichtet.)

Das Beffroi liegt hoch oben auf einem Hügel, so dass selbst in der größten Sommerhitze noch eine frische Brise weht. Der freundliche, junge und oft sehr beschäftigte Inhaber Yann Christianson (das Hotel ist seit drei Generationen in Familienbesitz) und seine Frau Christine denken sich immer wieder etwas Neues aus, um das Hotel für ihre Gäste noch angenehmer zu machen. Leider haben nicht alle Zimmer ein Bad.

Die Salate, die zur Mittagszeit auf der Terrasse serviert werden, sind ebenfalls ein echter Erfolg. Die Küche ist traditionell provenzalisch.

～

Umgebung: Orange (25 km), Avignon (40 km) • **Lage:** in der Altstadt an einem steilen Hügel; mit eigenem Parkplatz • **Mahlzeiten:** Frühstück, Mittag- und Abendessen • **Preise:** €€ • **Zimmer:** 22; 8 Doppel-, 13 Zweibett-, 1 Einzelzimmer, 12 mit Bad, 10 mit Dusche; alle mit Telefon, TV, Minibar, Fön • **Anlage:** Aufenthaltsraum, Speiseraum, Terrassen, Garten, Pool, Minigolf (nur im Sommer) **Kreditkarten:** AE, DC, V, MC • **Kinder:** willkommen • **Behinderte:** nicht geeignet **Tiere:** erlaubt • **Geschlossen:** Feb. bis Ende März; Restaurant: Ende Okt. bis April **Besitzer:** M. und Mme Christianson

DER SÜDEN

VALENCE

Maison Pic
∼ Stadthotel ∼

285, avenue Victor Hugo, 26001 Valence (Drôme)
Tel 04 75 44 15 32 **Fax** 04 75 40 96 03
e-mail pic@relaischateaux.fr **website** www.pic-valence.com

Im Maison Pic dreht sich von jeher alles ums Essen. Das erste »Pic«-Restaurant wurde bereits vor 100 Jahren von Sophie Pic eröffnet, deren Nachfolger ihr Sohn André wurde. Die Linie setzt sich mit einer Frau fort: Anne-Sophie ist als *chef de cuisine* ein weiterer Glücksfall in der Gastronomendynastie Pic und bringt nicht nur in die Küche, sondern auch in die Dekoration und Atmosphäre des Hotels eine weibliche Note. Das Geheimnis ihres Erfolges ist, dass sie und das Personal die Gäste herzlich willkommen heißen und sie nicht wie Kunden behandeln.

Die 15 reizenden, komfortablen Zimmer sind individuell im modernen provenzalischen Stil eingerichtet und nach Düften benannt. Sie weisen Holzböden, eine raffinierte Farbgestaltung und weiß gekachelte Bäder, einige auch Balkone auf und sind sehr stilvoll. Es gibt auch eine ruhige, mit Blumen geschmückte Terrasse, die von 100 Jahre alten Bäumen beschattet wird, und einen reizenden Swimmingpool im Freien. Das üppige Frühstück, das aufs Zimmer gebracht wird, ist genauso delikat wie das Mittag- und Abendessen.

∼

Umgebung: Vercors-Berge; Flusslandschaft der Rhône • **Lage:** im Stadtzentrum; mit eigenem Parkplatz • **Mahlzeiten:** Frühstück, Mittag- und Abendessen • **Preise:** €€€–€€€€ • **Zimmer:** 15 Doppelzimmer mit Bad; alle Zimmer mit Telefon, TV, Klimaanlage, Minibar, Fön, Safe • **Anlage:** Aufenthaltsraum, Speiseraum, Restaurant, Terrasse, Swimmingpool • **Kreditkarten:** AE, DC, MC, V • **Kinder:** erlaubt • **Behinderte:** 1 Zimmer mit entsprechenden Einrichtungen • **Tiere:** erlaubt **Geschlossen:** nie; Restaurant Sonntag Abend, Montag und Dienstag November bis März, 3 Wochen im Januar • **Besitzerin:** Anne-Sophie Pic

DER SÜDEN

La Roseraie
~ Stadtvilla ~

Avenue Henri Giraud, 06140 Vence (Alpes-Maritimes)
Tel 04 93 58 02 20 **Fax** 04 93 58 99 31

Diese hellrosafarben getünchte Belle-Epoque-Villa wirkt wie eine verschachtelte Familienresidenz: Strohhüte und kleine Trockenblumensträuße sowie alte Fotografien und Drucke hängen an den Wänden. M. Mareton hat vor einigen Jahren das Haus übernommen. Seitdem gab es einige Veränderungen, so wurden die chicen schmiedeeisernen Gartenmöbel im Kolonialstil durch Plastikmöbel ersetzt. Im Garten stehen allerlei exotische Pflanzen und Bäume: eine Bananenstaude, eine hundertjährige Magnolie, Orangenbäume und Oleander. Der Empfangs- und Aufenthaltsraum wirkt sehr einladend mit seiner Balkendecke, dem kleinen Kamin, den provenzalischen Stoffen und hübschen Gegenständen. Unser Gutachter vermerkte den wunderbaren Lavendelduft, der überall im Haus zu spüren war. Die Gästezimmer wurden liebevoll eingerichtet. Die Farben sind hell und sonnig, manche sonnenblumengelb, manche in zartem Terrakotta, die Wände sind marmoriert. Die Bäder sind teilweise mit handgearbeiteten Keramikkacheln aus Salernes geschmückt und sehr hübsch, außerdem tadellos und gut ausgestattet. Das Hotel liegt allerdings im weniger schönen Teil von Vence.

~

Umgebung: Matisse-Kapelle, Altstadt von Vence, Cannes (15 km) • **Lage:** am Stadtrand in einem Garten, 10 km n von Cagnes-sur-Mer; Parkplatz • **Mahlzeiten:** nur Frühstück • **Preise:** €€ • **Zimmer:** 13 Doppel- oder Zweibettzimmer, 11 mit Bad, 2 mit Dusche; alle Zimmer mit Telefon, TV, Minibar, Fön, 1 mit Klimaanlage, einige mit Safe • **Anlage:** Aufenthaltsraum, Frühstücksraum, Terrasse, schön angelegter Garten, Swimmingpool • **Kreditkarten:** AC, DC, MC, V • **Kinder:** erlaubt **Behinderte:** 4 Räume im Erdgeschoss • **Tiere:** erlaubt • **Geschlossen:** Mitte Nov. bis Mitte Feb. • **Besitzer:** M. Marteton

DER SÜDEN

VENCE

Auberge des Seigneurs et du Lion d'Or
∽ Stadthotel ∽

Place du Frêne, 06140 Vence (Alpes-Maritimes)
Tel 04 93 58 04 24 **Fax** 04 93 24 08 01

Dieses elegante Stadthaus liegt in der Nähe eines riesigen alten Baumes; seit 1895 ist es ein Hotel, und seit 1936 gehört es der Familie des jetzigen Besitzers. Zu seinen Gästen zählen Künstler wie Renoir oder Modigliani. Im Inneren des Hauses befindet sich eine große und eher dunkle Empfangshalle mit alten gefliesten Böden, schweren Landmöbeln, Teilen einer alten Olivenpresse, einem Spinnrad, einem riesigen zotteligen Hund und Kuriositäten in jedem Winkel. Von hier geht das Restaurant ab, in dem Mme Rodi köstliches Lamm oder Hühnchen am offenen Feuer zubereitet. Darüber hinaus gibt es eine fabelhafte Fischsuppe und *tourton des patres,* eine Art Käsepastete. Das Frühstück ist einfach, aber besonders gut; es gibt eingelegte Früchte, Frischkäse und andere Käsesorten, verschiedene Brotsorten und selbst gemachte Marmelade. Die Zimmer sind recht spartanisch, aber nicht ohne Charme. In ihnen stehen einige wunderschöne antike Stücke, und viele Zimmer verfügen noch über die originalen terrakottagefliesten Böden. Sie sind mit farbenfrohen provenzalischen Stoffen und frischen Blumen ausgestattet. Die Unterschiede in Form und Größe sind beträchtlich; die Badezimmer wurden renoviert. Vielleicht wird sich etwas Modernität (aber bitte nicht zu viel!) ja doch einschleichen, wenn Mme Rodi das Geschäft an ihre Tochter übergibt.

Umgebung: Matisse-Kapelle; Altstadt von Vence; Cannes (5 km) • **Lage:** an einem Platz in der Nähe des Stadtzentrums; öffentlicher Parkplatz in der Nähe • **Mahlzeiten:** Frühstück, Mittag- und Abendessen • **Preise:** € • **Zimmer:** 10 Doppel- und Zweibettzimmer, alle mit Dusche • **Anlage:** Aufenthaltsraum, Restaurant, Bar **Kreditkarten:** AE, DC, MC, V • **Kinder:** erlaubt • **Behinderte:** Zugang schwierig **Tiere:** erlaubt • **Geschlossen:** Mitte November bis Mitte März; Restaurant montags, Dienstag-, Mittwoch- und Donnerstagmittag • **Besitzerin:** Daniele Rodi

DER SÜDEN

VILLENEUVE-LES-AVIGNON

Hôtel de l'Atelier
⌒ Stadthotel ⌒

5, rue de la Foire, 30400 Villeneuve-les-Avignon (Gard)
Tel 04 90 25 01 84 **Fax** 04 90 25 80 06
e-mail hotel-latelier@libertysurf.fr **website** www.hoteldelatelier.com

Dieses Bed-&-Breakfast in einem ehemaligen Kardinalshaus wurde vor Jahren von Agnès und Gui Lainé, die aus der Film- und Werbebranche kamen, vor dem Verfall gerettet. Sie nutzten ihre Kenntnisse und ihren Einfallsreichtum, um ein Hotel mit viel Charakter und Stil zu schaffen, ohne ein Vermögen auszugeben. Glücklicherweise fanden sie sehr gutes Ausgangsmaterial vor: eine steinerne Treppe, riesige alte Holztüren, Deckenbalken und einen antiken Kamin. Diesen gesellten sie eine frische neue Einrichtung hinzu: farbenfrohe Stoffe, hübsche Lampen, eine Mischung aus hölzernen und bemalten Möbeln, Sisalmatten, Gemälde und andere Kunstobjekte. Die Lainés haben das Hotel im Dezember 2003 an Gérard und Annick Burret verkauft, die einige der sehr freundlichen und aufmerksamen Angestellten weiterbeschäftigen. Sie haben es – passend zu seinem Namen – mit moderner Kunst ausgestattet. Die individuell eingerichteten Zimmer sind schlicht, aber elegant.

Hinter dem Haus befindet sich ein wunderschöner Hof, in dem man unter Feigenbäumen und Weinreben frühstücken kann. Hinter dem Tor aus Stein erstreckt sich ein zugewachsener »geheimer Garten«, in dem im Frühsommer Oleandersträucher, Geranien und Kletterrosen blühen.

⌒

Umgebung: Avignon; Fort St-André; Chartreuse du Val de Bénédiction • **Lage:** im Stadtzentrum; eingeschränkter Parkplatz • **Mahlzeiten:** Frühstück • **Preise:** € **Zimmer:** 23 Doppel- und Zweibettzimmer, alle mit Bad oder Dusche; alle Zimmer mit Telefon, TV, Fön • **Anlage:** Aufenthaltsraum, Frühstücksraum, Garten **Kreditkarten:** AE, DC, MC, V • **Kinder:** erlaubt • **Behinderte:** nicht geeignet **Tiere:** erlaubt • **Geschlossen:** Anfang Januar bis Mitte Februar • **Besitzer:** Gérard und Annick Burret

DER SÜDEN

Le Cottage
Hotel am Meer

21, rue Arthur-Rimbaud, 66703 Argèles-sur-Mer (Pyrénées-Orientales) • **Tel** 04 68 81 07 33 **Fax** 04 68 81 59 69 • **e-mail** info@hotel-lecottage.com **website** www.hotellecottage.com **Mahlzeiten:** Frühstück, Mittag- und Abendessen • **Preise:** €–€€ **Zimmer:** 34 • **Geschlossen:** Mitte Okt. bis April; Restaurant Montagmittag bis Samstagmittag

Die Chaîne des Albères gehört zu den letzten Ausläufern der Pyrenäen vor dem Mittelmeer, und Argèles-sur-Mer ist der letzte französische Ort vor der spanischen Grenze. Das Le Cottage ist ein modernes Hotel in einem Wohngebiet des Ortes und hat eine wunderschöne Aussicht. Bemalte Rohr- und schmiedeeiserne Möbel tragen sehr zur heiteren Atmosphäre der Zimmer bei, aber das wahre Herz des Hotels ist »L'Orangeraie«, das Restaurant. Es ist berühmt für seine verfeinerte mediterrane Küche und seine Weine aus der Region. Gespeist wird bei Kerzenlicht auf der Terrasse, auf der man unter Palmen sitzt und den Sternenhimmel bewundern kann.

Le Vieux Castillon
Landhotel auf einem Hügel

Rue Turion Sabatier, 30210 Castillon-du-Gard (Gard) • **Tel** 04 66 37 61 61 • **Fax** 04 66 37 28 17 **e-mail** vieux.castillon@ wanadoo.fr • **website** www. relaischateaux.fr/ vieuxcastillon **Mahlzeiten:** Frühstück, Mittag- und Abendessen • **Preise:** €€€€ **Zimmer:** 35 • **Geschlossen:** Anfang Januar bis Ende Februar; Restaurant Montag- und Dienstagmittag

Das Beste, was man aus einer Ansammlung mittelalterlicher Häuser mit atemberaubender Aussicht auf die Weinberge des Ventoux-Tales machen kann, ist, ein oder zwei bezaubernde Ruinen zu belassen und aus dem Rest ein Luxushotel zu machen, das durch dicke Mauern gegen den Mistral und durch eine Klimaanlage vor der Sommerhitze geschützt ist. Die Zimmer sind unterschiedlich groß und individuell eingerichtet, die Qualität des Essens in dem hübschen, mit Deckenbalken versehenen Restaurant ist konsequent ausgezeichnet. Die Speisekarte wird durch eine ebenfalls mehr als annehmbare Weinkarte mit überwiegend Côtes-du-Rhône-Weinen ergänzt. Wunderschöne Gärten und ein hübscher Pool machen den Aufenthalt perfekt.

DER SÜDEN

CAZILHAC

La Ferme de la Sauzette

Umgebautes Bauernhaus

Route de Villefloure, 11570 Cazilhac (Aude) • **Tel** 04 68 79 81 32 **Fax** 04 68 79 65 99 **e-mail** info@lasauzette.com **website** www.lasauzette.com **Mahlzeiten:** Frühstück und Abendessen • **Preise:** € • **Zimmer:** 5 • **Geschlossen:** November, Januar

Wenn Sie auf Ihrer Reise einmal ein wenig Erholung brauchen sollten, empfehlen wir Ihnen den herzlichen Empfang von Chris und Diana Gibson in ihrem alten Bauernhaus in der Nähe von Carcassonne. Das Hotel ist von Weinbergen umgeben, und seine fünf schön eingerichteten und komfortablen (Nichtraucher-)Zimmer liegen direkt über der alten Kelter. Alle Zimmer sind mit alten Deckenbalken und großartigen Badezimmern ausgestattet. Das exzellente Frühstück und das nicht weniger ausgezeichnete Abendessen werden an einem großen Tisch gemeinsam eingenommen. Im Winter prasselt ein Feuer im Kamin, im Sommer kann man Gebrauch von der Veranda, der Terrasse und dem Garten machen.

LOURMARIN

Auberge La Fenière

Restaurant mit Gästezimmern

Route de Cadenet, 84160 Lourmarin (Vaucluse) • **Tel** 04 90 68 11 79 • **Fax** 04 90 68 18 60 **e-mail** reine@wanadoo.fr **website** www.reinesammut.com **Mahlzeiten:** Frühstück, Mittag- und Abendessen • **Preise:** €€€ **Zimmer:** 9 • **Geschlossen:** Mitte November bis Februar

Wenn Sie Feinschmeckerabendessen und eine Übernachtung in der Nähe des Lubéron mögen, empfehlen wir Ihnen dieses mit einem Michelin-Stern ausgezeichnete gemütliche Restaurant, dessen Küchenchefin die talentierte und bezaubernde Reine Sammut ist, die sich alles, was sie über das Kochen weiß, selbst beigebracht hat. Bei den Gerichten ist die Hand einer Frau deutlich zu spüren: *foie gras* mit Honig, Meerbarschquiche mit karamellisierten Äpfeln, *pigonneau fermier*, das mit den Fingern gegessen und mit Reis aus der Camargue serviert wird. Die Zimmer verfügen über kleine Terrassen, die zum einladenden Pool hinausgehen; sie sind modern und ruhig. Für den romantischen Urlaub zu zweit gibt es zwei kitschige Wohnwagen. Auch das Frühstück ist ein Erlebnis für Gourmets.

DER SÜDEN

Le Bosquet
Hotel auf dem Land

74, chemin des Périssols, 06580 Pégomas (Alpes-Maritimes) **Tel** 04 92 60 21 20 • **Fax** 04 92 60 21 49 • **e-mail** info@ lasauzette.com • **website** www.lasauzette.com • **Mahlzeiten:** Frühstück • **Preise:** € • **Zimmer:** 23 • **Geschlossen:** Februar

Das Le Bosquet liegt zwischen Cannes und Grasse in einem einfachen Gebäude aus den 1960er Jahren auf einem großen schattigen Anwesen voller Obstbäume, einem Pool und einem Tennisplatz. Viel Platz für Kinder zum Spielen und eine Tischtennisplatte machen die Familienidylle komplett – für den Urlaub mit Kindern die ideale Unterkunft. Neben den 15 einfachen Zimmern gibt es auch acht Studios mit Küchenzeilen und eigenen Terrassen. Als Attraktionen für Väter und Mütter liegen Golfplatz und Meer in erreichbarer Distanz. Im Le Bosquet werden die Gäste ausgesprochen herzlich empfangen.

Mas de Brugassières
Ländliches Gästehaus

Plan-de-la-Tour, 83120 Ste-Maxime (Var) • **Tel** 04 94 55 50 55 **Fax** 04 94 55 50 51 • **e-mail** mas.brugassieres@free.fr **website** www.mas-des-brugassieres.com • **Mahlzeiten:** Frühstück • **Preise:** €-€€ **Zimmer:** 14 • **Geschlossen:** Mitte Oktober bis Mitte März

Über dieses moderne »Bauernhaus«, das in einem üppigen Garten liegt und von Weinbergen umgeben ist, schreibt ein Gast: »Dort herrscht wirklich eine entspannte Atmosphäre. Im Wohnzimmer steht ein riesiges Sofa aus Sumatra, auf dem sich indianische Kissen stapeln. Drumherum stehen Unmengen von Topfpflanzen, und ein großer, aber ganz lieber Hund tappt dazwischen herum.« Die Zimmer sind einfach, aber freundlich mit ländlich gefliesten Böden, funktionalen Möbeln, Bettbezügen mit indianischem Muster und Lampen aus Marokko eingerichtet. Die Badezimmer sind alle in unterschiedlichen Farben gehalten. Einige Zimmer gehen direkt zum hübschen Garten samt Pool hinaus. Das Frühstück wird ab 8 Uhr serviert. Für absolute Spätaufsteher gibt es ein Brunch am Pool.

DER SÜDEN

ST-LAURENT-DU-VERDON

Le Moulin du Château

Hotel auf dem Land

04500 St-Laurent-du-Verdon
(Alpes-de-Haute-Provence) • Tel
04 92 74 02 47 • Fax 04 92 74
02 97 • e-mail info@moulin-du-
chateau.com • website
www.moulin-du-chateau.com
Mahlzeiten: Frühstück und
Abendessen • **Preise:** €-€€
Zimmer: 10 • **Geschlossen:** Mitte
November bis März

Ein Anhänger unseres Hotelführers schrieb uns so begeistert über dieses neue Hotel in einem winzigen Dorf in der Nähe der Gorges du Verdon, dass wir sofort jemanden losschickten, um das zu überprüfen. Er war derselben Meinung. Es dauerte vier Jahre, bis die Schweizer Edith und Nicolas Stämpfli, beide ehemalige Lehrer, diese alte Mühle in einen ausgesprochen friedvollen Zufluchtsort mit einfachen, farbenfrohen Zimmern umgewandelt hatten. Das köstliche mediterrane Abendessen und die friedvolle Atmosphäre des ganzen Hotels sind bemerkenswert. Das Restaurant ist nur für Hotelgäste geöffnet, und es gibt keinen Swimmingpool.

ST-MATHIEU

Bastide St-Mathieu

Hotel auf dem Land

35, chemin de Blumenthal, 06130
St-Mathieu, Grasse (Alpes-Maritimes) • **Tel** 04 97 01 10 00
Fax 04 97 01 10 09 • **e-mail**
info@bastidestmathieu.com
website www.bastidestmathieu.
com • **Mahlzeiten:** Frühstück
Preise: €€€€ • **Zimmer:** 5
Geschlossen: nie

Das nahe Grasse gelegene Gebäude stammt aus dem 18. Jh. und ist das Lieblingsprojekt der professionellen Hoteliers Inge und Arie von Osch. Sie haben viel Liebe und Sorgfalt darauf verwendet, es in ein Hotel zu verwandeln, ständig auf der Suche nach den passenden Lampen, Spiegeln, bemalten Truhen oder Kaschmirdecken. Die Einrichtung besteht aus antiken und modernen Stücken. Von der Originalausstattung blieben einige Balken, Steinwände und offene Kamine erhalten, die mit gewagten Farbakzenten kontrastieren. Selbst das kleinste Zimmer würde in anderen Hotels als Juniorsuite gelten. Ein reizender Swimmingpool schmückt den die Düfte der Provence verströmenden Park.

DER SÜDEN

ST-PAUL-DE-VENCE

Le St-Paul
Ländliches Hotel

86, rue Grande, 06570 St-Paul-de-Vence (Alpes-Maritimes) • **Tel** 04 93 32 65 25 • **Fax** 04 93 32 52 94 • **e-mail** le.st.paul@ wanadoo.fr • **website** www. lestpaul.com • **Mahlzeiten:** Frühstück, Mittag- und Abendessen; Zimmerservice • **Preise:** €€€€ **Zimmer:** 19 • **Geschlossen:** 3 Wochen im Dezember, 3 Wochen im Januar

Das wunderschön restaurierte Gebäude aus dem 16. Jh., ein ehemaliges Wohnhaus, liegt im Zentrum des Ortes. Das Innere des Hauses ist mit viel Schwung eingerichtet worden; die eher kleinen Zimmer sind wunderschön dekoriert, und viele von ihnen verfügen über Trompe-l'oeil-Wandmalereien, die das Meer und tropische Pflanzen darstellen. Aus einigen Zimmern hat man eine wirkliche Aussicht über die Hügel und das Tal bis zum Meer. Im Sommer kann man auf einer kleinen Terrasse im Freien speisen. Die Küche von Frédéric Buzet wird vom Gault Millau in den höchsten Tönen gelobt. Aufmerksames, freundliches Personal. Ein echtes Juwel.

ST-SATURNIN-DE-LUCIAN

Ostalaria Cardabela
Restaurant mit Gästezimmern

10, place Fontaine, 34725 St-Saturnin-de-Lucian (Hérault) **Tel** 04 67 88 62 62 • **Fax** 04 67 88 62 82 • **Mahlzeiten:** Frühstück; Mittag- und Abendessen im »Mimosa« • **Preise:** €-€€ **Zimmer:** 7 • **Geschlossen:** Ende Oktober bis Mitte März; Restaurant montags, Dienstag bis Samstag mittags, Sonntag abends von September bis Juni

Dieses elegante Hotel liegt in einem ruhigen Dorf westlich von Hérault und ist vor kurzem dem »Mimosa« angeschlossen worden, einem ausgezeichneten Restaurant ganz in der Nähe in St-Guiraud (Tel. 04 67 96 67 96, Fax 04 67 96 61 15). Dort verfolgt Bridget Pugh, eine ehemalige Primaballerina, ihre jetzige Karriere als erstklassige Köchin. Ihr Ehemann David, der Glückliche, verbringt die meiste Zeit damit, den Weinkeller mit Weinen aufzustocken, die ihres Essens würdig sind. Die Zimmer in dem alten Steingebäude sind angemessen groß und elegant eingerichtet; den Gästen steht eine eigene Küche sowie ein kostenloser Shuttleservice zum »Mimosa« und zurück zur Verfügung.

DER SÜDEN

La Table du Comtat
Dorfhotel

Séguret, 84110 Vaison-la-Romaine (Vaucluse) • **Tel** 04 90 46 91 49 • **Fax** 04 90 46 94 27 **Mahlzeiten:** Frühstück, Mittag- und Abendessen • **Preise:** €€ **Zimmer:** 8 Doppel- und Zweibettzimmer, alle mit Bad; alle mit Telefon, TV • **Geschlossen:** Februar

»Ganz sicher ein kleines Hotel mit dem größten Charme der ganzen Provence«, schreibt uns ein Anhänger des Table du Comtat. Das Hotel liegt ganz oben in einem der bezauberndsten Dörfer der Region. Es ist zwar etwas umständlich, mit dem Auto dorthin zu gelangen; oben wird man jedoch durch eine großartige Aussicht belohnt, ebenso durch die Annehmlichkeiten einer zwar modernisierten, aber im Grunde liebenswert altmodischen *auberge*. Das Essen ist zwar nicht gerade billig, dafür aber gut, und die Gemeinschaftsräume sind hell und luftig. Die einfachen und komfortablen Zimmer sind mit attraktiven Stoffen und Möbeln ausgestattet. Auch von der hübschen Terrasse aus hat man den großartigen Blick über den Ort. Swimmingpool vorhanden.

La Bastide Rose
Ländliches Gästehaus

99, chemin des Croupières, 84250 Le Thor (Vaucluse) • **Tel** 04 90 02 14 33 • **Fax** 04 90 02 19 38 **e-mail** poppynicole@yahoo.com **website** www.bastiderose.com **Mahlzeiten:** Frühstück; Mittag- und Abendessen auf Anfrage **Preise:** €€€ • **Zimmer:** 7 **Geschlossen:** nie

Diese wunderschöne alte ehemalige Papiermühle liegt am Ufer der Sorgue; das Heim von Poppy und Pierre Salinger wird von der Außenwelt durch Bäume und ausgedehnte Rasenflächen abgeschottet. Poppy handelte früher mit Antiquitäten, was man heute noch leicht am Stil des Hauses erkennen kann. Den Gästen des Hotels stehen im unteren Geschoss eine offene Küche und eine Bar zur Verfügung; die Zimmer im Obergeschoss sind in auffälligen Farben gestrichen und mit einigen hübschen Antiquitäten und Porzellan aus Limoges ausgestattet. Auf den oberen Treppenabsätzen stehen Kühlschränke, die die Gäste ebenfalls mitbenutzen können. Mittags wird ein kalter Imbiss angeboten und nach Voranmeldung (ein Tag vorher) auch ein Abendessen.

DER SÜDEN

TORNAC

Demeures du Ranquet
Ländliches Restaurant mit Gästezimmern

Route St-Hippolyte-du-Fort, Tornac, 30140 Anduze (Gard) **Tel** 04 66 77 51 63 • **Fax** 04 66 77 55 62 • **e-mail** le-ranquet@ avignon-et-provence.com **Mahlzeiten:** Frühstück, Mittag- und Abendessen • **Preise:** €€€ **Zimmer:** 10 • **Geschlossen:** Mitte Nov. bis Mitte Dez.; Restaurant Dienstag- und Mittwochmittag (Nebensaison auch abends)

Das Demeures du Ranquet liegt sehr ruhig inmitten von Pinien und Eichen am Fuß der Cévennes. Das Hauptgebäude, ein langes, niedriges, gut restauriertes Bauernhaus, wird hauptsächlich vom Restaurant ausgefüllt; die komfortablen Zimmer sind in Chalets untergebracht, die zwischen Bäumen verstreut am Abhang oberhalb des Swimmingpools liegen. Einige verfügen über eine Klimaanlage. Im Sommer erstrecken sich die Tische des Restaurants bis auf die Terrasse und unter die Bäume. Die Küche ist wirklich ausgezeichnet: Die Gerichte sind einfallsreich, authentisch und frisch und werden durch die exzellente Weinkarte hervorragend ergänzt.

VALLON-PONT-D'ARC

Le Manoir du Raveyron
Dorfgasthof

Rue Henri Barbusse 07150 Vallon-Pont-d'Arc (Ardèche) **Tel** 04 75 88 03 59 • **Fax** 04 75 37 11 12 • **e-mail** le.manoir.du. raveyron@wanadoo.fr • **website** www.manoir-du-raveyron.com **Mahlzeiten:** Frühstück, Abendessen • **Preise:** € **Zimmer:** 12 • **Geschlossen:** November bis März

Das Manoir du Raveyron ist die Art von Landgasthof, die die Seele des französischen Hotelgewerbes darstellt. Es ist mit zwei Kaminen ausgestattet und bietet mit seinen bescheidenen Preisen, dem herzlichen Empfang und dem köstlichen und gesunden Essen eine einfache, aber zufrieden stellende Unterkunft. Am Sonntag sind es viele einheimischen Familien, die hier zu Mittag essen. Gegenüber dem Gasthof befindet sich ein hässliches modernes Gebäude, doch das alte Steinhaus liegt abseits der Straße hinter Toren und einem großen, schattigen Hof voller Bäume. Ab und zu erhalten wir Leserzuschriften, die uns das Manoir du Raveyron wärmstens ans Herz legen; da es vor kurzem jedoch den Besitzer gewechselt hat, sind uns weitere Berichte herzlich willkommen.

REGISTER DER HOTELS

REGISTER DER HOTELSTANDORTE

In diesem Register sind die Hotels nach der Stadt oder Ortschaft, in denen oder in deren Nähe sie sich befinden, aufgeführt. Hotels in sehr kleinen Ortschaften sind unter dem Namen der nächstgrößeren Stadt zu finden.

REGISTER DER HOTELSTANDORTE

REGISTER DER HOTELSTANDORTE

REGISTER DER HOTELSTANDORTE

Bildnachweis

Moulin du Vey, S. 60: Eliophot, Aix-en-Provence
Les Deux Abbesses, S. 251: Ferdinand Graf Von Luckner
Auberge des Montagnes, S. 258: Pierre Soissons